中国当代民间史料集刊 16

陈修良工作笔记：1952—1955年

华东师范大学中国当代史研究中心／编

本集刊出版获得东方历史学会资助

中国出版集团
東方出版中心

出版说明

《中国当代民间史料集刊》是一套记录1949年以来中国历史的资料丛书，由本中心组织编辑。这套丛书收录的是流散于社会的各种民间文献，包括日记、笔记、记录、信函、小报、表格、账册、课本等等。与已经出版的许多中国当代史资料不同，这套丛书以反映社会底层的政治、经济、文化状况和日常生活、人际交往、家庭关系、个人境遇等为内容，为读者提供记录底层历史变迁的原始资料。

相对于中国古代和近代各种民间史料，中国当代民间史料数量更大，种类更多，抢救、发掘的难度理当比前者要小得多。但实际的情况却颇不乐观。由于在相当一段时间里政治运动频发，特别是经历过“文化大革命”以后，许多私人记录性史料大量抄没、毁坏或遗失。而各种运动过后，尤其是改革开放初期“拨乱反正”，也曾将大量个人材料交还个人处理，或由组织代为销毁。再加上单位变动频繁，过去曾经保存在单位里的各种油印资料或个人记录材料，也不断地被处理或销毁。所有这些都使得原本应该浩如烟海、取之不尽的当代民间史料，如今竟成急需抢救的“国宝”。

近十几年来，意识到并重视当代史料搜集和抢救工作的民间人士和专业研究者，已不在少数。但十分遗憾的是，这方面的工作迄今为止仍处于一种分散游击、割据自守的状况。由于收藏者多将自己搜集到的史料藏诸深山、秘不示人，从而使得原本就显得十分稀少的民间史料愈显其缺。

历史研究，关键在史料。当代史料通常有几类，一是官方档案文献；二是口述或回忆；三是影像或录音；四就是民间记录的各种文字材料了。在所有这些史料当中，官方档案的形成、留存和开放，都难免会受到时政的极大影响，因而具有很大的片面性；口述回忆史料因时过境迁，加之当事人的主观意向和记忆误差，也极易造成对历史的误读。至于影像录音之类的史料价值，自然局限更为明显。因此，当代史料当中最大量的，也是最能够真切反映社会当时各种情况的，恰恰是这些民间史料。如今，当代中国历史的研究正方兴未艾，已有越来越多的学者和学生开始关心和研究当代历史的问题了，但因为民间史料查找不易，除极少数近水楼台者外，真正能够利用民间史料来做研究的学者和学生，还寥寥无几。

本中心成立不久，但深信应该在这方面有所建树。因而不惜大家动手，不取分文，费时费力并以极为有限的财力资源，编辑出版这样一套丛书，以利推动民间史料的整理与出版，进而逐渐打破现在史料收藏过于分散、难以利用的情况。

必须说明的是，本中心在民间史料搜集上着手较晚，故我们所推出的史料无论从面上，还是从点上，都不成系统。同时，由于整个当代史料的整理和出版工作在全国范围也都还只是处于起步阶段，无论编辑还是出版工作都还有一个摸索适应和逐渐规范的过程，因此，在许多方面都难免存在着缺失甚或不当之处。凡此种种，还有望各方读者包括原文作者及时提醒和指正。

华东师范大学中国当代史研究中心

2010 年 7 月

编校说明

一、本辑资料为陈修良工作笔记及所附之件，部分为陈秘书笔记。除标题中具体标明为他人讲话、报告或某部门文件者，一般均为陈所撰所记。少数无法确定记录人或主撰人的篇目，亦保持原状，不做推测和辨析。

二、本辑资料多为陈当年的草稿和速记稿，文中原有涂改、添加、省略和不确定、无规则的大小序号甚多，导致阅读困难之处比比皆是。为了在保持原文原意基础上使今人阅读不致产生太多歧义和疑惑，编者在编校时对原文做了以下三类加工处理。特说明如下：

（一）代码处理。原文中的代码除个别量词作者在一篇文稿中混用时统一改为一种形式外，一般基本保持原状，只在第一次出现时加括号说明。

为方便读者查找，正文中作者经常使用的代码列表备查。

（二）旧式用法处理。原文使用的多是繁体字，遣词造句多为旧式用法，有些不改容易造成歧义；有些不改不易造成歧义，修改反而数量太大太多。故此项处理采取了下述两种办法：

1）直接改成今日用法。凡旧用法容易产生歧义，统一改成简体字及新用法更便于阅读理解者，均直接改过，不加标示说明，如：

“狠”（程度副词），直接改成“很”；

“底”（助词），直接改成“的”；

“回报”，直接改成“汇报”；

“行叶”、“工叶”、“农叶”、“商叶”等，直接改成“行业”、“工业”、“农业”、“商业”等；

“什志”、“什货”、“什粮”等，直接改成“杂志”、“杂货”、“杂粮”等；

“智识”及“智识分子”等，直接改为“知识”及“知识分子”等；

“介释”、“介决”、“介放”等，直接改为“解释”、“解决”、“解放”等；

“正风”、“挨正”、“正顿”等，直接改为“整风”、“挨整”、“整顿”等；

“史(大林)”、“史大林”、“史达林”，直接改为“斯大林”。

2) 保持原状不动。一般旧用法不妨碍理解的，不做修订或修改。这一类字词数量较多，仅列几种以供了解：

旧式用法	**新式用法**
那(那个，那里，那时等)	哪(那个，那里，那时等)
二(二个，二种等)	两(两个，两种等)
他(中性、女性)	它，她
须(须要)	需(需要)
份(如成份、份子)	分(成分、分子)
付(如付业、付部长)	副(副业、副部长)

(三) 一般坚持原文照录的处理原则，不改变原文的体例、格式、文字。但篇目标题，除部分原有且保留不变者外，多由编者依据内容所拟或改拟。正文遇下列情况，亦照下述办法加工处理：

(Ⅰ) 原文中的错、漏、衍字和难以辨认的字做了如下校订：

1. 错别字以〈　〉符号订正，错别字在符号内，正确的字置于错字符号之后。

2. 漏字以[　]符号填补，漏字在符号内，置原位。

3. 衍字以□符号注明，衍字在符号内，置原位。

4. 难以辨认的字以■符号标明，一字一符，置原位。

5. 语句缺漏、不通，又需加说明之处，用页下注的方法在需要说明的文字或语句之后标注说明。

(Ⅱ) 原文无标点，或仅黑点，或缺标点且读不通者，均重新断句并标点。

(Ⅲ) 对原文繁杂不一的序号做了如下处理：

1. 序号不连接的，如缺序号、重复序号等，一般应加注说明；只有一个孤立的序号的，删除不影响文意的，一般予以删除。

2. 序号为两层且意思明白者，保留原序号。

3. 序号为两层，但序号的数字用法（如汉码、阿拉伯码、罗马码）不一，且层次不明者，应按大小层次调整为统一用法的序号。

4. 序号层次超过两层者，不论原文序号的数字如何，一律使用单一数字用法的序号；序号基本上是汉码数字者，全文应统一使用汉码数字，非汉码数字均改为汉码数字；序号为罗马数字者，全文应统一使用罗马数字；余类推。

5. 序号层次过多，大小倒置，容易发生歧义或按原标注序号无法继续延伸者，应按下列序号层级重新编排：以汉码数字一、二、三为一级序号；以汉码数字(一)、(二)、(三)为二级序号；以阿拉伯数字 1、2、3 为三级序号；以阿拉伯数字(1)、(2)、(3)为四级序号；以英文字母 A、B、C 为五级序号；以 a、b、c 为六级序号。原文中个别非序号排列，而使用实心圆点符号者，可保留，但应与正文字号大小相同。中文数字序号后应使用顿号"、"；阿拉伯数字和英文字母后应使用小圆点符号"."，置数字后右下角。

6. 凡序号过多，须造字才能解决者，应照(5)项办法处理。

7. 序号数字经改动者，应标题注，即在本文标题后加 * 号注，并在页下注中注明："本文序号数字为编者统一编排。"

正文代码查询表

ブル　或指资产阶级,或指资本家,或指资本主义。

ブロ　指无产阶级。

インチリ　指知识分子。

CP　指共产党。

CCCP　指苏联。

K、KMT　均指国民党。

UF　指统一战线。

M　指群众。

MAX　指马克思。

Tob　指同志。

Stalin　指斯大林。

Sovet　或指苏维埃,或指苏联。

Fascist　指法西斯。

Ton　量词,指吨。

KW　量词,指千瓦。

E　量词,指亿。

TB　指肺病。

No. 1　指拿摩温,亦即领班。

目　录

华东局整党典型会议的指示与我们典型试验工作汇报提纲

1952 年 1 月 4 日

一

华东局整党典型试验会议上饶政委曾作了一次指示，胡副部长也有一个结论，除口头汇报外，特将饶政委指示的要点汇报如下：

整党建党工作应环绕在一九五二年中心任务进行，才能搞好；同时为了搞好中心工作，也先要整党与建党，目的是为了加强党的领导。

根据现有经验，指出下列各点：

第一，凡属正确的整党建党工作，可以提高一般工作的效果，要把这个经验向全党去说，以打消怕打乱日常工作的顾虑；典型试验要取得这个经验。

第二，党员八大标准问题——有的企图降低，有的企图提高，都是错误的，八个条件不能去掉一个，但也不能要求每条都很完备，否则就是提高了，问题在乎要看是否真诚地能为八条而努力。

第三，进行党员八条标准的教育，要看对象说话，不可能什么都讲清楚，不要太深太广，只要主要原则弄清楚了就够了，不要先从埋论出发去教育，最好先问清党员对各个问题的疑问，然后加以研究，根据理论用通俗语言去解答。第二次华东局整党会议前（三月间召开）要求各地把所有问题都集中起来，研究解答方法，整党工作就可以展开了。

第四，有些地区的党委根本没有管典型，已证明对整党不负责任，对典型必须检查与帮助，否则一定搞不好，这些党委要负责，不能任典型自生自灭，这比没有典型还要坏，对典型不关心是政治上原则错误，对党不负责任的表现，回去后要向各地党委汇报。

第五，积极分子经教育后合乎标准的可以鼓励其入党，但要慎重与审查。被介绍人发现有问题时，介绍人如当时不知道情况者可以不负责任，但如故意代其掩蔽者则应负责任。

第六，党内落后分子要争取，如有的落后分子对党已有感情，坚决要留在党内者，可以暂时保留其党籍，等待其觉悟，但必须分清敌我，分清可教与不可教，进步与落后。

第七，整党工作完毕后，要求改革一下支部的工作，典型支部要继续创造这方面的经验，下次整党典型会议还要同时研究这一问题。

第八，准备整党地区，应以整风作为整党的先行步骤，整风完结后，接续学习党员八大标准，因为目前工作任务太多，没有工作步骤会使工作混乱。

二

华东局整党典型会议后，我们检查了自己的工作，并向有关典型的区委与参加典型工作的同志们作了传达，对目前的工作有下列的改进办法：

第一，党员八条标准教育方法，根据饶政委指示办理，改进了过去先教后讨论的办法。并着手收集各种疑问，作为今后教材的内容。

第二，强调整党建党工作与各项中心工作密切结合，克服若干典型不够重视全面工作的偏向。

第三，订出组织审查的计划，三个典型大致先后可在二月中旬以前结束组织审查工作，然后再拟出改革支部工作与发展党的计划。

第四，更加注意发挥支部的力量，克服工作组若干包办现象。

三

我们要求市委解决的问题：

第一，我们直接参加典型试验干部配备不够，要求市委下决心派遣得力干部，以便继续创造支部工作的经验。（复旦与先施各派了一个干事，英电派了一个副科长，其余五人也系干事）否则在组织整理后，很难掌握支部的全面工作，要继续创造支部工作的经验，势不可能。

第二，请市委决定，整风运动结束后应及时发出指示，令各区党委，市府党委，市委直属党委继续进行党员标准的学习与整理组织的工作，先行取得经验，以利下半年全面整理基层组织时少走弯路。有些区委特别是工业区如有力量应有一个基层的整党建党典型。

第三，请市委宣传部立即负责收集与整理各典型现有教育问题，以便三月间向华东局会议作报告，同时为下一步整党作好准备工作。（季梅先同志应即调到整党办公室办公，专门负责此一工作。）

第四，我们原决定机关整党以黄浦区为重点试验，现在整风运动已开始，领导机构亦已建立，该区是否仍可以作为整党典型领导，关系如何确定，请市委决定之。

陈修良

一九五二年一月四日

（文件编号：E189）

市 委 会 议

——三反问题

1952 年 1 月 5 日

刘长胜传达华东局指示：

上海搞得太慢，不能用任何理由解释。搞不起来原因：负责干部有问题，官僚主义，不起劲，不带头或手面不干净。领导干部没有勇气上前线，群众已积极起来，我们不主动去搞，就要被动。

中央长途电话："把中央与北京经验告诉上海。"

北京经验：

① 限期展开三反运动。

② 点名坦白，不对的派小组检查。

③ 小公家情况要弄清。

④ 行贿商人坦白，漏税补税。

要开二个会议：

① 先把各单位高级干部召开一个会议，然后对外与对下，先从党内着手，今天会议负责干部先行检讨。

要解决四个问题：

第一，大公变为小公要查一下，谁主张的要查明。

第二，机关生产资本来源与多少要查清，如何处理的，有没有意见。

第三，推代表去做报告，代表各单位。

第四，找出典型人物坦白。

② 第二个会议，召开管财经的人员的会议，如管理员。

[刘] 长胜检讨：

（一）市委工作

群众路线不强，如协商会议资产阶级分子多，修马路主要是商业区，绿化计划不妥当。了解下面群众情况很差，接见群众很差。基层工作没有与生产结合起来，镇反工作在工厂中差得远。全市一套与基层一套不相同，如力量不够，集中几个厂也不搞。怪领导不好，市委对生产问题一次也没有讨论过，有点怕讨论。

发展党问题，去年下半年提出要发展党。现在党还是地下状况，又少又弱。计划破产，没有通过群众路线来[发]展党。干部生长力很差，也是群众路线问题。

（二）三反问题

市委也充分存在着：如房子问题，愈多愈好，还有租而不用的。上行下效，汽车多，超过制度。公私不分，请客送礼用得多。锦江饭店很浪费。黎玉住陈市长房子。

（三）个人生活问题

家族[人]来不报客账；浪费张发奎的米。家中有二套沙发，独住一客浪费很大，放任不管。

潘汉年：

（一）对二中全会认识不明确，倾听劳动群众意见不够，对依靠工人阶级思想不明确。

思想根源：

（1）依赖工人阶级不明确。

（2）官僚主义，制度不懂，如供给制问题，划大为小。

（二）个人问题：

资产阶级的影响，个人英雄主义思想不能克服，没有纪律，观念不强。

（文件编号：E74）

三反问题干部大会

1952年1月8日

潘汉年〈回〉汇报市府情况：

1. 老干部介绍来历不明的人进机关发生贪污。

2. 照顾首长没有制度，相应成风，影响财务干部。

3. 有些干部，认为是例行公事，对三反还不积极。

4. 小公家制度，浪费从这个地方开始。工务局局长是非党员，没有小公家，照顾干部比较好，其他单位都有。

浪费主要表现在：

第一，衣〈穿〉食住行，请客送礼。

第二，助长各单位对物资管理，心中无数(铅笔可用66年)。

5. 群众揭发，自我批评开展了。

黎玉：

市委各部的情况

1. 检讨了浪费，个别贪污，主要是电话问题，受了资产阶级的影响。

2. 上下隔阂，由于生活问题，引起工作不安心。

3. 浪费。

丁香花园可以节省八亿八千万。

四幢房子一亿四千万。

油漆粉刷一千八百万。

汽车。

小家务，有二亿八千万。

熊中节(市府)：

浪费：

房屋三亿余，虹桥路房子一亿余，**华〈茂〉**懋饭店一亿余。

水电、汽车一亿三千多万。

招待费，四亿八千多，资金积压近二亿。

机关生产，照顾首长，干部结婚等。

上海大楼代表处，照顾首长很多。

贪污情况：

主要特点：馈送，亲友，商人。

扬帆：……[1]

（文件编号：E74）

---

① 原文缺。

妇婴卫生会议的发言提纲

1952年1月10日

预祝这次会议的成功，由妇联与卫生部门合开，全国妇联的指导之下来进行的。

自1951年十月全国妇联福利部会议后的主要成绩，是(以)工人工作已由点与工厂机关转到广大群众中去，但新的问题又来了，要我解决。首先要求认识一致，其次解决具体问题。

(一) 妇婴卫生福利工作的重要性：

(1) 为[着]迎接第一次五年计划，工业与农业生产的发展发动，广大妇女参加生产的切身问题需要解决。——即是说孩子的拖累问题，与参加劳动中保卫妇婴的健康问题要解决。否则妇女参加生产与文化教育是不可能的，妇女不参加劳动，要求彻底翻身，男女不平等，也是不可能的。

(2) 广大妇女目前需要我们帮助解决他们组织托儿机构，接生，卫生问题的解决，需要知道婴儿与卫生的知识……

不做好这些工作就会：① 我们会脱离群众，对国家建设没有具体帮助。② 妇女与婴儿的死亡比结婚问题还要大，这对国家也是一种损失。

过去妇联干部思想上不重视的原因：① 认为这不是群众工作的一件具体工作，看为卫生部与福利部的业务。② 群众观点不够，对妇女的切身痛苦认识不足。③ 还有一些干部认为这件工作太麻烦了，不愿搞，满足于一般政治运动。

(二) 全区工业农业生产的发展中发生了什么矛盾？也即是要解决什么问题？

(1) 农村——全区共有互助组2 188 897，托儿组织49 567，占2.3%，大大不够供应需要。

① 如何办托儿组织？——即如何适应生产的情况，组织各种方式的托儿所。

② 托儿所的经费与付费问题——农业合作社福利基金中可不以负担，由母亲独立负担是否好？政府给予农村托儿所应当有些什么办法？常年互助组

的托儿问题如何解决?

③ 如何办接生站,如何训练接生员与保姆问题。训练旧产婆问题,如何组织妇婴医疗站等问题。

④ 保健哺乳费如何使用?

(2) 城市——里弄托儿站如何组织,工厂办托儿所有什么困难,机关托儿所问题如何解决? 经营问题,领导问题。

(3) 妇联与卫生部门如何配合进行工作?

① 对农村与城市妇婴卫生工作如何互相分工合作问题如何解决?

卫生工作如何与群众工作相结合,政府部门的全年计划如何,要我们如何配合,步骤与方法问题也要求有一致的意见。

② 在日常工作中妇联与卫生部如何互相配合?

(4) 育儿法问题,教育说明,创造典型。

(三) 这次会议的开法?

(1) 用座谈方式,开展批评与自我批评,希望各地妇联对华东妇联提出批评意见。要求有关方面也对我们提出意见。

(2) 用典型着手来研究与总结交流各地区的工作经验。

——上海组织里弄托儿站经验。

——萧山县推广新法接生及组织接生的经验。

——阜阳专区自关于农忙托儿组问题的经验。

(3) 卫生部长与全国妇联的指示,明确方针与计划问题,以使统一布置。

(4) 最后做一个共同的结论,作为会后努力的方向。

这次会议由黄、李二位主持。

(文件编号:E209-2)

市府关于三反运动情况的讨论

1952 年 1 月 11 日

潘汉年：

市府一周来的情况。

（一）一周来运动已展开，各局、处已到小组，但不平衡，由[于]负责干部少认真的精神，没有由下而上，主要原因：① 首长心中无数。② 民主作风不够。

① 先要反贪污才能主动，如先讨论编制，群众要揭发，就被动。

② 港务局如何突破，领导上的严重官僚主义与压制民主批评，现已改变，状态出问题撤职，李立治重新检讨，党组停止活动。

③ 法院过去民主很不开展，分党组没有可靠的骨干，重新组成工作委员会。

（二）程万里问题要有处理，推进运动有妨碍，叶进明问题报上请示迟些，公用局问题还很严重。

（三）卫生局崔义田问题是严重的，高级干部问题要弄清，否则会使运动推不下去，直接管理人也要检查，领导上要扭转过来，科长以上的检讨要注意。一般的官僚主义，组织一个专门委员会讨论之。

（四）教育局，一般干部要求讨论一般的官僚主义。

（五）马乃松，一致不同意其检讨，重新由行政处党委听取其检讨。

（六）叶芳炎问题要转中央，重新检讨。

（七）邮箱群众意见：

① 夏衍同志要房管局介绍房子住，很多（八十七人），新笔信八封。

② 柯兰与周而复请客，柯兰送一千单位给周而复。

③ 周而复——编辑部每月给他七十单位。

④ 叶进明——给了潘以三二千吨煤。

① 党的检查委员会到吴淞旅行（李研吾）。

林立：

市府中，党与行政意见不一致。

1. 教育局,党内认为是变相压制民主,处科长检讨不正确,如吃牛奶。对提意见的说是自由主义。

2. 房管处,杨修明不民主。

3. 市联社问题不少,浪费很大,三次检讨群众不满,介绍托人到合作社,还有反革命分子。

4. 公用局,机保处问题多,检讨像动员报告,检讨只许五分钟,不许提官僚主义,整党以后再说。

外事处:

1. 要求讨论工作问题。

2. 薪水制干部有顾虑,群众在等待,关门检讨。

3. 公私不分,贪污界线要弄清楚。

[潘]汉年:

1. 可以转入一般工作问题的讨论,但有些单位如卫生局则不能转,教育局现在也不能转入一般工作。

2. 民政局情况并不如此,在本局讨论。

[刘]长胜:

市委不久要转入党外,市府今晚开干部大会,转入党外。

1. 党员有问题,要先向党内谈清楚。

2. 党员要有勇气去克服错误,不要痛哭流涕。

3. 转入群众有些问题要弄清楚。

如有些人在银行存款是好的,〈受〉收礼的情况要有分别,高级干部不能〈受〉收礼,不能随便去吃饭。

4. 领导同志要表示态度,工作问题慢慢地讲,领导人不用脑子,群众自然要检讨你的工作。贪污多少,浪费多少,为什么? 党内要团结一致把党员提高,不解决问题。党支部与党组要先把问题弄清,配好骨干,大会与小会要配合得好。

5. 市府问题。

程万里问题，公开坦白。

程 X 轩问题，公开撤职，要求党内外检讨。

叶进明问题，公开检讨。

解散港务局与法院的分党组。

卫生、教育文化各局比较落后，要加以研究，派检查组去。

社联问题派检查组去协助市财委。

吴福海问题，要〈从〉重新检讨。

曹漫之，下次检讨。

各单位要写一个报告。

饶政委指示：

1. 限期展开三反运动，负责同志带头检讨有好处。

2. 放手发扬群众的民主，包括党内外，党代会方式很好，华东局与军政委员会党代会议很好，进一步统一搞，不要怕群众有偏差，放手还是主要的，立即解释等于压制民主。

3. 领导上要有坚强的决心，不可犹〈预〉豫不定，如撤职查办，点名坦白是必需的。

4. 全面展开重点审查，即不要限于高干，要使所有党员展开斗争，给每一个党员以考验，重点检查是指对老■的单位要检查。

5. 采取大会示范与小会讨论相结合。

6. 内外配合，相互推动，登记典型，召开会议，推动工商联工作。

7. 政策界线。

贪污有大小，坦白与不坦白之分，浪费有个人享乐与集体性的分别，还有大小之分，主要提高思想，要分清主客[观]原因，否则要弄乱。

[潘]汉年：

如何转入到群众中去？

1. 内外配合，号召所有工作人员公开检讨，可能发现干部的贪污行为，领导上要注意。机关还未整好，尚要分出一部分力量来进行。内部问题先要弄清。

2. 如何做法?

① 大会先进典型检讨。② 各局传达。③ 各局各区发动检查,要每一非党人员写好检讨与揭发材料,每天上午不办公。④ 个人同所有商号来往的,一律报告。⑤ 对任何贪污问题,负责人要检讨官僚主义。⑥ 宣布程万里撤职,听取意见。其余的人自我检讨,典型坦白。

(文件编号:E74)

市委对典型问题的讨论

1952 年 1 月 15 日

陈琳瑚：

① 市区分工不明确，最好由区委去搞。

② 季梅先留部。

王尧山：

过去问题：① 教育内容不明确。② 组织处理也获得了经验。

① 步调问题已明确，整党办公室，主要问题是总结经验，召开区委会议，由各区来进行，党委委员专责做整、建工作，不需要派许多干部去搞典型，主要是建党工作。

② 工厂中整党建党问题，基本上由生产委员会领导，市组配备一些力量取得经验。

刘长胜：

① 上海主要是创造典型经验，舍掉的典型一个工厂都没有，最好找民主改革的工厂中找出一个。

② 机关支部不要找黄浦区委，因党区委不■无问题，找一个产业工会或合作社，或统战部支部，或市府一个局处，领导上找出几个典型，其他确定几个支部，取典型的经验，全面才能推开，孤立搞典型不好。

③ 具体做法，经常召开党员大会，让群众参加，上大课，所有典型开群众大会，不要关门整党，以免误会。

④ 整党与积极分子一道学习，听取群众意见。

⑤ 华东局党校回来的干部及格的如何联络与工作，十八人如何派用处，在典型中试用。

⑥ 市区分工问题，要共同来搞，机械的做是官僚主义。市区集中力量来搞，要失败，<u>要亲自动手，只是总结经验是不对的。区委创造不起来。</u>

整风整党由陈独立负责，由典型到全面，材料亲自看，自己动手。

整风由黄负责，以王为首，以整党办公室为主的决定要改变。思想改造只是参加一下，由华东局负责。

王[尧山]：

整风是整党先行步骤，这样做是把二者〈隔〉割裂了。整风整党应组、宣部合作。

决定：由组、宣[马]联合一个会议，统一整党整风工作。

市委关于整党问题。

刘长胜：

① 党校主要教育工人、党员，公私分批整。

② 上总与市产工会的干部学校同时进行整党，派干部去进行。

③ 今年寒假利用学校训练大批的工人积极分子，市委派人去教课。组、宣二部共同研究。

（文件编号：E74）

市委部长会议

1952 年 1 月 16 日

刘长胜：

青委问题多，没有解决问题。妇联比较还简单，工会更不得了，问题非常复杂，失[业]救[济]会收二千多亿，浪费十余亿。市委机关整风要起带头作用，还不够充实，进度也慢，各部意见很多，市长检讨不深刻，不表示态度，没有进一步检讨。部长同工作分不开，浪费问题没有深刻检讨，下面只好谈琐碎问题。部长没有提高到思想原则，不要扣在零碎问题，扣在部长不表示，只好扣在自己身上。

工作问题大家要求提意见，市委各部长要研究各部的问题。部长先要统一意见，否则不能领导整风。各部工作与个人问题都如此，研究一下再检讨。

<u>各部搞二、三天集中精神搞。</u>搞完了开一个党员大会，做一个总的报告。总结一年来工作，提出建议，成绩不要讲得多，着重于缺点。工作总结后，再开一次全体工作人员大会，宣布 1951 年总结，宣布新的制度。各部长再检讨，同处长、科长谈话，有些要斗争。

各部开三次大会：第一次部长报告，第二次讨论，第三次宣布制度。

王尧山：

三反二个情况要注意：① 有些问题同志还有意见。② 发扬民主，解释问题不明白，特别[是]没有分析。

① 贪污界线不明确，如向公务局要笔与表。

② 对上面同志还有意见，上面账没有算清，如到苏联去时所用的。

③ 组织部有没有贪污问题，有争论，基本上廉洁奉公，有人不同意。

④ 工作如何检查。a. 四个问题还是不限制。b. 建设问题意见还是广泛提批评意见。

宣传部：

主要是工作问题，为谁服务问题。

特点：

① 要求在工作解决问题。

② 明确方针。

③ 信心不变。

办公厅：

① 大家要求保证实行制度。

② 贪污的分划，向公安局要东西。

刘长胜：

① 部长间有什么问题要表明，如刘坦、如白彦带了一个人，住百老汇，〈化〉花了七百多万。

② 关心同志的生活。

③ 领导方法与方式要检讨。

④ 贪污的界线要明确。

⑤ 具体材料要写出来，各部情况先交市委，内部先交流。

⑥ 1951 年总结根据华东局的指示。

（文件编号：E74）

上海市委组织部汇报

1952年1月21日

秘书科：

对大会意见、三反问题。

1. 大家都满意，各部门也要负责，启发很大。

2. 王部长还不是实事求是，提问题还不适当，如王曼房子问题。

对工作问题意见：

1. 对王部长的意见。

2. 整党办公室工作缺乏思想领导，会议准备少，只漫谈是不解决问题[的]。具体制度缺乏，缺乏群众观点。

问题：

科的意见在大会上解决，还是科内解决？

推代表还是个人去提？

大会以部为主，还是处为主？

干部处：

大家反映还好，研究一下如何贯彻。过去原因：相互监督很重要，否则今后做不到。

客观原因：

1. 王部长兼职太多，部内事不能照顾。

2. 定期召开，如一月二次，开行政与支部的联席会议了解不清。

3. 支部委员会与行政监视不够，不及时。

4. 机关党委向领导同志反映，还是直接向行政反映？

工作意见：

1. 大会如何开？

2. 对处与部的意见多，对科意见少。

组织处：

1. 大家认为检讨较深刻，基本上是成功的，以前检讨不深刻，对改进工作无信心，三反走了弯路，领导同志不能在运动之外。

2. 希望王部长要好好研究中央指示。

3. [检讨]还不深刻，如原因说是麻痹自满，原因不明，王部长是在上下夹攻下检讨的，太被动。

4. 组二科只有三个人，支部工作都下去了，二科工作如何搞？

冯晋——建党

王荣垣——组织形式。

5. 工作不安心的思想情况，领导作风问题。

一科：大会如何开——代表先谈，然后补充。

纪委：对报告满意。

陈部长报告——到苏联去后，为什么变坏，听不清。

开会时间成问题，与组织部分开，还是合起来？

周克家：

三反走了〈湾〉弯路。

1. 领导上检讨不够，虚心不够，思想不够，强调谈事实：

(1) 处长要不要谈。

(2) 下次大会如何开。

(3) ……①

2. 领导上自满，对文件研究不够，如处一级的报告。

3. 领导上如开路带头，运动可能要快一点。

4. 对群众的要求注意不够，群众要求很高，领导上注意不够。

冯晋：

陈部长检讨同上次的没有什么不同。

1. 吴明其的思想观点没有从阶级观点去分析。

---

① 原文缺。

2. ……[①]

杨雪林：

要求处长再谈一下，一二科要求谈一下(张处长)。

下一步如何?

1. 先开大会，领导上也要准备意见，先谈部的意见。

正付发言人二个，其他补充。

以科为单位。

2. 部内先讨论与初步检讨——科长检讨。

3. 再开小组会，提出建设性意见。

4. 再开大会一次。

---

1. 明天开大会。

2. 领导上确定，小组讨论。

3. ……[②]

第一步——先提出意见。

第二步——然后集中。

(文件编号：E187)

---

① 原文缺。

② 原文缺。

中央统战会议传达

1952年1月22日

1. 没有清理中层作基础，三反搞不起来(李维汉)。

2. 资产阶级的美国路线。

资产阶级思想改造。

① 为什么要改造？不合共同纲领，不可能有新民主主义，节制资本与加工订货是无产阶级思想，他们也要准备社会主义，使其懂得，不是哪一天宣布没收，天天去查问社会主义，要与资产阶级与小资产阶级作斗争。毛说过商业要愈快愈好，转到工业。不能笼统说是团结为主，又打又拉，一打一拉，团结工业与商业斗争，团结合法，反对非法，三反结果是划阶级。

② 如何改造，培植进步分子，工商界可否整风——可以，猴子变人是少许哲学的事，[讲得]使大家要睡觉(毛说)。整风能否好，关键在领导能否勇于批评与自我批评。多数人要有成绩，“上有国家，下有店员，商有工会，内有子婴”，向资产阶级进攻，愿与工人合搞生产合作社也可以(如大公报)，中小资本培养积极分子有可能。依赖工人，克服盲目性，反对暴利，反贪[污]浪[费]，积累资金，反对行贿漏税，学习马列主义，尊重中共领导——对工商界的培养方针。

③ 改造的长期性很难以年月计算其进度，也难以设想哪一年解决什么，说清一个问题，不能保证其不再错，资产阶级是崇拜物资，要用具体经济政策逐步引其前进。

④ 何谓暴利？

⑤〈智〉知识分子的改造，与资产阶级的改造不同，因为没有生产工具，目的是谁能掌握〈智〉知识分子的问题，要他承认学习马列主义，不能要他精通。

分类是：① 在国家机关的工作人员，灵魂的工程师为主，与工农兵相结合，要他们反帝、反封建，拥护工人阶级，命运与工人连在一起。反对个人主义，反对技术至高思想，不要从哲学着手，首先解决立场问题，立场、态度、工作，哲学问题的解决。

② 技术家。首先解决立场问题，不能学习苏联经验，或发生贪污问题。

③ 私营企业中服务者与自由职业的〈智〉知识分子，改造比较困难，“缩小政策”逐渐消灭私人医生，也有思想改造问题。

④ 老左翼如张东荪之类，可以养老，能学多少是多少。

⑤ 合作过的、反蒋反美中有功的，也要学习与改造，一条是书本，一条是与工农兵结合。“仅供参考”说法不好，还是要他学习，统战对象一落伍了，统战部要关门。

主党派的改造问题。

要使他们知道重要性，写文章、做计划、起模范作用是必需要的，使其有工作可干，左派要大声疾呼，起积极作用。

年老有病者不必检讨。李济深可搞不可搞，“坐而论道”（老的），估计比对资产阶级的改造容易，因为没有经济活动，血液中有人民的小米。一般党员要加[强]改造与督促，党派的机关干部要整风。一般的二、三星期就够了，本人如不是十分恶劣，一般要保护，如余心清群众要求撤职，必要时要有党内有威望的负责人去说清楚。

宗教界问题——要他学习也是自愿的。

凡是反对历史前进思想者都是反动思想，如武训传问题。学术讨论中不要受压缩，只要说是资产阶级思想就够了，如胡子婴与施复亮。

没有中间阶级前进要有困难，改造不好是阻碍，工业化后中间阶层要缩小。

对民主党派如何改造，主要是加强地方组织，他们是中间阶层的桥梁，经过他们联系一切群众，应当使其扩大，使其多做好事，关键提我们的领导，不妨碍他的独立性。既要有原则领导，又要具体帮助。调整领导机关，占领要害阵地。

发展问题——三、五年内十万人，上海要一万人，分三种城市：

① 必要有民主党派的组织，要有机关规模。

② 要有一定的组织。

③ 可去不去，如小城市。

党团要精干的派进去，腐化了统战部要负责，要趁火打劫，把犯法的清理出去，烧到民建会去，现在可以开始这个斗争，不要请示批准，然后报账。<u>上海要党干部到里面去工作，[你]不愿革[命]我来革[命]。</u>

胡乔木关于思想改造问题在中央统战会议上的说法：

① 知识分子的思想改造与资产阶级的改造不同，目的是争取他们到工人阶级的手中来（大部分包括在机关与学校各种团体中）。

② 要求改造的目的——思想上要求学习马列主义，行动上与工农兵相结合，解决什么问题。

第一，立场问题——为谁服务。

第二，态度问题——个人与集体关系问题。

第三，工作问题——学术与政治关系问题（反对怕政治化倾向）。

第四，哲学问题——唯心论与唯物论（先从立场问题搞起）。

学校与技术人员中，会有不少人不肯学习，但亦不是反革命，如他们的学问与技术确为国家所需要，也可以迁就一下。

（文件编号：E74）

上海市委组织部汇报

1952 年 1 月 23 日

申波：(干二科)

方针任务不明[①]

1. 方针任务不明确。

例如：土改干部、镇反干部的调配没有提出如何进行干部工作，调配干部与运动不能结合，干部处在三反中不知去了解干部。

2. 如何解决干部少与弱的问题，很少研究，忙于事务，提拔工人干部不明确。

3. 提拔干部无标准，干部去当炊事员。

4. 〈早〉朝令夕改。

例如：

① 了解市政府的中级干部不通过人事局，手工业方法。

② 市郊四十余干部的使用问题，一会说要加强工厂，一会要加强区委组宣部门。

办公厅要拿去搞交通站，反复多。心中无数。

无从检查起，工作任务是否完成。

分工不合理，制度不健全[②]

1. 市区分工不明确，市组管的面太广，如收发秘书也管。

2. 人事局与组织部分工问题很不明确。

市组去了解各级干部，市府不欢迎，有困难。

3. 科与科之间分工不明。

一科与二科都要管调动问题，内部不能统一。没有事时大家闲，或者大家忙。

4. 领导与被领导分工不明。

---

① 原文有框。
② 原文有框。

那些干部要谁批准，部长处长都要批。

大小事情都要插手，很难搞。王部长随便答应外面的问题，“上面好玩，下面难办”。（如公安局四个干部问题）

5. 干部升〈批〉迁没有制度，有的先斩后奏，有的先奏〈先〉后斩。

6. 干部〈配〉调动没有制度，时常要协商，很难解决，研究得太多。

7. 业务学习很差，才、德、资弄不清，犯过错误的同志如何分配工作。如变节者与思想上错误的干部，时间已很长，如何处理？

作风的官僚主义①

1. 轻作决定，如二百知识分子调华东问题。

2. 临事抱佛脚，反而批评下级。如去年的编制问题（市区二级编制）做得很糟糕，平日不知道，临时要搞。

3. 工作中粗枝大叶。

如华东局党校回来干部（徐德科，杜贤文）不能作整党工作的，分配到整党办公室。

4. 拖拉作风。

公文拖得很久。

5. 不接受同志意见，充耳不闻同志的意见。

如去年干部处同志长期没有〈干部〉工作做，领导上不解决，不安心工作者很多。

6. 赏罚不明。

表扬与批评没有，上级不了解情况。

部处长对下情彼此不了解。

改进办法：

1. 明确干部工作的方针与要求，提拔建设的工人干部。

2. 定出一些制度，每月开一次部务会议。

3. 干部处机构加以适当调整：

(1) 取消科，[设]正付处长二人，下级干[部]：

材料组二人。

① 原文有框。

审批选拔三人。

抚保二人。

(2) 处下设二个科:

第一科——材料、干部培养、审批(十人)。

第二科——干部调动二[人],抚保二人。

[共]18 人。①

4. 部处长分工要明确。

少做事务工作,多做研究工作。

要求有一个部长管业务。

5. 加强人事部门工作,上半年开一次人事工作会议。

干一三科:

进度不快,成绩不多,去年整风后没有改进(二年半的总印象)。

对部长意见:

政策思想问题,干部政策不明确:

第一,缺乏有系统的研究与贯彻。

例如本市的干部政策上有混淆情况,选拔干部无一定标准,干部各把一方,各部门一下冻结干部,"矮中取长",不是办法。全市没有调整,标准不同。取消资格的决定,组织部没有进行过教育工作。

批提工人干部指示,市组也没有考虑过,工农速成中学办得太迟。

对干三科工作没有很好重视,如干部的疾病问题。如李琦涛要到医疗站去看病。

新婚姻法问题没有注意,混乱思想没有制止。

第二,干部没有标准:

如组织〈只〉现有程度质量悬殊太大,市府各局处、区委各部也相同。

如北站区组织科长因身体不好,降为付科长,身体弱是否可以成为标准(张处长)。

提拔干部只看党龄。

① 相加不符,原文如此。

区委建科的质量标准问题不明确。

组织领导。

1. 部处领导问题：

(1) 对本部的干部政治关心不够——如干部不安心，张处长说不安心是"自生自灭"的。业务学习提高不够，半途而废，不重视总结工作，流于形式。

(2) 部处组织领导混乱，不重视组织系统与干部作用。

例如：每一大运动发挥作用少，只设委员会。如整编委员会、保卫委员会，组织部只派几个人去。外面紧张，科内无事可做。

(3) 农林部调牛奶厂支书，未经区委同意，要求华组[①]处理，工作十分被动。

2. 干部工作如何搞，全市有问题，要求开一个干部会议，二次整编没有调整干部。

3. 职责不明，上下不通气，到底区委部长要谁批准不明确。

4. 市组与其他部门不通气，如西北军区到上海动员学生，跑到市委，办公厅同意其动员。全市问题要干事来考虑。

上面不通知下面，如向上总调二个干部去华东联络局，张祺不同意，干部处不知道。

5. 官僚主义——高高在上，部长不接解同志。

地委县级干部部长不谈话，调市政组的二个人谈过话。

部对处的工作不检查。

批评不够，不虚心听群众意见，拒人于千里之外，或者解释一〈番〉翻[了事]。

"善意等待领导上觉悟。"王部长整风时检讨不兑现。

"批评一番，检讨一番，感激一番，烟消云散。"

考虑不慎重，时时改变(一天变二次)。

批公文不严肃。

拖拉，不解决问题，造成被动——如编余干部问题的处理。

如何调基层干部[问题]，部长无决心发通知，以致干部抽得多。

---

① 指华东局组织部。

改底薪支部也不肯发通知,只要内部掌握。

取消[按]等级发香烟问题,不发通知,弄得很被动。

交待任务零碎,灵机一动交任务,缺乏系统性。如调查干部的兼职多问题。

部的领导对上级指示缺乏高度的严肃性。如干部调动的指示搁在上面不管通知。

原因:

(1) 部处有自满情绪,认为成绩是基本的。这种说法不妥当,估价太高。

(2) 领导上少实事求是精[神],眼高手低,认为上海大,经验少,希望有一套经验,不重视逐步改进,一度是等待的,如王部长想从学苏联解决问题。

(文件编号:E187)

中央关于整党工作必须与三反运动相结合的指示

1952年2月3日

（二）……[①]整党工作必须与三反相结合，在三反运动基础上，进行党员八项标准的教育，进行登记、审查和处理。

（三）三反运动又是了解干部、教育干部的一种最好方法，必须毫不迟疑地开除一批丧失立场的贪污腐化犯罪分子出党，撤销一批严重的官僚主义分子和那些居功自傲、不求上进、消极疲遢，毫不称职的分子的领导职务（其中有些应开除）。如果没有决心是错误的。

（文件编号：E76）

① 原文缺。

刘长胜等谈上海市三反情况与经验

1952年2月8—15日

情况基本特点：

① 打一个遭遇战，许多情况了解不够，很仓促，打虎的布置不够。

② 计划上没有完成任务，大的50%，小的超过5%，各单位发展不平衡，有的超过，一周来比前超过一倍。

③ 经验与组织先进了一步，创造了有利条件。

经验：

① 局部克服了思想老虎，在战斗中在克服，纠正错误。

② 材料、政策、火力三者不可缺一，斗勇不斗智，打不到虎。有材料的先打其头，无材料的或[缺]材料者，先打其周围，要善于找到其特点。

③ 排队方面，不排除要失败，要乱打，即心中无数，力量不能很好使用。每一单位均有其特点，排队中发现很多材料，郊区排了四次才具体。

上山无路要群众带路，如三朝元老。

④ 四面围剿、内外交攻的关键，要同时发动，否则不起作用，打一只算一只不好，打要成群的打，要有调查研究，指挥官要冷静观察，防止打虎队孤立地去打。

外事组——专门搜集情况。

⑤ 对家属要做工作。

⑥ 对解放战士工作马马虎虎解放，群众不满，有些是假坦白的要注意，群众知道，我们不知道，脱离群众。解放战士没有事做，有的可能是老虎，如尚无力量，可以让他去打，利用他的积极性先立功后坦白也可以。但决不能要他做司令，一定会有偏向，浑水摸鱼，或者按兵不动。有领导的运用他可以。

⑦ 不要轻易用群众的压力量，要有准备、有领导才行。哄不下台，没有结果。

⑧ 必须掌握政策，与群众见面，否则会使大虎搞不出、小虎自杀的现象，愈战斗队伍愈大，力量愈强。

应注意的问题：

① 防止自杀现象，而且多是小虎，原因是政策教育差，要教育，要依靠组织。

② 追赃问题，开始时不要提追赃问题，麻痹他。但又要灵活，以免逃路，

大数要追,封店与拘捕。

③ 老虎标准,由总部来算,下面不要算。

④ 解放战士由领导具体决定,不要一般做,领导上决定一切。要小组上评议,不要小组保证。

⑤ 起义将领问题,对其家属要下生活费。大虎也要用,要他检举。

⑥ 反对简单的任务观点,简单的包干制。

⑦ 不绝增大队伍,要纯洁自己的队伍,吸收新的分子。

⑧ 打虎态度,即政策问题,不要打骂。

⑨ 要保密,提高警惕。

潘汉年:

打虎队的组织问题。

① 打虎队要有政治部组织,根据参谋处的意见与材料,寻找新材料(向外去找)。组织外事处、参谋处,设外事处与审查处。

政治部掌握材料,要研究政策,给予指导。

② 政策思想与群众见面,党团工会发挥经常作用,正规军与游击队结合。

③ 利用职权贪污的要注意,不仅是管财政的。

④ 大小虎已打出的统计起来,性质、数目、手法、所在机关。

任务分配,18—24

财经,大 40,小 140

市政(包括公交车),小 150

政法,大 8,小 50

公安,大 10,小 100

文教,大 5,小 20

工会,大 6,小 50

市郊群众,大 15,小 100

区级市委,大 20,小 160

(文件编号:E74)

陈毅在市委高干会上的报告

1952 年 2 月 17 日

部队三反经验介绍：

第一，老虎(一千万以上)大的 323 只，其次 1 900 余，预算 8 000，16 日已超过 6 000，要追加预算，全年 120 万人，内 24 万人为小揩油。

① 开始大家不相信，1 月间较好转，算账，整风，反官僚主义，此外就完事。目的为了做决议，写报告。后来负责同志自我批评，面貌一〈对〉改，仍然推不动，很多人推三阻四，因为牵涉到领导同志，不勇敢。反平均主义，反极端民主化，分组讨论，口头汇报，即做结论。"哀莫大于心死"，这次我很着慌，党内情况很危险，大革命有被取消的可能，资产阶级麻痹了我们干部，不来一个破坏，不能建设。官僚主义如一堵墙，中央的指示贯[彻]不下去。办法是超过组织，亲自动手领导，不能用和平办法，有闻必录，表示领导的决心。这一阶段是困难的，干部是被迫作战的，主席团组织不起来，平日所相信的干部，是早已失去了威信，问题是非常严重的，有许多干部是有不少问题的。

经验是领导要有决心，第一阶段。

② 克服右倾情绪。第二阶段，由上而下，由下而上，领导与群众结合。

领导人有没有问题先要研究，对自己同志盲目的信任，整下不整上，都是老虎怎样办？杀头保证，自杀来动摇军心，说三反是专门整老干部，不了解：a. 资产阶级的进攻。b. 一部分干部的腐化蜕化，反对掉[的]结果，与不反的结果，我们不允许动摇，怕揭露，对上不整，运动就搞不起来。揭发以后，发现了不少问题(包括作风与政治问题)，这样二个阵线分明了。

许多人功高自居，堕落下去并不奇怪。撤了一批人，很多人不同意。党内要有斗争，对干部不能无条件信任，不要怕烧到自己身上。

对男女生活问题可以讲，但不要作为主要的。

③ 第三阶段，领导上大致弄清后。

大会小会太多了，群众要疲乏，政策要与群众见面，着重调查研究，解释偶然堕落的可以挽救，对自动与彻底坦白者更要宽大。

北京判处刘、张案很宽大。

对资产阶级的坐探，腐化分子不能留情，要掌握〈迫〉逼供讯，用枪去三反。内外夹攻，主要靠内，上下夹攻，主要靠上。

专案专办，各按系统负责肃清，谁不负责就是老虎。领导上检查，多用脑筋，要学习，要做了经济上的主人翁，学会管理经济。

④ 中小贪污问题。

普遍洗澡，挤出20余万人，一部分是行为错误，不是贪污，如违反制度，公私不分，随随便便拿东西的，情节不重的，不必列为贪污。但要严格教育，进行共产主义的教育，不要损人利己，鄙视偷窃揩油，50万以上的要填上党表，要处分。

⑤ 上级同志因生活问题下不得台，如住洋房、坐汽车等。

运动转下去后，忙得不看书报，不看文件，不讲政策。要恢复头脑与疲劳。要有自己的创造性，不怕怀疑，要有勇气。

（文件编号：E74）

陈毅、谭震林在市委干部会议上关于三反问题的讲话

1952 年 2 月 20 日

陈市长：

上海三反最落后，完成 23%，停滞不积极，不能容忍。毛来电批评上海，中央不满意，与全国三反的〈烘〉轰〈烘〉轰烈烈，很不相称。我们要很热烈地回答这个问题，克服落后状态。

为什么如此？主要是① 领导上仍然是官僚主义。② 方法不对路。③ 组织不干净。三者必居其一，特别是思想老虎，没有解决，手软心虚，下不得手。没有决心，动摇，退却，不敢前进。这个问题不解决，不能前进。

决心一下，方法自然有。这个问题解决了，落后的可以即前进。

老虎不打干净，无限期延长，这种情况不解决，可以解散上海市委，有老虎的嫌疑，自己就是老虎，明白提出。

三反结束后再五反，目前对五反只做典型试验，宣传教育。

必须处分一批干部，名单：

1. 表现恶劣的：杜蔚然、马乃松(法办)。
2. 撤职审查：陈乃昌、李如黎、赵帮荣。
3. 撤职：陈德勤。
4. 戴罪立功、停职反省：曹漫之、叶进明、陈明。

谭政委：

打虎方法。

在斗争前面去争论路线，混乱我们的目标，对这些人，我们要下警告，不改变态度，要采取紧急处理。为什么如此严呢？因为上海是资产阶级的主要堡垒，主要敌人在上海，上海是主要战场。不管主观如何，主观上是帮助了敌人，不能允许。

目的：要把资产阶级的坐探完全肃清。

方法：① 了解敌情，堡垒在哪里？分析站队的人物，有些人有权也可贪

污，政治、经济、法律上有权的可以是老虎（一个副处长打一张路条值四千六百万）

② 再来一次普查，不论哪一个。

③ 要组织好战斗的师分部，要有强的指挥官，顽强而机警，要有高度的革命热忱的，不是曹漫之这类人，没有参谋处不能打好仗（即研究材料，分析情况），要有好的参谋处。

④ 要有一定能[懂]得业务的人才，如会计、解放[军]战士。要有外勤科对外联络，如家属中搜集材料。

⑤ 三查是同敌作战，不是三查三整。三反要用土地改革的精神去对付资产阶级。

方针：要消灭思想老虎。

指挥官要有疑问号来分配作战任务，对象确定后，要了解他的特性，如怕死、怕软，用各种方法去对付他。目的不是杀人，只要坦白，具体数目很大。攻心为上。

这次斗争是限制与反限制的斗争，不是立即消灭，要有一定时间。我们要揭露他的〈臭〉丑恶姿态。对付资产阶级要七擒七纵办法，因为中国的工业太少，不能希望立即社会主义化。

火力不要集中于工商界，要集中于不法奸商，但一般的都要考验，要有分寸，特别是小厂，是守法的商人，〈那〉拿小回扣的，不是打的对象，大多数要其过关，大约有一千户要做为打击对象，个别的杀，有的只捕不办，首先要解放一批三四十万户商家。

三反来不及，五反推到后面去。

要实事求是，要冷静，不要急于求成，任务观点，明确地掌握党的政策。

陈市长：

① 三天一查，五天一结，否则查办撤职。

② 先搞好三反，五反要慢一步，中央已同意，因为来不及。

（文件编号：E74）

陈毅在市委干部会议关于三反问题的谈话

1952年2月21日

陈市长：

1. 本人不承认如有证据也要给他肯定，不能看他自己承认，但与审案不同，是排队，十分之七八可以肯定的，就应放在党的队伍外，处理要由公安局处理。现在没有时间管这些。百分之五十的不行，不会冤枉。

一个个去提，是不会提完的，要用打网办法，打倒一批，然后再分清，个别或少数是冤枉的，还是占便宜。

账目不清者也是老虎，这是华东加的。在处理时可以研究，目前要站到老虎队中去，市级有十一万人，清出一万人，其余的是比较纯洁的，战略上就胜利了。此一万人然后再加处理，这是打虎第二步的工作，有些犯人可能要有较长时间的审查，网打开愈好，中小老虎可以高升。

打虎的算法按六条，数目就会增加。

2. 打虎队与各方的关系。

打虎队是帮助的，行政上负责人要负责，不要误会，如行政首长有问题，打虎队长就先代替一下（如原有的负责人都打光了）。某些单位打光了，打虎队可以转到其他单位去。

打虎队不一定都是纯洁、交待清楚的，他们的问题只能摊在桌上，或抽回来审查。

3. 抓查重点，各个击破。不要平均分配力量，先着重于主要单位，分批地搞，八十多单位大约可分为三批打。

例如大揭行政处，先行人员排队，研究每个人的生活、收入、嗜好、家庭、来历，然后大会一挤，不用坐班房，对方动摇就好办事。

4. 办简报。

① 介绍经验，加强督战。② 评定工作，表扬与批评。③ 号召下面同志提出意见，对上级的批评，提出抗议。

5. 强调垂直系统负责。

税局不要除外，税局负责，区委动员支部保证，区委打自己垂直系统，反偷漏放在五反时搞。

6. 21—24 日三天不开会，27 日总结，做第二个总结。

7. 提蓝桥[①]要有准备，有些人到训练班，25 日以前弄好。

8. 一般技术人员问题。

科技界有影响的要慎重处理，但不准隐瞒，不能如一般的贪污犯去斗，他们自杀对国家有损失，有之可以缓刑。

9. 防止迫供信。

10. 要讲政策。

① 查出人数多，有些人要悲观，要说明不查清是危险的，是挽救他们，要讲清楚。

② 要认清领导干部有问题者，比资产阶级要严重，如与一般商人比，对干部是严格的。但与大奸商比，对干部还是宽的。

（文件编号：E74）

① 指上海监狱。

各系统在市委干部会上汇报第二战役情况

1952 年 2 月 25 日

(一) 财政大队(王尧山)

战果共 290 人,76 大,214 小,比第一战役超过三倍,地方工业者未完成任务。市联社超过二倍,九大公司一倍。

1. 要有准备的作战,三天时间休整,攻进四天。

2. 打破思想老虎,强调特别,如地政局要盛丕华来帮忙,搬不出之后情形有转变。

3. 依靠群众,还是打虎队单打一,领导上裤子没有穿好,下楼梯解放中小贪污分子,问题大的指不坦白,补了一课,群众情绪提高,材料增加。

4. 〈从〉重新组织力量,打虎队重新调配,核心分子重新调整。

力量集中到主要战场,如建筑公司集中到营造组。

5. 提高战略思想,陈、谭的指示起了决定作用,斗智比斗力好。

6. 司令部的机构加强,以中队为主(九大公司),领导同志改变方式,不是自己当战士,材料集中,力量集中,政策上提高,负责宣传工作。

(二) 市政大队(吕镇中)

超过 128%任务。

司令部组织——材料组、宣传组,三个突击队。

排队方法:经费排队,人员,关系人,厂商排队,经手人排队,职权老虎。

克服右倾——尚未彻底克服(土务、港务)表现在:

① 对有老虎无信心,老部下、老同乡盲目相信。

② 具体情形不去认识。

③ 查虎时间很长,过去是一只只的打,现在是一网网的打。

④ 不打虎地方也要抓紧,否则要出毛病。

技术人员分类(专家、高、中、初级四类),中级以上的要照顾过关。

(三) 公安政法大队(徐建国)

大虎 76,小 288,二 328。

经验:克服右倾,撤了十五人,有很大影响。右倾的原因——对数字头痛,对自己情况不了解,任务观点,数字不正确,使下面不能积极认识。

如何掌握:

① 根据利用职权的特点。

② 研究贪污的方法,提高认识。

③ 组织力量——群众力量与打虎队力量相结合起来,民兵作用很[大],黑板报作用很大,有领导的进行。

④ 站队以后要分析,打击弱点,顽固的放在后面,对坦白不彻底的追其承证,先打容易打的,有的要持久战。

⑤ 绝大部分要有人证、物证,处理时容易。

自杀问题:(共六人)

① 大虎畏罪自杀。

② 攻心不足,只打不拉,政治工作少。

③ 同镇反有区别,政策要被群众所掌握。

问题:

① 要反对任务观点。② 要肃清右倾。

(四) 文教大队

专家老虎很多,绝大多数是大虎,现在暂时不打,单独交代。

右倾:① 不敢怀疑,特别是处长以上干部。② 任务观点。

陈市长结论:

中央宣布市委改组:

刘[晓]长期休养,陈[丕显]第四书记代理,陈[毅]、刘[长胜]不在时当书记。组织部王一平,济南顾木宣传部,夏衍文艺工作。调动大批干部到市委,王任秘书长,黎[玉]的调动不是搬石头,他工作上努力的,但思想作风改变不多,对市委帮助不大。

结论:

1. 克服新的右倾,继续开展运动。

第一,撤了十五人的职,对克服右倾思想起了很大作用,从 21 日起到现在为止,三天内数字超过过去的成绩,搬掉石头,全党空气为之一变。

说明思想老虎的克服是三反运动的关节。

成就的原因:毛主席关心上海工作,直接督促,华东局的决心调负责干部,这次三反又证明跟毛主席走有出路。过去是小手小脚,现在已开始放手的干,把党内与蜕化分清界线,改变了形势。现在还不能自满,还要有各种形式动摇人心,如自杀者辈出,愈搞得彻底,自杀、逃跑会自然增加,温情主义又要抬头,或怀疑政策是否正确。

领导中心还是克服右倾,把党由腐化、堕落倾向,彻底反掉,防止不必要的损失。

自杀原因——敌人加祸,反革命分子无出路畏罪自杀,迫供信,不满政策。自杀的多会丧失人心,但自杀是不可避免的,如畏罪自杀等,迫供信是可以克服的。

自杀的最大原因是领导上很不好,没有掌握。如不追上运动,放手发动群众,要查老路。各个部门决不要旁观。

对敌情要有好的估计,大家不要以为没有老虎。暂时要否定认为党的机关无所谓,三反运动的大灯要各处照。

第二,敌我不分,把老虎作为同志,对旧人员、新知识分子打攻有趣,对党内老虎不打是一种右倾。如机关生产要打,三反要着重于负责干部的洗清,特别是老干部,打虎队的同志不能例外。

第三,对党的政策的信心、建设新国家的重要意义认识不足,怕乱,还是要依靠组织,与群众密切结合。

第四,上海党是主观力量弱,过去强调要稳,这个特点要照顾,但三反运动中不能如此。上海复杂,更要发挥自己的经验。

第五,官僚主义仍然不检查,不采取步骤,忙忙碌碌工作,马路政客,不具体去组织,想办法,三反运动要流产。要〈从〉重新来,要层层检查,是否有所藉口进行不力的。

2 月 19 日后,具体指导还不够,要找典型,落后部门要检查。过去毛病已克服,如只打苍蝇,不打党内等。现在问题是只有号召,缺乏具体指示。

2. 战术的检查与组织力量问题。

今天的会议有缺点，有许多好的意见没有发表。

解释一个误会——打网抽签与华东局的布置有没有矛盾，这是一个精神，如排队点名，有许多名词不要混淆，只要通俗就行，不能说以前办法不对。

开始时鸟瞰，继续要调查研究，排队，大体上没有问题。或有小揩油的，放在一边，抽签，对其具体的人具体查账。

基本战术是调查研究，不用脑筋，将来要反攻，打出许多假的。调查要与原单位组织结合起来，几方面材料一对，就可以看出问题。这样逍供信就不会发生。

3. 组织力量。

亦即是群众发动问题，要依靠党与非党群众组成小队或中队，与群众结合起来。过去力量比较弱，如小组太少，因此形成锅盖太小，管不到各方面，发生偏向。非党员也可参加小组，条件是：① 没有老虎嫌疑。② 解放了的中小老虎，但不能作为主力与领导骨干，只能作为队员。③ 形成一个小委员会，二三人组成，能掌握三宝者。④ 对上级每天要有联系，汇报情况。

独立的所有三个余，小组只有一百。

发动群众，解决各个单位中有政治问题与大老虎，单是小组不能解决问题，要有群众援助，要分工又要合作。群众要搞，不能过分的压。

如何搞，召开大会，发动检举。找出许多材料，学文件，分析问题，找一二个解放对象，组织打虎队。业务工作十分之三干部要恢复他工作，这样才能持久。官僚主义最坏的典型是打虎队作先锋，不与群众结合，许多事情要群众去做。

4. 作战计划、战纲问题。

特点：

① 这次是突然来的一个运动，没有准备，被迫状态，很难有全盘计划去作战。

② 由下而上，允许下级检查上级，超越组织解决问题。运动带有很大的破坏性，破坏愈彻底愈好建设，右倾克服不过来的要受处分。

今天要强调有计划，有作战计划，不要大呼哄。

5. 继续克服右倾，克服顶牛逍供讯等问题。

可能超过五十起自杀案子，不是好现象，但不可怕，领导没有掌握群众，政策没有交待好，不要去纠偏，随便撤职也是不好现象。但也不要怕，随便禁止。只要运动是正常的，阶级斗争是要流血的，否则斗争是假的，劲头是必要的（华东军区撤去 800 人，自杀 300 余，扣掉 2 000 余，大小老虎 15 000 人）。

反左又反右，会把运动弄得不死不生，顶牛状态也是从这过里产生，要从各方面去调查，如再搞不清，放在一边，用不着压迫，攻守同盟打破，也是因为用各种小型武器，只会用大炮。

6. 打虎指挥部问题。

指挥部要健全，否则运动自然要障碍，少改变，要前功尽弃，主要通过报纸与大家见面，不要看了报就是不要群众。

7. 专家技术人员问题。

市政大队提出分类是可以的，但不能说专家可爱一些，初级的不可爱一点，但他们很多贪污，而且愈高级的贪污数愈大，什么理由他们可以例外。对老干部这样无情，对专家要照顾，有许多人不高兴。

有分析就有政策，否则就要乱打。对偷情报的要打，要分别对待，一般的不要在大会上去斗，中初级技术人员也要慎重，力量没有组织好以前，不要去搞，等组织好了，要帮助其过关。

不查不能用，查清后不管本领大小都可用。处理这类人要大队长以上的干部负责，高级的要市委负责。弄清问题为主，不是面对面斗垮完事。

（文件编号：E74）

中南局组织局的通知

1952 年 2 月 26 日

每月整党报告改为三反报告，各级组织部门在三反运动中要特别注意，搜集每个党员和干部所表现的材料，步骤如下：

（一）做好记录，保存原始材料。

（二）某些单位三反一经结束，应先将其中特出人物事件加以处理。然后再整理其他一般的。这是初步整党和了解干部的最好材料。希各地要确实注意搜集与整理，以便将来按各级组织部门管理干部名单的原则，再行分别整理与存查，同时注意登记非党积极分子，为机关建党打下基础。

（文件编号：E76）

薄一波在华东局扩大会议上的报告

1952 年 2 月 26 日

中央一级三反情况介绍

去年十二月间出现了刘青山案，东北增产节约中发现了许多贪污以后，毛主席下决心要进行三反运动。他说如何整理党，过去没有找到办法，现在找到三反来整党。党员八条大家都是赞成的，但是八条是八条，什么是相反的，所以必需从三反着手。这些贪污分子如刘青山在抗美援朝、土改是积极的，在反ブル时期，就同我们站在相反的立场，不能合作了。三反运动是带有社会主义的性质，因为是反ブル的性质，土改与抗美援朝还不是社会主义的性质。三反中表现了党内分裂，反党分子要领导我们走向资本主义方向，所以这一斗争是很剧烈的。有人说这次比三查三整刺得痛得多。

十月革命后，列宁提出了谁战胜谁的问题。现在情况与那时的苏联差不多，许多党员是早已变为ブル"坐探"，许多经济机关已经是ブル的机关。要把党内搞干净，有三种人必须痛痛的整一下。乘此机有把功臣搬掉，乘此以把军队的骄气打下去。① 一种人是留用人员，过去采取包下来的政策，成员复杂。贪污的可以洗掉他，有技术的要采取抓小辫子办法。知识分子过去骄傲，我们也要打他一下，使其服理。

② 第二种新吸收的知识分子，也要改造一下。

③ 第三种老干部要整下去，如盛荣、戴季英，不开除一批党内不成样子。党内有一批[上]政治上老不进步，把秘书带到会议上，一问三不知，生活上朴素，但不用脑筋，也要整掉一批。法庭上、战场上考验过[起]，但在ブル在一起是否经得起考验是一个大问题。家庭关系也来了，同他们合作得彻底，甚至讨ブル、地主的女儿，问题是谁跟谁变。裙带关系的要检讨，老婆做后勤部长，同ブル团结，毛主席说过是把老婆交与群众去斗争。

1950 年的党内有一个自发的反ブル的斗争，如公债、税收，华东挤商人的运动，自发的运动是错误的。全面出击不好，不是反ブル是错误的，问题在于那时的中心任务是反对地主、反官僚主义，很不策略。三中全会纠正了这个错误，来了一次调整，工商业工作。1951 年来一个抗美援朝运动，需要统一，没有机会发动反ブル。党内警惕降低，ブル气焰高涨，买卖很好，政治上地位也提高了，身居要职，开始向我们进攻。

先打掉ブル思想，才能学习马列主义。

运动如何着手？

层层检讨，党内民主改革，反对封建，每年党内要开一次较大的会议，检讨负责同志，整风性质，群众要求：

① 要求采纳意见，三反开始时群众要求整工作上的官僚主义，毛主席说“听话”。

② “不听话”——对有错误要纠正，如不纠正群众也有意见，你干什么，为什么不纠正错误，不要怕得罪人（不投票，报复）。

上海市委三反不能发动，刘、潘一定有所顾虑（毛的猜测），事后再不办，更是官僚主义。陈市长一天晚上搬掉十五人，有办法了。

开始时不愿把本机关内搞出贪污，愈大愈多愈光荣，所以必须规定任务，全国内部大约有五十万人，是贪污分子，不要怕，一亿以下也是小贪污，到上海后一亿数目太小，处理时要注意。

几年来没有找到整党的办法，现在找到了三反的道路。

什么是铁托——是ブル的影响侵入到党内，刘青山下面的党不成样子，正派的人都被打击。天津地委也是铁托，他如果在南斯拉夫，他也是铁托。铁托就是[从]ブル的俘虏。

“浪费范围甚大，贪污性质严重。”如不整掉不能建设，整党八条也是空的，如一个老〈火〉伙夫揩油很多，应开除，八条是赞成的。

12 月份中央一级机关没有很好的开展，1 月份才开始

第一阶段，开始只有浪费与官僚主义，后来采取：① 点名坦白；② 没有发动者撤职（11—19 日）；③ 撤职反省。实质上是党内民主改革阶段。

主要办法是开除党籍与撤职。

第二阶段，反贪污反浪费（2 月 15 日止）

发现斗争没有力量，司令员本身包袱很重，许多同志浪费问题严重，超支多。许多高级干部下不得楼，下面觉得不平。

十天之内整出许多小贪污，解放了一批人。接近贪污的要处分，超支与一般浪费的检讨，一千万以下的不作刑事处分，算“占小便宜”，董老做衣服不算浪费。

打大老虎，大贪污犯不愿承认到一亿，开了一次公审大会，给大贪污看，第一种不坦白的，第二被迫坦白的，第三自动坦白的，立功赎罪。

2 月 1 日起(大多数)到 2 月 15 日止，大老虎达 600 人，中小 1 700 人。10 日以后迫供信情况严重。

发现什么问题：① 带有政治性的。② 大贪污犯(坐探)。③ 老干部。这三种人不容易攻破，后勤部一批大老虎不好攻破。

第三阶段，2 月 11 日—3 月 15 日(休整一星期)。

① 不叫做打大虎。

② 不追加任务。

③ 反对迫供信。

重新整顿队伍——三分之二打虎，三分之一搞业务。

休息一星期：

① 作研究，总结经验。

② 所有部门写一个总结，发到下面，写出特点。

③ 认真搜集材料，继续进攻。

④ 清理积案。

⑤ 规定制度。

⑥ 每个党员交待关系。

上海工作问题：

领导同志下楼不好的可以再补一课。上海都已下了楼，不妨在最后阶段时再下次楼。上海五天一结，也能解决问题。

毛主席对上海市委不满，因为上海是大城市，上海为什么不搬石头，不满意，架起电话，每天通话一次。毛每天找右派人士谈话，看各地挖单位，一定要有感性知识，要联系一个工厂，每天算自己的伙食账。

五反运动：

历史来说——天津有四反运动，研究了以后，规定为五反。

方针——要把ブル整臭，压下他的气焰，坐探必需开除出去，对商人决不妥〈洽〉协。[他]现在不得人心，打一下，再拉他一把，过了几个月，ブル就会喊万岁。对ブル的进攻是削弱他，不是消灭他。消灭什么——最坏的部分：投机商人、不法商人、暴发户。现在是打的阶段(1 月到 4 月份)，但不能永远打下去，同过去三次反共高潮一样，不能永远打。

阶级界线划清以后，才可以收兵，即现在资方与党员还没有分家。使ブル觉得很痛，才是解决问题。

要达到目的：

① 人心信服，指ブル的大多数。

② 市场繁荣。

③ 税收有望。要有利有理有节。

有利——政治、经济上对我有利。

有节——分ブル三种。① 守法。② 半守法。③ 违法。

处理——杀、关、管三种。

杀不能太多，与反革命不同，要十分慎重，要群众信服。

关[的对象：]① 抵抗运动[的]；② 违法的；③ 人缘不好的。

要关的多要退款，多数是退，重点罚，少数关，极少杀。没有问题要做结论，宣布没有问题，或者问题很小(如回扣)，不算行贿，算贪小便宜。

半守法的——退而不罚(如偷工减料)。

以上两种北京市计四万八千户，然后再处理两千户问题大的，徒州的二百户。放时填表，如发现问题就对你不利。

上海问题，是指挥员脱不出手，毛说上海五反必须步伐整齐，应当推迟，在全国堡垒打下后，再集中打上海，抽二三千人来上海。

目前外部如何办？内部做充分准备，暂时稳定外部，停止捕人，放出一批，要他们去宣传，报上宣传转变一下，集中宣传五反，揭露一般性的ブル罪恶。店员、工会号召整理材料，2 月 20 日后再动手。

对大ブル如何打法，如胡厥文、盛丕华，要打，但又要团结。对他们要保护，让其过关。过去对我做过事，有功，现在怎样办？

天津把民主人士分为四类(资方在我政府工作的)。

① 要保护的(政治上、经济上)三人。

② 十七人一般要保护，政治、经济地位不动。

③ 十一人，政治上一般保护，但要降级使用，经济上要罚一些。

④ 九人，坚决要打击的。

毛说：<u>党内要严，对ブル要宽一些。</u>

（文件编号：E74）

薄一波等在上海市党员干部大会的讲话

1952 年 2 月 29 日

薄一波同志报告“三反”、“五反”问题：

解放以后国共合作是空前的，500 万国民党员包下来了。这样的党，不能建设社会主义，要狠狠地整一下，零敲细打不解决问题，要如飓风一样的整，这就是三反运动。

为什么要发动这个运动——分清资产阶级的界线。

1950 年上半年自发的反资产阶级运动是冒险的，因为尚未肃清残敌，镇反、土改。6 月间就纠正了这个错误，随便提出了调整工商业，1950 年资产阶级赚了 30 000 亿利润。国家因抗美援朝投了 200 000 亿给私人资本，他们捐了 40 000 亿，赚了 260 000 万亿。一年半的猖狂进攻就来了（1950 年 6 月—1951 年 12 月）。

我们现在要打 4 个月到半年。

三反运动实际上要开除大批蜕化、堕落的分子，过去姑息是不对的。毛说“这是清洗党内不良分子的运动，被糖衣炮弹打中的人，他们已经不是党员，而是阶级的敌人”。这次说干就干，没有先进行教育，雷厉风行。

华东工业部、贸易部、纺管局不是我们的机关，是资产阶级所领导的机关。进入城市后，与资产阶级相处一起，谁战胜战谁是问题。

先要把三反中资产阶级分子清洗后，再来谈八条与整党。

打虎方法：

1. 调查研究算账，中央 10 000 亿有 50 只老虎，用钱愈多，老虎愈多。

生活超过了标准，来往关系，家庭成分，历史，经手的钱数，指出矛盾即可决定是否是老虎。

2. 算细账，对账单。

如找物价高价不同，看账是否合市价。

3. 利用矛盾，号召立功。

攻破攻守同盟。

由弱的先攻，要用方法。

4. 老干部如何攻?

5. 动员家属去劝说,集中贪污犯,让家属去劝告。

6. 利用俘虏,立即就用,自动坦白的,数量不大的。

上海党[是]有战斗力的党,但许多地下党员没有参加过斗争,他们缺乏大规模群众运动的经验。解放区来的干部不同,如一个县委要考虑几十万人的事,希望上海同志在三反运动中,取得群众运动的经验,全套的群众工作经验。

刘长胜:

2 月 20 日以前市委的主要错误是右倾与官僚主义,事先看不清问题,事后又没有补救,犯了严重的官僚主义错误。二年来的各种运动都〈破〉暴露了弱点,表现在顾虑多,软弱无力,不能很好完成上海工作任务。

党内自由主义分子钻了空子,没有采取坚决解决,使工作拖着不解决,中央这次再不解决,会使工作遭受严重损失。

第二批撤职反省(所兼各职均撤):黎玉、顾准、王纪华、陈公祺。

开除党籍者:曹漫之、程万里、马乃松、杜蔚然,开除党籍。

1. 黎玉,滥用职权,与负责同志关系不好,对过去错误没有很好改进,家长官僚主义作风严重,挟天子以令诸侯,如命令江南厂三天内开展三反运动,铺张浪费问题不检讨,不领导市委的三反运动,与武仲奇关系很密切,拒绝检讨。

2. 顾准,一贯的严重的个人主义,地下时期也有与党对立状态。例如这次三反运动来了,他说:他老早已在转变实行社会主义了,好像不是中央领导得好,自以为是。

3. 王纪华,严重的资产阶级思想。

4. 陈公祺,严重的官僚主义,脱离群众。

5. 曹漫之,严重的官僚主义,享乐腐化,如油漆房间浪费数千万,赶走同居的公务员,严重的享乐主义。

6. 程万里,违犯党纪,品质恶劣,贪污浪费。

7. 马乃松,品质恶劣,违法乱纪,一贯违反党的组织纪律。

8. 杜蔚然。

谭震林：

代表华东局撤消四个人与开除四人问题，发表意见。

如黎、顾二人，一贯表现在党内是思想作风上最恶劣的分子，到了欺上压下的程度，如古代的奸臣，想抢夺市府与市委的领导，这是我们党所不能允许的。撤消他们的职务，要求他们检查自己，如不深刻，只有开除党籍，回自己的支部进行检查与反省。

四个开除的党员是品质最坏，毫无党员的气味。如曹漫之，对 20 日的动员大会时，他还要打〈马〉麻将。三反中如能立功还可以给他工作，否则连工作也不能给他。

这不是对绝对多数的同志下警告，多数干部是优秀的，少数坏分子阻碍了我们前进。还有一些同志作风与思想上不好的，还要在三反中改造自己。彻底地整顿我们的队伍。

上海党过去没有路线错误，是正确的，有成绩的。为什么还要调大批干部来此地呢？这是战略上部署的一个变动，土改在农村中完成后，要加强城市的工作，不是上海干部不行，而是因为干部不够，为了加强上海经济的建设，更是加强上海的工作，只有这样上海才能负担这个工作。

店员工会同志只会放火，不知道控制火，所以要调××来此，要上万干部来上海，才能负〈提〉起这个工作。

市委六项规定：

1. 本机关留下反省的，要经大队长批准。

2. 撤职与捕者(科长以上)需经市委批准。

3. 凡决定暂不发动的单位，一律不准自行发动，要有领导、有步骤地进行。

4. 对主要的民主人士及其领袖、医生、科学家、专家等人物，请市委批准后始得行动。

5. 一千万以上贪污犯解放，要经市委批准。

6. 一切重大的措施要事先请示，事后报告。

如不遵守以违反纪律处分。

（文件编号：E74）

市委打虎大队长第四战役汇报与结论

1952 年 3 月 5 日

（一）工商大队

1. 思想情况：

① 要等结果，时间少，信心不够。

② 怕过左。

③ 怕业务受影响。

④ 急躁情绪。

⑤ 退赃与打虎，怕不坦白。

2. 老虎情况：

顽固，说我们一说、二骂、三管、四放。

家属帮助。

贪污集团与政治集团有关系。

土产公司计划难以完成，完成很少。

3. 问题：

① 撤职以后，业务无人管。

② 隔离的太多，没有地方。

③ 干部不能安排，要干部。

（二）财税大队

1. 战斗中练兵，第一仗要打得好。

2. 先打思想老虎，有很大效果。

3. 要先拿掉钞票，就可减少自杀。

（三）银行合作大队

……①

（文件编号：E74）

① 原文缺。

华东局宣传部长会

1952 年 4 月 18 日

一、交大汇报

五十会期中分二个阶段进行：

(一) 概况——从 3 月 27 日起检讨错误，到围剿打虎，打下 36 只老虎，尚有 12 只未打出。

(二) 经过。检查领导整训队伍。“盲目轻敌，忙乱事务”，是领导上主要毛病。

斗争方法不细致，打虎不力，情绪急躁。

如何改变领导？

① 统一管理材料；② 党委集中统一领导；③ 总结打虎经验，改变方法；④ 订出打虎的具体计划；⑤ 确定纪律(如[禁止]打人骂人，泄漏秘密)。

(三) 围剿大会问题。

① 首先要注意订出计划，明确方针方法，[以]〈振〉震动教员、打击职员为主要目标。② 控诉。③ 追赃。④ 大会准备工作的检查(四次)。⑤ 分五场进行，第一场宽大政策表现，宣布宽大处理(顾伯荣)。

(四) 基本经验。

(1) 检查领导完全正确与重要。

(2) 明确方针要求，如何〈振〉震动教员要明确。

(3) 请示上级关系重大，过去做得不够。

(五) 教员情况：教授 109 人，讲助 155，共计 264 人。

1. 教员贪污 62%(讲师在内)；教授 67%。

2. 同ブル的关系密切，直接经营企业者 56 人，占 20%。

工商界任职者 65 人，26%；亲戚朋友经济有关系者 85 人，34.4%。

3. 同贪污分子[有]关系 77 人。

二、复旦汇报

成绩：66 只老虎，教员 46，职员 18 人，学生 1 人。

教授 164 人中(小贪污不算在内)94 人贪污，51.8%。

学生 77％手面不干净。

如何进行？

一、[阶段部署]

第一阶段，准备阶段。

(1) 会师大会。

(2) 建立小组，把责任由组长负起来，加以训练，集体学习。

(3) 运用政治宣传工作。

(4) 家属工作。

(5) 成立打虎指挥部，下设大中小队，五个院一个研究所成立工作组，进行教员学习工作，每一个系划分一个小组进行学习，大的成各一小组(二十人左右)。

(6) 设检举箱。

(7) 学习三反文件，了解政策，解决坦白与抵拒的出路。

第二阶段，号召坦白(二个星期)。

(1) 开展批评与自我批评。

(2) 限期坦白，表示领导上有决心，人与虎分开，检举信大为增加，限期七天，指名三人限期坦白，教授也自动来交待。

(3 月 15 日—3 月 12 日)群众自动帮助打虎，教授对贪污分子也开始进攻，自动劝说，自动顶牛。

第三阶段，围剿大会。

二个大会中插一个大会，号召退赃，大小老虎自动坦白的颇多，有的在小组中去坦白，或捡条子自己交待的(二千多封信)。

第四阶段，退赃定案。

自报公议，领导批准。

二、干部思想问题

多不知道方法与政策。干部开始时有急躁情绪，要捕人，打下了老虎后，信心提高，一切要通过大会，不要在小会中去挤，对退赃定案[有]忽视态度。

三、主要经验

(一) 统一领导，团结一致。

(二) 反复的宣传政策，打破顾虑。

（三）充分准备材料。

（四）发动群众，依靠群众（打虎队打下的八条，自动坦白的 12 条，群众打的 42 条）

（五）动员知心人，内行人劝说，过来人现身说法。

（六）打鸡给猴子看，主要是对教员，如刘大杰、卢于道。

（七）选择弱的老虎要先打，不要找顽强的（如刘凯明）。

四、主要缺点

（一）干部少缺乏经验，组织准备跟不上形势，如围剿大会后拖了二星期。

（二）打虎告一个段落后没有立即组织教授学习，转向思想改造，调整组织放在思想改造之前不好。

（三）盲目性，无计划。如学生的学习没有计划，教授也有一星期无事可做。

五、经反贪污转入思想改造

（一）准备工作很重要。

（二）干部要学习思想改造的计划，材料组与保卫组首先准备。

（三）教授分类。

陈其五补充发言。

（一）经三反着手改造思想好，以贪污为主好，以职员为重点好，对教员一道做，自动迫其交待，过回作战方法。

因为思想上认为是清水衙门，另一种认为政府会保护过关。

复旦打教员是盲目的，交大是有意识的。职员打透后，自动坦白者 157 人。

要注意每个学校都有大的贪污集团，如同济的夏坚白，大老虎以教授为多。如复旦大学。

（二）工作的步骤与时间。

时间大约二个月左右可以打完。

第一阶段约一个月，动员，浪费贪污的检查，组织准备，如工友学员教授职员自动交代，组织准备等。高潮时期可以停课。

每天可以定一个下午。

第二阶段思想改造约一个月。

不要机械的划分阶段。

（三）五种群众要有互相配合。工友、学生先洗手。工友多半是偷窃，一号召即可以坦白。对职教员斗争要靠工人。学生说话内容空虚，热忱很高。

学生工作——清点后没有工作，进行五反有很大教育意义，五反结束后再搞三反与教师思想改造，回校补课。

（四）家属工作。

（五）保卫工作，为清理组织准备材料。

（六）教师分类。

为什么要分五类？以思想政治经济为主要条件，但也要照顾，如交大的，学术放在次要地位，照顾年老力衰的。

航空系。

（七）打虎问题。

职员中以伙食、财务、家务、修建为最多，财务部门多是大案子，如解放前的隐蔽物资，大贪污等与负责人有关，最难搞。

（八）统一领导问题。

党对学生关心不够，〈因〉故[学生]容易闹独立，不大容易配合，主要是步调一致问题。

领导思想统一问题很重要——请示报告，服从上级很重要。

交大的主要问题是了解情况很差，被动盲目急躁。

工作要细致。

（文件编号：E75）

钱俊瑞关于北京各大学三反工作经验的报告

1952年4月19日

一、思想改造三反要求达到的目的。

去年十月开始思想改造，十二月开始三反，现在三反与思想改造均已先后结束，某些大学已逐步清理中层完毕。

(一) 基本上克服[了]浪费贪污与官僚主义问题，如清华家长[制]作风已被打垮。

(二) 肃清法西斯与买办思想，划清敌我思想基本上可以做到。如〈清〉亲美崇美思想，揭发KMT反动思想，现在已低了头，院系合并都无意见。

(三) 充分准备清理组织。如燕京与辅仁，在三反基础上已完成清理组织的任务。

二、充分发动群众，提高群众，团结多数，孤立少数的一个过程——团结数目越来越大的一种过程，浪费贪污的具体成绩不在于数目字，而在于看群众的觉悟程度能提高到多少。

二种学校类典[型]：一为党的力量强的；其次为力量弱的，发动方法有不同。前者是先在党内发动，然后搞到外面去。人民革命人学开始时没有这〈种〉样做，结果把校长先反掉。后来党内先弄清查，再到群众中去检讨。其次展开三反，群众即可发动起来。

各校都是二面出击，不分阶段，即三反同时作思想批判，必要时可以汇合一下。

三、思想排队，分批过关，教员分类方法问题。

(一)"原则从严，处理从宽"是思想排队的主要关键。如对张东荪问题，进行了严格的批评。

(二) 教授分类的基本原则是要团结多数，孤立少数，控制数字心中有数。第四类不超过2%，多数要迅速过关。开始时不要发生顶牛问题，使大家觉得难以过关。其次要注意不要偏重提生活小节，及态度作风上面。因为思想反动的教授往往表面老实，所以要使许多好的先让其过关。

（三）分类要由上级党委批准，技术专家要改造团结，不能一脚踢开。到了社会上还是要照顾，所以不能随便踢开，如张东荪。

（四）处理方法——即对第五类人问题，最好不超过 2%，首先要控制此数字。

1. 技术专家要保护与慎重。

2. 现行反革命份子要立即处理。

3. 要有各种处理方法——撤职，停职，调职，降职，留职发薪，留职学习，调职学习。

4. 对不学无术者如何处理？如不够格的不续聘，不在三反中处理，可以暂时搁一下，下学期决定。

5. 全国闻名教授、主任等要由中央局批准，医师、科学家等亦如此。

四、学生参加三反问题。

为什么要〈产〉学生——帮助教授同时提高自己是总的目的。三反中不着重交代自己的问题，如学生会主席不去反官僚主义，不发动斗争，不做任何结论。因为学生是基本群众，如〈做〉作为对象，阵线就要乱。个别严重的要处理，学生过去是职员的要处理，清理中层时一律交代。

五、清理中层问题。

是三反思想改造的基本环节，必须进行。

目的——（一）了解全体师生员工的政治面貌，各种人的类型。

（二）清除与认识反革命份子，拔毒钉子。

（三）整顿学校的队伍。

如何从思想批评到清理中层？

必须的条件：

（一）一致认为要交代自己的问题，如要求写自传，各校均很普遍。

（二）掌握了一定的材料，由公安局掌握的。

（三）必须有强有力的工作组，公安部门也要有一个工作组。

步骤：

（一）党内先交代；

（二）团的积极份子及全体团员[交代]；

（三）然后群众交代。

六、统一领导问题。

由市委高等学校节约委员会领导，成立一个党组，有市委同志，教育部，中宣部，团中央均参加，各校党委，公安局必要时也参加，由彭真总负责，不管党务工作。

七、考虑进行的工作

（一）建立政治工作，建立政治辅导员制度（政治辅导处），了解与指导群众的政治情况与政治活动，帮助教师的政治工作。这是一种理想，以后建立工作也归其管理。党委加强以后，行政上的政治辅导处可以取消，但与党委关系可以考虑。

办公室改变了工作，(1) 政治辅导办公室；(2) 鉴定毕业生。

将来组织一个高等学校党委，直接领导办公室，主任担负党委书记。

（二）建立公开的保安委员会。

（三）发展与健全党团的组织。

（四）院系调整、课程材料的改革，组织一个院系调整委员会。

北京各大学经验补充报告

一、如何转变？

人民大学开始慌乱，后来决定：

（一）领导人不马上检讨。

（二）在思想上进行教育为主。

二、如何发动群众？

先从反浪费发动群众，因为面广，各家大清查，浪费展览会、反浪费斗争大会，进行控诉，暴露了许多资产阶级思想，同时进行反贪污，批判资产阶级思想，干部分二面进行工作。

教员先在院系内检讨，然后拿出最坏的在大会上讨论，重点在反对反动思想。如周炳林。

三、清理中层组织机构以工作组掌握好。

（文件编号：E75）

舒同主任关于华东高校三反运动的总结

1952年4月25日

一、学校三反运动的基本情况。

华东已有29个大学进行三反运动。

第一种学校：三反与思改结合起来进行，以反贪污进入思想改造，再分三种类型：

（一）学习，初步酝酿，反贪污运动与思想改造运动，如上海四大学，南大，金大。

（二）用代表会议形式，领导带头检讨，反贪污运动，如浙江大学。

（三）用反浪费着手，作一般交代，做得还不够的，如福州大学。

第二种学校：三反与思想改造没有很好结合，如业务学校（上海）基本上是为了打老虎完成任务。

第三类学校：缺少充分的准备，或者是由于领导上力量不够，被迫的停止下来的：（一）事先少准备带盲目性的在发动如安大。（二）事先不估计主客观条件，不能主动的去收兵如南京有些学校。

中小学尚在作典型试验。

二、继续贯彻三反与我们的步骤。

（一）暑假以前所有高等学校的三反思改，清理的基本完成，以便下半年整个调整院系，达到总的要求，上海分三批完成任务，大约八月底可以搞完。

（二）医院三反在秋后搞。

（三）教会学校问题，燕大经验可以用。思想上要严格批评，处理要从宽。

（四）中等技术学校，先公后私，分期或分批集中训练，个别重点中学或贪污问题比较严重的单独进行，区县干部秋收后进行。

三、三反中应注意的问题。

（一）以思想改造为主，中小学更应如此，同机关三反应有区别，要有深刻内容，二者偏废都是错误的，不妥当的。

（二）一般应有的步骤。

第一，重点准备工作，思想，组织，干部等充分准备与动员，思想准备。

第二，反贪污浪费运动的展开，一般的开展，如普通交代。

解放后：教师434，贪污67，15%，25老虎，讲助525，[贪]污104，占19%，老虎一条。

职员616，贪污240，40%，64老虎，工友770人，[贪]污454，占59%，老虎五条。（四大学统计）

第三，全面展开反浪费与贪污（不要用打虎名义）反大贪污分子有必要，上海教职员工中贪污的（建国后）801人占36%，解放后老虎150条，款子93亿。

教授226人，占总人数51%；讲助教212人，贪污占40.3%，款六亿五千万，老虎十五条，工友占66%，老虎五条，学生占……[①]

职员在解放后贪污多，基本上要打透，大集团，顽虎，等到退改。

第四，思想批判。包括退赃、定安与清理组织工作。（在后一阶段中进行）

贪污如不严重的学校，可以不按此步调进行。

反贪污要防止偏差，要适可而止，不要逼供讯。

一个阶段二个步骤——思想批判第一步调为主，定案退赃。第二以思想批判为主，有意识的进行组织清理，有政治问题的不要过早振动。

（三）思想批判与退赃定案，清理组织，必须密切结合。

1. 边打边追比较可靠，定案退赃很艰苦，有全家自杀的。

2. 打虎到思想批判后要有短期的休整，总结经验。

3. 没有贪污的应以思想批判为主，贪污问题没有〈澈〉彻底解决的，继续的要从思想批判去解决，虎的分类——假、窝、群、顽、双皮，五虎要在思想批判中要其交代。专案，悬案都如此解决。

4. 思想批判要找典型，集中批判，如刘大杰。

5. 与组织清理相结合要注意——条件成熟，批判工作已大体告成；普通要求交代历史，一定材料已掌握；领导上有强的骨干；要有初步的典型经验，然全面推动，号召忠诚老实。

全面交代历史前要有全面排队工作，教员分五类，有重点的分批过关，先易后难，有严重政治问题的放在后面。

（四）反贪污应以职员为主，对教员采取迂回作战的方式，用旁敲侧击办法。如复旦是取得效果的，要很慎重对教员，不要损害。

---

① 原文缺。

思想批判以教员为主，在思想批判中解决贪污问题。

教员分五类中思想政治是主要的，经济学术为次，学术人缘做为衡量，前三类要在 85%，四五类占 15%左右，第五类不超过 2%。

如何过关？四种不同对象，五类教授要有不同的方法，前三类在小组中通过。

依靠谁？学生工友进步教员。

（五）高等学校学生一定要参加三反——学生要交代。

理由：1. 学生自己有贪污浪费问题，也要思想改造，所以要反自己。

2. 学生要帮助教员自己要交待，放下自己的包袱，认识错误，方式不追不迫，不戴帽子，不作处理。

什么时候交代？先后均可，先交比后交好，因为可以主动的搞三反，作为我们的力量。

对学生的清理组织与思想改造要看为重要的一部分，不要忽视学生工作。

运动要统一在党委领导之下前进，四五类教员问题学生要派代表参加。

（六）中小学思想改造问题。

分批分区的进行，省市掌握、集中起来主要搞职员，学生派代表参加。一二个月，暑假中进行，回去要交代，不要重复地来一个运动，面对面的交代。

（七）思想从严，处理从宽。

解放前不去追赃，严格分开，解放前后浑水摸鱼的，应处理，放宽尺度，专家名教授比一般教授要宽，教员比职员要宽，全国闻名的教授处理时要请中央批。

（八）进行有系统性的调查研究工作。

（九）停课问题。

尽可能不停课，时间不能太长，高潮时期停一下，学课不要照旧。

（十）保卫工作要与群众工作结合起来，特别是打虎时期，要注意双皮老虎，组织清理时要特别注意，不要过早提政治问题。

（十一）要有坚强骨干，派干部去要有长期打算，留下一批干部。

上海要准备一批干部去做中小学思想改造工作。

（十二）统一领导，由上海市委领导，党委主要是掌握政策与方针，党务工作归区委管。

（文件编号：E75）

陈市长关于目前国际形势问题的报告

1952 年 4 月 30 日

情况：半年来时事教育未进行，要补课。

帝国主义与蒋匪方面的反映：对朝鲜问题采取一贯来拖延政策，武装西德日本的武装，采取细菌战。

一、三反五反的胜利，使新中国内部发生了巨大的变化，为增产节约造成了稳固的基础，特别是为了工业化的前途，五一以后要大规模搞生产运动，准备五年计划，部队全部学文化，然后搞全国的军队机械化。

“五一”口号是今后增产节约的中心任务

二、国际问题。

朝鲜问题——基本上要停战，决定是前线的军队的胜利。美国不能不被迫停战。他们不过是尽量的讨价还价，掩盖失败，五月以后很难拖过，下次美国改选要有斗争。

争论集点有五，三个无法解决，（一）俘虏，我们要求放一万二千人，要俘为 5 万人，全部释放。

（二）承认苏联是……①

（三）莫斯科国际经济会议，各国代表对中国心向往之。

（四）美国要求战争，我们是和平方针。

舒同同志：

整个形势对于和平民主是有利的——苏联工业农业更进一步机械化，水利站。

（文件编号：E75）

---

① 原文缺。

华东局宣传部关于上海高等学校开展“三反”运动的报告

1952 年 4 月

上海高等学校的“三反”运动，是由华东局直接掌握的。我们按华东局先公后私、重点掌握与分批前进的原则，规定第一批的交通、复旦、华东师范四大学为重点。自二月下旬开始酝酿准备，3 月初正式展开这一运动，预期四月底可基本结束。对其余各校，则布置一般文件学习，有意加以约束（与必要的准备工作相结合）。第二批拟在沪江、震旦、圣约翰及大同四私立大学及市立上海工专进行，4 月下旬即可开始。第三批再在东吴法学院、上海学院、立信会计等私立七院校中进行，约于 6 月初开始（各地重点大学亦可于此时大体结束）。关于各业务部门所属 30 所院校，则在统一方针下，由各业务部门具体领导，期于暑假前基本结束上海各高等学校的思想改造运动。

对四个重点大学的方针是使“三反”运动与思想改造密切相结合，并在这个基础上稳健地进行组织清理与院系调整，为高等教育的改革运动创造前提条件。其步骤一般是：（一）经过充分动员准备之后，初步揭发贪污浪费现象；（二）全面展开反贪污斗争；（三）在“三反”基础上展开对资产阶级思想系统的批判；（四）如条件成熟，则有掌握地转入组织清理，但组织清理拟不作一个单独的阶段去进行，即在思想批判后期转入为全面的交代运动（这样做既可减少震动，又易于深入）。具体做法：（一）派一批干部至各校与原有党团组织，与进步力量密切结合，建立新的领导核心。公开用学习委员会名义，内部则由新组成之校党委统一领导；（二）在传达寒假学习会议精神及饶主席思想改造的报告基础上，动员“三反”学习；（三）学校反贪污斗争以职员为重点，对教师实行侧面迂回，迫其自觉交代，思想批判则以教师为重点，并在思想批判过程中贯彻反贪污、反浪费的斗争；（四）先动员工友、学生“洗手”“交代”，然后依靠他们展开“三反”斗争。

自 3 月 5 日到 18 日，四重点大学均个别停课，反贪污斗争正逐步走向高潮。交大、师大开始因对全面情况掌握不住，心中无数，对材料工作重视不够，加上经验不足，领导思想不一致，以致一度被动。同济 18 日开始停课，全面发动较晚。复旦则走在前面,则已进入肃清残虎,定案追赃阶段,老师中的贪污问题亦已普遍交代,正开始转入思想批判。

一月来初步暴露如下情况:

一、贪污浪费十分严重,(浪费因清点资财尚未结束,尚不能作全面报告)。目前为止,已捕获虎 95 只(内大虎 19 只,中虎 15 只,死虎——解放以前的——39 只),贪污总额 67 亿。计复旦 65 只,交大 14 只,同济 10 只,师大 6 只。各校正准备打的有 30 只,此外估计尚可打下 40 至 50 只左右。职员中的贪污人数,一般均占全校人数二分之一至三分之二左右。其中以修建、伙食、庶务、财务系统最为严重,其他解放前后应变费、工会经费,抗美援朝捐献中均有普遍的贪污现象。工友中多为零星偷窃,并有少数的封建把头及隐藏的地主、流氓、坏份子。学生中多为小偷窃、小揩油及侵吞公款(包括学生会会费、办公费、实验费、抗美援朝捐款、中苏〈有〉友协会费、团费、助学金等)。如交大 1 758 个学生初步交代,手脚不干净的 517 人(内党员 11 人,团员 224 人),占总数 29%;师大 1 014 个学生中,不干净的有 674 四人,占 66%。教师中的贪污情况也是严重的,如复旦教师 294 中,〈有〉不干净的有 169 人,占 57.5%;教授、副教授 163 人中,不干净的有 101 人,占 62%左右。其中老虎 45 人,占 25%。(死虎 40 人,活虎 5 人)。老虎又以教授为最多,计教授 40 人,讲师、助教 5 人。教师的贪污方式,一般为:(一)偷窃盗卖图书仪器文物等,案情较大的都盗窃公家财物自己开厂。如交大教务长陈大燮,即将交大一个十二台机器的工厂窃为己有;同济前电机系主任吴师佑,盗窃公物自开机器厂,连教授也不做了。(二)解放前后浑水摸鱼,大量盗窃隐匿公家资财。如交大教授王之卓,利用伪教育部物资清理处主任职权,大量盗窃仪器资财,开仪器公司;交大讲师蒋大宗吞没伪中信局仪器一百箱;同济夏坚白(主任委员)勾结同伙吞没大量应变米及黄金、银圆、煤炭,人称之为“白老虎”“黄老虎”“黑老虎”。(三)收受贿赂。一种是出卖机器图样,以及为人设计图样拿回扣;一种受政府委托检查资本家账目,受贿赂。(四)虚报冒领,侵吞公款。有的买卖黄金外汇和放拆息。以上以偷窃隐匿为最多最严重,如交大自动坦白的 27 人中,属于偷窃隐匿的有 20 人。(五)解放以前投靠反动势力,担任伪职进行贪污,接受美蒋津贴,以及隐匿敌产。如复旦中文系教授顾大杰,接受周佛海、曾琦的津贴;合作系主任陈仲明,原为伪全国合作总社经理,隐匿敌产,初步坦白已有数亿，包括汽车、房屋及大宗物资等；统计系教授厉德寅为伪昆明中央银行经理，是当时轰动全国昆明大贪污集（黄金——镍币风潮）的主犯，案中镇压群众有血债。

二、组织情况十分不纯。职员中成分复杂、政治落后、旧社会习气深，不少都是旧校长亲信，政治上有问题。教授中有不少开厂、开店，自己就是资本家或其代理人。如复旦财经学院教授 28 人中，有 15 人为官僚企业及资本家的代理人；交大教授中本人即是资本家的有 15 人，关系密切及为其代理人的有 20 人。解放前曾做过资本家的有 12 人，其中有的已在“五反”斗争中被波及。复旦教授中参加反动党团做过国民党官吏的有 47 人，占教授总数 32%；参加特务组织及有嫌疑的 13 人，占 9%；脱党分子 11 人，占 7.5%。此外尚有参加托匪的。交大教员（包括讲师、助教）参加反动党团特务及有政治问题的 49 人，占 19%，在伪军政机关担任伪职的有 50 人（教授 37 人，讲师 7 人，助教 6 人），占 19%。

三、教师中普遍称赞“三反”学习的伟大，感到自己很脏，并不“清高”，开始放下架子“撕破面子”。如复旦政治系教授严北溟，曾当过伪县长，当“三反”运动开始时自命清高，作了一首打油诗：“平生三不谁不知，潦倒中年鬓已丝，交代至今无可数，当初应悔未贪污。”但最后自己却坦白了有贪污。农艺系教授徐天锡第一天说：“从我那里找贪污，正是鸡蛋里找骨头”，但经过小组帮助，第二次交代贪污，大家说：“鸡蛋变成了老母鸡，都是骨头。”手面干净的积极参加打虎，素来不肯说话的个别老教授，现在也敢于批评别人，已经坦白交代的积极要求改造。一度自杀未遂的复旦教授顾大杰，也表示要重新做人，并在坦白大会上自动追赃。拒不坦白的贪污分子心神不安，在群众中陷于孤立。

四、部分教授尚未低头或仍有顾虑。如交大因两次打虎战役受到挫折，大部教授尚未低头，许多人仍以“专家”自居，认为政府一定会照顾。落后教授及大部中间分子则怕丢面子，无颜教书，怕用斗争方式，怕学生参加，希望客客气气促膝而谈，取消斗争，蒙混过关；部分还有挟嫌报复思想，而严重政治问题的人，则宁愿反贪污，不愿搞思想问题。

依照以上情况和特点，我们拟以思想、政治、经济为主要条件（经济上问题不大及开国以前是贪污行为均作为思想问题去处理），学术人缘为次要条件，将教师分为五类：

第一类：积极进步，作风正派，没有问题或问题不大，学术、人缘均不坏者，在自愿交代原则下，坚决保护过关(约占总数 24.5%)。

第二类：思想中间偏左，作风不大好，但问题不大，要求改造，学术人缘均不坏者，在自愿交代原则下，一般保护过关(约占总数 30%—35%)。

第三类：思想比较落后，作风不好，问题较大，但学术、人缘不甚坏，并愿意改正错误者，经过适当批评揭发后，帮助过关(约占总数 20%—25%)。

第四类：思想反动，作风恶劣，问题很大，学术、人缘均不好者，在群众的面前充分揭发批判，经多次反复检讨后始予过关(约占总数 15%左右)。

第五类：思想反动，又有严重的政治问题或经济问题，民愤甚大，不学无术者，在群众面前充分的揭发斗争，并依情节轻重，予以适当处分，约占 2%—3%(第四、五类中的专家、科学家、有名医师及年老力衰、身有严重宿疾者，应作个别问题处理，适当予以照顾)。

这样的分类，便利于领导上切实掌握，防止发生“左”或右的偏向。一般的第一、第二类教师只在小组或联组中检讨(个别有示范作用的例外)，学生群众派代表参加；第三类则可在院系群众大会上进行检讨，但不在大会上展开斗争，而且只采取会后提意见，本人补充检讨，大会通过的方式(复旦周谷城三次检讨过关)；第四、第五类经过审查批准，可在群众大会揭发斗争，必要时得在全校师生员工会议上展开斗争。总之所有教职人员都应在这次运动中低头，放下架子洗澡过关，然后分别情况，予以必要的与适当的照顾；否则就会变成迁就。有些大学教师把“进步”“保护”变成拒绝坦白改造的挡箭牌，即是这个原因。但同样应严格注意避免无分别地把他们和职员，机关干部一样在群众中去展开斗争。

我们对高等学校“三反”运动有如下体会与经验：

一、高等学校中的“三反”运动，应从反贪污、反浪费入手。反贪污又应以职员为主，对教员实行迂回，然后再在这个基础上转入以教师为主的思想改造。这样的好处在于能够大胆发动群众，放手发动反贪污斗争。在这样壮大的声势下，使教员感受压力，迫其自动交代。又因教师不是反贪污斗争的主要对象，这样便于我们控制，不致出乱子。复旦这样做是成功的。他们要全体教师参加历次坦白检举大会和一次围剿大会都是只斗职员，不斗教员，但一律号召坦白交代。后两次大会上群众对贪污分子的控诉和检举很为成功，每次仅检举条就有千余张(当场不宣布被检举教师的姓名,事后要其交代)。这样使他们又震动,又感激,因而一次大会上有八个教授坚决要求自动坦白,一次会上有十余教授自动退赃。这样,我们没有对教师正面作战,就把局面打开了,也为深入的思想批判扫清了道路。对教师应在领导上加以照顾,但必须使他们在运动中受到震动,彻底交代,低头过关。

二、学校有教师、职员、工友、学生、家属五种群众,要搞好"三反"运动,必须主要依靠工人和学生,对其余三类也必须充分发动,特别是家属,尤应加以注意。复旦及其他三校攻下最顽强老虎的战斗中,家属都起了很大的瓦解作用。教授中有较大贪污行为的,如能争取坦白,作为典型示范效果更大。如复旦理学院长卢于道在运动开始时即坦白交代,自动退赃,又坚决要求在大会上自动坦白,对一般教师影响很大。在各种大会上要充分组织工人进行控诉和检举。因为他们知道的线索多,说话又具体生动有力。此外,还应一面要组织坚强的打虎队伍,一面又要组织广大的群众队伍,以便有掌握地充分发挥群众力量。

三、要充分利用学校特点,利用墙报、黑板报、广播,反贪污浪费展览会等各种生动活泼的方式,展开政治宣传。对教师也要正确说明宽与严的两面,表示决心,防止他们对党的政策作片面的了解或曲解,打破他们自居特殊、自以为应受政府保护的错误思想。对可为我争取之俘虏,特别是老虎,要〈澈〉彻头〈澈〉彻尾地加以俘虏和争取。对最顽强之老虎,也要在群众压力与掌握材料的条件下,反复进行政策教育,给以出路,以便实行分化瓦解。复旦技工刘恺明贪污九千余万,坦白退赃均较彻底,并检举 70 余人。最狡猾之修建老虎钟毓祥最后在围剿大会上痛哭说,对他这样一个毫无心肝的人,还这样多次反复耐心教育并说服其妻女来挽救他,他非常感激,当场交赃一千余万及一幢房子,并保证一星期内再退赃六千五百万,其余一亿八千万元,也保证在两月内缴清。这样的事例所起的影响极大,在围剿大会上曾向百余人当场要求退赃。

四、有的大贪污集团,学校负责人及教授参与订立"攻守同盟"者最难突破。如同济校委会主任、教务长及秘书长等 20 余人均参与贪污集团。我们采取了集中力量突破弱点,由下而上隔离其主要分子,对上层不动声色,待人证、物证取得时,再用点破的办法,此案一破,同济局面即可全部打开。

五、必须配备得力干部,切实掌握领导。我们对四个重点大学共派出 130

多个工作人员，每校有一地委或区党委级的干部负主要责任，并配备十几个得力骨干成立学委会，吸收有地位、有威望的教职员及党政工团负责人参加，其方式由文教委员会派出或通过党团作用由学校请求均可。这些干部，事前均经过挑选，并给予短期训练后派出。

六、必须统一领导，统一步骤。我们成立了总的上海市高等学校党的工作委员会，各校亦成立校党委（团的组织亦然），以统一党政工团的领导（学委会仍以党委为核心），并使外来干部与原有骨干很好结合，真正做到团结一致，统一思想步调。负责同志必须亲自下手，掌握全面情况，工作深入细致，这是取得胜利的主要保证。

以上当否请示，并即以此作为我们三月份宣传文教部门的“三反”报告。

（文件编号：E76）

在五大学全体党员会上关于五反的动员报告

1952 年 4 月

一、“三反”、“五反”运动意义与目的。

对象——对内与对外。

总的意义——击退ブル的进攻，巩固工人阶级的领导权，是一场激烈的阶级斗争。

性质——反ブル的社会主义性质。

（一）几种错误的认识：

第一种：五反是 CP 向ブル进攻，不是工人阶级击退ブル的进攻——ブル没有军队，没有政权。

事实：1. 政府对ブル的照顾，1950 年下半年猖狂进攻开始，五毒俱全——想领导国家的经济权。

2. 政治上进攻，如收〈卖〉买坐探，操纵国家的机关（银行、合作社、贸易公司）。

3. 思想与文化的进攻——如武训传问题。

4. 腐蚀干部，张子善、刘青山之类是中国的铁托，侵入到内部，ブル的思想影响与坐探也侵入到军队政府、党团、群众团体等内部来了。

总论：没有三反五反要亡国、亡党、亡头，所以是为巩固工人阶级，领导而斗争的阶级。

第二种：既然认为ブル是四大友人之一，为什么要斗争，CP 的政策变了，要消灭ブル，他们不懂得联合中要有斗争，二中全会会议“主要矛盾是ブル与ブロ的矛盾。”

1. 统一战线，必须承认共产党的领导，服从政府的领导，现在他们违反了共同纲领我们不能客气。

2. 我们是痛〈征〉惩ブル一下，要他服从领导，不是消灭资产阶级，因为中国经济发展条件尚不成熟。

第三种：ブル辛辛苦苦赚钱，为国家生产，不应争当剧烈地斗争，同情与可怜心理。

我们要坚决反对这种说法——例如亨得利，一个工人30[岁]作工没有讨老婆，老板有二个老婆。

ブル平日残酷的剥削工人，现在装穷，如一个ブル漏了40亿的所得税，他的收入应当是几百亿，解放以来ブル赚的钱超过KMT20倍，ブル还很有钱。

第四种：认为CP过火了——如站在党的立场上怕发生偏差是对的，如认为不应算账则是不对的，不相信党的正确领导更加错误，上海五反是毛主席与市委直接领导的，没有偏向。我们已很宽大，如北京没有惩奖几个资产阶级。

（二）三反的意义与目的：

1. 三反的性质：是社会主义的性质，因为是反对内部ブル的影响，同抗美援朝、土改不同（反帝反封建）。

2. 三反的目的：

（1）纯洁我们队伍，划清思想的界线。三反运动党内发生分裂现象，有许多干部表现抗拒，因为有许多人被收〈卖〉买为"坐探"了，许多经济机关被资产阶级所占领了。党员几个标准口头承认不解决问题，只有三反才能把党员八个标准内容充实起来，例如，严重的自私自利行为等。

不管新老干部都要搬掉一些，如黎玉，蜕化了的分子要清洗。

（2）整掉一批不好的留用人员——过去包下来是对的，但他们敌视我们，不愿为工人阶级服务，我们已仁至义尽，可以去掉一批。

（3）新吸收的知识分子及骄傲不堪的专家技术人员，整他一下会老实一些，如张东〈孙〉荪之类。思想改造就是要整顿他一下头脑。

（4）三反的主要政策"坦白者从宽，拒抗者严办"——为什么，因为要给他自新之路。

主要方法：三室齐放。

（三）五反的目的与政策问题。

1. 对象——资产阶级，即有雇佣劳动者。

2. 目的——（1）痛惩一下资产阶级，使其服从政府法令，跟我们走，为国家建设努力，所以消灭五毒。

（2）充分发动工人阶级的力量，提高阶级的觉悟，加强战斗力。

（3）团结中小ブル。

（4）摸到工商业门径，以便建设。

(5) 弄回一部分损失。

(6) 组织目的——整顿组织,建党。

3. 驳斥几种谬论——

认为 CP 要钱,认为ブル偷工减料是工人搞的。为什么要反ブル,认为工人过火。

4. 五反的政策问题。

(1) 明确五反的范围,不能增或减。

如ブル请一次客是行贿,无意中说了一下经济情况是“坐探”,反暴利口号也不行。

退税只退 1951 年的,敌产隐蔽从抗战后算起。

(2) 宽大与严惩相结合,坦白者从宽,拒抗者严办,加倍地罚。

上海十六万三千户 95%是上三类,只有 5%是第四五类,表现很宽大。

(3) 利用矛盾实行分化(守法户与违法户分开)。

(4) 团结多数,打断少数。

(5) 争取高级职员——五反的结束就是争取高级职员的过程。

(6) 要运用家属的力量,特别是红色小开,因为ブル要钱是为了子女与生产,子女立场定了容易争取。

(7) 争取ブル的起义。

二、党员必须站稳立场积极参加三反与五反。

我们对党员要求:

1. 在自己的行动上,思想上在三反、五反中考验每一个党员,能否站稳立场,经不起这一场斗争者只有清洗。

2. 要每一个党员在这个伟大运动中,学会阶级的仇恨,学会群众运动的经验,团结与教育大批的群众积极分子。

3. 要求每个与工商业有关的党员与团员积极协助“五反”的顺利完成,规劝与检举自己的家庭亲戚向政府坦白。

坚决反对几种立场不稳的表现:

1. 怕降低自己生活的水平,怕家庭破产——划清自己的阶级问题,想做小开,还是想做劳动人民。

2. 怕对家人丧失情感——没有ブロ立场的感情不能有,要把自己的感情放在对党对人民，对同志方面来。

3. 怕被人骂“忘恩负义”“大逆不孝”——怕孤立。

4. 盲目相信家庭不会做坏事，认为父亲是辛辛苦苦挣钱来的，不应反对。

5. 非ブル出身的漠不关心——应当多做政治工作，旁立态度也是不对的。

如何积极去帮助家庭坦白。

1. 要去了解家庭的违法情况，不要轻信家人的话。

2. 要根据家人的性格特点，打动他们的心。

3. 要积极检举自己家庭的问题。

4. 要服从党的领导，完成任务。

三反的准备工作。

1. 交代自己的问题——贪污问题，家庭情况，检讨ブル思想影响。

2. 在学校范围内作好一定的材料工作，搜集有关贪污浪费的资料，向支委汇报。

3. 学习与发现培养群众积极分子，学习三反与五反的文件，注意读报，要与周围的群众解释党的政策。

今天报告不得向外传达与小广播。

（文件编号：E78）

华东中小学改造问题报告

1952 年 4 月

[总的情况]

教员 5 900，小教 55 200，小学 20 000 余[人]。

中学，浙江 257 中等学校，上海 244 所，小学 1 300，三个区，福建 230 所。

安徽，217 所中学，苏北中学 98 所，苏南 290 中学，南京公立中学 25 个。

上海二个中学教员 36％有政治问题。

安徽 251 所。

步骤分五步：

一、从何[处]着手先学文件，反浪费很快的转入打虎，杭州另一做法先从整党着手。上海从思想普查起时间拖得很长，每天四小时。

二、问题。

（一）是否与整党相结合，有些学校无党的组织。

（二）只有打虎没有思想改造，不知道如何结合。

（三）清理中层问题，大家都放在后面没有注意如何结合。

（四）领导力量不够，福建中小[学]都统一领导，由文教厅为主，吸收党政工团参加。

（五）上海共有中学教员八千人，步骤先公后私，40 个公立学校办一个训练班，四十个搞好后搞私立中学，暑假中训练私立中学的骨干。

三、教员思想——技术观点，吃饭观点，思想上超政治，对政治运动无兴趣，三反不参加，宗派观点，同乡关系，裙带关系，资产阶级腐化思想，反动思想，腐朽思想占领导地位，45％职员有政治问题(重点)。

贪污问题——校长几乎都有贪污问题。

学生工作问题。

钱俊瑞：

关于中小学三反问题

三反的任务与目的，与高等学校有三个不同点：

（一）贪污性质轻得多，严重性较差，思想与政治问题相当严重。

（二）学生情况，大学生比较懂事，中学高中学生以外，依赖其他学生有困难。

（三）中小学数量大，更分散。

三反目的：（一）主要是搞思想与政治问题，应明确规定总的目的。

（二）步骤方式问题，基本上可以采取高等学校办法，如浪费严重的，可以从浪费着手或从反贪污着手。

（三）方式分散还是集中？小学集中搞较好，要看具体情况，分批集中搞也可以。

（四）先公后私问题——一般说这样做较好，先从典型着手，然后推开。

（五）时间问题——根据主观条件进行，主要是领导力量问题，没有严格的力量，要出问题。党委要下决心，长期着眼。

（六）私立小学——还有一个长的时期存在，因为财政与人〈材〉才有困难，不易改为公立，小学在考虑全部免费。大学生伙食全部包下来。

舒[同]主任：

一、方针问题：以思想改造为主，结合三反与组织清理，某些学校如贪污浪费严重的，应从这里着手，无此情况者可以另行考虑，要把每一个人政治面貌弄清，思想改造中了解其全部历史，高等学校"以三反着手，改造思想为主"，离开这一个原则要本末倒置。认为学校是清水衙门或与机关相比都是错误的。

中小学贪污浪费情况比较轻，思想改造到一定时期要转入清理组织。

二、方式：以学校为单位搞，因数量大不易掌握，要搞乱，最好集中集中轮训。材料也集中，可以吸收一些学生参加，对有关的行政人员展开斗争。本校教职员要编在一起，个别地区以学校为单位进行。

集中训练后，回校在代表会议上交待。（主要人物，有重要问题者）

上海

学生参加三反问题

学生两面要参加——三反与自己的交代思想批判。帮助教师与自我批评，两方面是统一的。

问题：(一) 贪污问题是否要交代？如偷狗买衣服。

(二) 团和学生会干部是否要带头检讨，要交代可以放下进步包袱，但不要层层带头。

(三) 参加五反问题，着重坦白劝说，必要的检举揭发。

(四) 学生是否要进行思想批判，如要是否要分类，学生分类问题，分五类，是否必要。

福州

一、主要是帮助教员通过三反提高学生的思想，通过讲师团进行上课，讲师团由省委宣传部负责。助教团从三四年级学生中抽，帮助搜集学生的思想情况。

二、学生交代排到教师过关以后进行，因为要妨碍帮助教师过关，最好是经过三反在清理组织以前，进行学生的交代工作。

三、学生中组织一个学生学委会，在教师学委会领导之下工作。

陈其五：

学生先交代比较好：因为一、上海学生资产阶级关系多，对其自己的教育大，更加深刻。交代二方面进行，第一是家庭问题互为配合；第二是自己的思想与贪污问题。

二、交代方法——首先自愿，不逼不迫，带头检讨，启发推动，不做结论。

三、交代时间在职员打虎阶段，到了教师思想批判时有些交叉，问题不[要]大，可以有结合，有时[可]分开进行。全盘进行容易达到清理组织目的。

舒主任：

一、学生要不[要]交代贪污浪费问题——应当交代一下好。因为为了杜绝贪污之风有好处，学生自己也有问题，特别对批判资产阶级思想容易联结起来。学生与工友不同，自己交代有利搞思想改造。

二、如何进行，时间问题——最好早交代，避免与教员交代相冲突，可以在〈后〉前可以在后，问题在于领导上要善于掌握，组织得好没有问题。

三、交代方法——必须自觉自愿，进行三反的教育。

四、学校中有四种群众，不同的对象进行不同的工作，决定在于党团要统一领导，不要各自为政，把三反问题学生单独搞是错误的。

五、学生分类没有必要，要特别注意落后与反动分子要分清楚，群众大体有三类，进步落后与中间。

（文件编号：E75）

传达中央宗教会议关于宗教问题的指示

1952 年 4 月

一、处理外资津贴宗教团体草案，着重搞天主教，主要放在下半年搞，目前做准备工作，以便立即行动。

二、今年要把教会内部帝国主义驱逐完毕，个别的要惩办，各大城市有意识留下年老的传教师，以免造谣，青岛与福建是前线要驱光，没有三自改革的教会财产，全部接收，上海要下决心与资本。

三、搞开上海的天主教，适当的进行三反，目的为了三自革新创造有利条件，但不能如一般机关一样进行，因为内部黑暗、群众落后。只提反贪污一个口号最大的贪污分子必然是帝国主义的忠实走狗，要有三个条件（一）领导（二）骨干（三）群众，才能发动，重点突破，稳步前进，严密控制。

四、成立三自革新筹委会，由代表会中产生，主教神甫只能作为委员，一开始要先掌握其财产权，全国性组织成立后，不要使其有垂直系统，各地自行领导。

五、爱国主义教育与思想改造问题。

吸收广大群众参加，包括反动的，一般教徒不提改造问题，对教士要求要高一些。

六、创造教堂的经验，如何揭穿传道。各地找一二个教堂试验。对反动宗教言论，我们现在不宜提反宗教，只能提反迷信的口号。

七、神学院问题。

学生很少，政治情况极端复杂，成为反革命的巢穴。中央意见：各地神学院加以合并。

八、佛教问题。

和尚尼姑，居士要改造。对大佛教团体与刊物要调查研究，以便掌握。成立一个全国性的团体。

九、农村的佛教庵庙土地被没收后，生活无着，全国有 9 万人。真正的佛教徒〈有〉要解决他们的生活问题，要采用各种手工业生产，或救济，大的祠庙要保留，就由老弱与信徒看管，津贴一部分生活费。各大城市留下一二所的祠庙，作为拜佛之所。

十、加强宗教事务处工作。

（文件编号：E75）

关于文艺工作的谈话记录[①]

1952 年 4 月

夏衍:

上海文艺问题

一、领导上存在严重的错误与缺点,主要问题是放弃阶级斗争的右倾偏向,非无产阶级思想占有很大的地位,是文艺的方向问题。能否与小资产阶级思想共居,谁领导谁的问题。对文艺界作者只有团结没有斗争,对文艺术界没有思想批判。

今后方向——文艺界思想改造排除非无产阶级的思想。

二、步调:

(一) 文艺工作委员会提出问题,
(二) 文艺干部那些先检讨,
(三) 准备的动员报告。
} 5 月 5—18 日

第二阶段:

(一) 各单位成立分会,开动员大会。
(二) 分组讨论及检讨,主要负责干部作检讨。
} 5 月 26[日]到月底

第三阶段:

(一) 在群众大会上作检讨,群众提意见。
(二) 再批到下层。五六天(6 月 7 日)。

周扬同志:

一、思想改造的必要。

上海每天有四十万人看文艺书报,文艺工作者自己改造比什么都重要,过去错误是我们没有奋斗的方向,主要是改造资产阶级与小资产阶级的思想,即是思想改造的目的。

二、创作问题。

是中心问题,要有鼓动的与经常性的,反映一个时期的问题与经常性的

---

① 原文无标题,系编者根据内容自拟。

文艺。

作者到群众中去是基本问题，依靠舆论领导创造。

三、民族形式要解决。

（文件编号：E75）

关于退赃定案问题

1952 年 5 月 8 日

谭政委:

[目前] 思想混乱……

草率结束现象,使可以解决或可以发现的没有发现,或者定错的,这是由于对三反认识不够明确所产生的。

定案必须使数字下降,过去要降到 25%—30%,现在要降到 45%—50%。不下降,定案工作[就]没有定好,下降得多的单位最光荣。有什么根据呢?[是]运动发展的规律是我们的根据。开始时右倾是主要的,运动走到一定阶段,一定要有左的情绪。所以开始要反思想老虎,土地改革与民主改革运动都有这个规律。运动起来,必有偏差,但偏差必有大小的区别,这要决定于领导同志的能力。如要没有偏差,是领导同志的主观主义。偏差是运动的反面,正面的是三反运动的成就。三反运动中“不敢负责”的表现,如怕经手钱财,如批钱,领导同志对被领导者不敢批评,定案不敢下降,怕被说为“包庇贪污。”

凡承认有逼供讯,承认有错,使老虎数下降的有功,不承认逼供讯者有罪。

有没有贪污是原则问题,贪污多少是一个技术问题。老虎下降者不能神气,怕算少了老虎的就是没有了解这一点。

浪费也不能说不是资产阶级思想,如曹漫之强迫二十余个公务员出去,做许多铜徽章,对国家的损失很大。

有许多领导干部在民主检查中,下不得楼,现在就不肯降低老虎的数量,这是退赃定案搞不好的主要思想。退赃定案做不好的领导干部要带上“不负责”的帽子。

退赃定案中的几个具体问题:

一、时间计算,应从中央政府成立时起,毛病在机械用贪污严重性,可以进行解放前后,因此一般是偏差。

二、贪污分子的处理问题,贪污者要工作,所以要宽,因为是群众性问题,所以要宽大。三反后大多数不会再贪污，所以条例规定“过去从宽，今后从严”，是照顾多数。

看低不看高是根据“宽”字来决定的。

（文件编号：E75）

三反与思想改造问题

1952 年 5 月 13 日

对江宁区党员上党课(教师与学生)

一、思想改造与三反——① 思想改造必须从三反着手,因为目的是反对资产阶级的思想,经具体出发最好。

② 何时开始,如何方式? 中学是集中或个别分散,重点中学,不能漏一个,数目太大。

为什么要思想改造? 改造什么思想?(不改造不能为国家建设人〈材〉才)

① 为了工业化,建立依赖工人阶级的思想。

② 为了培养干部,先要改造教师 大公无私忠诚老实的人民公仆。

二、从五反中来看中国资产阶级的反工人阶级领导与走上资本主义道路发展的努力?——因此五反是斗争 社会主义的性质。

中国往何处去——社会主义还是资本主义道路? 二中全会决议指出“今后国家的矛盾主要是资产阶级与无产阶级的矛盾”。

为什么要三反五反?

经济进攻——1950 年下半年开始猖狂进攻,企图掌握国家的经济机关,破坏国家的经济建设。

政治建设——如坐探,政府机关内发言权(如刘青山是中国的铁托)。

文化进攻——武训传。

没有三反五反有亡国亡头亡党危险。

对几种错误看法的答复:

① 资产阶级没有军队武装不能进攻,三反五反是 CP 进攻的。

② 资产阶级是四大盟友之一,为什么要反? 不了解资产阶级的二面性,有斗争也要有团〈体〉结。

③ 资产阶级辛辛苦苦赚钱,做一些坏事,也要顾及工人不好。

认为党的政策过火,不相信党的领导是错误的。

三反五反的目的是什么?

三反:① 纯洁我们内部的队伍——思想与组织,为建设准备人才——(党内外都如此)。

② 改造知识分子及技术人员,为人民服务,洗刷死不觉悟的旧人员。

五反目的:

痛惩一下资产阶级,不是为了消资产阶级,[是]使其共同参加生产建设,服从共同纲领。

充分发动工人力量,加强战斗力,提高阶级觉悟。

团结中小资产阶级。

摸到工商业的底子,学会经济管理方法。

取回一部分损失。

整理组织,整党建党。

三、党员必须站稳立场,积极参加三反五反。

几种立场不稳表现:

① 五反降低自己的生活,怕家庭破产——想当小开,站到资产阶级立场上面来反党。

② 盲目相信家庭无问题,认为辛辛苦苦挣钱没有问题——对剥削不以为耻。

③ 怕被人骂"忘恩负义",怕伤了家庭的情感。

④ 非资产阶级出身,漠不关心,自由主义态度,认为自己是党员,还有什么可以改造。

我们对党员的要求:

① 在三反运动考验每个党员的阶级立场,在具体表现中考验。

② 要求党员学会阶级的仇恨,在伟大斗争中认识阶级的本质。

③ 要求党员协助顺利完成五反与三反运动的迅速完成。

四、如何批判资产阶级的思想:

(一) 目的"人民教师必须有为工人阶级服务"的观点,不是笼统的"人民"。

如何划分:

方法:要从自己的思想历史中去找出特点,不要一般化;要从各种典型思想去启发大家,要有互助与自我批评。

内容:教育工作者主要的资产阶级思想的具体表现:

① 自私自利唯利是图思想——贪污浪费、攫夺公家的财产、投机倒把、享乐腐化、向上爬、名利双全、宗派、同盟、本位主义——人际关系与经济利益相结合起来。

② 清高自大,“超阶级”、“超政治”、“纯科学”、“纯学术”的观点。

即把教育看为可以脱离现实社会的一种事业。

反映在教育方法上的是——教育与实际的脱节,书本的教条主义。

③ 崇洋思想,奴化思想,法西斯〈帝〉蒂思想。

④ 饭碗思想——不负责任,〈付〉敷衍了事。

⑤ 天才教育——尼采思想对落后学生不教育,集体教育差。

⑥ 劳动创造世界还是知识劳动创造世界——技术观点。

⑦ 悲观思想(老处女思想),没落阶级的悲哀思想。

⑧ 反共反苏,有的人在解放后想摸抓到共产党,当干部思想,从个人利益出发。

五、树立共产主义者的道德思想。

1. 树立正确的劳动态度——明确为谁服务?反对为个人地位名利,为资产阶级而服务。是为了社会财富的增加,亦即是为劳动人民的幸福而服务。

2. 热爱自己的祖国——亦即是真正的国际主义者,即反对非正义的侵略,为利润的战争,毁灭人类幸[福]的掠夺战争。

3. 高度的原则性——对党对国家对人民的无限忠诚,没有超阶级的“正义”、“良心”、“英雄主义”、“道德”。

4. 集体的光荣观念——名誉、尊严、果断、英勇、慷慨、慈爱、自我牺牲的品质,不是个人的而是集体的光荣。

个人主义者的道德现在是相反的,狠毒、刻薄、报复的、自私、小气,卑鄙、怯懦的,也是最残酷的。

5. 同志间的高度友爱——团结。

这种团结必须建立在共同目标下去努力的基础上面。“人人为我,我为人人”,人必须学会真正的爱与真正的憎恨。

6. 家庭幸福,幸福的生活问题。

家庭幸福从何得来:——(1) 个人生活与社会生活必须要有结合;

(2) 必须建立在共同的劳动上面——剥削者与被制者是不能相容的。

幸福生活与物质问题——(1) 生活不能单单成为物资的附属品,幸福也在提[升]道德的内容,如为国家、为民族、为具体的劳动的牺牲者,为坐牢牺牲等,只有在共产主义社会中,物质才能成为生活的附属品。

(文件编号:E80)

潘汉年关于上海五反运动的总结报告

1952 年 5 月 15 日

一、五反情况——3 月 21 正式开始五反，工作是从 1 月份开始准备。

搜集五毒材料，职员检举，三反中得出来的材料，准备干部，74 户的典型试验户，五反动员大会的召开，21 日开始重点试验，303 户重点互助评议。

第二期，4 月 1 日开始，完成 2 千大户，1 万个重点户方式，向她交代政策，中小户多采取以行业为主，进行互助互评办法进行。然后向工人交代，这是第二期的特点，使大多数的中小户争取过来。统一战线迅速形成。

第三期，4 月 20 日—5 月 5 日，4 月 5—7 日，在这以前休整十日，目的在争取不战而胜，解决了 6 000 大户，80 000 小户，解决的问题最大。赔款问题因此提出："退款不强赔"方针，在这个时期提出来。

收税完成 1 万 5 千亿，如加退款应收 48 万亿，但要影响生产。

第四期，扫荡战场的战役，留下 5 万户，主要问题是退款定案问题。

二、五反估计。

基本上已胜利，表现什么?

五反本身是一个手段，所以三反与五反要有一个结束，但有一个新的任务，三反是在于定案，五反在处理问题上。

上海五反的成绩：

(一) 揭露了五毒的严重情况，使大家不敢去重犯五毒，奠定上海建设基础。

(二) 教育了资产阶级，指示了他今后的方向，公私营关系有一个新的发展。

工商界本身的自觉，做了一次清洗运动。过去公私合营是为了帮助资产阶级进行五毒。

(三) 私营企业做了一次新的民主改革的运动，使工人知道应当监督资产阶级，资产阶级也知道不能再有五毒，明确的了解依靠工人阶级，搞好生产。保证劳资两利。

(四) 完成五反，不违原有计划，工作是彻底的，"反而不乱"，五项纪律基本上是做到了。个别的地方，资产阶级有偷漏的，有几百个资本家死了的，25日以前死的多。思想混乱，各地算账，机关三反对证材料，自己动员的结果，造成混乱。

（五）提高了生产的积极性。

三、胜利的原因：

（一）工人阶级的积极性，包括高级职员，检举材料与组织各种斗争方式，没有具体斗争，要资产阶级自动坦白是不可能的。

（二）大多数资产阶级能及时坦白交代。

（三）团结中小户，统一战线的完成。

（四）加工订货财政上配合，不误生产。

（五）关系准备，领导上严密掌握，训练干部，政策思想的准备，材料掌握，各团体的互相配合。

（六）中央对上海五反的关心，领导的正确性。

四、五反中的处理问题：

（一）情况严重的奸商要处理，以平民愤，首先批准五反的人民法庭，审判前先行组织一个评议委员会，向法庭提出起诉。各区设分庭，市增产节约委员会下面设一个评议委员会。

（二）对犯罪者还要给以悔过的机会，让其有一个自新的机会。

（三）处理的数字，严重违法与完全违法户在5%之内，个别的处死。

（四）算账如何算法？"该要的要，该不要的不要！"如行贿从干部方面算，再从资产阶级方面算就太多了。核算权归增产节约委员会，资产阶级不算反供，如要反供不给他核算。1949年来一些偷漏的要算账，不能抵减从1951年算，对商业户要严，对工业户要宽。

（五）退款办法。

分期退，记账，少数改为公股，退现。

账外之财，海外资金——拿回来可化为退款的，不罚，税也可[考]虑免去，争取逃资归账，账外之财的所得税要算，解放前逃出的要不算。

五、生产问题：

（一）打破对生产的各种顾虑，如怕更困难，怕公私合营的规格太严，怕无合法利润。一定要保证合法利润，这是全国性问题，上海市决定，照原有合同估价,作为新的加订货的年约。

(二)上缴趋向提高,否则无利可图,调度方法是各面要照顾,如对工人对国家。

(三)纠正职工的思想,失业,生产不能繁忙,店员中不正常的现象要纠正,如店员实行合理制,学徒不肯做杂事。

工会主动要讲老板的三权(管理,经营,人事权),向工人要说明,工人干部要大批的到工商联中去工作,同业公会要改组,五毒俱全的不能作为主席,目前先依法处理一批,撤去其职务。五反中的积极分子代替他们,目前暂不改组,同民主人士思想改造结合起来。加强民建会,今后民建会中要有资本家。

一定要为新中国经济工业化而努力。

(文件编号:E75)

反官僚主义问题

1952 年 5 月 19 日

对会后改进意见的汇报：

1. 生产问题

互助合作任务下如何做?

① 要具体进行了解——摸什么底，三种互动形式下有什么妇女问题。

② 掌握重点——以浙江为主。

督促各省市掌握重点，加以督促汇报，帮助现有经验加以总结。

开重点交流会议。

派人到各地去督促检查。

③ 各机关自己总结经验，有目的去看材料。

2. 民主建设

① 了解妇女参政的情况。

② 参加典型试验——浙江上海。

宣传教育，男女青年。

人口登记

③ 可能开一个典试。

3. 城市问题

上海为重点。

（文件编号：E192）

城市工作组汇报

1952年5月20日

无锡市情况：

六个区，102个厂有女工，七个大厂市委领导，47万人口，57个妇代会。25个妇代会在郊区，2 869个代表，委员434，市妇联27个干部，五部一处。

(1) 婚姻法运动

代替法院办案，凭笔录办案，作为离婚证，因此各级很忙。

(2) 生产工作

缝纫机在三反时被没收了。

市妇联包工绣枕头，大约每对九千元，苏州市搞得不好，苏州百货公司也到无锡去订。

给伤病员洗衣服，钉纽扣，洗衣服，到工厂包工，一个人洗三十人的衣服，一个工人每月出三千元，饭吃工厂的。

(3) 福利工作

运动中组织临时托儿站，可以继续推广。

识字班也有一个托儿站，义务员没有代价，每次二小时。

市妇联办有一个托儿所，过去每月由政府付二亿，现已停止，怕发生困难，中小工厂托儿问题无人管。

妇女要求就业的很多，要学技术。

这二个问题是最主要的。

保健站问题——助产士不愿教技术，新法接生统计80%，但无检查，不大可靠，旧法接生仍无老法。

(4) 文化教育——一区情况，四类办法

1. 夜校，大多数是女的，程度不同，教员多是义务的。

2. 速成识字，男的多。

3. 识字组。

4. 读报组。

问题：

(1) 教员生活问题。

(2) 城市工作不明确,实际上做家庭妇女工作,但不敢说。

(3) 女工部不起作用,区女工科做什么不了解,编制在妇联,工会没有名额。

(4) 城市福利工作对象是什么,中小工厂职员,机关干部的托儿组织,全托有问题,大工厂有经费,但缺乏领导,要妇联的督促。

(5) 工属问题。三区九千居民乃有七千是工属,27 个工厂。

三种组织形式:

① 基层工会领导用代表会议。

② 产业大会,领导。

③ 街道方式组织起来——区女工科没有进行工作。

(6) 妇代会的成分问题是否太多?

劳动妇女生活苦,时间少,有钱的妇女时间多。

(7) 妇代会干什么?

研究里弄工作的草率,工会法,七大的决议,继续以典型为主,从民主建政着手。

(8) 组织形式。

组宣部没有工作,服务与福利部很忙。

(文件编号:E192)

平湖情况了解

1952 年 5 月 21 日

牟淑英：

妇代会问题

丙等县——42 个乡，50 年土改时成立，叫妇女会。

全县三种情形：

第一，较好的，干部能向代表传达，带回意见，季节可以召开会议，只有严重的妇女问题能解决，五个乡。

第二，干部去了可以开会，自己不会开会，廿九个乡。

第三，根本不起作用，还听妇女会的，妇女单独不能开会，共有十个乡。

曹德乡情况：

县的重点乡，49[年]冬成立农会，妇女会 50[年]时成立，(冬)一部分妇女参加民兵，这部分人就不参加妇女会了。

1952 年冬妇女会改为妇代会，乡妇女会主任改为乡的委员，群众很不习惯。

一大行政组成立一个互助组，每组一个妇女代表，妇女因路远不能去。

代表如何产生——大部分是干部指定，还有一些代表自己也不知道。

大代表——原有小组长，按行政组织的。

小代表——由互助组中产生的。

妇女代表大家不了解——三大运动后从不开会。

共有三十五个行政组，各有一个代表。

31 个互助组没有妇女代表。

男人开会在茶馆，妇女不上茶馆，不开会。

毛主席领导男女平等，人多力量大——普遍性的。

妇女只是参加互助组，但不参加开会。

乡的干部扩大会议，妇女代表不参加，说是因为妇女太忙——县农委书记说。

县妇联主任，地下党员，不安心工作，身体不好，夫妇关系不好。

如何改组？共同意见：

(1) 大的互助组按生产小组产生代表。

(2) 小的互助组按大组选出代表。

(3) 单干户的行政组，每次选出二个代表。

朱承德：妇女参加互助合作情形

瑞德乡——998户，4 000余人，比男的少80人，土地很肥，最低产量400斤，最高800斤，每亩可收1 000斤粮食。

组织起来人口占70%以上，但是形式的，强迫组织起来，五个行政村十三个自然村，35个行政小组，住居很分散，没有党员，34个团员(8个妇女)。

60%的人有吸血病，区乡干部80%有此病，妇女得此病的较少，孩子少，没有溺婴，妇女很忙，男的每天要用三千元，自从互助组有了茶馆，用钱就少了。

分工按体力，过去一直如此，新技术妇女还不懂，没有教育，劳动力浪费，觉得不够。

副业劳动(以一户为例)。

布均自织，只有小孩买洋布，19户只有五户没有织布机，妇女均会织，可织一丈二，还要做家务，最多织二丈四尺，经线是洋线，纬线是破簑子的线，三尺布成本二千余，卖出可得4 000元。

做棕绳，男女老小都做，每天可做半斤，一斤成本一万元，卖出18 000。

养蚕——每张得四十斤。

养羊——为了积肥，剪羊毛做衣服。

养猪——吃糠与草。

割草——喂牛，每天要吃180斤(大牛)。

朱阿根一户——三口人家(贸农)。

每年要做十三双鞋，缝衣一件，三千元，多包出。

挑粪全归妇女，隔一天去城一次。

妇女在家中没有经济地位，妇女不要求有政治地位。

妇女多装金牙子。

妇女有束腰习惯，新法接生要二万元太贵，老百姓自己用旧法接，训练了40个旧产婆，因无政治教育无作用。1952年80个训练没有作用，难产无办法，都找妇联，妇联主任找了一个医生，成立一个诊疗所。

育儿辅导员训练——福利会议后办了一个训练班，下面不重视，有派七十余岁的老太的，有强迫来的，有来玩玩的，说是改造思想的，把落后分子动员来了，八十多个人有二十八余退回去了。

学习还好，妇联讲政治，卫生科讲卫生育儿常识，有幻灯片，缺点是讲科〈课〉内容太深，农民不懂。

婚姻法运动：干部不要山东老婆，重新结婚，群众不满。主要是干部的意见。

运动月中有杀妻案二起(该县)，自杀的二人，强奸妇女的一人。

城市情形。

400 余袜子[厂]工人，五个厂，妇联干部下去要他们组织托儿所，实际上没有孩子，有孩子而无保育员的。

缝纫组一律被解散，妇女不满，结果到自己家中踏洋机[①]，反而不纳税收，同业公会又不满，女工部要求解决。

热水〈壳〉瓶[厂]有三十余女工，每月给十二万元。

搬运工有四十多天休假，大多数是小产。

教育工会，三分之一是女教师，薪水少，孩子无人管，夜晚无人管，女教员最苦。

(文件编号：E192)

① 即指缝纫机。

陈丕显谈上海五反问题

1952年5月27日

阿丕[①]同志：

一、中央指出正确定案与适当处理是五反斗争胜利的关键，处理的原则。

原则——斗争从严处理从宽，应宽者宽治，应严者严治。

反对二种倾向——虎头蛇尾，强调从宽，缺乏严肃性，引起基本群众的不满，使不法资产阶级继续气焰高涨；另一种是只顾眼前的阶级利益，偏高思想。

“认真定案，反对只顾眼前利益。”如多搞公私合营多没收，不顾实际的经济情况，严重的违反政策，会影响团结资产阶级，造成生产上的不利，工人失业。宽大与严肃相结合的精神，定案工作要合于情理，才能发展生产。

二、正确掌握，五反中对工商户分类的标准。

违反的数目与犯法的性质二者要互相结合起来，加以类别。再加上资产阶级的政治态度，经济上的作用。

分类的比例——北京的比例基本上合乎各地的情况，分类中有二种倾向。

(一) 守法户太多，主要指上海(守法户40%)，原因马虎与实际情况。

中央指出守法户不能超过30%。(区有的70%)

(二) 守法户太少，如重庆2.8%，中央指出不少于5%。

上海有1万户要修正。号召坦白不够〈澈〉彻底的继续坦白。

大部分类问题——经济上有利国计民生的，技术上是专家，五反中表现积极，坦白〈澈〉彻底，检举有功者，在全国或地方有政治地位者，如有代表性的人物，均属保护过关。

三、大户比例，黑市黄牛要斗一下。

核对资财——不要挖底财，只要政策掌握好，可以使资产阶级自动交账。

四、退补方案。

一般追赃补税，少数的罚款，尽可能少罚，少数罚是需要的。因为五反目的不是为了要钱，主要是为了消灭五毒。

---

① 即陈丕显。

退补有三种方法——退现款，不要提倡马上退赃，有困难的到 9 月开始。

其次公股方式，一部分作为公股，私股可略微提高 1/2，最好到明年秋冬起实行。5∶32 比例（私股 50%，公股 20%，30%写欠条）。

不能接管的条件：

（一）企业本身有发展前途的，违法工商户非罪大恶极者。

（二）无款可退，工人要求接管者，可采取公私合业方法，冷静的经营之。

五、如何宣布处理（人民法庭问题）。

前三类由区处理，经评议协商后，集中开会，分批宣布。然后正式发出通知，后二类均经过人民法庭。

（文件编号：E75）

李维汉关于统战问题的报告

1952 年 5 月 28 日

一、同ブル统战工作

（一）资产阶级的两重性问题；

（二）大中小ブル如何看法；

（三）会后对ブル如何注意。

1. ブル两面性问题，过去主要是从政治上来看，胜利后ブル到政府里来了，有了共同纲领，各方面有了准则，ブル仍然表现其两面性，一面遵守纲领，一面加以破坏（如捐献，纳赋，同时又是违法的一面）。

什么是民族ブル——爱国主义者，殖民地ブル的特点。ブル在中国还没有过时，还是一个角色，但一定要在工人阶级领导之下，政治上也有他的生命。

过去我们党内有右倾，没有划清界限，三反五反与其划清界限，目的是为了巩固工人阶级的政权，现在又要防止过左的倾向，既要团结又要斗争，团结目的是为了更多的发挥其生产上的积极作用，划清界限是为了领导ブル。惩他一下是为了争取领导，各方面的关系一定要搞清楚，左或右都是放弃领导权。

2. ブル大中小如何看法？

同大ブル历史上没有感情关系，统战工作同志们提到大ブル有点看不懂，思想问题是还没有脱离被压迫阶级的情绪，还有做地下工作的意味，忘记自己是统治者。实际上起着经济作用的是大的工业ブル，对我们有很大的作用，主人翁思想不够。

3. 今后要注意什么？

第一，要使ブル有合法权利。不与合作就不要违法，不怕作合法公开斗争。

第二，经济上要有合法的利润。

第三，大中小组织上要各得其所，合在一起不好，选举时也有困难，中小占多数，大资产阶级要落选。

大城市要建立区的工商联。一般同业公会成为专业组织，不勉强合并，看各业的情况决定为同业公会的负责人。资方代理人问题——生活如何，政治待遇，前途问题，他们在私营业中作用大，要解决其问题。

4. 思想改造问题。

主要在择其五毒，遵守共同纲领，这是毛泽东思想。

5. 领导要统一，各方面配合。

统一于党委，由各个党组合起来，讨论大的问题。

二、民主党派与民主人士问题

所谓民主党派是中间阶级，社会基础现在还是很广，大部分与我们合作过，特别是抗战时代。批评民主人士有中间路线，清算历史是不对的。民主人士要党的领导，同时他们是可以使用与培养的，他们是经过党所培养出来的，不能不用。如不能领导他们前进，我们党就不是伟大的。

中间路线过去在国民党统治时代还是有一定的作用，中国革命的历史就是逐渐地对我有利的。

地主阶级在土改以后我们都要改造，何况是民主人士，问题是民主人士要住洋房坐汽车，许多同志想不通。民主党派还是要发展。民主党派过去工作上成绩是主要的，过去发展以中小ブル为主是不对的。民主建国会今后要以大工商业者为主，过去方针是 1950 年经中央批准的，目的是对的，现在情况变了，经过了三大与五反社会前进了，知识分子思想已有改变，民主党派已有进步，党团员在民主党派内有了适当人数，因此我们要吸收上层分子参加民主党派。吸收进来后要靠党团员与积极分子。要找非党的革命知识分子，ブル中的进步分子，团结在我们一起。

我们统战部内有关门思想，如只要青年的，不要老的，关门主义助长了民主党派内的宗派主义，使我们很被动。我们要彻底清算这类关门主义倾向。要肯定他们的地位，带他们前进，一定要克服我们内部的关门主义他们中间的宗派主义。一定要改造他们的思想，[但]不要他们成为马列主义者。

三、民族宗教问题

少数民族约有 3、4 千万人，分布在边境，华东也有，民族色彩不显著。

中国社会从原始共产主义到社会主义初期的都有。

实行区自治，如内蒙相当于大行政区。

城市中少数民族问题——他们不肯承认自己是少数民族。

宗教问题——佛教、回教是东亚被压迫民族所信的宗教。做这个工作，比做天主教基督教工作还重要，吃亏的是没有大和尚。

道教——亦本此原则办理。杭州有一百多个道观。

四、统战部工作

统战是全党的工作，要注意的：

（一）中国各阶层的情况，特别是ブル内部问题，了解他们代表人物，各阶层代表人物都要了解，宗教，文教，工商业者等。今后要有系统的进行此一工作。

（二）争取党多的领导。

（三）要主动争取各有关部门的合作。

（四）善于经过非党的组织进行工作，支部要有统战委员，可以兼职。

（文件编号：E75）

关于整党与建党的支部意见[①]

1952年春夏

根据三个支部所提出的意见：

(1) 整党动员必须全面明确，解释中央的决定，片面地说不对。先划清敌我的偏向，不要谈"纯洁队伍"、"整理组织"。

怕引起波动，只强调"团结爱护，改造教育"，造成松弛，没有努力方向。连八条也不敢说，会造成漫无边际的学习。

(2) 坏八条应当说清楚。

坏分子是否即是反革命分子要说清楚。

(3) 教育内容与方式五种对象应有不同。

① 工人职员在接受学〈不〉八条较好，第二条可先讲。先施、复旦第二单元讲得太多，时间长，弄得很模糊。

② 教育方法——要通俗，要反〈覆〉复，共产主义社会的主要特点，如何过渡应从增产节约说起。

店员对私营企业的目前作用要说明。

③ 对工人[来]说，主要是把二种制度的对比，启发他的阶级教育。

④ 对学生[来]说——主要是阶级立场问题，如劳动创造世界，对"站在工人阶级立场"说法不同意。

要防止他从书本出发，不联系实际，如105条问题。

⑤ 中国革命的起步问题要有详细的汇报。

⑥ 教育由一个人包下去，提纲由上级审查较好。

(4) 对八条的掌握问题。

① 一种意见认为不是一个努力方向，不一定要懂，要承认。

② 一种意见是一定要懂，即要耐心〈的〉地教育。

(5) 建党问题：

① 党员入党手续第十一条难做到，上海建党任务重，中央要考虑。

---

① 原文无标题，系编者自拟。

② 吸收党员的标准问题有一定的争论。

一种是说“觉悟高”即可，不一定要八条。（见入党手续决定）

一种是说要八条，即觉悟高的内容。

（6）整党与建党结合问题。

① 以建党为主，还是整党为主，上海以建党为主，不要整党。或者认为上海整党不重要是不对的。

② 整党是建党的准备工作，两者应互相结合。

根据上海情况应当是既然要整党也要建党，只有把整党工作做得好，建党愈加有条件。

③ 建党工作必须有准备有条件不能拖单纯任务观点，这主要是通过劳保，民主改革分清敌我进行群众性的一系列教育后才有保障。

（文件编号：E190(1)）

整党内部意见的分歧

1952 年春夏

（一）目前以建党为主还是以整党为主？即先整还是先建，上海建党需要什么过程？

以建党为主要发生的问题。

王[尧山]、胡[立教]的二个报告精神不一致。一个强调整党，一个强调发展的数目字，听了王的报告大家泄了气力。

① 整党问题的看法——

第一，“不是要整出一批而是要整进一批”（先施公司）上海党内有没有不纯问题。

第二，整党只是教育、改造、团结。（北四川路区的反映）对不对？介绍“补上一课”不要谈党员的标准，党内外要不要公开宣传八条，整党也不提，只谈教育等等对不对。

第三，八大标准问题——王解释不要看得太高，是一个方向，不是标准与条件。

第四，目前以教育党员为主还是教育积极分子为主。（邑庙，榆林，黄埔等区）。

第五，党内外要不要公开宣传八条，整党问题是不是可以秘密〈近〉进行，只谈是教育（英电）。

② 整党问题的看法。

第一，大批吸收还是部分吸收？（吸收十分之一团员，年内一批，二年内三万，三年内 20 万）。

第二，手续问题，可不可以简单化（在动员报告中说）。

第三，党员还没有懂八大标准，如何去发展党，党员没审查过，依赖谁去发展（如英■）。

第四，华东局指示发展党要有典型，我们说去全面地发展党好不好？

第五，登记积极分子能不能解决发展问题？

“不应该把接收党员工作看为一种单纯的技术工作，组织工作，而必须把他看为对劳动人民中的积极分子进行长期而有效的思想教育工作和考察工作的结果。”

第二种意见：

(1) 年内积极搞典型(区亦要搞)办好党校，严格在职干部学习。

(2) 公开积极地在党内外宣传八大标准，即教育党员与积极分子。

(3) 经过民主团结运动与清理中层培养与发现群众积极分子，准备发展党。

(4) 明年全面地整党后有计划〈的〉地发展一批党员，现在只能个别地吸收。

(二) 目前在职干部的整党与年终整风如何结合。

(1) 还是同去年整风一样，只谈作风，还是要先有共产主义的系统教育。

干部中要不要整理组织问题，还是只在思想上做一个总结。

(2) 整党是不是“整理内层”还是整风？

(3) 整党学习对共产主义的教育内容要求要明确，漫无边际如何办？

(1) 整党建党问题。

① 在“三反基础上，进行整党”如何做法，什么时候，鉴定算不算即是整党？

② 基层组织的整党什么时候开始？

③ 党校原〈油〉有计划应有改变，党校如何办，目的方针，范围。

④ 建党工作在三反五反后进行，还是整理了组织后再搞——过去对此问题不明确。如发积极分子调查表；如认为上海党是基本纯洁的，建党为主，整党不重要。

⑤ 整党典型。(先施与英电怎样办法即不进行五反、三反的对象，是否还要续搞)

(2) 组织形式问题。

① 机关直属党委。

② 学校党委问题——思想改造后还要不要。

③ ……[①]

---

① 原文缺。

(3) 干部问题。

(4) 组织部的业务问题。

① 四个处要建立,处长要配好。

② 各处的业务要明确,是否按安子文同志的建议,支部工作科应扩大为好。

③ 我[①]的工作问题。

(文件编号:E190(2))

① 指陈修良自己。

关于整党中组织、制度等问题[①]

1952年春夏

（Ⅰ）组织形式与工作任务范围。

① 干部处分三个科方法应有改变。

② 组二科要不要，支部工作要不要？

③ 党员管理处成立后干什么，工业生产委员会领导，还是党组领导。

④ 整党办公室，要不要“学习”二字。以后办公室的机构，与组织部各处、各科如何联系问题。

⑤ 取消处的问题。

⑥ 组织工作与产业党委的分工问题？

（Ⅱ）分工问题。

① 部长如何分工。（例如过去干部赔偿问题，他人不知道）

② 干部与组织间的分工问题。（如干部材料问题）

③ 人事局与组织部分工问题。（政府干部的管理问题）。

④ 干一科与干二科分工问题。

⑤ 统计工作如何统一。

（Ⅲ）制度问题。

① 干部管理市区二级如何分工。

② 批准干部的职权范围，为哪些归处长，部长，市委。

③ 华东系统干部的调动与地方关系应如何订制度。

④ 整编工作由办公室搞还是市组搞。

⑤ 处理党籍问题应由纪委会处理还是由组长部处理。

⑥ 部务会议制度。

（Ⅳ）目前组长部应当解决的问题。

（1）整党建党的步骤问题——① 基层整党什么可以开始。

② 党校原有计划问题。

---

① 此标题系编者自拟。

③ 机关党委历史问题如何审查。

④ 建党原有计划应取消——应从实际出发。根据各单位自己搞。

⑤ 积极分子调查表问题。

(2) 干部的职能调配与调查问题。

(3) 组织形式问题(直属党委的领导)。

(4) 作风问题。

① 时时改变主意。

② 不虚心听意见。

③ 不研究中央指示。

④ 拖拉作风。

(5) 思想与政策的教育问题。

① 业务学习。

② 全市运动及任务问题。

③ 党的生活问题。

(文件编号:E190(3))

陈市长谈三反运动思想建设问题

1952 年 6 月 2 日

今天报告是关于思想建设，即整党问题，各区各支部要讨论这个报告。

第一，三反五反的成就，成就很大，但不等于ブル思想都能解决，还须继续工作，新的思想混乱如不解决，不能建设。

为什么三反五反后有不健全的思想，这表现在：

一、各级负责同志采取不肯负责的态度，“多做多犯错误，少做少错，不做不错。”如不批文件，不解决问题，转来转去，打电话要记录，接见ブル要有人记录，这是对三反五反的错误了解，相反的应大胆的负责。

二、三反中积极分子骄傲自满，不愿人家批评三反中有什么缺点，老虎数字不肯下降。拒绝检讨，盛气凌人，政治上幼稚，他们不懂得三反五反是不能根本消灭三害五毒的，这次运动不过是一个开始。年〈青〉轻同志看不起老干部，自己认为是很纯洁，这种幼稚无知大大妨碍了我们的成就。他们不能自傲，需要虚心态度很好学习，打错了老虎的要深刻的检讨自己。

三、贪污份子被减轻处份的分子充满不满的情绪，不表示感谢，对积极分子不说话，不打招呼，这种人也不是站在党的立场的，政治上也是幼稚的，他们不了解一个运动不犯错误是不可能的，这是可以理解的。中国的工人阶级的胜利是在无地位，无文化，无军队中斗争起来的，不犯错误是不可能的，过去打死了许多人，还没有算账。如肃反运动中的错误，三十年来历史就是如此，问题在于学习这次的经验，以减少犯偏向。联共过去也犯过错误，这次三反比以前整风三查三整都要宽大得多。

四、老虎坚决反攻。应当下降，〈从〉重新〈覆〉复查一下，宽大不能丧失严肃性，不要采取对立态度，不能采取小ブル的温情主义，实事求是，应正确的解决，如转业，定案，悬案。

五、反对松下去的偏向，也反对一律从严的偏向，不能虎头蛇尾。

第二，三反五反问题如何提出来的？

胜利以后主要任务是准备经济建设，与美国作斗争，为社会主义准备条件。因此要动员一切力量去完成这个任务，小ブル要进行思想改造，没有强有力的党不能领导这个任务。党内要严，城市内一般不发展，只向工人开门，扩大统一战线，大抓一把。党内要紧，党外要宽，二而结合，每一个党员要经过一次审查，有的要开除党籍。

对党外宽的事实，如双十宣言是办有血案民愤的。旧人是包下来的办法，不怕敌特混入，毛主席领导是成功的，因为工人阶级统治要有这个气慨，不能近视狭隘，宽大结果使我们解放战争能顺利结束，开始时如进行三反，一定要遭到不利。为什么要等到 1952 年才三反，这与抗美援朝，土地改革有关系。

1950 年整风与整党方法太粗，不能解决问题，三反五反要强调惩办。不能如过去一样的只谈思想改造。这是合于党的发展的规律性的。

过去吸收党员的标准太低，也不适合于现在条件，党员资格要提到消灭私有财产共产主义的水平才行。

三反把党员的品质、作风、思想审查了一次，三反找到了整党的办法，所以三反主要一面是整党，五反是着重于经济上使我们能建设。

第三，不三反五反结果将如何?

如李剑华有二个小公馆，恽逸群敌我不分，顾准[扬言]三年后要当总理。

如不三反将党不像党，军不像军，三反今后要转入正常化，着重思想的建设。我们部分干部丧失立场被ブル牵着鼻子走。

发扬了工人阶级的积极性，党与群众的关系改善了，依靠工人阶级的思想明确了，什么是斗争，也明确了，工作人员 40%有贪污行为，这是过去所达不到的，运动中带来若干消极因素，不能说是运动无意义，运动中没有错误是不可能的，不是马列主义的。

第四，三反五反中的教训：

一、开始运动时没有准备，很被动，要由市委负责，仓促进入运动，没有准备。

二、赶时间——一再推进，如早准备半年，事情一定办好。

运动中成就：(九大公司材料)

一、群众之中的热情，提高工作的效率，公司业务有很大的改进。

二、改变工作方法，业务上有很大的改进。

如单位可以总结三反的结果。

第五，三反五反后转入经济建设，加强团结，提高工作效率。

今后工作：

一、工作恢复经常化。

二、交代关系，要排除，回接补课，不用再来一次大规模的查思想。党内有二种意见，一认为所有积极分子都来一次检查，但时间不允许这样做。

三、下半年准备发展一批党员，主要是对工人，党内要开除一批人，或劝他退党。

四、处理错案，归案，有的去受训。

（文件编号：E75）

高干会议讨论陈市长报告

1952 年 6 月 2 日

陈丕显：

三反后尚有许多一系〈律〉列工作要做好，如定案，处理思想问题，如何讨论要考虑。

谷牧：

三反中有些偏向，总的要求与目的，思想教育做得少，打虎有逼供信现象，通过思想学习完成六月份的许多工作。

解决什么问题？

一、思想上认识三反五反的意义，怕负责任的原因。

二、不安心机关工作，表现在财经部门。

15 日以前完成学习，退赃定案同时完成。（2 小时—3 小时）

15 日以后要转到交代与鉴定，整编组织。

三、学习方法。

领导上的要求：领导人要亲自负责，考虑保证。

党委总支、区委、党组开一个总支的扩大会议，着重那些〈俱〉具体问题，5 日以前要传达下去，按原有组织学习，组织典型的检讨报告，强调批评与自我批评，联系实际。

宣传部建立学习办公室。

阿丕结论：

一、学习的认识问题：

三反后新的思想建设，巩固三反五反的胜利，同时是贯〈澈〉彻三反工作。许多具体工作还没有做，通过学习要继续进行，得到结束。

二、学习组织领导上问题。

过去属市将来属区的，可以暂归区，或市领导。

区委，行政，党组各按系统搞，统一区委领导。

青委妇联没有党组的可以进行。

以行政为单位，行政首长负责，如税务，教育，工商，工会，青，妇，各部由行政上负责，不以机关党委为领导中心。支部保证。

九大公司与银行系统按打虎系统负责。

教育工作统一于三反委员会，宣传部负担一部分工作，办公室不取消。

区分二种，郊区基本上按市级一同布置，市区抽出一部分力量加强定案工作，准备三反结束工作。

三、交代问题，党内外干部一起学习，勤杂人员另外，工厂按工厂办理，医院学校思想改造，青年干部在交关系与学习中要补一次课，克服其自满情绪，教育的差不多的不必再惩如黎玉。

有些同志对谁交代，不一定到支部交代，如黎玉要去领导机关中交代，回■补课要有重点，检讨字不超过二千字。

整编放在后面，由首长负责排队。

（文件编号：E75）

就五反运动结束中的几个问题给陈丕显的信稿

1952 年 6 月 5 日

阿丕同志：

一、第四期五反的总结(5 月 5 日起到目前)。

完成了工商户的检查工作，一千多大户，三万多中户，三千小户互评告一段落，做了许多甄别工作，即算账，组织人民法庭等。

四期的成绩很大，但要反对潦草结束。

……①

（文件编号：E75）

① 原文缺。

办公厅汇报

1952年6月9日

机构改变后问题：

(1) 合并后材料报告多，没有人看，合并前问题是办公室与各部分工不明确。

(2) 办公室主任要看各方面问题，不解决问题，但可以互相了解情况。

(3) 各部人太少，各部对自己的工作方面放松了，至少六个人。

缺少人员：业务工作组少六人。

(1) 宣传工作少科长一人；(2) 生产科长一人；(3) 出版三人；(4) 组织；(5) 福利，科长一人；(6) 干校，科长二人；(7) 工作队，少十五人。

妇工会议内容：

(1) 下半年工作重点，城市还是农村，做什么；

(2) 三反及妇联机构问题；

(3) 生产工作的具体问题——如何发动妇女参加生产，老区80%，新区三年内实行，农忙、托儿所问题，劳动组同工同酬问题；

(4) 婚姻法问题；

(5) 妇联文盲问题；

(6) 妇女刊物如何推广。

（文件编号：E192）

华东局政治会议总结

1952 年 6 月 10 日

魏文伯：

一、三反问题

（一）肯定成绩，批判错误，指出缺点，克服消极因素。

巨大历史意义——对全国人民与全体干部给一个最深刻与生动的教育，经过一次考验与审查，机关工厂进行一次民主改革，对旧社会留下来的五毒进行一次猛烈的清洗。纯洁了组织，划清了思想界线，提高了工作的效力，为建党与提拔干部创造了有利条件，运动发展是正常的，也是基本方面。

缺点是：1. 如打虎中发生了或多或少的逼供讯现象，疲劳战术，变相肉刑。

2. 定案工作，不肯核定老虎，或任其自流下降，老虎反攻，放虎归山，马虎了事态度。

3. 退赃中逼死人命，硬追，硬逼。

4. 处理上偏重于行政处份，量刑也有偏高，不愿机关管制与其他，如浙江处刑比管制的多。

5. 交代关系方面有些少动员与教育，扩大范围，冒险硬追现象。

6. 怕做财经工作，宁左毋右的政策，青年干部自满骄傲，新的命令主义作风。

产生的原因：

1. 从群众运动发展规律中所发生的暂时现象，领导上采取了适当办法，是可以消除的。

2. 打虎的成绩不能因数字下降而被否定。

要批判的思想：

1. 只片面强调成绩，不肯克服缺点。

2. 片面看到缺点，不敢肯定成绩。

3. 认为错误是主要的，成绩是主要的，右倾思想。

（二）切实做好定案，追赃处理工作，贯〈澈〉彻中央指示，既不冤枉好人，也不放过一个贪污分子，增产节约为压倒中心的任务，要伸出手来完成此项任务。

定案追赃的原则：

1. 领导上要掌握，具体帮助下级做出样子，进行检查工作。对干部进行政策教育，分清内外。

2. [1]

3. [2]

4. 与业务和群众相结合，以求正确。

5. 实〈是〉事求是，领导上掌握数字。

6. 在核实基础上进行追赃，适可而止，禁止卖耕牛及地田来退赃。

逼死人死者机关负责人要受法律制裁，弄不清的不要轻易定案。

7. 严格控制量刑的比例，百万以上千万以下的不超过5%；千万以上一亿以〈上〉下不超过50%；一亿以上不超过80%以下。机关管制的不下于50%，徒刑30%，五年以上15%，死刑不超过千分之上[3]。

批准权按组织部批准干部权执行，必须由地委以上党委统一批准，尽量减少开除。

（三）巩固思想组织。

1. 干部普遍交代，进行思想批判是纯洁组织，了解干部与教育干部，达到思想与组织上的巩固，交代关系的意义，什么人要交代，交代什么，怎样交代，领导上应注意的五项问题，与中央指示。

说明下列几点：

(1) 严格控制交代的范围，什么是资本主义地主、帝国主义的关系，什么应当交代，不能超过中央规定，自定名目。

(2) 县级干部写一个检讨(1 800[字])、一个鉴定，填表，一般不经小组通过。

重点审查，有材料、性质恶劣有反革命疑问的，小组批准通过。

(3) 划清思想界线，提高政治觉悟，生活享受要看系劳动所得。

明天与今天，民主与集中，浪费与集体福利，劳动所得与贪污所得要分清。

---

[1] 原文缺。

[2] 原文缺。

[3] 原文缺字。

(4) 处理干部组织处理从宽,政治上从严,除个别十分必要者外,一般的不作组织处分,如自动坦白的。按干部管理原则与党章原则,加以控制。

(5) 不要一般的与资产阶级拒绝来往,不能因家庭成份不好,列为本人成份,问题在于什么立场发生社会关系。

(6) 加强纪律,服从纪律,加强团结。

(7) 执行八条党员标准的学习,提高党员觉悟程度,改进党员的错误与缺点,召开党代表大会,以批评始以表扬终。

二、五反问题

未决问题移交政法部门处理,范围如下:

(一) 五毒俱全的工商户,要没收与罚款的。

(二) 必须经过人民法庭及后二类的处理,前三类要改变的,要经批准。

(三) 五反中有关三反定案要控制的。

(四) 有计划的进行贩毒、投机等行为者。

(文件编号:E75)

潘汉年传达中央关于五反问题的指示

1952 年 6 月 11 日

一、上层资产阶级分类问题，303 户划为守法户，各地有意见，82 户为守法户，大部为工业家。

二、城市主要是城乡交流，县五反坚决不搞。

对工业家处理从宽，有些人不满，可能是干部思想有问题，如三反，要实事〈有〉求是。投放不成问题，如能经常的生产。

增加税收任务问题，二个特点：① 分配任务多，但都超过；② 只要做好农业生产与工会工作，税收不成问题，银行贷款不成问题。

城市物资交流一，今后要经常搞，利用赶集办法，三日一次，通报全国。

三、转业情况。

（一）经济改组，失业工人要训练转业，上海有几万的职工要转业。

（二）工人〈愿〉有回乡的自由。要求留的，可以包下来，待遇上要有不同，失业知识分子也是大问题，是连环画家有许多无业（二百多人）上海要包下来。

四、新的劳资关系。

（一）资方代理人问题——生产好转时一定有许多人愿做资产阶级的儿子。

半年后西装业也会好转，自愿做代理人，我们不反对，工会资格暂时可以停一停，如去做工可以无条件的恢复，如资方的儿子后来做工按工会法办理，要把代理人分门别类组织起来，如工程师、会计师。

产业工人的工作时间太长，店员时间要延长，如理发店晚上七时就停工，可以轮班，六时不能停工。

冷藏库要发展，对附近城市也有好处。

毛主席鼓励大家吃鸡蛋，对农民也有好处，要宣传吃蛋与肉。

不要专门为了出口使农民重视副产品，农民余粮要设法销出，粮食公司不收，不对，应当收，农村合作社要注意收买。上海区的工作没有加强是一个缺点，要把好的干部抽到区政府去，抽地委一级及机关干部或提调一批，否则不好管，干部要调整。

五、周总理的指示。

（一）政权工作要用很大的力量去做，恢复正常，包括区一级，党政不能长期混淆。

（二）五反后要定出制度规章，如收购。

（三）协商委员会要经常召开，要恢复正常工作，陈市长要到会。

（四）外商问题：

第一，要有条件的收购，以欠账多，只付少数钱可以收回的，生产上有重大意义的，如他们不愿可以加工订货如蛋厂。

第二，要接管要经外交部批准。

第三，宗教问题，对工会要争取，打击他坏的一面，按宗教自由原则争取下属。

第四，文艺问题，袁雪芬生病参加整风，只许〈做〉演五反戏不对，连梁祝哀史[也]不敢演是不对的。

第五，税收问题。

经过五反中央了解上海太大要支持，每一运动情况要反映给中央，各部门都要反映情况。

（文件编号：E75）

方毅传达中央财委指示

1952 年 6 月

1952 年财政问题。五年计划问题，目前的市场稳定问题，是这次会议的中心。

一、总方针是什么，“边打边稳边建”——毛主席指示，三边的基础是“边稳”，否则二边不可能，即市场要稳定。

二、财政问题：

(一) 收入，今年任务比去年有增加，去年 63 万亿，今年 70 万亿，税收一定要保证，神圣不可侵犯，共和国有危险，税收不可动摇，上海十二万亿。

农村搞不好关系 4 亿人口，城市搞不好关系 5 千万人，农村附加税太多。

支出方面——进一步统一，各地油水有 10 余亿，开工厂的很多，如广州的大便工厂，毛主席称为“盲目的积极性”。五年计划定下后，就不会乱了，油水可以拿出来。如大冶铁工厂划给中南，中央支出 90%。

教育经营——大学生全包下来，每人增至 12 万元，高中每人 6 万，初中 8 万，小学还不能包。

薪水——上海加不加了，比全国都要高，有人主张上海要压低，北京事实上比上海高。

建设——增加医院、工房、下水道，失业工人救济问题，福利事业。

(二) 市场问题。

“先活后税，先税后退补”——总的精神。

七条压力之下，资产阶级躺下来，但以后还是要起来。

利润问题——20% 利润给资产阶级，纺织工缴提到了 60 单位，棉花 395 斤。

规格问题——工程人员——银行放款员，采购员要教育。

大家怕当老虎，零售店不要扩大。

劳资关系——要改善。

利息要降低——50%要下降，私人银行不能存在，采取包下来办法，上海有五千人，有二千人要到西北去，由总行支付，战前存款要还，存款的少还，拿出六千亿发还。

五反退款问题，退款不能影响税收，很强调。

失业问题包下来。

（三）五年计划问题。

李富春报告内容。

1. 情况与如何做？

不能离开现在工业基础，现在仍做了恢复工作，已达伪满 111%，是好的一面，但超过的是重工业与棉麻生产，钢铁生产不足，轻工业设备率没有充分利用，如火柴、纺织、烟草，■中只达 10%。

过去只出口半成品，轻工业原料是进口的，三年来重工业重得多。轻工业原料已能自给，市场销国内，政治改造是成功的，核算制很差，下半年与明春要做好。

准备不够，苏联[曾]四年准备，但有苏联帮助，我们只能边打边稳边建，不能一切好了再建设。

重工业七大中心，军事，有色金属，火车头，钢铁。

工业放在前头，农业改造还在后头，跳不高。

工、农、商、交、文五项要交错，不能同时并进。

公私关系五年后要有大的变化，重工业主要是国家的，[有]加工订货与工人力量，[就]不怕资产阶级。

2. 中央与地方关系问题。

要解决的资金，技术，干部，设备。

如何发挥现有基础：(1) 靠东北；(2) 上海技术与工人要吸收；(3) 鞍钢培养大冶。

每天增加 20%，苏联、资本主义国家 5%。

第一，五年计划，为国防工业打下基础。

五年内做什么？——(1) 鞍钢与大冶先搞好，西北与西南建立基地；(2) 机械制造业，先要制铜，重机制造，水利发电机。

汽车拖拉机厂，东北 1 个，北京 1 个配修，上海，武汉大连搞制船。

化学工业满足国防，水泥玻璃要大大增加。

煤炭工业 5 年发展 1 倍，电力——火力发电，第二个计划是水力发电，黄河有大作用。

纺织增加50%，德州要安电厂，不能增加，华东不增加锭子。

华东，糖、纸要增加。

铁路——主要是西北，西南，东北与中亚细亚接起来。

如何搞？

基本建设第一，要有全局观点，抽干部。

技术向苏联看齐，克服英美思想。

抓住重点，如鞍钢。

干部问题——180万产业工人，要增270万工人，国营厂501万人，技术人员35万，县以上老干部(1949年)有5万人，要整套配，省市要抽出一半人。

地质问题要准备60年资料，大学办地质学院，要有2万5千人。现有6百人。

资金问题——问题不大。

上海问题——要为国家提供资金，税收极为重要。

提供技术人才，文化教育的发展，积蓄力量。

(文件编号：E75)

陈丕显关于交代关系问题的布置[①]

1952 年 6 月 19 日

三反结束的五项工作：

一、打虎在三月份结束，处理阶段也已告一段落，现在是建设阶段，如何做好建设阶段的工作。有二项重要工作要做，否则会虎头蛇尾。

第一项是正确定案，适当处理。对严重的浪费与官僚主义分子。

第二，切实做好建设的各项工作，要求是系统的批判资产阶级的思想界线，改进三反中所发现的各种缺点。从思想，组织制度上巩固胜利。

二、半个月来的学习。

学习成绩表现在：

(1) 统一了对三反运动的认识，伟大的成就，对搬石头，造预算，打虎，改进领导等有意见，对三反的领导也有怀疑(不对的)。

如税务局贪污分子 1 600 余，赃款 30 余亿，打击邪气，与温情主义建立自我批评风气，获得了很大的成绩，虽有逼供讯。

(2) 三反的作用，思想见面，检查领导，积极分子的发现，都是好的现象。但有缺点：贪污分子与积极分子不见面，经过学习好得多了，双方作了检讨，党与群众关系的改善。

(3) 继续批判资产阶级与其他各种错误思想，如不安心工作，闹情绪的都有个人主义思想。

(4) 全党认识到三反胜利要巩固，通过思想与组织的整理，首长负责起了作用。

学习中的缺点：

(1) 不少党员思想准备不够，负责干部对思想建设认识不明确，采取麻痹自满的态度。

(2) 布置不够明确，先要统一领导干部的意见，然后建立骨干，普遍推开。

---

① 本文序号数字为编者统一编排。

(3) 具体领导掌握不紧，讨论会变成发牢骚会。

(4) 没有深刻批判资产阶级与各种错思想。

三、建设工作应做什么？

1. 交代关系。

2. 批判资产阶级思想。

3. 结合整党。

4. 组织与制度建设。

1. 交代关系问题

意义与目的何在？了解干部提高认识，普遍进行一次交代，划清思想的界线。

什么人交代，交代什么？除关系以外，还要检查思想观点立场。

处理办法：

(1) 坐探份子严重的要判刑，人家讲的，自己坦白的从轻处理，〈洩〉泄漏经济情报，情节较严重的给以适当批判，双皮老虎照反革命条例处理。

(2) 反革命案件，由公安部门处理。

(3) 本人是资本家暂时不处理，由中央决定，登记一下。

(4) 一般的政治问题，亲友是产阶级或反动分子只登记不处理。

(5) 家庭是反动阶级或资产阶级的，只要站稳立场，思想上划分清，不要与其断绝关系。

(6) 本人立场不稳定。

2. 批判思想问题

根据各部门业务所表现的对资本主义思想的批判。

3. 三反如何与整党相结合。

三反中考虑进行八条的学习，接上去建党。

一般干部三反后再作鉴定。

4. 制度建设，组织建设。

中心是整编。

（文件编号：E75）

华东局扩大会议讨论记录

1952 年 6 月

陈市长：

（一）三反问题

部队三反结合整党是好的，以便以后转入八条教育。

1. 积极份子与[被]打过头的[人]对立很严重。积极分子包袱重，不愿下降，强调成就，不承认有缺点。三反是应变，不可能完全不打错，要说明这个道理。

2. 大干部大案件要高级党委处理，做出正式结论，通知本人。

谭政委：

1. 三反问题要肯定经验，中央指示对缺点没有强调，因为这个运动是对付内部，最大一次考验我们的统治能力，不能有任何疑问。因为是一个政治运动，所以要有偏向，因此也要从宽处理。

2. 巩固胜利要划清思想，劳动与不剥削的界线要分清，朴素与腐化界线最难划清，"腐化堕落"要有解释，拿了津贴不敢用。

3. 建设问题：

（1）乡村要实行一人一职办法，否则要有贪污，不能养家。吸收广大劳动群众参加工作，是非常必要。

（2）财政问题，要看成为党与农民群众的关系问题。

（3）居民委员会问题，干部问题从失业工人与家庭妇女中解决脱产干部问题。

经费由附加经费中提出。

居民委员会主要是管无组织的居民，规定几条工作任务，此项工作很重要。

改造法院与人民警察要〈澈〉彻底改造，干部从工人农民中抽，薪水照原工资算。

（文件编号：E75）

刘瑞龙关于农业问题的讲话

1952 年 6 月

1. 农业生产计划有增加，棉花可达 1 315 万担，各省认为过去数目太小，农业机构要加强，数目要摸底。

2. 下半年农村工作问题。

一、互助与爱国生产春秋季起了特别作用。

缺点：防旱防汛不平衡不及时，指导不够精密，水利兴修重量不重质的情况，技术指导少。山林工作严重自流现象，浙江烧山很多，闽浙 180 万亩烧山，比造林数目大。

互助组形式主义。

下半年中心任务：保证 1952 年计划完成，争取丰收，为 1953 年打下基础。进行民主建政，整党建党，秋收做一个界线作为二个步骤，秋收前保证丰收，活跃城乡交流，查田定产，训练干部为整党建党作准备。

各省生产季节不同，布置可以分先后。

争取丰收要① 与自然界斗争到九月底，水旱虫风等，防范产品。

② 加强技术指导，推进先进工作法。肥料的推销是一个大问题。

③ 城乡交流，推销土产。

④ 增产运动要有具体指导。

二、互助合作问题。

全区已有 200 多万组(6 月上旬)，农户组成的 110 万户，苏南山东 40%，浙闽苏北 25%。长年组 20%，临时组 80%。

问题：① 地主与富农把持，某区 22%(溆县)为地富所把持。

② 自流现象，政治与思想领导差，党支部没有形成核心，党员不参加互助组，党员雇工参加剥削，党校(山东)学员雇工的增至 17%。

③ 典型互助组党委没有注意(地委)农业生产合作社没有被十分重视。

④ 党员忙于打虎，没有注意，干部对中央的决定不了解，系统的教育不够，对此没有懂得这是一个战略任务，不够深刻。

⑤ 合作化机器不够，东北在三年内 60%合作化，条件好，土地多，土地改

革早，互助运动早，旱地多，可以用马牛，华东水田多。

1954 年第一阶段要做的：

① 进行普遍深入的教育，合作化方向是一个艰苦的工作。

② 组织劳动力，即组织无组织的农民，找好农业合作社的对象。

③ 做好省以下的典型试验（农业生产合作社）领导机关先搞。

④ 开办互助合作社的干部——乡村干部，生产能手，组长，妇女 15%—30%，7 天到 10 天轮训，与整党建党结合起来。

⑤〈现〉形成“批”与“窝”，以一个合作社为据点，吸收更多经验。

1955 年再谈集体农庄问题。困难问题：

① 新式农具问题，要支持。

② 剩余劳动力问题。

③ 土改尾巴要结束。

④ 查田定产。

谭政委：

① 前三年典型示范后三年普遍推开，达到六年内 15%的合作化。

② 成批的成窝的发展合作社，以后表扬不采取对个人，主要是互助组，区乡村的模范表扬。

③ 现在不谈五年计划，东北有二千五百万亩垦地，有五百[万]人的移民，有十七万架机器，可以速度加快。

④ 区以上的典型是一个关键，每乡只有二个合作社，要推开很易。

（文件编号：E75）

七一组汇报

1952年6月27日

谭政委:

宣传的主要内容

一、三反五反伟大的胜利为中心。

二、三反五反胜利基础上所要做的工作。

(一)三反五反胜利为今后建设作好基础与准备。华东县以上机关基本上结束,大城市与大部分中等城市也基本结束了,即基本上结束了运动,剩下的县与区乡与中小城市还没有进行三反或五反,他的意义已经不大了。

这是一个最深刻的社会性的民主改革运动,工厂学校整个工商界通过三反五反的民主改革。

什么是社会性的民主改革运动——即[对]历史性传下来的官僚主义来了一次改革,牵涉到整个社会的生活,如三反五毒的清除,发扬了中国人民勤劳朴素的作风,对各界人民是一次最深刻的教育,即一次深刻的阶级教育,即共产主义的教育。通过此一运动划清了阶级的界线。没有群众性的自我教育,思想上要划清界线是不可能的。对工厂企业来说是一个最深刻的民主改革运动,国营企业来说深于过去的民主改革运动。对私营工厂来说比较影响少一些,但改革的尖锐性也胜过于〈已〉以往。如揭露其经营的黑暗与腐败,对今后加强与改造私营企业起着推动的作用。

对我们的机关来说是对每一工作人员一个考验,为人民服务的关系搞清楚了,[与]一部分留用人员吃饭思想给划清了。

对ブル的思想生活方式被整臭了。

划清了什么界线——① 劳动与不劳动的界线,剥削与被剥削的界线,前者是光荣的,后者是卑鄙的。

② 诚实与虚伪,作风朴素与装模作样的区别,亦即资产阶级与无产阶级思想的界线。

③ 工人阶级有远见,为今后方向而奋斗,资产阶级是看不到社会发展的,为什么中国要工人阶级领导中国,资产阶级不能领导,工人阶级是最有团结

的,有组织的阶级,由于他生活与劳动的结果,因为一切是集体的,资产阶级是从个人利益出发,自私自利不可能团结起来。工人阶级是大公无私的阶级,也是因为劳动与生活的结果,如二十万纺织工人为全国人民服务,自己所得很少,资产阶级一切为自己打算出发,不劳而获。

④ 三反五反对社会起了移风改俗的作用,对我们国家起着保证建设的作用。没有毛主席的领导不可能有这个运动与胜利,没有党的三十一年的奋斗,不可能有此胜利,不能割断历史,与党与毛主席的领导〈连〉联系起来。

胜利,成绩,正确性是100%,但为什么要有缺点,如没有缺点与偏向就不能说是100%,因为是一个群众运动,不是绣花。

不能说缺点与偏向是次要的,许多贪污分子没有按条例被处罚。是因为有三反五反运动,打人骂人不能说是缺点。

运动有了偏向领导上必须纠正与掌握,并加以克服。迟早与快慢各地有差别,即领导有差别。

为什么要从宽是为了补救缺点。

(二) 巩固三反五反与发展胜利。

(1) 划清思想界线,朴素与腐化堕落,不划清非常危险,最易发生偏向。例如父子母女关系,如何划清,子女要对父母有供养之责,只要有思想界线,领导他们前〈近〉进,不要断绝关系。

(2) 思想作风与行为要分清。

思想作风是长期的改造过程,行为是不能允许的,如参加剥削、投机倒把,党员要立即阻止,群众与团员要有斗争与教育。

今天与明天要划清,如现在要提倡艰苦朴素,明天要提倡生活好,如住洋房是为了节省,不算浪费。

(3) 贯彻增产节约运动。

公营工厂发动劳动比赛,合理化建议,推广先进工作法,达到生产改革目的——改革经营,劳动力组织,工资制度(要说清上海都要进行改革,但不是增减而是调整工资,生产发展后,逐步提高工资)一二年后要争取八小时工作制的实行,机关商店不能实行八小时。

对里弄居民要说,要逐渐解决失业问题,随着国家经济的发展逐步解决社会的失业问题。

私营工厂的工作任务：① 恢复生产与经营，调整劳资关系。

② 总结五反加强工人的团结，纯洁工人的队伍（全面交代）。

③ 加强对私营企业的领导与改革工作（订计划，工人监督生产）。

（三）加强思想改造，为文化建设高潮作准备。

改造教学法，一二年内扫清文盲。

（四）普遍开展卫生体育运动，提高健康条件为国家建设作好准备。

加强世界和平，加强抗美援朝的运动，安全建设国家。

（五）党的问题。

三反对党是一个最深刻的教育与整理，扩大党的组织，为建党作宣传。

（文件编号：E75）

七一报告提纲

1952年7月1日

（陈修良旁注："七一"是一个伟大的日子，由于党的领导，把中国革命胜利，三十一年来英勇战斗的历史就不谈了。）

一、在毛主席与中共领导下的三反五反的伟大胜利与意义。

一年来在党领导下的伟大运动胜利有三大运动，三反五反又获得了一次空前巨大的三反五反胜利。

收获与意义：

（一）三反运动打退了ブル的进攻，为中国经济建设打下了经济基础。

贪污浪费的危害——如工人的生产被浪费，资金不能积累，改造工业与人民的生活，前线受影响。

官僚主义的祸害——如工人合理的建议的不能接纳，管理不好。

发扬了中国人民的勤劳朴实的作风。

对国家机关人员来说——打破吃饭观点，树立了为人民服务的观点，即为劳动人民服务的观点。特别是划清了阶级的界限，是一次深刻的阶级教育。为社会主义前途而斗争。

对党员来说是一次考验与整党运动——考验其思想作风、生活、历史等。

划清了什么界线：

1. 劳动与不劳动，剥削与被剥削的界线——前者是光荣的，后者是卑鄙的，前者是大公无私的。后者是自私自利没有远见的。

2. 诚实与虚伪的作风界线，朴素堕落的划清（即实际需要与贪污浪费）如曹杨新村，首长住房子。社会关系来往与思想界限的划清。

（二）巩固工人阶级的领导权，纯洁了党，政府，人民团体，工厂，学校，合作社等机构，特别是提拔了大批的优秀干部，如陆阿狗等，改善了党群关系。工作效率提高了，民生作风发扬了。

普遍地提高了群众的觉悟——共产党是中国唯一的领导中国革命胜利的党，中国经济建设的信心。ブル思想臭了，群众运动的经验。

（三）五反运动的收获。

1. 清除了五毒，ブル知道服从工人阶级的领导，遵守共同纲领，达到了团结工商业，同国家建设的目的，如不敢再偷工减料。

2. 职员工人阶级觉悟大大地提高了，工人阶级内部更加团结（如工人与高级职员）劳资问题的改善。

3. 物价普遍地下降，工业品[价格]下降，农民购买力提高，为工业开展了市场。

胜利偏向与成绩问题。

有一些偏向是不是可以说成绩很少，或者是基本没有成绩，缺点很多？

要承认成绩是100%的理由：

(1) 要认识这是一次群众运动，不可能无缺点，如生产任务超过100%，但也会有废品。

(2) 为什么要"斗争从严，处理从宽"因各领导上知道有偏差，所以要从宽，补救缺点，以避免杀错人，但是也要"应当严者严之，应宽者宽之。"

二、三反五反后的中心任务——爱国增产节约劳动竞赛运动。

为什么要实行劳动竞赛运动？

(一) 根据毛主席去年十月的号召，"增加生产，厉行节约，支援朝鲜志愿军。"

不打美军，我们回家不能建设，例如鸭绿江电话的被炸，我们要以生产力量，支援前线。

(二) 要增产要实行生产改变只有劳动竞赛。

打破几种顾虑思想：

(一) 好了还要好——工人阶级是大公无私的，好了还要好是为国家与人民，如二十万的纺织工人为全国服务，五金工人要为农村与其他重工业为基本建设，为重工业化而努力；同时也是为解决失业问题，为工人自己的福利而努力，为文化医疗、卫生等。

(二) 采用合理化建议工人会不会失业——熟练工人事实上不够，政府有办法调剂。

(三) 工资会不会减少。

正面的理由：

(一) 竞赛可以规定生产定额(定重，实质，定料，定工)。

（二）为实行经济核算来打下基础——如清理资财，设备能力，核定资金，实行独立会计制。

（三）消灭无人负责现象，确定责任制度。

（四）调整不合理的工资制与奖励制度——实行多劳多得，生产发展后可以增加工资，现在是要调整，一二年后可以实行八小时工作制。

三、为扩大党的队伍而斗争。

（一）为着加强党的领导，我们要吸收优秀工人入党，现在条件已经有了。

（二）如何争取入党。

努力生产，作群众中的榜样，如陆阿狗，在各种运动中考验，要努力学习党的历史、文化、理论，青年团要做好准备。

（文件编号：E204）

七一纪念报告提纲

1952 年 7 月 1 日

中国革命胜利，打倒帝国主义与 KMT 统治，工人翻身是党的领导结果，是毛主席领导的正确。现在党的组织情况，没有党的领导中国革命不能胜利，是无数烈士牺牲的结果。

一、什么是共产党？

1. 共产共妻——敌人的造谣，“共产”——为建设共产主义社会而奋斗，为私企业是国家财产增加。

2. 贫农——（小偷、土匪也是贫人，我们不能代表），同盟者，特别是贫农。

3. CP——工人阶级的党。

什么是工人阶级？——机器上的劳动者，主要收入是工资（也有小块土地的）。

什么是阶级？

(1) 有共同的利益。

(2) 有共同的生产关系，如纺工与织工，机器工人与纺织工人，印染工人与纺织工人。

什么是党？党员——工人阶级最有觉悟的工人才能入党，先锋队的意义。

党员的基本的标准——(1) 全心全意为工人阶级与劳动人民利益服务，不是老爷（联系群众）。

(2) 为建设新中国为社会主义前途而奋斗，即共产主义的社[会]，为工业化的前途。

(3) 能牺牲一切自己的利益，因此也不怕批评，能力求进步。

知识分子与农民为什么也能入党？——不好的党员——要整党。

因为他们能够为劳动人民服务——农民也是一样，他的革命不是为了分土地分一只牛，解放军内的党员抛了家乡为人民革命而牺牲，所以他们是好党员。

为什么不是一切工人都是党员——因为有许多工人还不能懂得 CP 是什么，私人利益还不能抛弃，如劳动态度不好。

党的组织性、纪律性——(1) 由上述的好党员组成起来，要集体(开会)共同遵守决议做事。

(2) 每个下级组织要服从上级的指示。

二、中共诞生与三十年如何领导革命的胜利?

第一期——1921 年 7 月 1 日诞生于上海——当时去北方上海湖南有工人与学生运动，反对政府卖国，1923 年，铁路工人，香港海员大罢工，毛在湖南领导党的工作。工人觉悟提高党的队伍扩大。

(1) 领导了四次革命战争，推倒了国民党的政治——中国革命特点是武装的人民反对武装的反革命，推翻帝国与 KMT 的统治。

第一次革命战争，1925—1927 年大革命时期——北伐，国共合作。

主要依靠工人与农民打天下，湖南广东湖北有几百万农民在毛主席领导下进行斗争，五卅惨案，五十万工人罢工。上海组织“工商学联合会”。

国民党蒋介石汪精卫叛变，屠杀工农。中国革命失败——地主资本家怕工人农民造反，党领导上的错误，没有很好组织工人农民的武装。

第二次革命战争——1927—1936 年。

当时形势——敌人力量强，工人农民革命力量弱，军队——红军主力北上抗日。

毛的经验——① 发展农民游击队，武装自己。② 从城市转到农村。③ 建立民主政府。

四次围剿——然后在江南、两湖、广东、福建建立根据地，1931 年中央政府成立，毛为主席。

中国革命在遵义会议后改变了党的路线。

1934 年红军北上抗日——二万五千里的长征。

“九一八”事变与五次围剿——蒋介石反对打日本。

党的抗日统一战线政策的胜利——如上海 1936 年组织救国会，工人学生一致要求抗日。

第三次革命战争——抗日战争(1937—1945 年)

蒋介石二面打——反共与抗日，压迫工人农民，节节失败退到重庆。

中共在抗日战争的办法——

① 深入敌后，打游击，打 60%的日军 90%的伪军。

② 农民减租减息，组织民兵。

③ 建立抗日根据地。

④ 在城市里不断的领导工人斗争。

苏联在东北出兵，日本人投降。

第三次革命战争——

党的主张——"团结、民主、和平"建设新中国。

KMT与美帝——① 要中国仍然做殖民地。② 要消灭CP与军队，要内战。

党做了什么——① 坚决消灭进攻；八百万国民党军被消灭。② ——[①]敌强我弱的形势。

为什么能够胜利：① 有坚强的党的领导（在毛主席领导下的党）。

② 依赖了农民（土地改革）与城市的工人、学生及一切革命力量，进行反对内战，反饥饿。

③ 有强大的解放军力量。

（2）解放我们要建设敌人还要反攻。

二年来我们做了什么。

① 全国统一，政府成立。② 物价稳定，工厂都开了工。③ 农村土改。

美蒋企图——① 美帝在朝鲜侵略，蒋在台湾企图反攻大陆。

② 对中国建设加以破坏。

如何纪念七一：（1）支援前线。（2）党的统一领导，纯洁与扩大自己的队伍，搞好生产。（3）提高我们的技术与文化。（4）坚决跟着人民政府与党走，我们一定胜利，走向工业化的道路。

口号：……[②]

（文件编号：E81）

---

① 原文如此。
② 原文缺。

谭政委对华东妇女工作会议指示报告

1952 年 7 月 3 日

（一）形势

朝鲜战争已有二年和谈没有结果，道理在哪里？由于中国解放、第二次世界大战的结果，使资本主义经济制度进一步的崩溃，垂死的挣扎，美帝代理了德国的希脱拉，工业日本农业中国的目的，西脱拉[①]的目的——德国工业，其余国家恢复到古老社会。

社会主义与资本主义存在？这是一个主要问题，长期同时并存是不可能的，这是一个生死斗争。

帝国主义间的矛盾——美国不允许英法独立，统一在美国手上，大西洋的统帅是美国。

我们的斗争政策就是分化孤立，减少我们的阻力，利用他的矛盾，如莫斯科的经济会议，美国要的是战争，我们以和平方法团结其他国家，动员外国人到中国来，也是为此目的，使外国人来看中国是在和平建设，好像没有战争，如儿童保护，和平运动。

美国能不能和？如朝鲜战争一停，他更被动，因为他要造成紧张空气，才能压下美法等帝国主义。

美国能不能打下去？打不得，每年要他一百几十亿美金，八百里的战线再要扩大，不可能，人力也来不及，后方太远，运输困难，目前这些困难只有增加，因此他不能再打，二年来我们进步了，美国退步了，这是军事上的重要问题，改组他的空军要二年，要花几十亿的美金，苏联的飞机比美国的好，要八年后才能赶上苏联，已经宣布美国的落后，飞机质量与飞行的技术。

这张王牌丢掉，世界上震动。

发电站是炸假的，目的是为示威，为了使我们签字，但引起了欧洲的恐慌，美国又宣布不炸小丰满。

一切希望寄托在细菌，精神上的寄托。

---

① 即希特勒。

美国杜鲁门为什么不参加竞选,因为朝鲜战争很不利。

朝鲜我们战士,每人有七个工事,四种武器。

战争可能制止,可能爆发,关键在于我们的钢铁生产。

中国的生产建设速度愈快,战争的可能性就愈少,争取主动。

(二) 工作问题

(1) 完美的结束三反五反。

逼供讯不能说缺点与偏向,这是运动的结果,运动是完全健康与正确的。

青[年][与]妇[女]如何结束三反五反?

(2) 思想界线要明确划分——最难的是艰苦朴素与腐化堕落,什么是幸福与美满? 怕吃怕穿是不对的,主要从政治上来说,所谓艰苦就是不怕任何困难,勇敢的克服困难,朴素——实事求是。

生活上的朴素——休息时穿的,会客时穿什么,工作时的衣服,是必要的,浪费是腐化,要从实际出发,即需要出发。地区也要有分别,时间也要有分别,如修玉佛寺。

国家的进步表面从妇女儿童来看,妇女要归队。

(3) 青年三反后骄傲思想要克服。

(4) 物资交流,推进生产,不能再增加工定货,上海物资向外流。

列宁说搞好商业才能搞好生产。

(5) 生产改革——劳动力改革,机器设备,工资制度,工时改革。

领导青年学习技术,提高文化,二年内工人中消灭文盲,同学习理论要联系起来,为建党而服务,学习要号召单打一,精通一项,家庭妇女也要学一项,就有办法,号召学技术是妇女的中心工作。

(6) 私营企业工作。

(7) 农村中心工作是生产,组织劳动力——互助组,本地合作社,每乡用费要有预算,不准摊派,建立农村财经、实行一人一职制,委员会要多,委员不兼职,规定妇女有半数。

不准分落后中间先进,对群众都要看为积极分子;青年与妇女要与县委与区委斗争,否则要出皇帝。

(8) 改造司法与人民警察。七月下半月要开始,号召群众检举旧司法人员的罪恶。青年与妇女要特别注意,婚姻问题要翻案,婚姻案子要由妇女来批。半数法官要是妇女，城市以工人为主体。

(9) 禁毒运动。

青妇也要参加。

(10) 明年二月广泛进行检查婚姻法运动，以青妇为主，打倒封建。

妇女工作由城市移到农村是对的，城市是轻点，重点放在农村，主要目的是为了执行婚姻法，城市也要搞是不差的，青年团去做。

领导妇女学习生产技术，不要去搞民主家庭，发动妇女参加互助组有重要推动的工作，打破生产上的保守思想。

工业发展后主要是男工，妇女主要是农业的劳动，主要方向转到农村，是为了发动妇女参加劳动生产。

城市家庭妇女问题——这是一个整个社会失业问题，如工业发展人手就不够，解决办法是学会技术，家庭事务还是要有人来做。

（文件编号：E192）

曾山在市委扩大会议上关于财政经济建设问题的结论

1952 年 7 月 3 日

（一）财经情况：

稳定市场又要建设与作战只有中国有这个可能，世界第一。

中心问题是城乡物资交流的增加，上海基本上恢复了。

明年税收第一，私业为第二，公粮减低，全国减少七十亿斤，使乡村经济能早日恢复。

（二）工业问题。

东北三十几种产品比伪满时代超过 10%，比全国产量超过 20%，轻工业为主。

少、小落后，分散，不平衡——中国工业的特点，重工业发展很少，主要是轻工业的发展，帝国主义如打进来，我们还要被挨打。

发展工业的方针——边建边剥（取得经验），主要是建设重工业。

第一是钢铁，机械，工作母机，火车头，军事工业。

条件：资源，技术，设备，干部，资金是最后一个条件——干部是一个大问题。

步骤：建设第一，生产第二，基本问题是先解决基本建设，集中干部的力量。

（三）对外贸易方针，对外资企业方针。

基本上要没收：但办法要采取和缓，在有利条件下接收，时间地址分散进行。

（文件编号：E192）

章蕴在华东第三次妇工会议上的报告

1952 年 7 月 5 日

华东妇女工作情况及今后工作的意见

第一部分，目前工作情况

一年来工作成绩

1）比去年四月会议以前大大地完善，妇女团体系统组织从上到下建立起来了，妇女代表会议制度普遍实行了，发挥了一定的作用。“凡是善于利用代表会议而能起作用的地方，妇女工作就能开展”——一条经验，干部配备也逐渐充实起来，除少数地区外，一般已按编制配备齐全，有许多是几年前不做工作的干部，现在也成了好干部。

安心工作的多，妇女工作已被看得起。

2）各地党委、农委对妇女工作的帮助日益加强，妇女在生产文化及其他工作中所起的作用，例如互助组中有妇女骨干，南通训练班中模范工作在四人中有三个是妇女。“男女一齐发动方针”在普遍进行，南通专区的农学合作社由一个妇女去领导。

3）部分老区妇女掌权已经确定，新区还在开始。

4）封建婚姻制度农村中正在崩溃下去。

如童养媳多带了土地回娘家，继续抢的已是个别的，寡妇改嫁，新的事物在萌芽中。

5）妇女大批的转入搞生产，春耕夏种中对农业生产中起了很大作用（除虫、浇肥、除草、选种），树立了劳动观念，如挑担、打赤脚，妇女是劳动的重要力量（如山东文登，莒南，阜阳、涟水，松泾，新登，闽侯），改变妇女的生产习惯——挖井，犁田，插秧。参加互助社的妇女占 1/3—1/5，占该县的 15%，涟水达 50%（389），工农业的劳动模范。

6）文化——部分已参加文化学习，出现模范。

我们工作中的缺点：

① 华东各地的妇联系统组织作用一般的很差，没有形成与群众积极分子相结合的作用，多数妇女干部还不知道如何去工作。多数妇女代表不知道应

该做什么？代表会议作用没有很好的召开，群众看不见妇女组织的系统的活动。

封建思想：

② 圈子限提青年妇女，没有从妇女特点出发。

③ 妇女学习技术的保守观点还很强。

干部不要妇女当互助组长。同姘头结婚反对，先同居后结婚，没有结婚手续生了孩子不发津贴费。

反对消毒：

④ 对干部没有系统地进行教育，一般文化水平低，少数有点文化的。

⑤ 单纯依靠党一揽子地推动妇女工作，经过妇女组织加工还不会，党委个别使用个别干部来使用，没有依靠群众组织来进行工作，如调离妇女干部担任其他工作。

第二部分，今后工作中几个问题的意见

1）华东妇女工作重点问题——城市还是农村的问题。全国未解放前提出中心去大城市，目前应当放在农村，根据是什么？

① 广大农村经过土地改后具备了开展全面的农业生产的条件，培养与互助运动。农村要通过组织起来的道路，达到工业化与农业化的道路，为国防、为粮食、为社会主义的前途，为工业化的前途必须增产，因此农村妇女也应显得特别重要，要提出“妇女全面组织起来参加生产”的口号。

② 做好农村工作，解决了妇女多数的问题，面向多数。

③ 为最受痛苦的妇女服务，即广大的农村妇女，封建残余还占着优势，农村还在死人，需要工作。

城市妇女工作要做，但包括各阶层的妇女，经过各种群众团体来进行工作的，如女工统一提工会来做，具体工作由女干部来管。妇联只是放在帮助的地位，女学生统一于青年团，需要更差一些。

城市主要对象——家庭妇女与工属，依靠城市妇联去做。各城市情况也有不同，定期督促检查，发指示就够了，必需加强城市妇联的工作，女工部的组织，发挥其独立性。

2）妇女工作的基本指标——达到什么目的。

① 学会提高与掌握农业生产技术（包括工业），做到能与男人共同劳动，

要打破旧习惯的限制，反对保守思想，确定劳动光荣的观点。以典型推动一般，普遍宣传动员进行教育是基本方法，浙江各种典型人物挑战方法是好的，安徽各种代表会议是好的。

农场问题——华东已不少，安徽 74 个，饶场园的农场有一百多妇女。

② 互助组同工同酬问题，问题如下：

——比体力达到同工同酬，是达不到的，使妇女情绪低落，身体弄坏。

——有同等的技术性但形式上不一样的劳动，妇女所得比较低，如栽秧与插秧问题，妇女插秧结了算小工，各地情况不同。

③ 男女在生产中合理分工问题——单提合理分工是容易迎合保守思想。

④ 农忙托儿所问题，是解决农妇的工作问题，必须普遍开办，要避免高级形式，每一互助组建立托儿所，按需要民主讨论，合理分工，哪些人做保育员，规定等价交换的办法——即直接劳动者与保育工作者同享待遇，由农委讨论，每一个互助有一个妇女代表（如阜），接受上级妇联的指示，指导有关妇女儿童有关的问题，以乡或村为单位建立一个托儿所管理委员会，进行指导工作，使妇女所有时间工作与学习。

⑤ 关于互助组，堤工水利组，农场中妇女的特殊保健问题，在怀孕月经期间，还不能立即硬性的保健规定，执行讨论比较好。准许月经期内不作重劳动，一斤米为卫生费，此办法可以推行到各农场中去。

⑥ 妇女互助组问题，现在不需用，我们要阻止。已经组织起来，应说服他们，扩大以户为单位的互助组，不要命令，有许多有名的互助组是妇女转变过来的。

丰产户的奖励问题：

3）学习文化掌握文化。

是提高技术，与政治水平的基本条件，可能接受新事物，克服长期的愚昧状态，提高工作能力，推进速成识字法，在干部中先扫除文盲，然后进一步群众的扫盲。

4）积极参加民主建设，政权工作，重视选举权与被选举权。

培植妇女们参政情绪与选举方法，乡村政府中妇女占一半。

5）彻底实行婚姻自主。

最底〈低〉限度办到不死人，要解决多数干部思想问题，建议学习婚姻法，检查犯法者。

农村以培养与互助合作运动为中心。

城市以培养家庭妇女的技术，走向生产劳动为中心。

第三部分，今后工作中应注意的几个问题

结合各项中心运动，插入妇女工作的内容。

生产运动，城乡物资交流运动——文化娱乐运动，开到乡里去，推进速成识字法。

爱国卫生运动，反细菌战，卫生建设搞起来。

生产① 教育——民主、和睦、团结、生产的新家庭，要进行这样的宣传。不要单面强调民主，反对家长式的统治。

② 城乡物资交流运动应注意的——发动农村艺人，宣传婚姻法，生产政策，妇联抓紧婚姻法问题。

③ 文化运动，推进识字运动，消灭到什么程度，争取多数妇女参加。

④ 爱国卫生运动——宣传妇婴卫生运动。

应注意的问题：

① 托儿所问题的解决。

② 发挥妇女组织的作用，区以上的妇委应加以必要的调整，不能随便编掉干部名额。

③ 华东妇女轮训各级干部(县级以上)二百名，三个月，区级由省市负责，乡与代表由省市地委协助区共同负责，每一个月时事测验。

④ 打破保守思想，因循苟且的恶习，有关男女平等的社会民主改革工作。

(文件编号：E192)

章蕴同志结论

1952 年 7 月初

（一）以农村为主问题——领导重点移到农村，并不是不重视城市，相反的，城市民主妇联的责任要加重。今年要准备开一次城市工作会议，日常问题一般指示与定期汇报还是要有的。

（二）本次会议一般的可以不传达，地委一级要谈。市妇联只传到负责人。

（三）代表会议下面要多开，上级多开工作会议。县妇联可以开代表会议，交流主要经验。

（四）地委一级妇联，前途是向消灭道路去的，准备省去直接领导县，编制问题。

（五）上海郊区问题，属于市妇联是不对的，市内要有人专门管理，华东妇联来管有困难。

（六）脱离生产的乡妇女干部的津贴问题由中央解决。

妇婴保健委员会——福利部的基层组织。

任务：① 推广新法接生。② 管理旧产员。③ 指导托儿所，推广托儿所。④ 向卫生部门建立联系。

保护妇女权利委员会——① 监督妇女法的执行，检查违法婚姻法问题，严防死人现象发生。② 保护离婚妇女与正在恋爱中的妇女的安全与自由权利。

委员会的性质——乡政府的一个委员会，妇联为付，实则以妇联为主。

各级妇联组织婚姻法检查准备委员会，司法部与妇联为主。

（七）教材问题，教育法问题。

由宣传部来负责考虑。

（八）军属婚姻问题——部队规定很严，妇女守活寡，要由中央军委讨论。

（九）乡村干部的反封建问题——整党中检查违反婚姻法问题，劳动群众检举。

（文件编号：E192）

刘瑞龙同志报告

1952 年 7 月 8 日

（一）男女一齐劳动的方针

1942 年毛主席在高干会议上说:"妇女工作没有找到方针，其实第一个任务应当是研究帮助边区妇女参加劳动生产，使一切劳动妇女都走上生产战线，和男子一起解决增加生产问题"。

一亿四千万人口，二千万是城市人口，农村妇女占多数，因此要把中心放在农村，城市也要管，但有人管，如女工有工会管，如学生有青年团，家庭妇女有妇联管，最需要的是农村妇女，自杀被杀的很多，要我们去帮助，喜欢趁热闹到工厂去的，情绪是好的，但精神不高兴这就是不好的，帮助妇女参加互助合作的重要，从下列中看出问题，因为：

互助合作中按各人的劳动得到报酬，如何可以找到适宜的工作，充分发挥其作用，个体生产中不容易表现出来，事实证明离不开妇女的劳动，如山东李天英的合作社能起了作用。有才能的妇女就不会受欺负，不会被打骂。

工业发展以及要有广大的劳动后备军，要有二千万人进城，家属与其为服务的商人，工人等等，巨大的工程要许多劳动力，因此不要愁劳动力会过剩。

（二）领导与组织广大妇女参加生产要完成的目标

第一五年要完成的任务，粮食生产任务是 1 111 亿斤，去年七百亿斤，棉花一千一百万担。华东有二千万亩棉田，即要有二千五百万亩，如每亩产 100 斤(一担)可以超过一倍。

一亿放水田，一亩一千斤(十担)，选种，春耕，除虫，积肥，除草，抬水，锄草，养蚕都是妇女所能做的，学习改良农具，新的耕种法。

推行合作社，妇女作为积极因素，互助合作中的骨干，解决婚姻法，参政工作，卫生运动，提高文化等等。

今年下半年工作与妇女工作：

① 保证 1952 年农业生产计划的完成，争取今年农业丰收，准备好各项工作，争取今年的丰收是压倒一切的中心工作，因为这是有关今后的五年计划的执行，今年妇女会议也是争取丰收的会议。

② 结合整党建党，建政，牢固党与政府在农村中的阵地。

时间分成二段，夏收与秋后，同时城乡交流的活跃。查田定产，结束土改，准备秋征，准备轮训县区乡三级干部。与自然作斗争——防旱、防涝，八月十六定穷富。虫的问题很大，农民说神虫愈打愈多。这是一件大事。

锄草，追肥，加强技术指导。

③ 物资交流问题。

收购小麦规定数量有限，生产量大，麦价跌落，贫农最早出卖。我们收购太慢，私商收购，转卖了给我们，使我们受损失，要很好注意。三反时期，多次委托私商收购黄豆，与我们唱对台戏。

肥料——现收，赊收，贷放，看农民购买力的情况决定比例。

④ 减少百姓的负担。

⑤ 结束土改，适当会议上宣布一下，训练干部。

⑥ 速成识字法。

（三）互助组与农业合作社

农业合作社已有三百余。

成窝、成批的发展，强迫命令倾向——以贷款为法，一个夜间组织了六十多个互动组(浙江)。轻视临时互动组。

强迫命令与形式主义是急要纠正的。

同流现象——表现在让反革命分子与地主深入互助组，思想与政治领导不强，富农剥削，党的支部没有成为运动的核心，个人情况没有改变，最大问题是广大农民互助积极性很高，但是因三反五反各级党委来不及领导，农村干部缺乏系统的教育，推行合作社的战略任务认识不足。

合作社发展分二个阶段：

今年到 1954 年——典型示范阶段，要求达到组织起来 5%。

1955—1957 年——达到 15%农户组织起来(五千万亩土地)。

一千万户参加合作化。“先稳后快，由小到大，由低到高”。第一阶段稳当要强调，因地制宜：条件好的地方可适当快一些。新区适当减少一些。今年看一下，明年底可以快一些，看二年，还可以快一些。干部与群众条件不够情况下，强调稳当对运动有利。

互助化要搞好，要做四件工作：

① 干部，党员，群众中间反复进行合作化方向的教育。

② 切实地组织劳动力，切实培养长年组，教育与培养农民，准备农业合作社的对象。

③ 做好三级（省专县区）办好试办的农业合作社，使一个村发展到一个乡，如农民自愿，要退股的就退。

④ 训练合作社与互相组长。

应注意的问题：

① 男女体力条件要注意。

② 封建思想，保守观点要注意。

③ 妇女家庭的牵累。

发动妇女要做几件事：

① 要进行深入的教育工作，自卑心理要克服，不如男人，依赖男人，“没有肉咬老官，没有菜嫁老官”，田里拾一把柴，家里掉了一只鸡。封建思想——男女混杂难为情。

要宣传劳动光荣，深入人心。

明确生产发展的方针，爱国增产的教育。要反对买田买产雇长工的富农路线，好日子要集体化，但做不到，好主意是互助合作，既不走老路，也不是集体化。

妇联要编歌词。

② 提高男女合理分工，提高妇女生产技术问题。

合理分工只能指不能胜任的不做，不是什么也不做。传统不做的，不一定是合理的，如打井。“妇女犁田牛要死，妇女插秧秧不长。”

③ 坚持男女同劳同酬方针。

首先：死分活计，妇女要参加评工，要得求本人同意。

④ 解决妇女的实际困难。

作为互助组的内容，领导干部注意妇女健康状况，妇婴工作建在群众运动中去。

⑤ 培养妇女劳动模范与骨干，妇女团体有计划的培养，领导，已有的劳模要表扬与培养，不要倒下去。

华东妇联起草一个文件发到农场。

① 现有的妇女干部好好的发挥。

② 抓机会。

（四）组织问题

① 吸收妇女参加生产竞赛标准的确定。

② ……[①]

③ 以互助组为单位，选一个代表，理事会要有妇女参加，有一个妇女委员，专管以上五个问题。

④ 单独的妇女互助组，要说明是不适当，扩大为全面互助组。

⑤ 训练干部与整个训练计划配合起来，苏南5%—30%人口要训练。

⑥ 妇联负责干部参加农委。

（文件编号：E192）

---

① 原文缺。

行政会议记录

1952年7月9日

一）整党问题

二）编制问题

三）卫生运动——组织一个委员会，一个检查组

新编制的缺点：

(1) 办公室事务多应付不了，十四人，五个主任，十二人为科长以上。

(2) 分工有困难，没有办法研究工作，工作推到个人身上，科长无工作。

(3) 工作队回来后没有工作可做。

(4) 主任秘书长干什么不明确。

过去问题：

(1) 办公室与部的工作矛盾，办公室做什么不明确。有一个研究组是一个作风问题，研究组专搞妇联通讯，没有研究什么，[像]是办了宣传部，各地报告没有人看，不解决问题。

(2) 今后如何办？

① 组织部，秘书长➡办公室（五人）：a 行文，来往公文。b 报告处理。秘书科放在哪里？

② 宣传部。

③ 福利部。

福利：

a. 儿童科——干事　　b. 妇婴卫生科

c. 妇女服务　　d. 秘书

宣传部：

a. 宣教科　　b. 编审科

c. 秘书

（文件编号：E192）

华东局党委会

1952年7月10日

一、生产运动

谭[震林]结论：

五天运动[①]要总结一下，休息二天，研究提高一步。

① 消灭死角，要采取互助方法，带有检查性质，动手帮助搞。

② 消灭害虫，不要说五害不刺激资产阶级，推广好的办法，再搞一星期就可以结束。

③ 华东上海，军队，组织一个会议，开会讨论建立制度与必须的设备，如抽水马桶，立即解决问题，以后经常打扫。

④ 继续互相检查，要广泛进行，先去检查医生与教授。20日左右市府开一个卫生代表大会，工厂学校里弄派代表，奖励好的。卫生设备，垃圾箱要增加，公共厕所要解决，使群众相信公共卫生要发动义务劳动，材料工具，政府供给。

⑤ 广泛展开宣传。

⑥ 年老与怀孕的不要搞。

（文件编号：E75）

---

① 指爱国卫生运动。

华东支部妇联整党学习动员报告

1952年7月12日

（一）三反运动与整党的关系。

三十年党是在不断整理与扩大队伍中强大起来的。全国组织工作会议后，对整理基层组织在华东获得不少成绩，但对高级干部办法还是少，毛主席说三反运动找到正确有效的方法。

三反运动是一个最实际的，有效的整党运动，对巩固党起了巨大的作用：

① 对所有党员进行了一次严格的阶级教育，初步划清了阶级界限（入党时，模糊的党员不少）对八条党员标准有了一定的实际教育意义，如三反是走向社会主义的道路（即第二条）。

② 洗刷了一些腐化堕落、异己份子出党，弄清了不少党的政治面貌与其历史来源，撤换了不称职严重的官僚分子。（第八条坏分子）

③ 使党与扩大人民的关系进一步的密切。党员的作风思想有一定的改进。但整党运动只是解决了主要问题。还不是看到全部问题。

因为：

① 三反是限期完成的。有许多党员对八条标准认识还不够深刻。思想基础还不够稳，即根据八条还要继续教育党员。

② 有些党员的历史问题还没有做出结论。组织清理工作也还不够彻底。即审查党员的工作还要继续进行。

（二）（1）目前整党任务要求步骤方法。

主要是反对资产阶级思想对党的危害，提高党员的阶级觉悟，加强党的战斗力，为中国社会主义前途而斗争。

（2）党内目前有哪些主要的资产阶级思想表现？

1. 个人主义的发展——停止前进，缺乏勇气，艰苦奋斗的精神。如工作拖沓，不爱学习，家庭的美满生活。忘记了中国革命是万里长征的第一步。甚至享乐，堕落。老干部居多。

2. 从个人主义出发，自由主义，闹名誉地位，待遇，个人第一，严重脱离群众，如技术观点，如专业化思想，不安心工作，怕负责任。

3. 从政治上的落伍，严重的剥削阶级意识发展起来。发展到行动上走到资本主义的道路——如贪污浪费，想当资本家、入股、雇长工、放高利贷、投机。

4. 还有就是在各项工作中，站不稳立场，如包庇地主资产阶级，反革命分子，执行党的政策不从阶级利益出发。

(3) 不整党，思想上不澄清对党的危害性。

1. 对目前艰苦的斗争，不会有勇气与办法去克服。党员会变成庸俗的市侩，不是特殊的人物。

2. 政治兴趣很低，连报纸都不要看，工作中一定要犯严重错误。

(4) 整党的要求目的：(也即是整党中应与掌握的原则)

根据八条来进行一次教育工作——因为从三反中看出许多党员的错误是由于水平低，认识不足，而可以改正的居多数，因此要有分别对待的办法。

a. 对党基本上忠实，历史清楚，只是能力不够，还不够条件的党员——要补课，指出缺点，使其够条件。只有不愿进步的要组织处理。

b. 思想毛病大，犯了错误，能彻底改正，接受批评的党员，没有丧失党员的条件的——应当帮助其改正错误，给予一定的处分，目的还是教育。方针是——"思想检查从严，组织原理从宽"——安子文说。

c. 坏分子时整党中的主要对象，应坚决清除出党。

第八条"严重自私自利，堕落蜕化不能改正的"，在三反中已作了适当处理。

第一条"剥削阶级出身，一贯同情剥削阶级，敌视劳动人民，有事实证明的阶级异己分子"也多在三反处理了。

2—6 条的坏分子还要在目前的整党中考察与正确处理。这是整党中主要对象。

华东机关有 15%—20%党员受了处分。

(5) 整党的步骤与方法：

① 八条学习与共产主义教育。

② 进行审查与处理——一批干部去原机关审查，负责干部到党校审查。

③ 业务繁重的机关(如财政部门)适当时间进行，一律在 1952 年底完结整党。

方法：

① 水平高的有自学能力的成立研究组。

② 一般的自学，能看文件，采取学习研究，听报告方法。

③ 水平较低，采取上级办法进行八条的教育。

（三）如何学习八条？

（1）二种方法（典型试验的结果）。

① 从书本理论出发逐条讲解——结果是难以联系实际，文化理论水平低的如第二条“终身坚持革命斗争”不单是理论是一个实际的问题不感兴趣。但同时要参考理论。

② 饶的指示：“最好先问党员对八条的认识，然后领导上研究，根据理论去调查。不要从书本上谈问题。要把一切糊涂问题收集起来。加以解决。

“学习八条要看对象说话，特别是党的性质问题，要正确地说明，但不可能什么都清楚，不要太深，不要把面扩大太广，只要几个原则弄清楚。”

（2）如何掌握八条问题——看高或者低，看后过高会失了信心，看低了会降低条件，都是不对的。

如何掌握？——安子文说“懂得，承认，为八条而努力。”

因为：① 八条是根据党章来的，党章上说：“凡承认本党党纲及章程、参加党的一个组织并在其中工作、服从党的决议，并缴纳党费者，均得为本党党员。”要求每一党员精通党纲党章不可能。

② 懂得——为了解党的性质（第一条），党的斗争目的（第二条）党员的革命气质（第三条），党的纪律（第四条），党与 M 的关系（第五条），自我批评（第六条），为群众服务（7 条）学习（八条）。

③ 为八条而努力——

1）因为人的思想改造是长期问题，要永远努力，例如：“终身英勇地坚持革命。”不单指过去，今后还要不断的考验自己，要永远地为此而努力。任何蜕化、消极都不应当。

2）党的基本问题是复杂的，实际的，人的认识要有一定的过程。不能要求每个党员一个水平，所以八条不能机械地查每一个党员。例如一个农民同志在火线上抬伤兵，交公粮，愿跟党走，是合于党员标准的，但他不一定会说理论。但还是要提高他，使他明确，更够条件。

(3) 如何联系实际?

1) 逐条地来进行,例为第五条"私人利益服从人民的即党的公共利益。"

如不安心工作?——为什么?(如要下厂,不[愿]做妇女工作,机关工作)。自由主义——表现在哪里?

2) 要把自己的各方面思想情况排出来,加以分析与挖根。

3) 要抓出自己的典型事实与例子,不要避重就轻。

4) 要实事求是——不要谈大,不要避重就轻,不要乱加帽子,说事实,不要先找名词(如个人英雄主义)。

(4) 要不要阅读文件?如何用书本?

① 要根据需要去找书,如[自]反自由主义,就要看看毛主席的文章。

② 指定的参考材料可以浏览与精读,但要使用,不能只讲字面。

(四) 建党问题。

中央指示:

三反后大批积极分子涌现,原来思想情况有了进一步了解。

全国一年内吸收20%青年团及优秀分子中吸收党员。

① 应准备建党——教育与考察,发展对象应多多的培养。

② 个别接收。

(文件编号:E191)

华东局组织宣传会议传达

1952 年 7 月 17 日

王尧山：

① 敌我界线；② 党群界线；③ 可教与不可教界线。

1. 山东要四年，估计 70 万不正确。

2. 先城市后农村不好，重点放在基层。山东[]重点是农村，城市是工厂与学校，同时展开。

3. 典型试验，除市委直接掌握外，下层也要掌握，使大家都有经验，领导组织要组织一个委员会。

计划要修改的：

1. 先弄清敌我，党内团结对付坏分子，结合学习与清理中层，不等清党先清除。

2. 没有提到区委掌握，每一区委要掌握。

3. 组织领导方面——组织整党委员会。

4. 工农共产主义教育与发展党的问题，做一个专门计划。

5. 整团问题——饶[的意见]主要要根据团中央决定，随便结合不好，可以教育与试验。

6. 时间——教育时间 8 月开始，时间不够，要推迟一些，9 月左右。

困难——下面忙，时间保证，教员问题，报告员配备，教材问题。

7. 建党问题，积极分子培养，标准问题。

8. 干部提拔管理，业务问题。

刘：

不开大会，先派干部到区了解情况。

王：

① 基委会不要改变，多麻烦。② 与区委意见不同如何解决，没有问题。

问题：

① 推动区委工作，不改变，力量浪费，问题多解决不了。

② 搞什么好，基委的任务要明确，每一个厂的计划要确定。

③ 所有学习厂都归区委。

黎玉：

……[1]

（文件号：E74）

---

① 原文缺。

朝鲜战争问题

1952 年 7 月 18 日

1. 和谈成功；

2. 拖的可能；

3. 破裂可能性很少。

原因：

① 美国军力少，国内不到二个警备师，兵力不够。空军已出发了 7 000 架(二年来)生产不够补充，每月最多击落 700，美国生产力只有 500 架，高度不够不及苏联。

② 我军战斗力强，不能前〈近〉进，美国每天发 6 万发，646 个炮弹打伤我一个人，我军炮火强，每人打死伤美军 78 人，我军死伤 41 人。

③ 全世界人民的和平要求。

拖的可能原因：

战俘问题，全部遣散，数目字上有争执，我们要求放 13 万人，美允许 70 000人。

中国专家的特点：

1. 迷信美英；2. 脱离实际；3. 个人第一；4. 铺张浪费；5. 脱离群众。

工厂问题，中国工厂有 50%设备未应用(苏联专家意见)。

城乡交流问题，华东为主，次为中南。

（文件编号：E75）

华东干部工作会议

1952 年 7 月 23 日

谭政委：

一、二十多年来中国党解决干部问题的方法。

“干部决定一切”“干部就是本钱”。中国革命开始时没有干部，经过北伐后展开全国规模的工作，产生成千成万的干部，主要是青年学生，就把南方几省闹开了，骨干就是学生。90％党〈令〉龄只有几个月，但起了领导作用。

苏维埃运动时期，青年学[生]带农民上山，也只有几千人(3 006 人)，上井〈岗〉冈山。1928—1930 年地方党建立起来，干部有好几十万，主要从暴动中增加起来，农民大批做了军事干部，如张鼎臣同志，长征时期牺牲了大批干部，到陕北时有三千多干部，抗日时期又创造了大批干部，主要以学生农民为主。

现在有许多同志说要“老母鸡生蛋”，中国过去没有鸡也吃蛋。调动中只有少数人，主要是大家都希望把工作搞好，终要最强的干部来，这样思想要克服。什么是“强”“弱”，只能比较而言，我们干部多是“万金油”。但经过一定时期〈多〉都能学会，中国同志特点是聪明，勇敢，干部的特点，也只能是比较的，各有长处，都有短处。因此干部问题的解决要根据中国斗争历史来解决。第一是大胆放手提拔干部，首先要看到[好]的一面，不要专去找缺点。首先从领导机关开始，机关中干部压得很久的要提拔，两眼只看到“县干”，不看自己的干事。各机关都没有提干部的计划，华东一级提得很少。第二，教育训练干部，用带徒弟办法，培养新的，抽上老的去做经济建设工作。“集中打击敌人，分散发动群众”是毛主席的办法，如游击战争，华东要抽 25％干部，一部分去中央、省(华东是过度机关)各县各乡。省一级抽 20％，地委抽 35％，县抽 20％，与地委机关各省做出计划，工厂分等取要多少干部。首先把自己的工厂搞好，华东作为调剂机关，工业少的地区干部要配备，山东与上海要补干部，各省首先定出计划，自己先配好，有多的或少的报告华东，华东 25％干部先加强上海。每个中学要配三个核心干部，(校长，教务长，党委书记)凡有初中程度的都可当校长。华东抽 66 个干部去当校长，年龄 30—40 岁，有点社会经验，工作历史，有些群众运动经验。此外如文化部门与卫生机关也要拿出干部，机关干部要减少,各单位在一年内要抽多少人,新提多少。特别是有专门技术的要送出来。

二、军队转业问题。

转业、残废,几万人要交与地方,不要看为麻烦,要看为经济建设的骨干,不能说是“不适合军队工作”,革命的更应做军队工作。也不能强调身体不好,因为要使同志灰心。没有文化水平要给以教育,一律转速成学校,大部分进大学,培养各种专家。

(文件编号:E75)

中央统战会议传达

1952年8月7日

（一）情况：

1. 全国工商业营业额有增加，税收也有增加，超过第一季，今后还有好转，工商业均增产，手工品与机器业也只有迟早之分。如杭州的扇子剪刀全部都卖光。

但不平衡，好转与淘汰情况同时存在，地区也不平衡，中南较差，华东华北较好，要看土地改革面积大小与工业多少为决定[点]。

发展与淘汰的程度不相同，反映中国经济的特色，合作社在新区开始组织，中国只能多数好转，少数要淘汰，这是经常的现象。

2. 经济组织时间是不确定的，好转的会更好转，淘汰现象也会继续一下，好转中已有新情况，五种经济成分，今各得其所而发展，合作社还未得应有之所，中间商不能保持的，还有一部分要垮，暴利思想的出现对加工订货逐渐有一部分堪为负担，只能给他们正当利益。

对策：

① 欢迎发展。② 指导转变。③ 加强领导。

欢迎有利国民经济的，要发展，包括必须的商业如发展城乡交流的商人，怕发展是错误的。

转变问题——必须指导，资金与劳动力的转变，后者比较困难，努力方向要注意劳动力问题，只要引起党内注意，对外不说。

加强领导——国家计划的领导，很可能是一个主要利益，如日用必需品的生产要增加要扩大，国家资本主义的比例要加重。足以稳定零售的批发的价〈极〉格，还要增加一批产品。

（二）银行利率要降低，使流资转入工业，国营工业的所得税要不要，还要研究。（对外不宣传）。

（三）工商联问题。

1. 与旧商会的不同——有许多新企业参加，既是在新政权领导下，也是在工人阶级领导下的。现在工商联还是代表私人工商业者的利益，但必须服从于共同纲领，贯彻政府的财经政策，协助政府。

2. 若干组织问题。

① 摊贩手工业应加入工商联，可以有不同的步骤，如按城市情况：以区为单位组织不好，可以全市性的组织加入工商联。

② 合作总社逐渐加地加入（联社）。

③ 会员问题，现有三种同业公会，企业单位，特约人士。

目前不要打混同业公会，公营企业应有一些名额，但不能太多。

3. 任务与本身工作。

协助政府指导工商业，领导工商业在推行法令与政策。

4. 党对工商联的领导。

① 大中城市中即成立工商工作委员会。统战部，财委，劳动部门的有关人员。

② 加强党组工作。

③ 公营企业代表，要加以重视。

原因：1. 认识不对。2. 工作困难。3. 上级少指导。

青年团工作问题

华东青委刘导生：

充实：工作内容不充实，不明确，第一阶段是搭架子。

青年化二个原则：① 党与团的方针要一致。② 不是重复党的布置与方法，团应有自己的办法。

1. 生产工作首先要依靠青年，运动展开后又要号召学习，不要与青年工人对立，自满，青年要向老工人让步，学习技术为主，不是一般化的去领导生产竞赛。学习文化与技术。

2. 通过工会的青工部加强青年工人工作。

3. 学生工作——由青年因统一领导（学联会与学委会）。

党对学校的领导主要是实施政策教育工作，讨论党的业务，学生活动由团负责。建立大中学校的党委，由团负责。

学生干部要帮助工人办夜校，到农村中去，然后再回来。

4. 没有党的地方，团应起党的作用。作为建党准备，派新的干部领导团的工作。如宣传会中有许多同志,团有输运干部给党的责任。

党领导问题小组讨论(八月七日)

饶[漱石]提出下列问题要市委研究:

(一)建党,整党,年终整风方法方式内容如何?能不能采取新的办法?上下级应不应分开。

(二)工厂中学校中统一思想整顿中的如时间抓紧能不能早日解决,以后再一二年内学会生产工作。

城市工厂学校主要急于了解人员情形,然后转入生产问题的改变。

(三)党的领导方法问题。

接管阶段的方法,工作是忙乱,领导上直接管,范围也大,如无土改还可以早一些。领导上注意[力]到农村去了,现在不能再拖。

忙于:① 工作重复,会议等。② 群众提高不能满足他,这种领导方法已不能满足群众。

目前的重要问题。

1. 群众要求高说明思想领导不够。

2. 组织领导要求科学化,分工要提高。

接管时期干部下去目的,防止不要犯偏向,传达中央指示就够了。现在原则指示不够了,要求统一与具体,对政策要有解释,要求解决具体问题。不能再各搞一套,要统一计划。

目前领导机关。

1. 思想,组织,政治领导。

2. 检查工作,介绍经验——通过组织,派人下去检查工作。

如何转变,要有过渡办法。

1. 高级领导机关,目前各部门照旧不动,但主要干部要逐渐提高,不搞事务,从思想政策,组织上去考虑问题,要在理论上找出根据,弄通问题,如生产发展问题,如收棉花问题,农民不肯卖棉花,有些同志就提出"生产发家"的思想。(浙江省委)

2. 领导核心要强调思想与组织领导,强的干部——一部分要派到下面去。

办法:

1. 要提高理论与政治学习，虚荣时代要强调实际，有了实际就要强调理论，每日的学习制度要考虑。

2. 不能没有各种组织，否则是单打一。

上下不脱节，理论与实际不脱节。

生产问题：

一个时期领导上要抓紧，各方面统一起来，如土改一样，要用整风精神来搞。对下面是乱的，但积极。领导上要给以办法。先讲清道理如什么是人民企业，然后展开批评。如镇反问题，杀不开去，至毛主席拿出例子来号召。生产问题也由于同志有顾虑，怕错误，他们怕的是交不出账，如不支持，保持他的积极性，克服他的缺点是不行的。要造成舆论，如[反]官僚主义，使大家有所遵循，防止盲目性与保守性，只有用这个方法才能〈踏〉突破。

基层工作委员会过去没有贯彻下去，现在典型的问题是推广问题。是全党的问题。

要中坚[力量]。

陆志仁：

1. 市委领导问题——市委六七月计划没有以生产为中心，“停工”学习由纺织工会领导，步调不一致，自流现象。纺织工会现在又提倡学习生产问题。步调太快，要了解生产情况，行政上心中无数。工人提出许多问题，解决不了，市委应统一步调。

2. 生产捐献问题——做得好能了解生产情况，生产问题应是党的问题，放在工会小组去掌握有困难。

3. 整党问题应与改造组织联系起来，组织形式问题要提出来。

4. 工会区办事处应注意大厂工作。

5. 要加强部门的干部。(108 个支部)管不了，党员批准到了区委至少是半来个月，有时要三四个月。要发展党有困难，志愿者有一年前填的。

6. 组织员包干制，不是万能博士，只能强调中心任务。

苏博：

1. 过去发展党的标准不明，不合党章，只有政治清白等，现在问题是培养积极份子，但不等于现在就发展党——整党与建党结合问题。市委现要发展一倍二倍，我们思想上有对抗，解放前也是如此，二个月要发展一倍 600 人，这个草案我认为不正确。1949 年党时犯了大错，现在这样搞是不对的，又是“大量”，很有偏差。

2. 区委不像区委，领导方式不是区所能解决的，区委基本上像工会工作。搞中心工作，搞运动，如[捐献]飞机大炮放在区委身上，但各方阻力大。上面愈强，下面愈糟——上面党委是愈多，下面愈难做工作，会议又多了。

要解决——任务多，思想问题，六七八月由区内统不出工作成绩，市委计划都做了，都不深入，不成熟，不彻底。讲[得]清楚的事很少。（任务多）

黄素痕：

八月份市委有四项任务。各方电话很多，区委计划比市委的更多，到了区委更多。如沈默的问题、镇反、招生、整党、党史学习。

支部——各方阻力大，统一领导有困难，特别是行政，强的干部也不起作用。（行政）行政要改革行政，工会要改选，支部要“六一”号召，谁能争先，谁先完成。

1. 计划问题。

2. 思想领导——整体观念。

（文件编号：E71）

妇女干校开校致辞

1952年9月10日

(一) 表示庆祝。

① 华东成立三年来第一次办干校,为今后轮训练提高妇女干部的重要组织。

② 预祝成功,大家抱着热烈高涨的情绪来学习。

(二) 学习目的,学点什么?

① 为什么以县干为主——因为县是〈起〉启上承下的主要关键(如婚姻法问题),同时县一级干部对上二级领导的意图不能直接了解,所以不能贯彻,所以会后[需]要直接面谈,来谈清政策问题。[县干]水平低,总结不起来。

② 学习什么。

县干缺乏的是:文化、理论(妇女运动的理论)、技术。

主要是学习:

① 总结经验,提高理论水平(即政治水平),同时帮助领导上了解下面的情况。

② 学习党与政府对农村问题中一些有关妇女问题的政策问题。(解释计划问题)

③ 研究妇女工作的一些特殊问题,如克服不安心。

"真正的理论世界上只有一种,就是从客观实际抽出来又在客观实际中得到证明的理论,没有任何别的东西可以称得起我们所讲的理论。"做实际工作的同志不学理论,即不懂得抽出来,就会[成为]提不高的"事务主义""老一套",重复错误。

文化与技术归专校去教育,所以三个月时间是够的。

(三) 学习方法与如何保证学习任务完成问题?

(1) 端正学习态度——A. 要重视各项报告的重要性(有关国家建设的主要方针与政策)。

B. 要重视自己地区的经验的成就与其缺点的一面,来总结一下自己的经验。

C. 要重视其他地区的经验，作为参考。

应与避免的问题：

A. 好高骛远，失望而回。

B. 不要怕文化不高，学不进去，或听不懂。

C. 不要有做客思想——休息，旅行，医病。

(2) 学习方法。

① 听报告要做好华记。（每班推二人来记）

② 要把实际工作与报告讨论联系起来，每一个大问题每班讨论好后，做出一个结论。如婚姻法的问题，要研究：为什么不能贯彻，原因是什么，宣传中有什么偏向，如何才能贯彻婚姻法的执行，提出各种意见来，归纳起来。

各班写好书面交校部，做出适当的结论。

不能再(做)结论的提到华支妇联研究。

③ 每人对各项问题要有心得的笔记。即意见书。

(3) 大家办学校——因为是创办。

① 生活问题。

困难问题——财政预算不够，小公家取消了。上海房荒，新办学校没有经验，没有生财。

如何克服——

A. 行政领导，大家动手——如卫生清洁，整齐美观。

B. 行政上必须倾听大家意见，多多关切，同时也要求同学们了解上海的一切困难。（如烧水问题，住房问题，洗澡问题）。

② 活跃课余的文娱生活。

A. 要求把俱乐部组织建立起来。

B. 遵守作息制度，每周要有参观，或文娱。

③ 健康问题，环境工应注意的事。

走路，失窃，被骗。

① 情绪高，困难是文化低。要求学文化，觉得时间少。

② 过去只知道干，不知道为什么，看不到文件与书报，要求学习理论技术。

③ 要求看病，看上海风景，学习来休息。

④ 记笔记。

⑤ 生活问题有点失望。

（文件编号：E205）

关于学校党组织的讲话[①]

1952 年 9 月 11 日

一、按照党章规定(第 52 条)应明确学校党组织的任务。过去学校党委“二重性”的规定不符合党章,为纠正目前党委工作一揽子混乱现象,应在党内加以说明。学校党组织性质属于基层组织,即学校党组织的主要任务是监督保证执行党的政策与教学工作计划,不能代替包办学校的日常教学行政工作。校长负责制必须尊重。

至于党组织的名称,根据中央最近给东北局批示办法,此地也可实行,即党员在 250 人以上的学校成立党委会,50 人以上者成立总支,50 人以下的成立支部。

二、政治辅导处的工作性质内容,对象必须明确。

已成立政治辅导处的学校,名义上暂不取消,其实际的日常工作应当作党的办公室来使用。其中组织与宣教科可以保留,青年科应当取消,加强团委的领导,配齐干部。工会有条件的应成立党组,群众团体的领导统一由党组织领导。政治处目前许多行政事务性工作必须减免,如评级评薪,鉴定学生调配行政干部等,日常工作应由各有关行政部门负责,如人事科等。

系的辅导员可以考虑取消,现有干部可充任支部书记或政治教员,以加强党的思想政治与组织工作。

政治辅导处工作对象应明确以学生为主,教师政治理论学习应在自愿自觉基础上进行。加强对民主党派组织与工会组织工作以团结教师。

三、“面向教学”的具体经验必须在典型中去总结。这学期交大与师大的政治工作,领导上要特别抓紧,做出样子,领导全〈般〉盘。

四、各校党委组织自三反至今未曾改选,已多不适合目前的需要,应统一考虑重行进行改选一次。党员校长或付校长不必一律规定兼任党委书记或总支书记或总支书记。大的学校党委中应设几个付书记,分别管理宣传与组织工作。提拔一批新干部,补充党系组织。

---

① 原文无标题,系编者根据内容自拟。

五、应确定各校党委的组织编制,至少按人数千分之四的比例,配备脱产干部,请求中央批准。

以上意见,请指示并请在最近期内召开一次党委会议,明确各校要求解决的重要问题以利工作。

(文件编号:E89)

慈溪农业合作社报告

1952 年 9 月 12 日

五洞乡，12 万亩棉田，旱田，原为区农场，农民土地与公田对换。

特点：① 三县交界，开荒，沿海(50 年历史)主持人党员，劳模(罗祥庚)14 户参加，自带田 75 亩 9 分，公田 74 亩，共 150 亩集中在一处。本村参加的五户，内 11 亩 2 分为单干户，当时按劳取酬 46 个劳动力。

② 党员 1 人，团员 4 人，农会会员二人，互助组只有 2 个，基础不强。

③ 参加动机。

村干部怕辛苦，不如参加集体。

因为土质好而参加，可以讨巧(因为有一半是公田)这是主要原因。

迟早要组织，不如早参加，“先进为大”。

经过：不评分，评死分，后改评活分，吵得凶，“过关”，日前是定工。

生产好的原因：

① 技术改出——条播，按计划，每亩 5 000 株，一般 4 500 株。好处，合理施肥，每株合理。山东有散种到 15 000，不讲技术，条播不发热，棉铃不会发。

② 互助群众(普通三次)。

③ 挖了▢ 24 条沟，保证不旱。④ 除虫好。⑤ 耕田(过去不耕)。⑥ 每株保证 8 个棉铃，争取十个，求产 12 个。

收获：① 收获量增加 8 倍或 4 倍。

② 每户收获大，除农业税 14%(太低应为 20%)

公积金 12%，公什费 2%，每一劳动日得 49 斤，最多每人有 120 个劳动日，至少 80 劳动日。

问题：1. 定工。

2. 妇女劳动没有发动，没有发动的原因——6 户妻小没有搬来，没有同工同酬原因是男人不好说话。

3. 公积金使用问题，庄员生病由公家负担太早了，以劳保条例为标准，稍低一些办理。

新登县城岚区

情况：农户占87%，全县88%户已组织起来，未组织的5%(应参加的)。全县有8个生产合作社，57%常年互助组，临时42%。

城岚区19个乡，38个村，包括城在内，4 918户，19 467人，农民17 036人，长年互助组300余，临时互助组14户，单干28户。

劳动增加一倍以上，推行密植法，一尺一寸距离(过去一尺四寸)。

劳动力没有多的，主要是付业多。

耕牛土改前七百多，现为九百多只，农具前为二万余件，现为七万余件。

二倍半，产量超过一倍(比解放前)，付业每人可得三百余斤。

土改前中农602户，占13%，今年上升三千多户，占84%。

贫农现占12%。(没有劳力，有灾害等，未改造的二流子)

购买力提高——生活资料二倍，生产资料三倍。

单干户情况：路远，有传染病，没有劳动力，政治上落后，以上原因不参加劳动互助组。

经验：领导倾向的纠正。开始互助是代耕，不细分，怕是剥削。"天下农民是一家"，不分工，农具损失很多，大呼隆。后来强调三大原则，发生放任自流，农具多的与多的结合，劳动力弱的结合在一起没有增产。自愿结合，富农参加很多，进行剥削。

(文件编号：E75)

华东统战会议结论

1952 年 9 月 20 日

谭政委：

在新情况下如何做统战工作。

一、什么是新的情况——全国今年都在进行三反、五反、民主改革、生产改革、思想改造、劳动就业、司法改革，农业互助合作运动是进一步的改造农村。工业改造明年全部结束，小学明年下半年也可完成，大中学今年完成。经过一连串改造新中国完成了，没有这一番改造就不能完整起来。

二、统战工作如何做？

（一）工商界，对资产阶级的统战问题。全国解放他们欢迎，但他们并不相信我们经济上有办法，经过五〇年的调整运动五一年的稳定，他们相信有办法，但是他们并不低头，因此展开疯狂进攻，五毒问题。五反把他们打下去了，共同纲领可以实现了。

对工商界方针是不变的，但方法方式上要有改变。五毒再生，也有各种不同，应加以区别对待。有些行业有垮的可能，有的要维持，有的要有发展，都应有不同的办法。掌握二个原则：第一，根据共同纲领；第二，使他们能够生存下去。要考虑应跨行业的出路，这是统战应做的工作。

统战部要抓住工商界，民建。不管工商界是否欢迎，要改变的就要改变，如民主改革，这是对不老实的工商界而说。原料发生问题的工厂，如何去解决问题。商业资产阶级问题愈来愈大，如物资交流中，他们也要搞鬼，利用贷款做自己的生意，营业额是增加了，但利润是减低了。（上海去年营业额 30 万亿，利润 10 万亿，今年营业额 30 万亿，利润 7 千亿）因为不能五毒，对这些商人也要有不同的政策。

统战工作愈来愈复杂，愈来愈尖锐。因为是要消灭资产阶级，斗争一定要尖锐，掌握情况很重要。

工业也要有分别，有需要的，不需要的，统战工作不能一般化。

（二）对知识分子统战问题。思想改造对高级知识分子起了很大的变化。过去他们对我[们]在思想上学术上是分庭抗礼的，他们认为科学知识只有他们才有,对干部看不起,自负骄傲。经过思想改造后一切都变了。他们虚心了,也学马列主义了。这种情况下,如掌握不好,要出偏向——即否认过去的一切,只要学马列主义的,俄文的好,英文的不好,两头空。民主党派要发挥作用,我们要帮助。他们利用科学知识,旧东西不能掉光。

我们要提倡新的科学发展的道路,即把劳动人民实质经验整理出来,如陈永康的种稻法,科学家要去整理,成为科学。学院式与社会主义科学不同。对违背科学原理的科学要反对,如用美国棉到中国来种是不合于中国土壤的。

统战部要有新的方法对待他们。了解他们的要求与苦闷,过去只讲大道理方法没有用了,要解决具体的问题。

(三) 各界人民代表会议问题。

农村三年来起了变化,城市也一样。因此各界人代会如不改变内容方式,人家也要讨厌的。代表不要听报告了,人民要管国家大事了,要解决实际问题,讲大道理不行,代表组成也变了,代表性的人物也变了,代表的比例也要变一下。"劳动模范"也不够,要以互助合作运动的"劳模"作为中心。

议题中心也要改变,县的代表会中心应是互助合作运动。如何发展,培养干部,提高产量面积,爱国主义生产竞赛方法,应成为县代表会的主要日程。

上海市代表会中心应是——工厂的民主与生产改革,思想改造运动等。代表会议应与中心任务连接起来,例如农会的历史任务完了,应以合作社去代替。

吴克坚结论:

一、对资产阶级问题首先是了解情况,过去华东统战部了解得不够。

五一年底统计,全区工商户 76 万 5 千多户,工商私营,24 万 1 490 户。

公营占 99.5%,商业户国营 55 万,私营户占 98.7%,工业营业额,公营 19.6%,私营 77.63%,商业营业额:私 60.08%,国营 39%。

五反后的变化:公私关系的变化,国营业额大大增加。

1952 年上半年(4、6 月,15 个城市统计)工业国营的:37%,私的 56.25%。商业国[营]56.96%,私营 30%,去年公私 1∶3,今年公 47%,私的 53%,青岛所占数更大,工业额增加二倍半(一年比较)。

资产阶级总资本额 14 万亿余,非法所得 8 万亿,占 62%。

统战部门工作任务：

1. 配合税收，主要是货物税。

2. 物资交流中了解资产阶级。

3. 民主改革，消除顾虑，要办合理的福利事业。

4. 工商联工作，41%城市已有此组织，县占 15%(全 399 县)，60 个县有组织。

5. 排队工作。

6. 学习共同纲领：3 万多人学习，协助宣传部门。

7. 搞典型，了解资产阶级，成立机构。

二、人民代表会议。

通过群众执行中心任务，统一各方面的意见，把党与政府口号变为群众口号。

1. 县长与县委书记亲自掌握，县书兼党组长，付组长县长兼。

2. 县长不一定要有党外人士，要看情况。

3. 要有典型，省委地委各搞一个典型。

4. 召集县人民代表会议前，先开县长会议，搞通思想。

5. 每年至少要开二次，春耕以前，秋收以前。

6. 人民代表会议开得好否作为县的工作好坏标准。

7. 党员干部是代表的，一定要参加。不[准]请假，不准乱讲，不准压制民主。

8. 帮助民政部搞好代表会议工作。

9. 春耕以前要改造。

三、民主党派问题。

分工：1. 民建——资产阶级为对象。

2. 民革、农工——机关作为对象。

3. 民主同盟、九三[学]社——小资产阶级与知识分子。

作用问题——不同对象，起不同的作用。

内部纠纷问题——宗派问题要解决，分清是非，做出结论。

四、佛教。

修庙——要有代表性的。

（文件编号：E75）

高等学校三反与思想改造问题

1952年9月26日

（根据四大重点大学的经验——陈修良注）

一、高等学校的基本情况与特点：

(1) 解放以后教师员工思想有进步，革命化，但思想上存在着严重问题，如崇实，想发大财，宗派等；

(2) 组织严重不纯情况，教职员中许多被国民党利用过，因我们没有派干部去清理存在少的坏分子，如复旦财经系28教授中，15人为官僚企〈及〉业资本家的代理人，教授参加反动党团的32%，特务嫌疑的及组织的9%，交大有政治问题的19%。

(3) 贪污浪费情况极端严重。贪污方式——隐蔽学产，修建、伙食、财务、大贪污案往往与负责人有关。

四大学的统计：贪污教员15%；讲助19%；职员40%；工友59%；复旦教授51.8%；学生77%手面不净，交大教员62%。

二、从三反着手的思想改造运动目的是什么？

(1) 对教员与学生进行初步思想改造——划清革命与反革命的立场，抛弃资产阶级的阶级立场，为国家培养人〈材〉才，要十分慎重而要严肃地进行改造工作，不能损害教授。

(2) 基本上肃清贪污浪费与官僚主义现象。

(3) 清理组织，划清敌我，纯洁队伍，健全学校的组织。

(4) 改革教育制度，调整院系组织，为迎接新中国的大建设，训练干部。

三、三反从何着手，达到思想改造目的，应有什么步骤？

三种方式：(1) 上海四大学从反贪污着手，即从打职员着手——因为① 反贪污斗争对教授的〈振〉震动力大。② 上海贪污问题普遍而已严重，学校教职员问题大。

(2) 北京经验从反浪费思想运动中着手（福州也如此）。

(3) 用代表会议方式，领导上层层带头检讨，再展开反贪污运动如浙大。要看具体情况，决定着手办法，教会学校要特别考虑。

应有步骤：(一) 第一阶段，准备工作。

1. 充分发动党内外群众，思想上动员，如学习文件参加五反，动员交代政策，表明领导上三反运动的决心，党内会师。召开各方面的座谈会如民主党派、家属。

2. 组织准备——建立三反办公室，成立各级学委会，办公室，打虎队，保卫组织，成立党务会，党内分工。家属工作，由工会负责。

3. 材料准备——调查研究极端严重，找虎窝，排队，材料整理，心中有数，每一个老虎对象要有一个材料表，找出主要贪污分子，选择第一战役的斗争对象(职员)。

这个工作由三反办公室担负，领导人必须亲自动手指挥，材料工作要交与最可靠的干部手中。

4. 党委成立后要首先拟定准备时期的工作计划，经上级党委批准。

时间不宜太长(一星期)或十天。

(二) 第二阶段，一般展开三反运动(时间也不宜太长，一个星期即可)。

1. 先在学生工友中展开普遍的交代贪污浪费问题。

有何好处？(学生交代问题)

(1) 先交比后交好，他们交代清楚后，依靠他们参加三反斗争，先让他们放下包袱，划清界限。

(2) 学生也是思想改造的对象，交代以后改造容易，不能轻视学生工作。

(3) 便于发现材料，推动检举运动作为重要的一环。

如何交代与教职员的区别：

方式：(1) 不追不迫，自觉自愿；(2) 不戴帽子，不加处理。

工友如何交代：

(1) 三反贪污问题的特点，数量大，贪污数目少，容易搞。

(2) 贪污同职员教员多有一定关系，打破顾虑，站稳立场是主要的方法，打职员要依靠工友。

(3) 可以用带头号召，纷纷交代，要先处理与解放一批问题小的贪污份子，表明政策。

依靠工人阶级，不要先斗工友。

职员在小组也一般交代。

（三）第三阶段，全面展开三反运动（集中力量打击职员的大贪污分子）（二星期）。

要注意的问题：1. 反贪污分子以职员为主，有意识的〈振〉震动教员。职员贪污分子，要打透，打狠打准，开一个有准备的检举坦白大会，〈振〉震动教员。迂回作战，如复旦搞得好，教员有八人自动坦白，交大开始不好，后来也有转变，达到迂回目的。

(1) 对教员是号召、启发，要他自己交代，不在大会上斗，照顾面子，为着教育青年，为着统战问题。

(2) 打破他的幻想，认为我们要无条件保护过关。

(3) 清水衙门的思想要打破。

2. 严防迫供讯——什么是迫供信，他的危害性，打虎队必须要有训练，成份要纯洁。

3. 边打边退赃办法好，宽大与严惩政策要分明，不要随便隔离，攻心为上策。

4. 要适可而止，打到一定数量后即要转到思想改造，对残虎问题的处理。

(1) 思想批判与退赃互相结合，以便迅速定案——转入第四阶段时职员一同进入思想批判。

(2) 五虎如何处理，群、窝、假、顽、双皮虎要在思想批判中继续解决问题，专案处理。

(3) 解放前贪污的坚决不追赃，浑水摸鱼的要适当处理。

5. 打虎告一段落后要休整一下，总结经验，布置下一步工作。

四、第四阶段，思想批判与组织清理相结合的阶段（一月）。

思想批判与退赃定案相结合——在这个阶段中相结合。

思想批判与组织清理相结合——在这个阶段后半期中进行。

思想批判的主要方法问题：

(1) 以教员为主，划分五类，控制四五类，多数保护过关。（要迅速）这样就不会打击面大，不致于搞乱。孤立少数团结多数。学生可视时间同时进行思想批判。分类要由上级批准，技术专家要特别注意（如夏坚白）。

(2) 教员如何过关问题。

① 第一、二、三类人数要占85%，四五类15%，达到团结多数，孤立少数的

目的。

② 三类以上的在小组中讨论，以便迅速过关，集中力量去对付四五类，四五类要在大会上讨论。

③ 先易后难处理过关，有严重政治嫌疑的放在后面讨论。

④ 领导上要打通干部思想，控制思想，领导要与群众相结合，不能自流，否则会皂白不分，轻重不分。

⑤ 教员反省要有书面检讨与通过，要其补充，以便以后检查与审定。

⑥ 思想上从严，处理从宽（指对贪污问题）名教授要经中央批准才能处理。斗教员一定要上级批准，不能自由搞。思想政治问题为主，学术问题为次。

⑦ 要找典型推动全盘如刘大杰。

⑧ 改造教员思想，必须要有学生参加推动，指导，但态度必须婉转，不能采用打虎方法，乱骂人。

思想批判与组织清理如何相结合。

推进组织清理要有一定的条件：

（1）思想批判工作大体上已成熟，普遍地要求交代历史问题。

（2）领导上在前三个阶段中已充分准备好了政治问题的材料。

（3）已培养成熟了的典型人物，典型示范后，即普遍号召坦白（忠诚老实运动）。

应注意的几个问题

（1）党员在内部交清，不与一般群众一样交，以便以后整党时作好充分的准备，团如何看法请青年团考虑。

（2）要注意保卫工作，防止意外，与公安局要有密切的〈连〉联系。

（3）必须切实的调查研究，排队工作要十分重视。

全部时间大约二月左右，停课——不要全停，半停，高潮时，可以停几天。

四、党的统一领导问题。

不统一领导工作不能完成，会造成恶劣的结果。

应注意几个问题：

（1）党政工团一切服从党委的决定与计划，发挥高度的集中与民主精神。

（2）青年团只能根据党委的指示，进行其具体工作，不能自由地去布置学生中工作。

(3) 服从高等学校党工作委员会的领导,事先必须先请示,党务工作仍归区党委管,如收党费,统计,纪律处理。

(4) 一切服从组织,不要谁不服从谁。

会师问题:

(1) 要互相尊重,互相学习,对党外人士要注意团结,态度更好。

(2) 力戒骄傲,同时反对自卑,自信不高的倾向。

(3) 不要急躁主观。

几点希望:

(1) 安心工作,完成重大任务,学会知识分子的群众运动的经验,即具体的马列主义。

(2) 注意立场,注意纪律——每个党员要在三反五反考验。

(3) 注意健康,保持冷静的头脑。

(文件编号:E79)

华东人民武装会议发言提纲

1952 年 10 月 18 日

反映情况，作为整训民兵中的参考，请指正与批评。

(一) 华东妇女工作重点问题——农村是主要的，因为：

① 华东只有城市(十万人口)41 个，不到一千万妇女，其余多在农村，城市妇女主要是就业与学习。发动广大妇女投入农业劳动，适应爱国生产运动的需要，没有妇女参加，增产是不可想的，同时也只有增产，才能加强国防力量，是妇女对“爱国”的具体表现。事实：如农业合作互助中的作用，如三光运动。

② 因为农村妇女是最受封建压迫的，为使妇女真正翻身。也只有在积极参加劳动中才能办到。

如家庭地位，同工同酬，民生建设，文化学习，托儿卫生问题才能重视。

因此妇女在各项生产、文化、民主建设、实行婚姻自由运动中必须积极参加。

发动与组织方式：① 党委统一领导。② 发扬妇联本身的作用，妇联代表会议的方式的运动——单干多的地区与合作化好的地区二种方式，贯彻中心任务，发动妇女参加生产，并解决其本身问题。

(二) 婚姻自主问题。

目前情况：

去年冬进行贯彻婚姻法宣传后，启发了妇女的反封建斗争性，各地区乡干部干涉婚姻自由稍为敛迹，但三反时期因为放松，又抬起了头。

一月到六月全华东妇女自杀与被杀达 2796 人，死得很惨，有挖眼睛的，死者多是年轻妇女，思想比较进步的。

不良结果：

① 婚姻不能自主，会影响生产的积极性。② 造成政治上的不良影响。政府法令不能实现，如张阿宝事件，有人认为“没啥”。

这些事实说明这样问题：

第一，民族干部封建思想还是严重的。他们有武装，随便干涉婚姻自由，会造成妇女与青年群众对民兵的不信任。

第二，民兵对国家大法没有认识，不能保护人民的利益，反而违法犯纪，持枪压迫妇女，对民兵组织的巩固有一定的不良影响。

因此我们建议：

根据华东局今年八月二十一日对华东民主妇联党组建议的批示："区乡干部本身存在的封建思想，正是使婚姻法不能正确执行的主要原因，加以所有党员或干部训练班中增加婚姻法一课，正确和自觉贯彻婚姻法。"

具体办法：

时间最〈高〉多不要超过一天时间。

讲授内容：主要是婚姻法的精神与实质，各该地贯彻婚姻法的概况，区乡干部存在的几种错误思想，以及为何正确的贯彻婚姻法。并自读必要的文件。

方法：联系当地实例启发检讨缺点。

教员：由当地党委确定能胜任的妇联或司法干部。

① 民兵青壮年多，思想进步，对贯彻法有很大的作用。希望成为婚姻法的积极执行者。"枪口不要对着为自由而斗争的妇女。"

② ……[①]

主要原因：

区乡干部封建思想极端严重，对婚姻法没有明确认识，县级干部领导上的不够重视。

以下让我说一下：民兵干涉婚姻自由的情况：过去严重，现在比较好一些，但有些地区还是有，区乡民兵长干部封建思想还没有克服。

根据我们婚姻法检查组的汇报；和报纸材料，举例如下：

第一种是抢嫁妇女，威迫成亲。例如：皖北湖东县桃源乡妇女吴正芳被民兵分队长章信保勾结乡长，带领十余人强抢该女与他结婚。

第二种是干涉离婚：

例如：福建省福安区周宾乡民兵队长陈华茂说："我没有死以前，女民兵一个不准离婚。"

浙江桐庐严陵区仁勇乡童养媳张绣英已经法院判处离婚，被民兵队长朱云潮吊在树上，用刺刀逼着她把离婚书烧掉。

---

① 原文缺。

第三种，干涉寡妇改嫁。

第四种，捉奸，实际上是不准“恋爱”。

例如：浙江金华喜顺区浦口村妇女藤桂芬与青年团委书记俞邦宪恋爱，民兵[班]长认为是“通奸”。民兵班长卢家宝带领民兵八人“捉奸”，将俞押至民兵队部，强令写“坦白”书，又准备开斗争会。将女的拉出去开会斗，结果[藤]逃入关帝庙上吊自杀了。

用查户口方法，夜间突击，多了一人，就认为是通奸。

[附] 干涉离婚　收文 1857 号

1952 年 8 月

安徽徽州专区绩溪县七区霞水村民兵郑日照，胡观柱，胡周仁，胡应光，唐勇，唐世安，唐晓流七人等，有组织的打老婆，并阻止老婆参加社会活动与学习文化。他们说“不能让妇女上民校，妇女文化提高了就要闹离婚。”

歙县十三区，一个妇女因婚姻不美满，与人通奸，村里七个民兵去捉奸，一民兵提出“你要给我们揩油，以后允许你公开搞。”结果该妇女为势所迫，遭七个民兵轮奸，致不能起床。(当在调查中)

1952 年 9 月，苏南昆山县淀来区复兴乡和尚谭村妇女吴小妹是童养媳，因未婚夫有病，对他没有感情，今年有人替吴小妹找了一个对象俞尚根，吴小妹很满意，副村长与民办副排长唐海奎，民兵吴全福就出来干涉，一面说俞尚根调戏妇女，一面说吴小妹作风不正，把他们两人吊起来打。晚上还把吴小妹吊在农会里，至区政府知道，报告法院才处理此事。现副村长已撤职逮捕法办，民兵排长与民兵二人均撤职，当众坦白检讨，并批准吴小妹与俞尚根结婚。

干涉婚姻自由。

(文件编号：E207)

组织工作会议总结提纲

1952 年 10 月 28 日

(陈修良旁注：

申明：

① 作为意见，回到省去讨论，要向党委〈会〉汇报研究不要用命令方式。

② 会议的成绩，解决了重要问题，意见很一致，但还有一些问题没有解决，当得继续研究解决，讨论问题集中。

③ 会议的缺点，城市问题没有很好讨论。)

一、关于基层组织问题，明确了那些问题?

(一) 乡妇女代表会后的组织方式，随着互助合作运动的发展，必须有所改变，即逐渐地按生产单位组织起来。

为什么要以生产单位建立妇女代表会?

1. 互助合作使农村的整个组织，改变了面貌，一切工作不围绕提出生产，都行不通。

妇女代表会的组织如仍然按这些办法，脱离生产问题，就要脱离群众。(群众说：过去代表会不起作用了，要求解决。)

以生产为单位组织妇女群众，将更容易解决妇女的特殊问题——如托儿所，卫生问题，同工同酬。这即是要在劳动中解决男女平等问题的具体办法。这一转变是带有伟大历史意义的，要知道妇女的落后，历史上就是由于男女不合理分工。“男人治外，女人治内”的封建农业制度所造成的。

2. 能更好地贯彻男女一起动手“合理分工，同工同酬”的方针。在互动中共同商讨，彼此容易了解，互相有利益关系，便于男女合作生产。

3. 减少会议，减少干部兼职多，跑路多的问题。

(二) 不同地区，不同情况，要用不同的形式去组织妇女。

1. 第一类乡——互动合作运动发展最好的，约有 70%—80%农户，已经组织起来的地区，主要以生产为单位组成妇女代表会议，同时照顾单干户的妇女。即由互助组的代表去联系或请其参加。带动他们一起集体劳动。同时又可采取新登[1]的办法，家庭选举出一个代表(或主席)，一般性问题可以村为单位来讨论。

2. 第二类乡——互动合作已达50%左右。互动合作尚不很巩固的地区，可有二种方式以生产为单位。组织妇女，同时又可按地区组织。但随着主动的发展要以生产为单位为主。不固定的互助组也应选出妇女代表，作为积极分子去推动落后有好处。混合组织，是过渡形式。

3. 第三类乡——领导一般地比较差，群众没有发动，互助合作占着不大的比例，或者只有个别的互动组。妇女干部很少。

应采取过渡形式——仍以地区为主，但以户为单位，每户出来一人参加会议，很多妇女受不到教育，这个方式要避免，同时按年龄分也不是好办法。如何搞，要研究。

4. 渔区，盐区，山区，茶区妇女的组织方式要研究，但总的方面是一致的。群众应按生产去考虑，便于生产。

5. 托儿所、妇女要不要有代表——合作社有大的托儿所，应考虑(如新登)其他一般还是在互助组比较好，但如人数较多，有共同的关系，如工资等问题，要有照顾，只可派出代表。

(三) 妇女代表会议能否起作用的主要关键找到了——几条经验教训。

1. 乡妇代会能结合每一时期的中心工作，特别是生产问题，党政领导机关重视妇女工作，发动与解决妇女的特殊问题的就起作用，相反的，空喊“劳动光荣”不采取各种方式去动员与解决问题的，又不善于配合各方面宣传的，就不起作用。

2. 代表从各种运动积极分子中选出。每乡有了几个骨干，就能推动工作。

相反的，大呼隆组织起来，代表成分不纯的就不起作用。特别是没有主要骨干的地方。

3. 代表能按时改选，随缺随补，而又能随时批评与表扬代表的，就起作用。

相反的，长久不选不补，不称职的是当了代表，就不起作用。(如山东有

---

① 浙江省的一个县。

30%左右代表是老年，贯彻婚姻法就根本不可能。）

4. 发挥代表的作用，善于解决群众的问题，代表有成绩就起作用。乡主任与县委各办代替的代表就不起作用。

5. 区乡干部对妇女代表会议的作用与职责认识明确的，群众也了解的，代表会就起作用，相反的，则流于形式。关键在于我们有没有认真地去宣传“妇代会的作用与性质”。特别是县区干部。

6. 乡妇代会能按期开会，每次会议解决一二中心问题，就起作用。同时又能及时反映下级传达上面决定，及时检查与总结自己的经验的代表会就起作用。也提高了代表，相反的，把代表看成“小组长”，只有传达，没有民主，常用群众大会的方式去代替妇代会的地方，代表会的作用就不大。

（四）培养基层干部的方法问题。

1. 必须首先教育区乡干部关于“妇代表会”的性质与作用，应采用各种机会与方法去做，又要有实际事例进行教育。

不要强调办妇女训练班，因为有困难，应利用民教，识字班，文字刊物，广播，座谈会等的方法去进行教育。

2. 经常开好代表会，总结经验，在各项运动中去锻炼干部。（如土改，抗美援朝，起了很大作用。）

3. 代表会必须发扬民主，进行批评与自我批评。

发挥各级的组织作用，发挥代表，多多与在仕的分别作用，发挥集体的与个人的才能。不要包办代替。

4. 照顾干部的生活上一些问题——如孩子照顾，反对家庭的阻碍。

（五）妇女权利保护委员会问题。

不要建立的理由：

1. 与调解会、婚姻法检查小组的作用起了冲突。

2. 与各方面的关系不明确，妇女单干有发生很大困难的可能。

呈请华东局批示后取消，目前各地不要去建立这一组织。

二、尚待继续研究与解决的问题。

（一）关于整理基层组织问题。

整理组织的必要性：

1. 有不少不起作用的妇代表会议。（20%—30%起作用，50%左右一般的，25%—30%不起作用的。）

2. 互助合作已普遍开展，原有组织形式已不合于目前的需要。

3. 群众中新的积极分子，已大批发现，并已实际上代替了原有的代表。

4. 成分不纯，有许多缺额代表。

5. 为明春贯彻婚姻法，老年妇女太多会有一定的阻力。

什么时候整理——今冬还是明冬。

今冬的有利条件——有几种运动可以结合，即民主建政与整党、冬季教育、民兵集训导运动，各地区可根据情况去研究与决定，但必须注意要在各种工作中结合进行。

整理的步骤：

1. 那些组织先整——最坏的思想，还是中间的先整？

2. 弄清那些是刚建立的，只是补选，那些是完全要改选的？孰先孰后。

3. 要求各省——弄清情况，排好先后，集中干部。

整理的方法问题：

1. 必须创造典型，但不要典死，应当是"先走一步，随后跟上"。

但要明确，因为地区很大，以县为单位还是以专区为单位掌握典型？一个典型不解决问题。

2. 改选工作以后注意教育干部与发扬民主相结合，不要用简单的罢免方式，一脚踢开，闹对立。

3. 要充分运用原有组织积极分子与基层干部的力量，不要把责任单放在区县妇联干部的身上。

4. 必须先进行教育工作即弄清代表会的性质与任务，打破顾虑。

回去以后各省开一个组织工作会议，什么结论，订出计划。时间要快，十一月要办好。城市可以用训练班办法。

5. 代表成份与条件，要照顾统一战线，富农妇女要参加，条件——主要能积极、生产带头、作风正派。

（二）乡妇女委员会的分工领导问题。

三种意见：

1. 多组织，福利，卫生，托儿，生产。

困难是：

(1) 有可能把专职干部脱离妇女工作。

(2) 乡的干部不能全面,地区分散。

(3) 与互助合作化有重复的可能。

2. 按片分工,即委员按地区负责。

3. 按互助组织妇女代表,统一领导,二人或一人可看情况决定。

按地制定,不要一律。要在政府官员中贯彻各项工作,同时按片分工也可。

(陈修良旁注:区一级要不要有一级?

① 委员会要不要选举?

② 区政府不是一级?妇联可不可有一级?

③ 是派出机关也可以开会。

④ 区可以开代表会。)

(三) 村一级妇代会要不要?

1. 浙江认为不要——群众多要参加互助组去,村已不起单独作用了。

2. 地区分散,乡难领导,要有村一级代表会,或设代表小组,如搞过可以试办。

3. 可以不要一级,只要一个乡负责领导。

意见:

1. 不提倡村一级普遍化。(原因:(1) 单独成立与其它部门不好配合。(2) 合作发展,村的作用要减少。)如有需要也要先有试验。

2. 不要村的,如何建设,要研究。

(四) 区妇联如何领导乡的问题:

1. 福建一个区的经验可以作为参考,但主要问题还是决定了干部的强弱与领导上具体经验,还要大家创造。

2. 农村很分散,目前区的工作还应当重视,县对于区的领导要加强,使其起一定的联络作用。

(五) 允许妇联的组织形式问题。

1. 组织部的态度问题——要等全国妇联的决定。

2. 组织工作是不能取消的,但不一定是由一个部门去领导,这二个问题要分开,组织工作放在那些在管可以考虑,组织部要的话,任务也是不明确的,还要研究。专门管机关人事是不妥当。要把眼光移到广大群众问题中去。

3. 组织部门如管人事与党员统一管理干部有矛盾。妇联要同党委一[样]的管理二级干部,事实不可能,因为这要费很大的力量与一套制度与人马,省妇联的组织形式,请回去后再研究一下。

(六)妇女参政问题。

1. 不要把他看为简单地输送干部问题。

2. 要注意的是——妇女代表会议的代表,如何与人民代表发生关系。先参政,然后培养干部,今天勉强派人去当区乡县是不对的。党委不大同意,有一定道理。

(七)妇女干部的教育问题。

学什么?技术文化,政治。政治文化是主要的,技术问题目前不要有强调,避免技术观点的发展,目前为非"技术决定一切"的时候。

到那里去学?

1. 带有妇女多面性的问题,如妇女代表会的性质,婚姻法等问题,可以开短期的训练班。

2. 一般性的问题妇联不好开办训练班,因力量不太够。

(八)妇女干部的配备问题。

各级妇联必须配齐,但如何解决要考虑。

1. 主要的是放手提拔与培养,但不能存在依赖心,对于"资格论""妒忌心"要打破。

2. 同时也要与党委打通思想,"落后群众,要有先进的干部"。不能拿不好的干部去充数。把妇联干部养成"家属部队"是不对的。至于妇女生活与流动,这是避免不了的问题,解决办法,是准备大批的后备干部。经常地要在运动中培养与准备。

(九)城市妇女工作问题。

1. 关于组织形式问题——十万以上人口街道里弄妇女如何教育。各地要做试验,建立城市工作部后,首先要解决。

(1)主要一点是考虑居民委员与妇女的关系如何解决,如何分工与合作。

(2)妇女代表会议建立要结合建立居委会工作,即民主建政一齐来进步,从[现]在试起。

2. 劳动就业问题——这即是家庭妇女工作的主要问题，即无组织妇女的工作问题。为何妇联必须重视，就需要有教育，这就要发生组织工作，如何组织起来，就业或准备就业要研究。同时妇女就业以后，城市妇女工作的基本问题也就解决了。为取得妇女工作而斗争的道理。

3. 建立代表会议问题——这一个问题也要注意，过去以女工为主，现在不管，这都是偏差。

4. 广大的手工业妇女的生产合作组织问题，请当作一个问题，先去调查研究，下次要讨论。

（十）关于贯彻婚姻法问题，如何准备？

1. 组织上整理。

2. 今冬干部民兵训练中要宣传。

3. 要有典型，如苏北。

（文件编号：E208）

全国妇女工作会议的发言提纲

1952 年 11 月 26 日

（Ⅰ）关于基层妇女代表会议问题。

（1）妇女代表会议能否起作用的主要关键。

（2）乡妇女代表会议的组织形式问题。

（3）整理基层组织问题。

（4）妇女权利保护委员会问题——加强调解委员会就够，“基层一级政权和人民团体要建立经常性的保证执行婚姻法的联合组织”——我们认为不必要。

（5）区妇联算不算一级领导。

（Ⅱ）妇女参加农业生产的一些问题。

（一）关于同工同酬问题——要达到目的应当注意几个问题。

不能不同工同酬的几个主要原因。

① 妇女过去没有劳动习惯，一贯来重男轻女的地区特别严重。

② 互助合作运动不够巩固的地区，计时算分尚无一套经验的地区。

解决办法：

① 封建思想严重地区以反封建思想，发动妇女参加生产，宣传同工同酬为主。

② 农业互助合作已经发展的地区，不但要反对封建，还要采取有效的办法——即按劳动结算细账，要改变旧的计算方法，如全椒县，女割麦定八分，男挑担定十分，实行定制定量定时，定工解决男女同工之间问题。

③ 干部中要不断进行“同工同酬”的政策，特别要明确互助合作的方面，因为男子也有不同酬的问题存在。

妇女干部应当学习互助合作运动的规律与每一时期的问题，许多妇女干部还不懂的互助合作运动的许多问题。妇联应特别注意。

④ 实行男女合理分工——互助合作运动发展后；农村一方劳动力过剩，一方面缺少必要劳动，如裁缝去田间劳动，我们要注意提高非田间劳动的代价，由妇女去担任。副业劳动与家庭劳动应当有组织地来进行（如育儿烧饭，做衣服等），使妇女在这些劳动中获得代价。同时也可以克服妇女死比力气的

毛病。

（二）巩固农村托儿所问题：

① 要解决妇女的记工问题，工分太少，许多妇女不愿送孩子，（孩子多的困难更大）如莒县妇女早上烧饭又要扣去两分，只能挣三四分，无法养活孩子，不如自己带。

② 互助组小，孩子不多，难以组织起来——要用分散经营，统一管理的办法，村内有三个以上托儿组织的，就应当由村一级统一管理。

③ 组织领导问题：

（1）托儿所组织应归互助合作组织的一部分领导，政府卫生组织系统加以技术上的领导与训练。办好保健站与医疗机关。应强调的"民办为主"。"公助"如何助？不能强调公办，会使群众不敢自办，存依赖性，城市都有同样要求。

（2）乡一级由卫生委员会与乡妇联、生产委员会三者共同合作，统一乡的托儿组织的领导与督促工作。

④ 目前托儿组织不应当强调"正规化"，卫生厅的典型试验是失败的。我们主张"分散带领孩子，集中训练保育人员。"同时都有可能的地区，应设法调年轻妇女去负担这个工作，不能永远归老奶奶带领。

⑤ 介绍典型经验，加强育儿法的教育工作，各市应抽调一批妇女去训练成为"育儿辅导员"。成为制度，训练由省或县负担。

（三）妇女卫生问题。

（1）旧产婆训练的经费问题应加确定。

过去规定卫生厅发五十斤大米，后来取消了，由群众捐出，但现在不能摊派，经营发生了困难。

（2）接生收费问题各地不同一，应有规定，有五千，一万，二万的。

（3）妇联干部思想要教育——如不敢宣传月经，怕挂生理解剖图，幻灯片要普遍推广，要组织一片宣传员。

（四）对于妇婴卫生不够重视的检查与原因。

（1）由于对群众切身利益漠不关心，群众观点差，认为是卫生部门的事。

（2）由于不了解妇女工作的特点（许多女干部满足于一般性的政治运动，觉得此种工作是麻烦的事）——妇女生理上的不同所发生的问题。即在苏联也是非常重视的。

(3) 城市妇联同志认为城市问题比农村少，因此不重视——事实上还有束胸，弃婴，妇女病。

(Ⅲ) 贯彻婚姻法问题。

(一) 运动的性质与目的。

我们一致同意中央对运动性质的意见——

即：婚姻制度的改变是人民内部的问题。应划清思想上封建婚姻制度与新民主主义制度的界限。目的问题：

——对章条上所说："展开一个大规模的群众运动，以根本摧垮封建主义的婚姻制度。"要求对这一段话加以补充，明确指出这次运动中应达到的目的。同时各地区情况不同，要求也应有不同。一种意见，代表新解放区的，认为不能立即根本摧垮旧的封建制度，另一种代表老区的，认为应当根本摧垮。

(二) 准备工作问题——准备工作是成功与失败的关键。

(1) 结合今冬农村几项中心工作，进行思想与组织准备很主要：

① 整党建党——学习共产主义教育中，应进行党员教育，把男女问题提到共产主义思想原则上去，整党中应处理婚姻法公布后当有违法行为的党员。

② 在民主建政中把各级人民代表会议衔接起来，乡妇代会应着重讨论婚姻法的贯彻问题，同时提人代会议上去，选举人民代表时选举代表时，作为条件之一。

③ 物资交流大会上普设婚姻展览会及宣传棚，文娱活动中进行宣传。

④ 今冬各种训练班——如民兵训练，互动合作干部，民校等，加上一课婚姻法的课程。

(2) 做好典型试验，逐步推广，为各省已在试验。如福建每一专区在十月均已进行测验，准备训一万多干部，在十二月间去二十个县先行展开，二月到三月全面展开。

(3) 各省县以上建立婚姻法的办公机构，区级以下统一领导。

(4) 结合司法改革，继续清理特务，解决一批婚姻问题，罪大恶极者开群众大会公布，不少地区已经做了。

(5) 初步调整妇联的乡妇女代表会组织——其中成分不纯或老年、青年占多数，不称职的多的地区加以整理。

对妇联干部今冬应普遍展开一次思想的检查——是否认真执行婚姻法。

(6) 应进行一次宣传婚姻法的片面性，纠正错误。

领导妇联机构收集典型材料，有成功的也有不好的典型。

(三) 贯彻婚姻法中的政策问题。

① 五宽五严的原则：

"群众从宽，干部从严；党外从宽，党内从严；旧式婚姻从宽，新式婚姻从严；过去从宽，今后从严；管理从宽，思想从严。"

② "教育多数，惩办少数"。不造成恐怖的空气，宣传与贯彻婚姻法，让群众成为家喻户晓、乐于执行的法律。

因此在做法上要注意树立新婚姻新家庭的榜样。

③ 要求量刑问题能够比较一改，要求司法部门开一个专门会议，定出一些条例。

④ 回教徒与天主教徒，及一部分基督徒的婚姻自主问题，尚未解决，要求中央明确。(如山东某县长批准一个回教徒与非教徒结婚，被回教徒殴打。)

⑤ 工会对工人违反婚姻法，不许妇联干涉，请总工会发指示。

(四) 运动中的工作方法问题。

① 控诉会的方式，不易控制，应当少用，只有个别罪恶重大的应当进行控诉大会，教育群众，主要应当用对新办法，如新式夫妇，和睦家庭与旧式婚姻对比方法，回忆对比。

② 发现问题，应随时处理，不要另有一个处理阶段，在运动月中批准杀人权由省级批准。不要拿到大行政区去批。

③ 要分步骤进行。

第一步先训练区乡干部，宣传员、调节委员、妇联干部——以县为单位。

第二步推到群众中去。

第三步建设阶段——登记工作，开家庭会议，和睦家庭关系，整理基层组织等等。

④ 要求统一分配宣传费用，宣传材料要上下分工，全国性的归中央，地方性的归地方。

⑤ 接待室归谁管，要解决，现在妇女都到妇联不好办。

(文件编号：E206)

传达全国妇联会议内容

1952 年 11 月

一、目前妇女工作的方针任务问题。

方针：一切工作任务应围绕着经济文化建设任务的需要，更近一步发动妇女参加祖国的伟大建设。

三个妇女工作的突出任务。

（一）积极加强妇女群众中的文化教育与思想改造工作。

（二）力求改善社会残存的束缚妇女的封建恶习惯（如婚姻制度，如重男轻女习惯）。

（三）尽可能开展妇女卫生儿童保育工作。

少奇同志指示："妇婴工作是妇女工作的切身问题，这个工作如做不好，比婚姻问题死的人还要多，如果做的好，就是帮助国家的经济建设。"

这个工作是妇联的经常工作，每一女干部要学会妇婴卫生育儿的知识，不但要懂得，而且要负责，在男女中应该宣传教育，街道的居民委员会小组会中，也要进行育儿卫生的教育，这样可以做好妇联工作。

妇联要与卫生部门交换干部，卫生部要有群众工作的干部，妇联要有卫生专家。做好这件工作，官僚主义同时可以改变，否则要脱离群众。

疑问的解决：

第一次大会后，方针与任务路线有没有改变？

"以生产为中心，以稳定为基础"后来又为什么要强调组织街道妇女为主。农村妇女为主？答复没有改变。

1. 第一次大会决定是："以工农小资产阶级妇女为主，包括家庭劳动妇女"，并无"以女工为基础"女工为基础的字样，是后来写文件时弄错了的，各种妇女工作都要做，不是以以谁为主的问题。

2. 解放初期因力量不够，人民没有组织起来，同工会一起先组织工厂女工参加工会是对的。后来空出一只手去组织街道妇女，也是对的。到了宣教会议时提"全体妇女为对象"，更加突出了。同时因解放三年来妇女的要求就很迫切，所以要更加强其中工作。

城市中劳动妇女，工属，家庭妇女工作都要做，但要看各地情况，安排先后，即要看清谁是多数，谁是我们需要多尽力量去工作。

二、贯彻婚姻[法]问题。

这里只谈章蕴同志对指示的体会与李维汉同志的意见。

（一）少数民族与教徒执行婚姻法问题。

回教徒，天主教与一部分基督徒（属灵派）婚姻自主问题。

要经其自身矛盾中去求得解决。不能用汉族办法强迫执行，要慢慢进行——如回教徒规定男子可以有多个老婆，少数民族中还有女子以多夫为荣，女子结婚后还可以与其他男子生孩子的风俗。回民同汉族结婚看为“叛徒”。

（二）各地党委要考虑贯彻婚姻法不好的原因在哪里？客观还是主观原因多？在检查中衡量自己的工作，用总结领导的方法，考虑往那个方面去着手贯彻。

总的做法和目的。

做法一是开展一个由内到外，开展全面性的群众宣传运动。检查执行情况，宣传是对食品，又是干部，检查执行是对干部，逐级上报。

运动目的——是要根本摧毁旧的制度，划清思想界限，树立新家庭的榜样与旧对比，使人乐于执行。（产生和睦的家庭）。

（三）运动的性质——“健全”是毛主席加的，因为是健全人民内部的事，因此要有耐心，要防止急躁情绪。只有对罪大恶极的要判刑，党员与群众一视同仁。

提出教育与惩办相结合的口号是不对的。因为这要引起恐惧。五宽五严，三宽三严是指干部离婚不能对群众。怕来势不够大也不对。因为从上到下的一个运动，要处理积案，不会太大。

（四）要有一系列的准备工作，要研究政策，端正对婚姻法的认识。准备工作要与各项中心工作相结合。妇联在研究政策问题，做好党委的助手。

（五）政策问题。

对已婚的夫妇应以宣传民主和睦家庭为主。不是强调离婚，只有女方坚决要求离婚的，要支持其离婚。

对未婚男女要强调婚姻自主的问题。

（六）典型问题。

邓副总理认为典型经验的运用需注意。如开控诉会没有[使]干部去掌握突出问题。不能机械搬用。

不能急躁，干部积极性只能发挥70%—80%。

三、妇联与工作方法问题。

毛主席指示：妇女工作要解决二个问题。（一）工作方法问题。（二）要成立政府——成立妇联问题。有些地区认为党委不重视妇女工作，毛认为要经常发材料，提建议，要一逼二催三写的办法。

邓[颖超]大姐的结论：

（一）成立各级妇联问题——过去是若有若无，没有的要建立，空的要补充，省市以上党委要成立妇联。组成后，回来后要请求解决。

1. 妇联高级负责干部。2. 各大行政区的负责干部、各省负责干部。3. 同级别地区的有关部门负责干部，如工青、检察，卫生、文教、部队、统战、劳动、纺织等，回去后党委立刻要定出名单。中央妇联的常委同时又是妇联的党组。

（二）妇联要有编制，书记外，另有几个秘书。

（三）专区，最多只设党组，区委只有一个妇女委员，支部要有妇女委员，城市区妇联只设党组。

（四）各大行政区妇联组织问题。

一律改为工作委员会，作为全国妇联的代办机构，党群分开。

妇联仍要保留一部分得力干部，内部分工，各大行政区自行决定。大致分工为城市，农村宣传，妇女儿童福利。设组织部随便，编制一月底要完成。

任务与青年团同——督促检查，反映情况，总结工作，训练干部。

妇联的工作方法问题。

（一）主动配合，反映情况，提出建议，通过党委执行，督促检查。克服到处配合被动现象。

（二）妇委书记必须了解党委的政策与企图才能配合工作。能任党委委员的应任委员，不能的外派。妇女干部必须提高政治水平。加强学习。

（三）各级党委应讨论妇女工作，每年要讨论二次，在布置检查工作时，要包括妇女工作，党委要指导一个负责同志与妇联联系，要求领导。

要给书记与党员参加一定的会议与看一定的文件，提高其政治认识。

（四）妇联要定期向党员汇报工作，各地自己商定，各级妇联的报告要交一份与上级妇联——再由党委呈报上级党委，以便通报。

三个妇女团体问题。

（一）女青年会——归妇联管，同时与有关部门商议。

（二）妇女联谊取消与否，由其自定。

（三）妇女节制会，我们不管，要警惕。

（四）民主党派妇女组织，由妇联联系。

（五）女青年会的党支部问题关系要转移。

四、城市妇女与农村妇女工作问题——城市与农村谁为主的问题。

在全国范围内不要提这样问题，省以上妇联要关心城市与农村，县以下以农村为主。

城市妇女工作的主要问题。

（一）街道妇女组织与居民委员会关系问题？

居民委员会的性质问题由中央决定，但不管性质如何，二者工作性质有许多相同之处。为何分开要研究，妇女代表要以解决问题为中心。

（二）职工家属工作问题——这个工作是工会不可缺少的一部分工作。家属工作做的〈得〉不好对生产有影响的。工属在家庭中的操作，在某种程度上说是带有社会劳动性质的，所以家属工作一定要做。工人家属的改造能够移风易俗，对改造社会上层建筑也有很大影响。

谁领导工会家属工作？

工会女干部很多，妇联也要帮助做，也不能机械规定分散工家属由妇联做，集中的由工会做，各城市与工会应当研究建立一个统一的领导机构，共同计划与进行工作。

分散工属的组织形式——视分散的程度，过于分散的，可统一于街道妇女组织中去。

（三）工会女工部与妇联的关系问题。

1. 共同对妇女问题进行调查研究与及时提出问题。

2. 女工部应及时注意与妇联取得联系，取得妇联的关心与协助，共同商议，妇联也应派出一定干部认真调查研究妇女工作，随时向工会提出意见。

3. 妇联负责人要不要参加工会的常执委。由当地视需要决定，不能统一。

4. 家庭妇女就业问题。

现在存在二个矛盾：（1）就业的客观条件不需要。（2）妇女主观上无条件。

因此首先要防止急躁情绪。要分开不同对象，提出不同的解决方法——有的只能要她在家庭中劳动，可以培养的要号召学习，可以解决的，要解决就业问题。

手工业生产合作组织——群众要求解决生活问题。如挑花，出口品等，可以组织起来生产。

5. 工商界妇女组织问题。

工商界的妇女应组织在工商联内，家属参加街道妇女组织内，为了贯彻对工商界的政策，可以号召各种座谈会议，帮助丈夫。

农村妇女工作问题——要解决的问题。

1. 同工同酬。

2. 互相合作中男女享有平等权利与义务问题。

3. 合理分配问题。

4. 家庭与生产矛盾问题。

5. 照顾妇女生理上特殊问题。

6. 提高帮助妇女的生产技术与劳模问题。

其他问题：

1. 加强与整理基层组织问题。

农村妇女基层组织形式，随着互助合作运动的发展应有变化。妇女代表主要应以互助合作组织或其他生产或学习组织为单位，选出代表，否则会脱离群众。

2. 农村妇女代表不应强调以贫雇农为主。

因为已经土改地区，几种问题不能如土改时一样的提出。

3. 互助组织，是不是一定要有女领导——争取是必要的，培养更重要，不能硬性规定。

五、妇女卫生工作问题。

首先要解决重视问题？

目前应解决的问题。

(一) 托儿组织问题。

三管三不管——要调查材料时，卫生，教育，妇女都要，困难来时无人解决。解决办法——组织领导问题要解决。

1. 建议凡是关于健康问题，应归卫生部管（不论年龄）教育部管教育问题？

2. 抱娃娃组是群众创造的办法，是好办法，今后应强调办，不能提倡正规化，政府应与妇联合作。技术上多加指导，办好医疗机构。

(二) 改造了的旧产小婆问题。

训练后自流不管。今后应加强继续提高管理，加强组织。

(三) 免费接生。

明年以老区、山区、灾区、少数民族区为主，逐渐做到免费接生。城市做到80％负责，农村30％，少数民族10％—15％。

(四) 推广婚姻法，宣传妇女卫生。

（文件编号：E246）

新闻出版工作汇报

1952 年①

新闻出版署：

供求不一致，强迫摊派。

出版混乱：

(1) 中央出版总号允许私人出版社可以自由出版。

(2) 国家出版品跟不上，私人出版社有利可图，出版一本书可以过一生(字典)，财委的一个图书馆管理员出了一版字典。

(3) 没有法律根据，整顿时有许多人要失业。

(4) 没有明确的政策——如说新华书店是火车站，爱买的去买。

办法：

(1) 报上公开批评坏书。

(2) 加强事后检查，不好的要其收回。

(3) 淘汰坏书。

(4) 管理售价。

(5) 限制流动书场。

官僚主义现象：

(1) 忙乱。

(2) 没有面向企业，不懂业务，忙于机关工作。

克服办法：

(1) 订各部局及总的计划，克服忙乱。

(2) 减出不必要的刊物。

(3) 思想改造用座谈会方式进行，不用组织清理。投机分子多，生活无法解决。

体会：

(1) 上级检查很重要——中央派人检查。

---

① 此系编者根据内容判断。

(2) 对干部要说明白,有共同目标。

舒主任:

文委进步不快,主要原因——领导上没有抓紧,具体表现:

对群众还没有说明这个运动的目的,认识不一,领导上畏首畏尾,刘雪华四次不到党组会议。

文化局作法不对,开六百多人的会议,典型会议变成大会,二次观摩会。

下面对上面意见提得很少,不去了解下情,去了一次还是官僚主义,计划还要修改。

(文件编号:E192)

华东农村工作会议上关于妇女工作问题的发言提纲

1953年1月7日

一、妇女参加农业互助合作运动中的若干问题。

第一，组织贯〈澈〉彻男女一齐的方针。

华东农业生产互助合作运动，自从提出了男女一齐发动的方针后，对发动广大农村妇女参加劳动，起了很大的作用，成绩是巨大的。这表现在广大农村妇女热烈地，自觉地参加爱国增产竞赛运动，基本上树立了劳动光荣的观念；许多地区妇女参加了互助合作组织；踊跃的参加季节性的生产任务，与突击性的任务，如防治灾害，抢修水利工程等，事实证明把妇女组织起来参加生产，是今后发展农业不可缺少的一支重要力量，但不可否认各个地区由于工作条件不同，发动得还很不平衡，工作中还有不少的缺点，需要我们积极贯彻这个方针。

主要缺点是：

（一）在许多互助合作组织中，男女平等权利与义务问题，没有获得解决，例如订生产计划，决定生产步骤，检查生产成绩时，很少或不吸收妇女参加讨论，有些干部或群众，认为妇女不会说话，参加了也没有用，有的地方因晚上开会多，妇女不便参加（如有困难应该派代表）。

（二）落后地区仍然保持封建思想与力量，把妇女劳动看为奴隶劳动，农忙需要时叫妇女参加，平时就不重视或看轻妇女劳动的重要性，甚至说：“妇女忙一天，不如男子吃袋烟。”这种思想造成妇女很少积极参加经常性的劳动组织，对互助合作运动的发展，受了很大的影响。目前妇女参加互动合作的情况是：参加临时季节性的劳动比参加常年互助组的多，即使参加了，多数也只作季节性的劳动；参加副业劳动的，要比主要劳动多。据我们不完整的〈约〉统计，全华东妇女参加临时互助组的比例约占70%。据苏南妇联统计，妇女参加常年互助组的仅占20%。

在不同的情况下，应提出不同的方法，发动妇女参加农业劳动。

第一种情况：妇女已有劳动习惯的地区，例如山东老区，主要问题是妇女已经普遍参加劳动。但还没有当家作主人的经济民主平等权利，连妇女“穿衣”问题，也还没有得到解决。这种情况下，应当提倡家庭经济民主，合理支配经济收入，妇女劳动所得，亦应分享其成。

第二种情况：妇女原来是主要劳动力，但被虐待被奴役的情况还很严重。如福建与苏南等某些地区。在这些地区中，就不能一般地宣传“劳动光荣”，主要是坚决地反对压迫妇女的行为，力求男女经济地位的平等，更高地发挥妇女的劳动积极性，适当的解决农业劳动与家务劳动的矛盾。

第三种情况：妇女没有劳动习惯，排斥或轻视妇女劳动的地方，我们要反对落后迷信歧视妇女的观点（如说妇女插秧，秧要死等）：同时要打破妇女自卑依赖等落后思想，创造典型事例，培养女劳动模范榜样，进行实例教育。不论在互助组中在家庭中，要给与经济上与政治上的平等权利。

第四种情况：全家人入组妇女参加互助合作组织的。实际上是形式挂名的，应当根据自觉自愿的原则，参加互助组应以人的单位评工记分，使妇女组员社员在组内社内能充分发挥作用。

第五种情况：劳动力缺乏的地区，发展妇女参加劳动阻力少，但必须防止妇女过累过忙的现象，必须照顾妇女生理上的特殊问题，保护妇女的健康，创办农忙托儿所等问题应特别重视。托儿组织与设备要与生产发展相适应，较大较好的农业合作社，亦可用福利基金举办托儿组织。

第六种情况：劳动力过剩地区，一般的多不愿妇女参加农业劳动。解决方法主要的是提倡精耕细作，积肥选种，兴修水利，改旱田为水田，开展副业生产，提高农业技术，提高产量，解决过剩劳动力问题。

第二，男女同工同酬问题。

同工不能同酬的几种现象：

（一）规定不合理，不论妇女劳动力强弱，一律按半劳动力计算（如安徽屯溪下洽阳村的调查）或把体力较强的妇女，一律评为七分或八分；或规定早上二分，上午四分，下午八分；妇女早上忙于家务，只算八分，名为“死分活评”，实为“死分”。

（二）一律不记工算账，或者把妇女劳动当成雇佣劳动，只是在农忙时，每日发给三四斤粮。

（三）名义上男女都评分，但在算工时，男的每分算六两粮，女的每分算四两粮。

同工不能同酬所造成的不良后果是：妇女对参加互助合作生产没有兴趣，如蒙城李秀英互助组，今春因挖河所得过少，男女报酬不平等，妇女气愤回家，全部换成小孩代工。

同工不能同酬的几个主要原因：

（一）由于互助组本身领导不健全。据安徽省妇联调查，省互助合作训练班的三一八个互助组中，有二七九个互助组基本上实行了同工同酬。至于一些季节性的互助组，因其本身计工算账办法不科学，对妇女计工算账更差。

（二）由于看不起妇女劳动的封建思想，认为妇女不顶事。评工算账不叫妇女一道参加；同时又由于妇女自身的自卑心与各种顾虑，不敢提意见。

（三）男女分工不合理，比力气，降低了评分。如阜阳地区，曾有过和妇女比拉犁比推车以评分的，妇女比不上，就降了分。

根据各地评分中的缺点："不评"、"少评"、"固定评"、"马虎评"等现象，提出如下的建议：

（一）加强干部教育，使其认识同工同酬政策上的重要意义。对计算男女工分问题的成功经验，应予表扬，并加推广，严格批评重男轻女思想。

（二）实行男女合理分工，不能单纯提倡男女比力气，妇女担任力能胜任的工作，实行同工同酬计算工分。定出制度，将不同劳动定出标准工分。

第三，培养妇女劳动模范加强技术训练问题。

这个问题，一般已被注意，但还不够。如山东出席省劳模大会的，除李田英外，大都垮了。其中有不少是婚姻问题。其他地区也有类似情况。据浙江省妇联报告，全省 111 个国营农场中还没有妇女劳动者，其他各省所占比例也很少，各地开办的互助合作训练班中，妇女为数很少。这些事实说明不少地区对于培养妇女劳动能力，还很不重视，还不懂得培养女劳模是发动妇女参加生产的一个重要方法。

至于如何培养妇女劳动模范。应当注意如下的问题：

（一）在各种生产运动中，培养各类积极份子、典型人物及评选劳模时，领导上要强调培养妇女劳模，纠正封建思想。

（二）各种训练班中，妇女应占一定比例，包括各种农业技术训练。

（三）要照顾妇女的生理条件，不要只看劳动强度，特别注意技术与合理的工作方法，避免造成拼命主义。

（四）防止女劳模评选后自高自大，脱离群众现象，特别是对区、乡、村级的新的女劳模，要加强教育，继续提高技术与生产效率，不要过早的提拔为行政干部，避免兼职过多的现象。

第四，解决妇女家务与生产的矛盾问题。

所谓家务，主要是指抚育孩子、烧饭与缝衣服等，随着互助合作运动的进展，这一矛盾必须具体解决。

托儿组织问题——目前应当强调“民办”，主要依靠互助组与合作社来办，互助组太分散的，可用“分散带领孩子，集中训练保育人员”方法。经费自理，不能依赖政府，办得好的，用奖励办法，给以适当补助。妇联负责进行宣传与组织工作，政府在技术上加强领导。组织形式要适合当地的条件，采用大小不同的组织方式，逐步改善。不能盲目的提倡“正规化”，城市式的托儿所方式。

缝衣问题须要解决。如李田英衣服破得不成样，没有工夫做衣服。这已成普遍现象。在合作互助组织发展较好，妇女都已参加了农业劳动的条件下，应当考虑组织缝工。如新登松堰乡连一个女裁缝都没有（原有一个女裁缝转业到田间劳动去了）。主要是适当提高工资。

吃饭问题——一方面要提倡家庭劳动的合理分工，不能专门由青壮妇女负担（这也是封建残余的一种）。在农忙时可以实行集体吃饭的办法。

另一方面我们又要展开教育。说明家务劳动是不可缺少的社会劳动之一种。因此对孩子多，家务劳动重的妇女，不要一般的要求她们过多的参加农业劳动；同时又要打破歧视家务劳动，不给妇女以政治经济平等权利的错误观点，这也是领导上应当注意的问题。

二、贯彻婚姻法运动的准备工作问题。

自婚姻法公布以后，经过相当认真宣传过的地区，群众已有一定的认识，新的家庭与新的婚姻制度，正在开始代替旧的制度。但这样地区为数尚少。婚姻制度不改变，大规模经济建设要受到阻碍；能否贯彻得好，关键在于准备工作。

甲、农村现有几种婚姻情况（土改后的转变）：

（一）自择自配建立了新家庭的，这种婚姻态度据群众评论有六个好处——“夫妻感情好，生产好，身体好，后代好，省钱好，家庭和睦好。”

（二）经人介绍，本人作主，父母同意——半自主状态。

（三）经人介绍，父母作主，儿女同意——基本上仍是包办婚姻，这种形式相当普遍，据山东昌潍专区的统计，约占 60%—70%。

（四）包办婚姻仍占主要地位，婚姻自由被干涉，妇女受虐待，甚至被杀与自杀现象还很严重。这类地区，主要是领导力量弱，干部不重视贯彻婚姻法，有些是山区及沿海区域等。据浙江金华专区夏桥、五塘二个乡的调查，在1 654对夫妻中包办强迫的婚姻，有 1 519 对，占 91.7%，其中童养媳 295 对。

旧婚姻制度的主要特点与其经济原因：

（一）买卖婚姻制：封建部落社会的遗物，视妇女为奴隶，女子是可以被买卖的，女子出嫁，由父母包办，取得一定的赔偿（所谓礼金），个别地区还有入赘女婿的办法，以劳役代替女子的身价金。福建惠安县妇女出嫁三天后回到娘家，要等生了孩子才能回夫家，以后只能在过节时去，因此有十余年不回夫家，夫妻互不认识的事情，主要的原因是父母不愿家中少了一个劳动力。

（二）童养媳制：少付代价，多得一个劳动力。

（三）早婚制："等郎媳"也会增加家中劳动力。

（四）一夫多妻制：为了男性的享乐，为了多生子女，或不满旧式婚姻所造成的。

（五）典妻租妻制：多由贫困所造成。

（六）抢亲：抢寡妇居多。主要是为了避免支付结婚用费所造成。

以上各种旧式婚姻制度已有了根本摧垮的必要条件是：农村土改已经基本上完成，互助合作化正在日益发展中，农民已经逐步地脱离贫困，封建的经济基础已被摧垮，不再需要这些不合理的制度了；同时也由于农民群众觉悟的提高，阻力已经大大减少了。至于那些土改尚未完成地区，自然不能进行这个改革。

乙、为贯彻婚姻法，应当准备些什么？

首先要对区乡干部与积极分子中进行教育工作——这是因为："在群众中，在政府工作人员中，甚至在一些党员干部中都还存在程度不同的重男轻女的封建残余思想，及由此而产生的对婚姻法的各种不正确的认识"（中央指示）。

干部对婚姻法违法乱纪行为的类型：

1. 利用职权，干涉婚姻自主，有迫人致死者，例如福建闽清县第二区区长褚云发干涉云龙乡青年团员龚宜强与女民兵吴秀金的婚姻自由致使一对青年男女双双悬梁自杀。又如苏南丹徒九品乡巫岗村妇女盛红奇因与邻人关系较好，致遭干部非法斗争，并用捉奸吊打手段，将盛毒打重伤而死。

2. 重婚。例如金山县县委书记刘钦嘉一方面与家中妻子通信，另一方面又与一个女学生结婚。苏北淮阴专区检查所所长和一个女学生结婚后。还将她带去见大老婆，要她叫大老婆为“大姐”。

3. 欺骗诱奸后遗弃。例如浙江江山县某一一个区长(已婚)诱奸一妇女，生了孩子后生活也不照顾，致该妇女发了神经病。

4. 卖妻。例如安徽肥东曹庙乡乡长把未婚童养媳卖了八十万元与四对布。

5. 严重的夫权思想打骂妻子。例如安徽嘉山县财委一秘书和定远县城区组织委员徐飞均经常打骂老婆，一年来有一百多次。

6. 强占军属。如安徽滁县专区有四个乡村干部强占军属。

7. 强奸民女。例如苏南区土产公司经理王贵山以工作为名，强奸女职员二名。

8. 威胁妻子离婚。如安徽有一个区团委书记王志才多次威吓老婆离婚，迫得老婆上吊自杀(被救未死)。

此外违法乱纪的事实还多，恕不枚举。

对干部应当教育什么?

根据党中央的指示，结合本地情况，结合今冬各种农村训练，作好思想与政策准备，以便明春开展大运动。

对干部教育必须弄清的有几个问题：

1. 认识婚姻法运动的性质：“婚姻制度的改，是一种反对封建的民主改革，完全是人民内部的问题”。

——因为这是包括各阶层人民的事情，因此不能不是极广泛的宣传与检查执行情况的运动，从干部到群众从城市到农村都要进行大的运动，对干部是既要宣传又要检查执行的情况，对群众则主要是宣传与教育问题。

——因为是“完全人民内部的问题”，因此不能用阶级斗争的方法，必须“坚持教育的方针”。

2. 运动的目的——“克服人们思想中关于婚姻问题方面的封建思想意识形态，废除旧社会遗留下来的封建婚姻制度，改善家庭中的夫妻、婆媳间关系”。(中央指示)

“划清封建婚姻制度与新民主主义婚姻制度的界限”。(中央指示)

3. 端正干部对婚姻法的认识。

对贯彻婚姻法的主要模糊不清的问题是：

(1) 认为婚姻法是“妇女法”“离婚法”;(2) 怕实行了婚姻法要搞乱男女关系;(3) 怕讨不起老婆;(4) 怕妇女长了威信,不好管理。

有一部份干部的思想顾虑是：(1) 自己也有违法事,怕搞起来危及自己;(2) 怕妨害中心工作;(3) 怕搞乱了农村关系,影响生产任务。其实却正相反,对区乡干部必须教育,贯彻婚姻法对生产有利的道理。

4. 注意政策问题。

(1) 重点应放在建立民主和睦团结生产的家庭,废除恶习惯,不要扩大到男女关系问题上面去。

(2) 要有长期耐心的说服教育,用新旧对比方法,树立新家庭的榜样,展开群众性的宣传,不要造成恐怖空气,“对一般干涉婚姻自由和违反婚姻法行为的干部或群众,并未造成严重恶果者,经过深刻的揭发批判和教育,只要决心改正错误,不必再予处分,对极少数虐待妇女,以干涉婚姻自由而造成严重恶果致民愤很大的严重犯罪分子,则须按法律予以应得的处分”。(中央指示)

对罪大恶极分子须公开审判与控诉者,必须慎重选择典型,显示政策,教育群众。

(3) 对少数民族及教徒中执行婚姻法不能机械强迫执行,要尊重他们的民族习惯与宗教信仰(如对回民,其他少数民族、天主教、基督教的属灵派、佛教徒等),对于他们要用缓进办法,从他们内部矛盾发展中去逐步解决矛盾,不能急躁。

(4) 对已婚的男女要多宣传民主和睦团结生产家庭的好处,对未婚男女要宣传婚姻自主的好处,对老年男女要从他们家庭与子女幸福说起,取得他们的赞成拥护。总之要使得婚姻法成为“家喻户晓”“老幼皆知”才好。

(5) 调查研究掌握材料创造典型经验。

创造典型的目的主要是：第一、研究旧式婚姻制度的原因,改造的办法;第二、找出贯彻婚姻法好的例子,总结经验,以资推广;第三、研究工作的步骤、政策与方法。

(文件编号：E82)

阎毅传达中央卫生会议等情况的报告

1953 年 2 月 23 日

第三届卫生会议党中央的指示

毛主席对军委卫生队报告上的批示：

“我怀疑中央卫生部与军队委卫生部一样一塌糊涂，既看不见政治领导，也看不见业务领导。”中央文委执行毛主席指示，发动司科以下干部发挥批评与自我批评，揭发官僚主义。会议经去年八月间开始，开了几个月，结论在第三届全国会议时才正式作出。

中央卫生部缺点——缺乏集体领导，忽视党的领导，四月二十七日中央讨论了卫生部工作。

中央与毛主席对中央卫生部的指示：

毛主席对贺诚说，你的报告写得很好，中央卫生部采取的检查工作方法很好，但这还是片面的，不能解决问题。只有这样做——上面提，更重要的自下而上的提出意见，才能搞透。第二次财政会议，也是采取这个方法，才解决了这个大问题。卫生工作的队伍很大，任务责任都很重大。全国五亿以上人口生老病死都管。几年来卫生工作成绩是很大的，这个要肯定，但我们的缺点也很多〈很〉大。主要是政治少了，马列主义，社会主义太少了，是不是技术多了呢，不是的，正因为政治少了，技术也没有管好。医药卫生中许多问题没有解决，党必须领导一切，党必须领导卫生工作。有人说：卫生部党员负责党员不懂技术，不能领导，这就是病根子。如果这样说是对的，朱总司令也就不能领导了。朱司令不能开飞机，打炮，总司令搞的很好，就是因为没有政治。这种思想其它部门也存在。军事服从政治领导，经长期斗争才解决了。任何专门东西党都要领导。如唱京戏，是专门东西，党也要领导，如梅先生唱得很好。戏中有丑净，旦中有青衣，与花旦，梅先生唱青衣，但他不能领全国的工作。如他坐在我的位子上不行，但我们可以领导他。靠什么领导，就是靠政治。领导工作就是政治工作，离开政治就谈不到领导。

过去卫生部部长间的分工，有政治行政的分工，这种分法是完全错误的。只有国民党分事务官与政治官。没有政治性，就是没有阶级性。凡是领导，都管政治工作与群众工作，卫生工作一定在党的领导下工作，绝不能离开党，形成独立的王国。毛问周总理：指示给政务院批的多不多，周说批的不多。毛说，人家想为独立王国，不想中央领导。毛说：贺诚同志苦干精神很好，但是必须把单干与盲干纠正。这就是忽视党的领导，自己苦干。没有发挥集体的作用。对上不请示，尊重领导，对下一定单干，不尊重下面的意见。单干作用只有把自己孤立起来，有人说贺诚个性很强，这不叫强，这叫做弱。凡是领导干部必须有与大家[的]耐心与人商量，必须善于讲道理，有很大的说服能力，这才能叫做真正的强。固执己见，独断断行，这叫做弱。党组开会要先做好还准备，让大家发言，医院卫生部门领导中有浓厚的ブル思想，表现在——不要党的领导，不要集体领导，不要政治工作，不要群众工作。这种思想，全国卫生工作人员中相当普遍。要着重加以批判。中央卫生部经过检查以后，已有所转变。但下面反映，信心不大。中央卫生部的缺点，贺诚同志要负主要责任，但也不能都套在他一个人身上，其它负责同志也要负一部分的责任，改正作风，首先要求中央卫生部负责干部要有信心与决心。毛问贺诚同志，贺表示有决心与信心，卫生部领导成分要加以调整。

贺诚报告后毛的指示：

① 中医问题——毛说：如果中国对世界上有大的贡献的话，我看中医也一样。我们应该把中医工作做好。要有全面正确的看法，中医是农业手工业的基础上发展起来的。手工业要用近代工业来代替。中医要改造。中医是伟大的民族遗产。必须以批判精神接受他。必须加以改造。接受他有用的合理的一面；批判他不合理的一面。如金木水火土等是不合理的。西医有许多东西是科学的如细菌学，科学是什么？——即系统的正确的知识，中医不系统，有些地方不正确，因而不能叫科学。毛说：应该选择合理的，积极因素，西医也有不正确部分，也有唯心说：将有〈来〉中国只有一个医，没有中西医之分，看不起看不见中医是错误的。同时把中医说的太好，都好也是错误的。西医必须打破宗派主义。

② 周总理：中医进修班各地可以试办，先在上海办，进修有很多困难，如找药材。

③ 少奇同志说：医院中对有些病可以请中医治，但必须进行研究，承认中

医中有许多作用，研究中药的效用。

④ 毛说：中西医，应改新旧医校为妥当。

治疗医院。

毛说：门诊问题没有解决，等于卫生工作没有做。有二个办法：第一基本办法——革命办法，即增加医院与医生。第二，用改良办法，改善管理制度，改进手续。严格执行责任制，分工应更加明确具体，发挥医生的力量，如北京医院经十三道手续改为三道手续，三长一短改为一长，先用第二办法。

工矿卫生问题。

高岗同志说：要进行地区负责制，但要经初步典型试验，摸出经验，向苏联学习。

习仲勋同志：（一）一年来卫生工作检查情况。

不要叫指示，对卫生部门提出几点意见，未经中央批准，只能算是个人意见，可以传达下去，但不能写文字东西。我们一年来接触实际很多——最多的一年。这次会议对全国说，是一个大扫除，过去扫除许多地方是漏掉了，找阳光、找仓库对卫生工作是很需要的。卫生工作没有政治前途，是没有阳光。检查工作开始大家不习惯这要经过斗争，最后能写出这个报告是不简单的。

新三反斗争没有打中要害，特是自下而上的批评少，方法先党内后党外，先领导机关后下面，好的办法开这样的会议，什么问题都可解决。

主席的指示是开好会议的基础。从思想政策上检查了工作，确定以后的方针任务，边检查边改正。肯定成绩，检查缺点。惩前毖后，不是追求责任，否则问题没有解决，对同志没有教育意义。做好卫生工作，还要提高全体同志的觉悟，加强政治工作。

（二）四年来卫生工作的估计。

四年来的卫生工作的成绩与缺点是作一个估计是必要的。今后发扬优点与纠正缺点是必要的。成绩是很大的，90％是好的对的，10％的缺点如不改造的，就会影响其成绩的巩固，配合抗美援朝等有大成绩，总的说来表现在——

第一，抗美援朝中消灭了危害细菌，恢复医疗组织。

第二，开展卫生运动，打击细菌战，发动群众改变共公〈公共〉卫生。

第三，医疗工作。

第四，大批培养了干部。

第五，少数民族地区深入进行卫生工作。

以上成绩是中国历史上所没有办到的事，主要由于各级党与政府的领导与全体干部与人民的努力结果。

严重缺点：

第一，不了解情况，对大问题也不了解，为医院，教育等都不了解。单凭主观愿望，这是普遍的缺点，另一方面是不研究政策与情况与方法，乱提口号，表现在各方面，如条例中等等。

第二，脱离实际，工作不深入，缺乏具体领导。任何部门必须有具体的领导制度。没有这个制度，做不好工作，布置许多工作，心中无数。据说，全〈床〉国有一万多张病床[实际上]没有床，而是空报，说明领导上的糊涂，无领导。有人批评卫生部只有数字领导，预算与经费数字。各局发了许多指示，部的负责同志也不知道。

第三，盲目的忙于事务，工作缺乏计划——日常事务是必须有的。但必须有计划与政治方向。没有方向要变为事务主义。但我们要提倡事务精神。二者要有区别。事务工作的结果不可能切实解决问题。样样工作做不好。工作必没有重点与中心。每个时期都要有中心。如果有许多工作，就没工作的中心。抓了许多是忙忙乱乱是非不明。例如二三月份应以传达与学习中央卫生会议决定为中心。

第四，工作中自满情绪，一切动作都是平行的。对一点工作成就就骄傲自满。表现在，碰了钉子就满不在乎，不接受教训，缺乏批判与自我批评。不接受群众的意见，满足于过去的经验，主客观的变化，采用老一套的办法。事情多是向前的。看昨天为了明天，不能保守，否则会犯错误。

第五，把卫生工作看为特殊的技术工作。但从领导上来看不能看为技术工作。什么叫做政治问题——关系到千家万人的问题。都是政治问题，怎能不提出报告，要领导上批准，不能单纯技术出发，不请示，不报告。

卫生部门缺乏具体领导，人人可以发号施令，分散主义很严重，内部闹分散，真正负责没有人，号召他要发，责任他不负责，这个日子不好过。

根据以上，卫生部分散，官僚主义是严重的。基本原因是缺少党的领导与监督。缺乏政治领导。在这种情况下便于ブル思想的发展，脑子是思想工厂，但没有原料。ブロ思想少一些，ブル思想就占领市场。任何领导工作都是做政治工作。卫生部门有错误的看法，认为必须懂得打针看病才能来工作。但会打针的不能领导好。毛主席说“业务部的问题是懂的业务干部太少了”，这并非不要政治。行政领导就是政治工作，问题在于更懂得马列主义。

有些人说：你不会打针不配当领导，这就是资产阶级思想，会议要整垮这些思想，要转变这个空气。

（三）今后任务。

① 工矿卫生工作应作为第一项任务，为工人及建设服务。

② 改善现有城市医疗的制度与潜力。适当发展门市部与医院，挤的现象不是因为医生少，问题在于没有很好的组织，要调整力量。

③ 继续开展爱国卫生运动与人民的生活，生产相结合。

④ 加强做好中医工作。全国大约有三十万人，要在团结前提下逐步改造。

一方面是思想政治上改造，一方面是学术上的提高。通过没有团结好，就去改造，就批评他。这是不对的。这是社会问题，又是群众问题，也是民族遗产问题。

⑤ 培养干部问题。

首先要办好大学，教育部与卫生部开一个会，加强政治教育。加强学生为人民服务的思想，提高在职干部的政治业务水平。这些人是起决定的作用。许多老干部要改行是错误的。有些要去当医学生，而不顾去做卫生行政工作。这都是不对的。今后老干部要在这方面去努力。团结全体卫生人员而努力。

⑥ 团结全体医务人员，特别是专门人才是一项重要任务。首先要在党内团结。才能团结党外人士，这是党的一项重要政策。凡是不利于团结的话不说，卫生工作团结是一个问题。马克思主义的基本问题是团结。共产党宣言就说过：“全世界无产者团结起来。”专家们说些自由主义的话，不要管他，只要他不是反革命，都要团结。专家都有一些毛病，不能如对党员一样要求，生活要照顾，参看列宁关于职工会任务的论文，斯大林十七次大会的总结。“尽一切可能吸引专家共同建设我们事业，不能立即改变其观点。只要他能自愿与服从合作。”

要尊重他们，向他们学习。

⑦ 整顿队伍。

防疫站，医疗队要好好整顿。为发展打下基础，整顿为了发展，有一些地方力量不够，成立有名无实的机关要取消，是办好县卫生院。

⑧ 办好妇幼工作。

过去有很大的成绩，但热心过度，少一些就好了，卫生过度要搞好群众工作，要有群众观点。

（四）严格统一领导，大力改变领导作风。

过去领导作风有毛病，结果是动机很好，结果不佳。思想作风如不加以改变，重大任务是担负不起来的。

（1）首先加强政治领导，过去卫生部的政治空气薄弱，基本原因正如毛所指示的，缺乏党的领导。离开了党的领导，就一定成为独立王国。成为大海中的孤舟，做不出任何事情。中央卫生部的某些干部错误地误[认]为是技术问题。请示中央也无办法，结果卫生部成为独立的王国。全国卫生部都要〈指〉请示党委。

（2）要贯彻集体领导的原则，个人的决定往往不正确。中央卫生部过去的错误就是单干的多。意见愈多愈好，开会就是为了听别人的意见，不是要人家来同意。现在有二种偏〈向〉——一是主要干部决定不大讨论，或者只是形式，不能充分争论；另一种是什么问题都放在会上讨论，变成事务主义。

（3）开展批评与自我批评，这是做好工作的动力。批评与自我批评即是打扫卫生，特别是别人的批判要尊重，尤其是下面的批评。领导人的气魄，就是能接收批评。有些人喜欢捧场，昏头昏脑。对颂扬要慎重，愈是关系熟的人，他的话愈要慎重。无意识的形成宗派主义的情绪。无意中形成亲疏之分。这一条很重要，在理论上是违反马列主义，其组织上会闹宗派主义。被开除而受处分的多是这一类人。这种意识很容易被敌人所利用。领导人的信用不在于亲疏的关系，与职位关系。主要是长期工作。在政策上思想性使下面同志能克服。治病要受苦。医好了要谢医生。政治病也是这样治法。其它任何态度是错的。

（4）卫生部门中把政治与技术问题弄清楚。<u>政治领导一切，一切为政治服务，政治领导技术，技术为政治服务，技术本身是没有政治性的，是单纯性的</u>。“单纯技术观点”的口号是不适当的。做好政治工作是做好卫生工作的关键。医疗事故是技术不够与政治责任不够，只有10％会别有用意的。

（5）提拔干部要有政策与标准，对全国干部要摸底。

（6）关于禁止向下乱发指示，要经常了解情况，具体领导，不要只看任务。要依靠群众的自觉自愿。检查工作还会有一个毛病——只看数字与任务，不看政策与作法。

（7）要会管家——管钱与干部，没有这个本事搞不好。

（8）必须加强学习，提高卫生工作人员的政治与技术水平。马列主义特别重要。学习总路线，苏联经验，科学技术要重视，要重视专家的建议。要主动的反映情况给苏联专家。要重视贯彻建议。学习苏联与专家要经过斗争过程，要进行教育与批评。要宣传苏联，中苏友谊等等。

（五）结束语。

团结起来为完成未完成的卫生工作而奋斗。卫生工作是男女老少生老病死的工作。哪里有人就有我们的工作。全国已有26万的医生。再加上三十万旧医。我们队伍相当强大。但是疾病敌人也是相当顽强，必须全体同志团结起来，为光荣而繁重的工作而奋斗！

（文件编号：E202(1)）

三八节演讲提纲[①]

1953 年 3 月 6 日

（一）纪念三八节的意义——国际劳动妇女求解放的力量检阅的一天。

① 在世界范围说——全世界妇女为了消灭人剥削人的制度而斗争，为实现世界和平而斗争，新民主（主）义国家 效法 CCCP（指苏联，下同，不另注）为国家的建设而努力，苏联妇女为建设社会主义而努力。

② 在中国今年特别重要的是贯彻婚姻法——实行婚姻制度的改革。

为了什么呢？——为了迎接大规模经济建设，不可缺少的一种社会改造运动。为了建设，发挥妇女对生产对工作的最高积极性。一定要先打破封建的压迫。为了家庭中婆媳、夫妇、子女、父母关系更好，和睦团结生产——这是一个人民内部的社会改革运动，旧思想的改造运动。

例如：惠安县的例子“回夫家运动”成功后，妇女积极生产，2 727 人参加互助组。

（二）关于婚姻法问题。

对婚姻法最不能解决的问题与误解的问题。

① 男女权利平等——认为是“妇女法”对保护妇女权利有误解。

② “男女婚姻自主”——有结婚与离婚自由，认为是“离婚法”——因为封建制度下妇女是“从一而终”、“好女不嫁二夫”。

③ 对婚姻由男女自主，恋爱方式看不惯，搞乱男女关系，封建习惯是“父母之命，媒妁之言”。不了解这愈是强迫与买卖婚姻愈是不会好，性乱关系更多，例如资产阶级家庭，美国社会上男女的性乱、离婚，如卓别林被骗。

为什么婚姻法（颁）布了二年还没有完全实行呢？

① 1950 年五月公布后，大运动接踵而来——抗美援朝，镇反，土改，三反，五反。

② 干部对婚姻法没有认真贯彻，官僚主义，与思想不通，有些干部自己也犯法，顾虑多——怕妨害中心工作，怕得罪人，怕弄乱问题，怕麻烦，有的认为

---

① 此次演讲地点在华东医院。

这是妇联的事。

什么是婚姻法？婚姻法的基本精神是什么？

(1) 废除包办买卖，强迫婚姻，实行男女婚姻自主——而是废除旧的，提倡新的制度。(第一、二条)

旧式婚姻法的类别——包办买卖(以布匹大米，大衣手表，金饰计算)，以金钱为主要追求目的，妇女当作商品买卖。

童养媳(如合肥市的习惯，生了第三个女孩不是溺弃，就做童养媳)。

早婚(小女婚)——劳动力的剥削。

等娘媳(有的等到死了还没有丈夫)。

重婚，纳妾，典妻，租妻，合妻。婢妾，牛马对待妇女。

禁止寡妇再嫁。

婚姻条件中虐待妇女是主要的——以上海市妇联调查材料为据，调解2 280件案件中(1949年九月到1951年三月)801件，(占)35%。

虐待的方法各有不同——殴打，咒骂，遗弃，折磨，歧视。

虐杀的方法——有挖眼，立笼，炮烙，吊打，勒死……最残酷的暴君办法。

几个问题：

① 青年男女结婚更不要征求父母同意？当然应当征求。

② 父母可不可以化(替)子女代为物色呢？如不同意可以不要(最大多数以金钱地位为主)。

③ 对婚姻法第十七条的问题。“男女双方自愿离婚的，准予离婚。男女一方坚决要求离婚的，经过人民政府和司法机构调解无效时，亦准予离婚。”

问题：

男子借口离婚，妇女生活无保障；男方怕妇女带有产去“人财两空”。

离婚主要调解“只有一方受虐待，或者双方感情十分恶劣才许离婚。”(第十七条)

妇女带产问题，由双方协议，共有财产在平等基础上分配。(第七章)

(2) 第二，实行一夫一妻，男女权利平等的婚姻制度。

废止重婚，纳妾——使家庭中和睦，禁止遗弃。

什么是权利平等？——第三章夫妻间的权利和义务，妇女在家庭中有经济地位，社会生活上的平等地位。参看第三章。

(3) 实行保护妇女与子女合法利益的制度——父母对子女有抚养教育之责，子女有赡养妇女之责。禁止溺婴，非婚生子，不能歧视与虐待，不得虐待子女等。(第 9 章)离婚后父母对子女有抚养的责任。

(4) 禁止重婚，纳妾，童养媳，干涉寡妇再嫁，索取礼金。

问题：① 过去强迫结婚的怎(么)办？主要是帮助改进问题，十分恶劣允许离婚。

② 过去重婚，纳妾，收留的童养媳等怎么办？主要看女方是否要求离婚。

③ 革命军人家属的离婚问题——要慎重，要教育。

实行婚姻法的好处。

(1) 打破妇女封建束缚，对国家的贡献很大，对男子也好，使他们可以有自由择偶的权利。对父母子女的权力，都有了保障，对每一个家庭幸福有极大的帮助。

(2) 对国民的健康有很大好处——禁止早婚，堕胎，溺婴。

(3) 对劳动人民的婚姻灭除了困难。

(文件编号：E211)

华东妇联甲组学习马林可夫报告集体心得[①]

1953年4月3日

我们甲组学习纪林可夫报告看重第三部份“党”;其中所提到的,特别是工作缺点,与我们那个时期机关党组织中所存在的问题,有若干类似,一经学习、推敲参考毛选,根据实事,认识一致,是非明确,团结加强,我们共同心得是:

一、认识了党的队伍统一必要。要达到这一目的,首先要十分重视思想领导;而加强思想领导的主要武器,就是批评与自我批评,有组织的领导自下而上的批评。

回顾当时我们机关党支部的情况,三反,整党中没有解决的问题,是支部领导软弱无力,是非不明,思想混乱,互团结,牢骚不安,功效极低。通过学习,展开了广泛的批评与自我批评,解决了甲组二位同志无原则纠纷,特别批判揭发了以某某同志为主的争地位,争待遇,不择手段进行攻击的行为,弄明是非,教育大家,团结统一气氛占了上风,机关空气为骤变,因此,我们特别深刻体味到:“只有每一个提出健康的批评的人能够确实知道,他可以得到我们组织的支持,确实知道他所指出的缺点,会真正予以消除的时候,自下而上的批评才能展开和扩大。”这句话的深刻意义。

二、通过理论学习根据机关“实际”,又重温一次刘少奇同志的“论共产党员的修养”“论党内斗争”与毛主席“关于纠正党内的错误思想”巨作,这一步了解批评与自我批评应当采取什么态度与方法;如何区别无原则纠纷与正当的原则斗争。

无原则纠纷与原则斗争问题。

正如少奇同志所说,我们体验是:

无原则的纠纷往往是从站在个人利益提出问题来和其他同志斗争,例如评级问题,个别同志不择手段进行挑拨,当面不说,背后乱说,不负责任的批评,乱广播乱说话,或者借口原则问题去报复其他同志,如说干部政策有问题,

---

① 此文系陈修良起草稿件。

不民主，而有些同志特别注意是某某人与某某人争吵，而不注意他们的争论实质，采取袖手旁观，不闻不问的错误态度。

我们从事实中理解，党内斗争是不同思想不同原则的斗争，解决这些问题，首先要求弄清事情，站稳立场，不是人云亦云，而是思想原则上划分界限。

毛主席对批评的方法，教导我们："说话要有证据，批评注意政治"，对于我们这级的机关成份特别显出重要。"注意政治"，这是说不要为着一言一语的小事争论不休，伤感备至，夸大其事，这行批评，使人手足无措"说话要有根据"，就是不要让小广播，多疑猜忌，小心眼儿对待同志，非组织的批评正是妇女机关不团结，关问题的普遍现象。

这些纠纷与问题的由来，是个人主义，亦即是资产阶级、小农民、小商民等旧思想在党内作怪，肃清这些思想不是一朝一夕的事，因而也更想到机关党思想领导的重要，不经常锻炼我们共产主义者的思想，我们将不能进行对全区的领导工作。马林可夫说："低估思想工作的重要性很大程度上是我们一部份领导干部没有努力提高自己的觉悟，充实马列主义的知识和吸收党的历史经验的结果，而没有这一点，就不可能成为真正的成熟的领导者。"

我们深深感到要自拔于事务主义的泥坑，否则终有一天要被现实生活所抛弃。经这一自觉起"资格论"想依靠过去功劳上面生活的思想自然不攻自破。对马列主义理论学习要求大家都提高了。但对妇女干部来说，特别要提防"自卑"心理，学习理论是一条艰苦的道路，锻炼毅力，培养勇气，这对于目前感觉空虚的时候是一服镇神剂。

三、从黄逸峰事件，从检查我们自己的工作起，体验官僚主义危害无穷。

首先是对下情很不了解，随便向下要东西，乱发统计表，甚至要求统计一九五三年乡可能生育孩子的数字，又如去年九月间提出分包干，保证不准因婚姻虐待死人，诸如此类的事情，虽然也是根据垂直系统的要求而来，也足证我们自己做事的无头无脑。

其次，工作无计划、无头绪的忙乱，向下发指示通知，都不是什么心中有数，步步打算，而是"等因奉此"，承上启下，照转完事；下去检查，不是领导掌握，有目的的有计划地去进行，而是"应付配合"，没有结果。

再就是对上级指示与通报，很多领导干部不大注意，机要秘书催看电报，有些人可以一搁再搁，对党刊党报重要指示研究心得很不多，机关政治空气不浓,日常所谈对个人琐事颇有兴趣,这又怎样能创造性地发展一切先进东西呢!

干部闹情绪、发牢骚没有人管,支部工作若有若无,行政领导干部忙于内外会议,上下通气,工作效率不高,有些人庸俗自安,满不在乎,不是觉得"样样都好",实在是"得过且过",这种病态除领导上的官僚主义外,岂能厚责下级干部。

医〈除〉治这个官僚主义的毛病,我们觉得只有发挥大家的积极性,即彻底实行党内民主。从我们最近整编机关,处理个别同志的错误问题,检查官僚主义等工作中,党内民主正在开始发扬,今后能否顺利加强机关工作,决定于我们积极学习马列主义,改进工作方法,团结一致,纠正各种缺点。

(文件编号:S09)

妇女座谈会内容

1953 年 4 月 29 日

(1) 初步检查妇女会议后工作。

着重婚姻法运动

(2) 各级妇联编制经费问题。

(3) 大区编制,机构任务及工作报告制度。

(4) 各级妇联干部管理制度。

(5) 组织登记错案工作中问题。

福建,浙江代表

要求解决的几个问题:

(一) 实现各级党委统一领导原则,同时发挥妇联组织作用问题不够明确。例如贯彻婚姻法运动,党委统一领导,妇联在这个运动应作什么具体工作,党委没有指示,各级妇联有些无所适从。

(二) 大行政区妇联工作任务没有减少,编制缩的还小,发生困难。

编制五十人,干部共计二十九人,患病怀孕者经常占三分之一左右。配合个方面工作,下乡,参加联合办公室,参加各种会议,慰劳,经常不去机关办公者每月所占的数字均很大。

以本月份妇儿福利组为例,该组编制七人,缺额一人,二人生孩子,二人参加华东婚姻法办公室,一人兼办群众来信,组长也身怀六甲,勉强工作,研究业务根本谈不上。

其余各部门情况也大致类似。我们意见请求中央酌量增加编制实有必要。

(三) 全国妇联对大行政区妇联交代工作任务上下级分工不明确。

对各省市的任务布置,督促检查,掌握典型等工作上具体分工应当明确。

(四) 大行政区与各省市妇联组织形式极不一致,应当求得上下级大致相同,以便工作。

现在情况是各地极不统一,有的省妇联仍有组宣二部,有的省已完全取消了各部门，成立一个办公室，有的省只有城市农村二部门，上下级各不一致，造成领导上有难以统一的困难。例如全国妇联有干部处，华东妇联与各市妇联没有这个机构，要想统一研究干部问题有实际困难。

（五）妇女工作战线很长，各级领导干部要有相当全面工作的经验，才能应付，各级党委组织部门是否还有这样现象，应当检查：

“各地党的组织部门较普遍地存在着把病弱，孩子多的干部家属等分配给妇联，但在妇联的有能力的工作干部，常常调走了，也不打招呼。”（见中央妇委报告）

（六）城市里弄街道工作较为混乱，建议党委应即召开有关部门的会议研究一次里弄工作的任务与统一领导问题。

（七）女青年会内部党组织归谁领导问题。

最近中央关于青年会工作指示决定“女青年会主要是做家庭妇女和中上层知识妇女工作，与妇联工作关系较多，建议今后由妇联领导。”“男女青年会中的秘密党员除保留个别的领导骨干外，应交由党委宗教部门管理。”

我们认为党的组织与群众工作分别管理将有一定困难，妇联与党委宗教部门及其中的党组织，为何发生组织建设，还应有较具体的规定。

（八）妇联事业费开支范围，请求明确规定。

发言提纲

1953 年 4 月 29 日

一、今后为何布置工作问题。

（1）讨论开始走了歪路。

不知道什么是排队，只讲最近一个时期的工作任务，各省市多一样，如婚姻法整顿妇代，大选，① 不知道党委计划，任务计划与排队混淆。② 农村对象单纯，只能安排任务，中央农村工作会议决定不知道有些困难。

后来着重讨论饶政委报告的主要精神，求得认识一致，因全省妇联在任情况不够清楚，具体排队回去后进行汇报。华东妇联、省按层下去具体排队层层汇报。

（2）我们讨论了什么问题？

（A）为何排队要有几个标准。

① 根据群众数量多少进行排队，数量占多数的先排，如农村妇女多的就排在第一位。

② 根据工作需要妇女群众的组织情况排，即无组织的妇女要先排，为家庭妇女、手工业妇女等。

布置应注意：已有组织而又有人管的可不挤进去，但如管得后不好的仍要协助。

① 根据主观力量多少，力量不足的不排，或者后排。

② 工作对象确定后，再根据当时当地党委的工作布置，着重地配合工作，如上海以家庭妇女为主要对象，即着重生产劳动就业问题。

(B) 典型问题：

自报公议立即确定有困难，要回去后向全国妇联汇报，因为典型问题要慎重，要与大家商议，大区与各省为要一半干部下去搞有困难，因为编制不足，估计数少一半人。

创造典型我们一直认为非常重要，因为：① 解决问题，推动工作。② 领导上心中有数。③ 教育干部。要做好典型应注意的问题：

(1) 工作经验不论大小都要收集起来，不希望要全面的，全套的，积少减多，行行都要。但省妇联应掌握一个乡，市妇联应掌握一个里弄，重视工属工作，上海市区成[立]女工科。

(2) 应根据群众现有的经验加以整理与提倡，不是代替包办，但对典型必须领导人亲自掌握。

(3) 要提倡写东西。

(C) 三个区级运用问题。

大行政区问题：

(1) 任务没有减少，编制缩小后有困难。

(2) 大行政区的任务不明确，全国妇联应有经常的指示。

(3) 大行政区与各省市的组织形式极不一致，检查工作有困难，希望全国妇联做出一个原则上的规定。

① 要求明确任务，如总结经验、检查什么，试点与检查一同进行。

② 编制少，任务没有减少，有矛盾。

省妇联对大区的意见。

(1) 会后多研究典型经验,交流各地经验。

(2) 抽查工作。

(3) 选择好的经验等通报。

专区妇联问题:

(1) 专区了解省妇联意图,帮助检查工作,作为工作队来用,如山东与安徽。

(2) 路途远的,新老区情况不同,有些地区仍要作为一级使用。

区妇联问题:

① 搞个别乡的重点。

② 培养不脱离生产的干部。

③ 经常召开乡妇代会主任会议,贯彻中心工作,为贯彻婚姻法起了作用。

④ 协助区委推动工作。

要做得好,主要是有干部才行。因为区只有一人或二人的编制(浙江只一个人)如不为整个工作失了建设,区的问题很大。

二个报告讨论——基本上都同意。

① 妇女工作问题明确了,没有争论,修改一些句子。

② 如何督促工会进行女工工作,还有许多具体困难要解决,否则不容易进行。如上海条条块块问题,浙江省工会有四个女干部,根本轻视妇女工作。

③ 农村互助合作运动妇女工作的冒进倾向,认为华东这一问题也很严重,今后必须克服妇女干部的错误思想,如办托儿所,保育员的工资要社中出,结果垮了台,吕鸿宾合作社规定休息期与红糖发,一般的均有鸡蛋与糖。

④ 妇女工作二者的二个条件——博与专的问题。

许多同志不要对一般妇女干部提出,怕要思想混乱,只能对领导干部提出要求。

(文件编号:E210)

汤德明传达财经教学会议内容

1953 年 5 月 19 日

(1) 方针任务。

(2) 专业编制。

(3) 教学计划。

(4) 招生任务。

一、缺点：学习苏联经验是形式的，批判ブル思想很不够，学生不能分配工作。说教师思想很好，根据马列主义教学，说后很过份。要教材，但不问教师的质量，以为教学改革只是教材问题。上海财院，不服从分配的学生占53%，助教到人大去学习的很少。

二、目前存在的主要问题。

(一) 口径不对，培养干部数量与要求不合。招生比例只有 2.6%，工业46%。原因是：① 过去底子薄；② 投考工业的多；③ 经验不多，专业设置不合理。

(二) 质量问题。毕业生质量差，分配难，如学会计的要转业。今后要强调合格，特别是政治质量。劳动水平不结合实际情况。

(三) 学生来源不旺，学财经的不多。从调训干部解决之。部队转业的有党员一万八千人，共计九万人。

三、今后方针任务。

教育方针——具有一定的马列主义、业务知识的干部。

教学改革方针——学习苏联经验，结合中国的情况，根据十六字的方针准备发展，目前一般的不发展。

做好下面的工作：

(一) 对准口径。(二) 增加工农成份。轮训在职干部，办好工农速成中学，只想培养青年不对，工农干部文化低，认为难教，是资产阶级观点。

但不要留下一个影响：不要学生，只要工农干部，90%是调训干部。

政治教学会[议]：

① 方针任务,培养目标。

② 教学计划,修学年项。

③ 招生计划,师资培养。

彭真意见:

(一) 依靠谁?笼统地说依靠全体教师是不对的,主要依靠老干部,培养新教师,适当的照顾老教师。教师有二类。一是工科的,二是为 KMT 培养阶级斗争的工员,内分为三类:① 公安局对象;② 中间;③ 进步的少数。政法有遗产还有遗毒。先谈分〈粉〉碎,再谈批评。教材要加以审查,要言有物。要经过思想批评。对知识分子政策的执行要有其特点。

(二) 旧的政治法的特点与看法:法律是国家意识形态最集中的表现,保护一定统治阶级的工具。国家的性质[法律]改变与国家性质改变份不开。带有政策性与阶级性,旧法是完成反动的。旧法律应当研究作为斗争工具,也有可以吸收一些资料。如"民法刑法"名词。

对政治教师的看法,要把反动的政法教员要彻底批判,对一般的政法教师要改造,与其它科学家性质相同。但也有不同,思想要有局限性。过去很难站在人民利益上面来。所以原有法律教师,反动的多,但目前有进步。问题要问有无马列主义的观点。多学一些旧法律是好的。

(三) 对学习苏联经验的看法:

① 学习苏联先进经验。② 中国现有的政法科学与中国情况。

如颁布的许多命令与决议都是法律,这些是过渡的法律。中国有没有政治科学?应该说是有,但系统不完整。

(四) 培养对象。

短期与长期培养相结合。本科要招一万人,在职干部五六百名,复旦法律系定为四年制。

(五) 华东政法学院问题。

① 短期训练班由政法委员会管,本科归高教部,过去训练班没有提到学习苏联经验。

② 学校师资少,特别是专业科〈课〉。

③ 基本建设问题。

(六) 复旦法律系。

① 师资问题。

② 教研室主任缺人。

③ 老课教师问题。

(七) 人民大学经验。

教务部,研究部,函授部。

对象六种。

九个系,十一个专修科,四十四个教研室,专家 21 人,团员 80%。六个系属于财经、政法二系、俄文系,干部培养五千余人。教师一千余人。出版[物]1 400多种。多数是译的:

(1) 人大特点,办学精神。

① 重视马列主义教学,政治科占着重要地位,占 20%,一切以此为标准。

② 培养工农学生很坚决,占 70%以上。

③ 教材,要先研究苏联教材,自然科学也如此。

④ 一切制度以教学为中心,纪律好,教师迟到要处罚。

⑤ 组织科学研究。

⑥ 教研室工作很重视。

① 要有计划。

② 生产实验与课堂讨论。

③ 专业与基本课程都重视。

俄文不成为必修课。

目标明确——

科学研究工作——

教研室工作——

体会:① 系统学习苏联经验。② 思想领导很重要,老干部不愿学习全面东西,经验主义保守主义很危险,另外是教条主义领导。③ 加强党的保证作用。④ 培养师资。

问题:

1) 改造团结,如复旦。

2) 教师理论学习。

3）……[①]

少奇同志：

工农速成中学不要大发展。

① 高中初中工农成分已很多，再过几年比重更大。

② 补习班很多，在职干部可以投考大学。

凌彦补充：

财经学院会议——财经工作的重要性，中央很强调，不能再如过去这样，学生政治质量要重视。专业内容不能适应工作要求。

习部长[意见]：

所谓领导：① 思想领导；② 集体领导——指要集中群众的智慧；③ 具体领导。

具体领导——① 认识；② 政策；③ 方法。

苏联专家的意见：

1）教师不足——我看是发挥潜力不够。5.3∶1与苏联是12∶1或15∶1，相差一倍，原因——工作时间少，教师每天工作一小时，其次是助教过多，有害多。大部分上小班，苏联是教大班。

办法：① 助教分类解决。② 教师工作的规定。③ 要有额外补助，如兼行政工作。④ 上大课。

2）教研组工作没有注意。

3）基本建设——仪器很少，房子打算太过，如工厂太大。

4）科学研究工作不开展。

5）译教材有浪费，同样的书同时译。

6）太不干净。

中宣部的意见：

---

① 原文缺。

夜大学问题：主要看条件。

复旦执行政策问题。

注：五月廿日

检查工作要学校去做，但光靠他去做肯定做不好，帮助是包含干涉与〈监〉督促他，不能完全按他的计划去做。不断的要向我们汇报。一定情况下要找其开会。名义上不用检查组，外松内紧。原则上不能让步。

首先开始抓计划，行政任务不要妨碍他。

组织力量问题——3—5 人，但至少有一个人要能解决问题。

（文件编号：E202(1)）

刘人寿关于上海大选问题的汇报

1953 年 5 月 22 日

试点到六月底以后才完成，六个点，初步调查。

人口登记意见不一致。

1. 划选区问题——以地区为主，各界共同选举，选同一候选名单。

居住与工作地点问题——无固定工作地点者以居住地为主，最困难的是地点与工作地点不同，估计有一百万人，一律回选区有困难。

2. 无党组织地区——派党员干部去。

3. 经费——市区基层无经费，郊区乡有经费。人口集中，礼堂有困难，举手选举有问题。

4. 区选委。

试点：

共三万多人，黄浦区一个点(总厂大楼)，3 395 人口，住户 295。

问题：(1) 选区至少每一个区下面分，30—60 个选区，但干部力量少，自工厂学校中抽出，每一选区成立一个临时工作委员会(5 000—10 000 人为选区)，内部名义，缺乏对外公关名义。区多问题如何解决——临时工作多是中统一。

(2) 结合各项工作问题。

新三反如何结合，整理基层有困难，因为要撤销一〈片〉批人，混为一谈有困难，选举时不能搞得普遍，突出的坏与好的要揭发，突出的事要揭发，重点的进行。

(3) 人口调查与选民登记问题。

内外，每月流动一百二十万人，搬家的十万人。

选区——五千到一万，选民 3 000 人到 7 000 人。

日间人口与夜间人口不同，黄浦日间廿万人，夜间十万人。

上海——选区下成立分选区，合选代表一人，好处分开会，可以发动更多人参加，各界容易参加。

具体照顾没有行政区的划法。

学校工厂直接选代表，但标准难划。

区是不是要有部队代表。

代表比例问题——民主人士。

（文件编号：E192）

上海市大选典型区汇报

1953年5月25日

市区四个典型

(1) 棚户区(闸北);(2) 徐汇区;(3) 黄浦区;(4) 普陀区。

普陀区:

工厂如何带动地区

妇女思想情况——

不懂得大选是实行平等,把一般运动看为一样,一提名字就把手[举],充分发挥民主不懂得。

整个选民女的二千人,绝大部分是女工(1 998人),廿三个工厂二个妇[联],男人1 624人,总人口4 000余人。

思想

(1) 候选人提出来是不是民主?

(2) 又是特别照顾了妇女,男人不满。

(3) 劳保16岁开始,选[举]权18岁开始大〈有〉意见。

(4) 普选与经济建设有什么关系,搞不通。

(5) 农村八十万选一个人,农村十万人选一个是不是影响工农联盟。

(6) 为什么要普选,是有讲大道理。

(7) 女工觉得不识字,自卑心理。

闸北区:

(1) 妇女怕当选,怕忙得很——干部有的情绪。

(2) 妇女代表愿参加文化学习,不愿工作——要求办识字班。

(3) 年龄要扣少,生育如何办。

(4) 小儿生下来报户口,怕养不活。

(5) 调查人口对选举关系不懂得,主要是不了解民主专政。

徐汇区:

(1) 上级提名觉得不民主——干部思想。

(2) 地主与资产阶级都是剥削者，为什么地主没有选举权。

(3) 选举代表什么关系不了解。

(4) 妇女代表主要要求票选，举手有些被动，不好意思。

(5) 没有补充候选人觉得不好。

(6) 怕当积极分子，文化学习有兴趣，劳动就业登记中许多积极分子没有登记不满。

五多问题很严重，最近有六一，防疫管制分子，大选学习等等。

问题：

(1) 选举意义与目的群众很不懂，妇女特别不懂，背来听。

(2) 大选时期妇女出家有困难。

(3) 迷信问题——龙虎生肖，妇女怕家庭，年龄问题普遍有问题，手续有麻烦。

要求：

(1) 妇女有什么问题，可达到百分之几？

(2) 有什么特殊问题？

(3) 宣传内容。

（文件编号：E192）

反官僚主义支部汇报

1953 年 5 月 25 日

汤若瑜：

未听汇报以前的思想，过去大家认为：

(1) 新三反就是加强民主生活。

(2) 对新三反表示警示，又要“三反”。

(3) 新三反是反领导的，与我无关，有认为是反违法乱纪的。

现在的认识：比较通了，但不详细。

本机关官僚主义表现：

(1) 主要是事务忙乱，原因——预见少，计划性差，有许多工作如放马后炮，如婚姻法总结工作，要专区总结，该专区答复一切以救灾为中心，不能总结，再如材料放着不看。

(2) 工作布置与原则，交代不清楚，最近好一些。如过去下去以后既不汇报，也不交代任务，如陈亚英下去后，没有交代，不及时。

(3) 核心领导差，作用起得不够。

(4) 高高在上，对下情不了解，满足于机关事务工作，每天批阅文件不及时指导，如各地灾情十分严重，来了报告，看了以后不重视，领导上只重视文字摘录工作，对上级指示研究很差，不看电报。

(5) 对领导上不提意见，只会背后批评。秘书长忙于事务，不能作主任的助手。

如何改进?

1. 领导上要研究上级指示，避免事务被动。

2. 布置工作要具体——如陈亚英派到松江是不起作用的，可以抽调一些人去。

3. 干部的使用要注意，大肚子看家。

楼下小组情况：卜裕

发包干费小单据，印发票秘书长签字，科长批就够了。忙在内部事，对外事情不大管。

要求订出制度。

领导上考虑要成熟，如去北京开会运车厢问题，临时要人去卖〈买〉票，使大家不敢大胆做。

1. 平湖县只有五个乡妇代会起作用，要求普遍整顿妇代会，要求太高。

2. ……①

反官僚主义具体事实检查

（一）三八节（1952 年）通知

（1）发到农村（专区），原则上要农村三反五反，使下面混乱。

（2）保证不死人。

（3）批发制度混乱，打发没有领导人签发。

（二）于学琴婚姻自主，小册子

（1）找典型错了——女方十七岁结婚，订婚手续。

（2）人民出刊社不同意，私人厂去印。

（3）印的经费是儿童福利基金，拖一年才还清（八百多万）。

（4）印了一万，新华书店代卖。

（5）审查工作没有经过宣传部，王花雷一人经办。

（三）组织会议

（1）通知上要求普遍整顿妇代会。补充通知要求十月底前拿回统计。

（2）内容：

整顿方法步骤不明确。要求高（普遍整顿），老年妇女代表多是婚姻法的障碍，提法不对。要求全整顿，妇代会太急。选举法与组织形式混淆不清，下级了解为转变组织形式。

（3）备案问题。催办全国妇联，组织登记表。

（4）群众来函。

（5）机关作风——被动的配合，下去无目的。

（6）福利工作会议。

---

① 原文缺。

没有很好准备,目的是什么?

任务——主要是贯彻中央卫生会议的“数字”。

被急躁冒进思想所支配,任务观点,盲目数字分配,选择典型不慎重,不起作用,心中无数,形式主义,上海萧山经验,事先都没有研究,也未审查,上海报告卫生部干部不满,卫生局的成绩变成妇联的成绩。

要求太高——训育员要求高,“超额完成”毫无根据,如按此方法都要“超额”,会议没有讨论,命令主义。

农忙与训练有矛盾,下面提出意见不注意(座谈会发表)。

“自发的交流经验,盲目的布置任务。”

原因:(1) 领导上不够重视,对代表意见没有研究;(2) 没有交待方法、步骤。

影响:(1) 各地一般的要求,大力地普遍地限期的训练,辅导员,要完成办托儿所任务,一般的都是要求高。

(2) 造成五多之一与中心任务矛盾。

(文件编号:E192)

华东局文委新三反情况

1953 年 5 月 29 日

陈其五：

五个省检查工作，大体摸清。

对下任务太大，机关本身文牍主义的检查。[从]公文、人民来信着手。二月末发了一万多件公文，开一个会请人也发公文。高等教育局未归档的公文有一万九千多件，密码寄出去，复信归了档。

陈译〈毅〉报告有些单位由秘书去传达，党组书记有的不去听，听了传达更加糊涂，对党的方针不了解，附属单位情况更坏。托儿所里的保育院如自带了自己的孩子来，分配工作不服从，学校里党团员被看为官僚主义份子。

大多数单位是松动，领导上不够重视，党组会议无故不到。派代表参加党组会议，对中央指示学习不够，领导同志缺少自我批评的精神，支部没有配合。

卫生局：阎毅

开始时采取"三反"办法，对中央指示不明确，领导上被动，群众急躁，怕人家写匿名信，领导人很恐怖，思想组织领导很薄弱。党员干部不团结，无原则纠纷，因此要延长准备时间。

陈译〈毅〉报告后工作停止，不知适从，目前党内外思想已成熟，群众说这次三反"和风细雨"。

领导干部准备检查报告，以重点事实启发大家——爱国卫生运动、吸血病防治运动、康福园。

新的官僚主义——工作无计划，忙乱被动。每天有一百三十件公文，但每天只能办三十件，现已较快。

领导核心没有形成。

五、领导问题

工作队要善于发动原有组织，保证作好选举工作。

（文件编号：E192）

路凯关于淞江县大选试点的汇报

1953 年 6 月 1 日

(1) 地委打算，六月到十月结束乡选，十一月开代表会议。

以生产为中心结合大选，“生产大选两不误”方法，典型试验，地委先走一步，直接三个乡，各县至少一个典，五十个区各有一个典，大致六月开始，八月局部展开，城镇由工委掌握。

大选办公室，抽调干部，集中在县训练，每一个乡有二个外来干部当主席，要求是区以上干部需 1 200 个干部。

全县 3 000 多党员，一贯道五万多人，天主教五万人，反革命分子多，落后乡 10%—15%，反革命分子很多，强迫命令已减少，新的办法没有。

(2) 大选步骤(乡)目的，洞泾乡。

第一，要知道什么，第二具体步骤，指导思想明确。

(1) 搞好生产是搞好大选的关键，因为群众对大选无兴趣。

(2) 达到教育干部加强群众关系，乡干部顾虑很多，乡干九十九人，第一类 26 人，能力弱，有思想毛病，当过伪官的 46 人，挂名不干的 26 人，第二类是异己份子，其中妇女干部 25 人。

(3) 划清敌我界线。

(4) 充分发动群众目的。

步骤：

(1) 进行宣传，建立选委，成立人民法庭，划分选区，了解全乡组织状况。建立选委，吸收妇女干部。干部排队(十天左右)

(2) 人口登记，划清选民资格(约十天时间)，划清敌我关系，划分选民小组。

(3) 提出候选人，审查，结合新三反，充分发扬民主，进行干部与群众的政策教育，约廿天——廿五日。

(4) 成立乡政府，结合建党或整顿妇代会。

问题：

(1) 第一步太草率，因为插秧太忙。

(2) 对干部的教育不够，有顾虑，思想问题没有解决。

(3) 妇女工作可以插进什么？

五个要求问题：

(1) 80%是否可以提，值得考虑，20%的底要摸一下，大部分妇女选民没有受到教育。

(2) 宣传男女平等有可能。

(3) 乡代表名额占15%—20%问题，一般可以提。

(4) 提法“提高妇女”，在第四阶段可以结合整顿。

(5) 检查区里妇女的行为——值得考虑。

(1) 如何贯彻要求，请示华东局由上而下的贯彻。

(2) 我们提出什么要求。

(3) 通过办公室提出意见。

(1) 如何发动妇女，思想情况，宣传教育工作，解决困难。

(2) 妇代会的系统工作如何发挥。

(3) 大选中可以插入什么妇女工作，要求有一个初步结论，如整顿妇代会在什么时候插进去。

（文件编号：E192）

丁文关于徐汇区大选试点汇报

1953年6月初

一个居民委员会——四百多户，共分四段，尚无计划，干部训练已结束。过去妇代会没有作用，没有单独布置过工作，去年十一月改选了妇代会，方法不好，由领导上指定，代表与群众均不满。干部间不团结，积极分子多被检查。

干部思想，要求学习与就业，要求托儿所，四大天主教徒首领。妇女参加天主教的很多，每天要有二次讲道理，“背朝着听报告”。

78户，四百多人，不愿出来的。

(1) 小工商户家庭的妇女，说一切是工人有便宜，工商业无利益。

(2) 过去工作很多，没有就业而灰心的，要求学习的。

(3) 家务多的，贫苦的家庭。

选民——有三人

困难问题：(1) 没有学习，情况不了解。(2) 市妇联没有人去。(3) 名议〈义〉是什么？

（文件编号：E192）

刘季平关于普选试点汇报

1953 年 6 月 2 日

准备工作已廿八天，即可展开工作，有些问题要明确。

一、要有几个步骤，大致要有七步：

第一，初步宣传动员。

第二，人口登记，选民登记(是否是一步要考虑)。

(初榜)第三，出选民第一榜，公布有选举权的人员。

第四，出选民第二榜，分出在外与在家的，没有选举权的分出来，补正榜，暂时不选小组长，指定临时负责人，大致分清选民，无选举权者依靠群众力量分清，展开讨论。到最后选出小组长。

第五步，候选人的协商讨论，提出名单。各党派各人民团体联合提出名单。另一方式是：单独提出。充分发扬民主，要达到共同名单，要做许多工作。

第六步——公布正式的候选名单草案，发选民证，再进一步的动员。

第七步，分别召开选民大会，进行集中选举。

二、如何充分发扬群众，而又不过分麻烦群众。

从头到尾去发动群众，目的是：

(1) 发动选民参加选举，代表票数要超过半数，选民要有 80%以上的人民参加，典型要求达 90%—100%。

(2) 发动群众当家作主，说明为什么要普选。选民资格问题——第一步宣传部不谈这个问题，简单的介绍四条主要谈平等，自主，特别不要举人名作例。

第二步，宣传中要强调选举权问题，划清界限，只谈政策，不谈具体人名。

第三步，出选民榜时，要把他看为发动群众的机会，但不要开会。一般酝酿，重点的讨论。

第四步，要经过讨论，请大家注意，推选小组长，要开一次会。

第五步，宣传内容更丰富，使群众理解政策更具体化，翻覆〈反复〉使群众弄清楚。

第六步，公布候选，发动群众积极参加选举。

每一步方式方法不同，但要求一步比一步的高。

三、发动群众与具体事实结合问题。

不要只谈大而空的大道理，要结合群众的体会。

机关都有任务下去，不要结合太多，如游民登记，病人登记，群众也有百废待兴的思想，如就业要求，不可能在选举中解决，有些问题要弄清，如人口，社会情况，有无选举权等。

结论

(1) 具体问题可以结合的结合，但不能作为普选中的一个计划。也不能认为与我们无关，就业问题不能解决。

(2) 干部问题，三反相结合问题。不能每个干部都要审查，只能发现好干部与最坏的干部，在干部与群众进行宣传，不是所有干部交群众审查。

四、准备工作的答案。

宣传动员要准备什么？人口登记的准备。宣传员要宣传什么？

（文件编号：E192）

谭政委皖行情况报告

1953 年 6 月 3 日

（一）治淮问题（会议）

1. 三年来治淮总结，解决谁是谁非。

2. 治淮的认识——方针问题。

治淮的基本情况：五万亿用在干线，每年需 85 亿斤，一千万人，三年时间，洪泽湖运河破堤危险已免除，苏北要有灌溉工程。

过去把治淮治淮治淮看为简单，用了许多人力，因而影响了农业生产，有许多土地抛种，劳动力动力到 10%—13%，春耕时治淮均最紧张，因用人多，工资极低，等于多收公粮，达到 50%—150%，负担比富裕地区加重（工蓬，工具，饭）。"急于求成"是主要一条经验，只治干流，不治枝〈支〉流，领导上不注意。

第一五年主要是治害，轻重要分清。第二五年计划治旱，第三五年社会主义治淮工程与农业计划要一致，成为国家计划的一部分。

分五段修理，颍河，■■河（河南境）；第三块，桐柏山；第四块，皖北十余条支流；第五块，苏北。此外还决定一些问题：

（1）劳动与工资——要提高到八千元，还要能养活一个全劳动力。

（2）阜阳设后勤机站，有牛老车，要用机器。

（3）人力工料很大的浪费。

（二）灾区情况　朱则民

宝应、宿县，淮安、淮阴，五个专区。

麦子收成估计，能收五成到七成，淮安某乡有对成收，县级干部估计低。

救灾情况——淮安 9.7%要救，宝应十五万灾民，苏北比较正确。领导机关忙于救灾，对生产问题不注意，一个村只领了救济粮买东西，懒汉思想作怪，勤劳勤干给政府，一半，不苦不去，政府填一半。"一天一交，公粮不要"（苏北）

泗县民谣。对联一付：二流懒汉一家人，吃穿政府送上门。横批："全靠救济"。"三年二不收，人愁我不愁，一天一转上流沟"。一个女流子说：她还说"乡老头不用愁，没吃找毛老头"；"五六月我不苦，十冬腊月找政府"；"叫我干我不干，没有吃找乡干"；"会苦会干吃稀饭，懒汉二流吃干饭"；"二流懒汉不着忙，中农叫冤枉，贫农有指望”。

（1）宝应乡干说：花名册是五年前的，不用调查。

（2）还有自报公议，结果扩大灾情，互相吵架，干部被动（淮安）。

（3）干部先摸底，分组公[布]名单，然后发粮，比较进步，但是单纯救济。

（4）淮阴方法，先同群众订生产计划，不先谈救济——这个方法最好。

工商农具数量、质量没有什么增加。

肥料问题——一只猪可施五亩田，50％田没有上肥料。

如何积粪是大问题，不是在推销肥田粪。

安徽一带因连年天荒，生产没有长期打算。

去年淮安多种小麦，习惯种大麦元麦，今年农民吃了亏，鳏寡孤独作被救济者三分之一，群众视为二流子，今后应作为社会救济。

负担问题：悬殊大，粮食价值问题——收销价格太低，人民币存了银行，农民吃亏，富农占便宜，说政府是屯户。互助问题——弄不好，农民要卖牛，计工算账——“吃个牛皮一场空”。灾区不能要求急提互助合作。

乡干十五万一级不够，地委干部没有人下去，有困难。

（文件编号：E192）

各组讨论汇报

1953 年 6 月 9 日

城市组：

没有不同意见，补充如下：

(1) 对工作研究很少，小青年觉得领导上不大征求他们意见，自己的责任感不大，有点苦闷，下去写出来的材料，也不提意见，做了不知好坏。

(2) 工作被动，除布置工作，不与干部商量。

总的感觉：

(3) 放手发动不够，总的要求目的不知道，整个与部门没有计划，不能发挥每人的作用。

(4) 干部不关心工作，领导上责任问题。

(5) 布置"按级负责，督促检查"赏罚分明。

(6) 提纲不要一般化，只了解一个问题。

(7) 如何配合工作有困难，人家要求是给干部，我们要求搞妇女工作，有矛盾。

秘书组：

没有意见，全面而深刻，补充意见。

(1) 大事放松，小事抓紧——去年情况如此。下乡同志回来报告没有研究。

(2) 对文件报告重视很不够，大多数归档，福利部大部分报告是干事看，看了也没有汇报，就归了档。宣传部也有这种情形。"五反中妇女作用"、"小麦选种"材料至今连材料都没有了。

(3) 秘书科发给各部门的文件，各部门有时常常遗失，影响秘书科工作，各组自己没有小档案。

(4) 下去干部要慎重，三野开保育工作会议，派了一个干事去，不解决问题，影响不好。

(5) 统计表问题——发动部门交下来任务，秘书科照办，没有看出问题，限期交来，主观。

办公室小组：

没有意见。

今后工作的补充意见：

(1) 秘书长每天来报告，没有抓重点，也没有找出问题，要求分类，分出轻重缓急。

(2) 群众来函无专人管，朱才风专搞，要求一个人专搞。

(3) 办公室人事分工。

(4) 要求几个主任明确分工，没有主要负责者。

农村组：

没有意见，补充如下：

(1) 工作缺乏计划性，布置多研究不够，表现：

民主建政——找了许多材料没有结论。春种材料也没有研究与讨论。婚姻法总结至今没有弄出来。想到什么搞什么，随便召开会议，浪费时间。

(2) 每一时间内工作中心不明确，苦劳不均。

(3) 领导上不能分轻重缓急，解决问题——宿县专区干部。

秘书长批文件不对头，不分轻重缓急。

今后工作：

(1) 工作委员会的任务不明确，如督促检查，如何搞好。

(2) 深入下层问题——人去或研究文件。

(3) 行政例会解决各部门问题。

(4) 发挥群众力量——如处理汇报，克服苦乐不均的现象。

（文件编号：E192）

关于开展反官僚主义反命令注意反违法乱纪斗争初步检查的报告[①]

1953 年 6 月 18 日

我们根据上级指示，展开反官僚主义反命令主义反违法乱纪斗争初步检查，已告一段落，兹将情形报告如下，请审查。

一、几个过程与情况

二月间华东局对此问题指示，开始时大家多半不了解，有的人以为仍同“旧三反”一样，需从上而下，层层检讨，因而一般干部认为：“新三反是反领导的，与我们无关。”一部份干部则表现紧张；有的人以为这一斗争是仅仅为了加强机关内部的民主生活，对“新三反”的积极作用，并不深刻理解。

自从三月二十八日中央发表“在中央一级机关中具体执行中央关于开展‘新三反’的指示”，行政与党支部召开全体党员大会，传达这个指示后，才初步的认识了“新三反”的意义。但因陈修良、黄海明同志即将去北京参加第二次妇女代表大会，因而从四月十日至五月十日只能作出七项准备工作计划，即刻用书面与口头方法征求下级妇联对领导上意见，并派人检查工作；有重点的检查本机关过去所发出的指示、通报、通知等；征求机关党员意见，并收集材料。

五月初陈、黄二人自北京回来，接续听了陈毅、谭震林同志的报告，正式订出反官僚主义工作计划，党与行政一致发动全体同志反复地讨论与研究本机关官僚主义的具体事实，最后由领导人向全体干部作综合性检讨报告，党与非党干部均认真讨论，展开批评与自我批评，并补充一些事实。兹将本机关大约一年来，有案可查的已经揭发的官僚主义具体表现陈述如后。

二、领导上官僚主义具体表现

（一）不够了解下情，不精细研究上级指示，领导要求一般化，贯彻各项工作多有这种表现，兹以随便发通知一例作为说明，例如一九五二年纪念“三八”节的通知，发到专区妇联分会及其直属市妇联，要求各级妇联机关，在全体工作人员中进行“三反”，同时又没有说清城市与农村，大城市与小城市的区别，

---

① 原文无标题，系编者根据报告内容自拟。

一律要求集中力量,进行“三反”“五反”。这一指示又要求在“三八”节中:“认真检查婚姻法贯彻执行情况,继续大张旗鼓贯彻婚姻法,凡有妇联组织的地方,特别要号召他们,保证不为婚姻问题再死一个人”,这一指示发出后,下面反映执行不通。

(二)由于对农村的真实情况了解肤浅,单凭主观热忱,反封建压迫,要求男女平等,组织妇女,照顾妇女儿童福利等问题,有主观急躁的一系列表现,例如:一九五二年工作纲要上说:“要求基层妇女代表会议的代表,保证自己所代表的妇女群众,不再发生严重受虐待和迫害的事件,如有此事,应及时帮助和报告上级,万一发生了自杀与被杀事件,除自己检讨,听候处理外,应及时上报备查,这样才不愧为妇女代表。”

又如:组织工作会议情况报告(一九五二年十月卅一日给华东局)上说:“要求基层妇女代表会议,在今冬进行一次改选与补选工作”,但步骤与方法却交代不清,因此造成各地整顿妇代会,有急于求成,空喊与不顾可能与中心工作“结合”的现象。对基层妇女代表会议的年老妇女代表的作用问题,也有估计失实的缺点,如说:“山东个别地区乡妇女代表会议中有百分之卅以上的老年妇女,对贯彻婚姻法有一定的障碍。”

又如:一九五三年我们与华东卫生部联合召开的妇女儿童福利工作会议问题,这个会议事先没有很好准备,单纯地为贯彻中央卫生会议给华东妇儿卫生任务的一些数字而召开,机械地规定:“今年新法接生农村要求达到百分之卅,城市达到百分之八十任务而奋斗,华东人力物力都好些,要求争取超额完成。”同时又决定:“今年由卫生部门开办妇幼卫生辅导员训练班,妇联要调区乡干部或积极份子去学习。”只有要求,没有指出办法与步骤,同时又未与有关部门联系,这个会议后,正值春耕农忙时节,各地一般执行,以致影响生产中心任务,应由我们领导上负责。

(三)不完全根据地区情况,对上级指示照抄照转,盲目执行现象。这样事实颇多,兹举数例说明:

一九五二年八月间,全国妇联来长途电话指示,要我们电报通知各地实行分片包干办法,制止因婚姻问题妇女自杀被杀现象,我们就即拟通知要发,幸华东局未予批示。又如去年三反时,全国妇联要求汇寄各地省市妇联主任以上干部三反材料,我们没有根据可能性与必要性,与组织部门商议,即行照抄照转，要求各地执行。

(四) 乱发表格，乱要数字。从一九五一年至一九五二年五月下旬，共发出表格廿一种，其中十四种未经领导人审批，直接由各业务部门自制表格擅自发出；表格内容项目繁多，无法统计的甚多。例如为了准备扫盲运动，就制发了"基层妇女干部文化程度统计表"，"妇女自杀被杀统计表"，"妇女参加互助合作统计表"等等，统计内容有要求统计一九五二年可以生育多少小孩的，甚至粗枝大叶把"统计表"写成"登记表"，下面批评说：如各乡全部上交，"非用牛车拉不可"，而且所有表格均一律要求"限期上交"，结果多数"长期不交"。

(五) 对下面来的书面报告不及时研究处理，有的随便归档。三年多来有多少报告没有处理或处理错了，已经无法检查，但有些官僚主义的态度是值得检讨的：第一，不分轻重缓急，及时发现问题，研究处理意见，以致因积压过多，有的甚至由干事看看，随便归档。第二，报告中有些涉及政策性问题，部门负责人无法直接处理的，领导人及时给以帮助或指示不够，无法批示，有的因丧失时效而存档；有的只得批示由各地党委处理。

(六) 配合有关部门下乡下点，缺乏明显计划与目的。下乡的次数与干部数目均不少，但因领导上交代任务不明确，变成配合有关部门的例行公事，因此使典型对日常工作的指导作用不大，相反的干部经常下乡离职过多，且影响机关部门的日常工作。

(七) 机关事务忙乱，分工不明，职责不清，苦闲不均，经常变动工作，不能充分发挥工作效率，造成干部不安心工作现象。今年一月间机关整编后情形比较好转，但问题仍属不少，这主要是：第一，忙于配合各个时期的运动，缺乏整个切实工作计划，各部门工作也跟着忙乱；第二，放松大事，抓紧小事，如放松全区工作的研究与处理，而忙于应付机关事务；第三，机关内部会议多，事先缺乏准备，说开就开，浪费时间。

三、造成官僚主义的几个主要原因

(一) 妇女工作包括城市与农村，复杂而广泛，由于领导方法不科学，面大无点，不了解下情，领导上心中无数，造成许多错误。

(二) 领导上马列主义水平不高，对上级指示研究不够，各种科学文化知识均低，对极复杂的妇女问题缺少真正的理解，徒具主观热忱，解决办法片面主观，不合实际，是必然的。

（三）机关领导核心没有很好形成，批评与自我批评不够开展，另一方面又由于本机关的特殊情况，如领导干部经常轮流患病、生育，外出公干，不断流动等原因，也客观地造成了无数困难。

四、改进今后工作的几项意见

根据上述情形，我们一致认识了官僚主义的严重性，在目前工作已略有改进，如确定六、七月工作计划，参加普选典型试验，研究发动妇女的办法，重视对各地报告与群众来信及时处理，掌握干部的学习等。至于今后如何改进工作，提出下列具体意见：

（一）必须加强领导干部政治与理论学习，提高机关内部政治空气，减少琐碎的事务，督促阅读上级指示，提高干部的思想认识。

（二）领导掌握典型，使点面结合，同时又要把研究书面报告与检查督促工作相结合，打圈与蹲点相结合。及时提出问题与意见。

（三）加强领导核心，与集体领导制度，领导者与被领导者共同研究，又要分清职责，发挥成员能力。

（四）每一时期定出工作中心，作出整个计划，各部门又要按总的计划安排自己计划，分配力量。

（五）召开任何会议，必须由领导上切实准备，会议要有记录与决定。

（六）整理各种表格，不用的正式发通知作废。

华东妇委

一九五三年六月十八日

（文件编号：E83）

各校情况调查报告①

1953 年 7 月 23 日—7 月 31 日

1953 年 7 月 23 日

同济大学:

(一) 教学问题

教师对教学改革,态度比较积极负责,去年把哈尔滨大学经验搬回来。

改革内容:不是根据本校情况,开师生座谈会,课代表会议。

小组集体编讲义在教师小组上加以修改,翻译苏联的教本(不大衔接)集中排课——上午自 7 时到 12 时 3 刻(6 时),下午文娱,晚上自修(7—9 时半)。

今年办法改革:助教任教学指导员,考试用口试办法。

去年是盲〈近〉进的:教师很累,没有休息,上课大小便都要排队。

集体排课使教师不敢有积极性,变成传声筒。例子也是写好的,同学与先生身体弄得都不好,学生要求很高,至今师生还有意见,教师说学生不用功,学生〈谩〉埋怨先生教不好。

教师产生依靠思想,等大家来提意见。个别先生对教学改革不满意,有对抗情绪。

教员认为政治工作是辅导处的,他只负担教习工作,怕批评怕麻烦。高教会议以后,大家一致地认识比较清楚一些——政治认识不清对教学有阻碍,业务课也要进行思想教育。教师觉得老套对政治教育兴趣不高,现在大家有提高政治学习有要求。

目前问题:

1. 师资缺乏,特别是助教不够(现有 120 人)全体 200 余人,比从前比例少得多。(因学生多起来,没有留助教)还有各地来抽好的助教去当工程师的。

2. 正付系主任分工不明确。

3. 系主任事务性太大,不能集中精力于教学,现在有 2 个或 3 个职员,过去 1 人,多是老弱的人,如采购东西、文书、抄报预算。

---

① 原文无标题,系编者根据内容自拟。

4. 闹专业问题——勉强服从，学2年的不满，学上下水道，测量不高兴，修公路不愿。

5. 教研组缺乏研究，各系教研组不联系。

强调稳，不肯前〈近〉进。有些不大愿意学习，打老虎后情绪还不太好。

6. 教务科没有党的骨干，党员不懂业务。

7. 从交大来的几个教员还有小圈子（土木系来的）互相不服气。

（二）民主党派问题

九三社、民盟、民建1人。

（三）教员理论学习问题

比较迁就，不敢批评错误思想。

结构系助教：教助有50人，全校最大一个系，人多事多，互相看不起。思想落后的多党员少（教师2人），一部分是团员（10人），一个付主任较接近党的领导。

对稳步前进方针理解不够——复杂性估计不够，大胆创造，不合实用。相反的起消极作用，阻挡前进，如强调互助组，同学空气，好像不参加互助就是自私自利。依靠思想发展，碰到困难，不去研究，只想别人帮助。

请假制度抓行不通——弄得辅导员日夜忙碌，不从思想出发。

学习苏联经验，如学俄文，〈有〉又过份估计力量，教师不了解教材，教师水平不够，边译边教，对同学程度估计不足，教师不熟悉，难教又难懂。有点冒险倾向。

陈其五说："新教条比老教条好。"苏联教材〈只〉即使是教条，也要学，以后慢慢改进，因此教师硬搬教条。

存在的缺点：

教师说，三反时思想上坡路，现在是停顿，教学与思想改造结合没有经验。学生对教师的批评，很难接受，有的甚至以为是人事问题。

教学改革以谁为主问题——过去认为以学生为主，不能发挥教员的积极性，现在基本上已认清了，但在实际上还有很好克服，如对教员工作的自流放松。

教师思想要学苏联经验是肯定的，但还不能与政治上提高相结合，只能从数字去看苏联的经验，如用五年制用到四年制上去。

民主党派问题

本系有 3 人，党对统战工作无认识，九三与民盟都在争取对象。

他们的活动——报告，学习。

思想工作做得很差。高级知识分子时常发牢骚，眼光狭隘，影响很大。如饭堂问题，党委对统战工作很差。

公建组助教（支书，兼辅员）：师生 100 余人。

1. 教研室问题——过去不安心，现在已明确，思想也较安定，集体主义思想也树立起来了。

2. 学习苏联，现在心中都有了数。通过互相观摩，修订教材方式，有些作用。

电工机械组助讲少，教学任务还不大明确。

存在的问题——有一般性。

1. 领导问题——教研室自身掌握不住，党委不能掌握，群众有许多经验，自流〈近〉进行，没有通盘掌握。

混乱现象的发生也表现为领导上没有掌握，如只号召集体备课，结果忙乱起来。不是冒进的问题。教务处会议只谈事务，一次[也]不讨论教研室的工作。只讲群众的创造，没有总结与批判。

教务处没有党员，要解决。人事室工作对教师问题无专人研究。

如对党派发展问题，也无研究，老先生想参加党，不想入民主党派。

2. 干部问题——交大不好教员送到此地担任了主任；压倒了下面的。依靠谁？助教与学生可以推动老教师，帮助辨别是非。

朱晓初：政治工作问题。

（一）政治辅导处问题

三个科——组织、宣传、青年。

工作范围问题——发展党员、保卫工作（组织科）、青年科对学生思想领导、宣传科对教职员的学习，对外宣传不是重点。

（意见——① 注册科与青年科合并；② 人事科与组织科合并）

（二）教职员的学习

大改大学党委决定进行学习，内容变了 5 次（半年）。

第 1 次，教习改革；第 2 次，斯大林逝世；第 3 次，婚姻法；第 4 次，反官僚主义;第5次,实践论(未正式学习)。

收获较大的是教学改革问题。近二个月,因为适合大家的要求。

学习的领导问题——上学期有学习委员会,这学期是工会名义,目前实际上是政治辅导处领导,系主任兼工会兼大组长,工会小组即政治学习组。

辅导员兼工会与学习组的组长

政治辅导员任务:

① 加强系内的政治学习。

② 党团领导工作。

③ 保证教学工作——通过党团组织去保证。

问题——领导教学与领导党团工作有矛盾。五个系的辅导员是3个初中,1个高中,1个小学生(农民)。

助教员说:① 对辅导员前途担忧,老干部要好好学习,不懂业务,如何保证学习。

② 看不起——说以前还汔得开,“技术决定一切”。

干部的思想情况:

表现苦恼,不愿在此工作,占90%,(如自愿报名多想离开)想回农村工厂去工作。青年干部想进工农速成中学,学技术,干不了,也不想提拔。地方干部提拔快,悲观失望得很,什么是业务,十分苦恼,领导政治也很困难,如学习实践论,无法解释。

辅导员先学也有困难,但也〈买〉卖不出去,[因为]教授们进步快,老干部进步慢,经过苦恼。

教务处与政治辅导处

教导处任务是保证学习任务,方法如下:

① 开辅导员会议时请教务长参加。

② 党委书记参加行政会议,再在党内贯彻。

取消政治处的好处与办法:

① 不了解教学工作,不起作用,最好把党员分配到教务部门与马列主义教研室去。

② 组织科、青年科、注册科、人事科,四者工作相同,可以合并。

宣教科并在校长办公室。

通过办公室，由校长统一领导。

校长兼党委书记，办公室只有一个就可以。

辅导员改为系的行政秘书。

取消的缺点：

① 干部容易钻到业务，不重政治。

② 业务广怕弄不过来，对团委如何领导。

群众对政治辅处的看法——是专门对付教辅员的。

1953 年 7 月 24 日

复旦大学

李正文：

（一）教学问题

苏联教材有许多也是旧的。

观点立场方法不改，难以接受新的教材——有一个马列主义夜校在上课。

目前努力的方面：

① 订出教学大纲。

② 政治学习——教研室，政治学习，政治活动。

困难问题——政治报告难做，只有负责同志做才要听，自学会自流。

要求统一领导——由华东局统一讲课，内部出一个刊物供干部参考。

负责干部负责解答。

督促办法：① 课堂讨论。② 抽签发言，自做笔记。③ 小组讨论。

（实践论）

（二）统战工作

民主党派——三反多教师，民主党派有 100 人多。

卢于道——九三首领，民盟——胡曲圆、苏步青、周予同、陈望道、周谷城。

民主建国会——漆淇生。

问题——① 教授要有马列主义，但民主党派是资产阶级思想，有矛盾。

② “面向教学”与政治活动有矛盾，经常去开会。

头子们的意图——

① 想要协商，如调整薪金，九三也要参加。

② 分庭抗礼，人事工作也要了解一下，陈望道问：以党为主，还是行政为主，[听]舒主任与陈其五的意见(!)

陈望道说苏联大学中大部分是非党员，校长也不是党员，本校党领导学校不对，不教书不好。

意见：

① 最好不要组织民主党派，组织同情小组(清华大学、北大试验)。

② 超龄团员很多(多是教授一人，讲助最多)。

(三) 党委会问题

党委存废问题——党员校长做党务工作太多，中心工作削弱力量，党委会的威信很大，如改为总支作用小，对外联系，对各机关联系有好处。

意见：改为机关党委的性质，党委繁重，团工会工作多，过去对团的工作放松了，对团没有很好的领导，如取消难以领导。成立党组有困难，但党务与领导工作分开，很重要。

办法——由党委团结一些好的教授作为核心。

政治辅导处存废问题：

范围要缩小，主要管理党务与工会与团、民主党派的工作。三个科可以并一下，青年科与人事科合并。

但不利的是影响很大。

王零同志：

(1) 党委成分工农干部多，对教学问题提不出意见，对前途悲观，共 9 人，什么事都要在党委内部讨论，每次开不完，有许多入党问题无法讨论，党务工作拖累很大。

还是成立党组管大政方针，总支专管党务工作，取消党委会。

(2) 政治处问题。

实质是党委的办公室。

政治工作很难做，因为对象复杂，干部觉得吃不消，学生工作系的辅导员多是青年学生，只能做学生工作，不能做先生工作。

政治处太大，科可以取消。只留一个保卫科，宣教科去加强工会，组织工作归总支。

政治处可设二个秘书。——一个做党的工作，一个兼团的书，一个兼总支书记。

党的情况——党员人数 81 人，下分 7 个支部，有 1 个总支，管支部，目的为了解决发展党的工作。总支书是专职的，正付 2 人，今年 5 月初成立。

王中：

(1) 教员学习问题——读文件读不好，钻文件没有习惯。

(2) 民主党派问题——同李正文同志看法有一些不同，民主党派只能取消，还是要发牢骚，反党的动机各有不同，有的是“狂妄自大”，有的自由主义，反对纪律组织，如说：“做教学大纲，总结经验是形式，我们来谈谈内容”，宗派盲目性，各系均很严重，数学、物理系严重，数学系有浙大来的，团员没有立场，只有老师宗派观点，落后的打击先进教授。说他们出风头，如对周谷城，另一派是“有学无名派”(田寿康)。

(3) 教学问题。

没有政治教育有困难，任务贯彻不下去。系主任领导能力差，系的政治工作人员要有专职干部。加强政治领导是一个关键，(9 个小的政治辅导员，5 个是三年新提拔的，1 个政治秘书，3 个助教，1 个革大来的)能进行教师工作的只有 2 人勉强胜任。

1953 年 7 月 25 日

华东师大

1 540 余学生。

中国革命史训练班一年半毕业教中学胡友连谈：

(一) 政治工作

政治处 4 月间建立，任务学习政治与社会，社会活动。

仅有一个组宣科，主要搞党务工作，同时管教员的学习与保卫工作。

政治编制 24 人，包括工会、青年团、党的办公室，辅导员 4 人，本处 10 人。

全校编制 620 人，政治处编制由学校挤出来的。

高教座谈会之前的工作：

① 建立团的组织配备干部。

② 思想教育加强纪律。

③ 教员理论教育。

④ 整党建党。

⑤ 中苏友好。

⑥ 工会工作,家属工作。

⑦ 评薪,助学金。

只有四个系有辅导员——工农干部、付科长、老同志,文化水平多是小学生二年级。

问题——做什么?

学生政治工作如何做? 主要经过团的组织。

① 业务科贯彻思想。② 马列主义教育。③ 社会活动。

第一条今天办不到,第二条今天条件也还不够,只有第三条可以做到。

课外活动内容任务是什么? 现在用补漏子的办法,团员几百人,干部没有,有 40 个支部,团委领导不了。

社会活动多用工会与青年团名义去发动,不用政治处。

系总支还要有脱离生产的干部。

学生问题——① 明确思想计划的内容与要求、步骤,无经验。

② 要求有干部。

党务工作问题——83 个党员,62 个正式党员,主要在职员中。

教师 7 人(260 教员)

职员 42 人,主要在总务处 20 人。

学生 18 人。

发展党的困[难]——① 接触时间少,不了解。② 同志的积极性不高。③ 条件扣得紧。④ 讨论入党开会时间少。⑤ 进行党员工作没有干部,党的思想教育很差,党课几个月没有进行。

保卫工作——只有一个干部,搞不了。

取消政治处没有妨碍,因为没有拿这个名义去做。

孙陶林:

① 拿政治处去[做]教职工作有困难,因为科长一级只有一二人,秘书干

事不能担负;辅导员也负担不了,文化水平低,帮助别人有困难。

② 同教师接近有困难,教师工作要靠他们自己。其次通过工会,助教与学生的团员加以推动,主要依靠校长、教务主任、政治处主任。

③ 政治处实际上是做一些党务工作。

意见:

① 取消政治处,成立学委会。

② 成立马列主义夜校。

③ 加强党委会统一领导工会与团的工作。

④ 系中无骨干,教务工作无从保证,党员太少,质也很弱,只能作为建党工作,学生工作只能依靠团的力量。

⑤ 团的组织形式要简单化,群众工作由学生会做。学生会与团还有矛盾。

⑥ 辅导员苦恼,老干部不如专做组织工作,如建党,当政治教员可以。

(二) 民主党派问题

民盟 40 余人,沈志■提出,非党员校长(指廖世承)不知道情况不行,九三 8 人。

意见:① 如对青年团一样,作为助手。

② 明确工作关系。

九三——情况不好,地理生物系的多,可能造成民盟与九三社的对立,因为没有人领导。

民建——4 人。

王子成——自由找学生党员布置工作,成为一个制度。

(三) 教学问题

过去要求过高过急。

① 什么苏联——先学什么不了解。

② 对中央方针"积极准备,坚决贯彻"——高教部的指示,究竟指什么不明确,所谓"稳步创造"先走那一步,后走那一步也不了解。

③ 材料中四化如何办。

苏联教材中繁重部分如何删去?政治思想性如何提高。

④ 政治、科学先抓那一环。

⑤ 教研组不容易统一解决问题，如动物系，内有各种科目，集体讨论有困难。

对高教党委意见：

① 批准党员问题。在上海市委组织部担任，不要在党委内讨论。

② 或在高校党委内部的组织部讨论解决。

③ 要是解决政治工作如何做。

④ 教师的学习问题。

1953 年 7 月 28 日

华东化学工学院

余仁：

(一) 去年 10 月成立学校，由五大学化工系合并而成。13 个学校的教师。

特点以我们为主，总务科、秘书科，多是党员。系主任科长等多是提拔起来的，对思想改造有新体味，积极性都很好；人的来源复杂，容易发生宗派主义，这个问题抓得紧，问题不严重，金大来的问题大。

创造性不大，只能跟运动跑，如教育改革问题。

学生 704 人，团员 340，占 48%；教师 129，教授 29 人，讲助 35 人，(团员 18 人)，共 387 个团员，学生最多。

职员 87，工人 82 人。

党员 59 人，正付 38，需补。

职员党员多，25 人，学生 23 人，6 个支部。

3 个系——无机工业，有机工业，化工机械装备系，专修科。

一共 40 余人。

教师有 1 个支部，9 个党员，大部分在政治指导处。

民盟：19 人——作为发展中心，统战部决定校长是民盟南大的教务长，有正义感。

(二) 教学工作。

比较明确的是在 3 月工作会议时。

教员以政治理论学习为主要关键，学生是政治课。按课外学习时间太少。

中苏友好，12 月整党建党，教育，学习马林〈柯〉科夫报告，斯大林逝世，婚姻法，普选。

《实践论》自愿参加——85%，每星期 2 小时，多时 6 小时。

意见：① 教员问题——要统一上课。

② 要有教材。

政治辅导处问题：

建党问题：

① 公开建党方法好，过去只是调查历史情况，群众有意见。

② 夜课发■党，收效也很好。

③ ……[①]

学生工作问题：

① 团的思想水平有很大进步，一般学生进步少，没有人管。

② ……[②]

组织问题：

三个科可以考虑。

青年科

组织科有四个任务，但只做保卫与建党任务，统一战线工作没有做，群众不了解组织科干什么？

打算取消青年科，与组织科合并，扩大群众活动。

现在不能取消，要有四个条件：

（三）统战问题。

工会工作做得很差，不活动，工会主席是党委委员，不接近群众。

（四）教学问题。

① 交大教师住在交大，开交大的会议，共有 4 人。

② 教材没有。

工会工作：

方针任务不明确，上交工会没有指示。

问题：① 不知道如何保证教学。② 兼职干部多，经验没有推广。

上交工会半年来没指示，有问题时，没向党委请示。

---

①② 原文缺。

工会计划很难做，过去只做一些福利工作。

青年团：

340 团员，最多班 70%，最少班 30%，一、二年级多。

21 个支部。

用什么方法领导？开始时 15 个团委分头联系，现在靠党支部领导，大学因没有什么领导，依靠同级党委领导。

干部上学期兼职多，不要做干部，又怕学不好，怕参加活动。

① 行政上布置下来的工作党委不知道，大学党委不了解行政问题，这学期不对头。

② 党委工作无所不包，问题讨论不完。

1953 年 7 月 29 日

第二医学院

110 余专任教授，70 余兼任教授，由约大、震大、同德合并而成。

学生 1 436 人，天主教徒 200 余人，广济、仁济二个实习医院。

大部分教授没有经过思想改造。

共产党员 41 人，职员党员 32 人，学生毕业后，当有 6 个党员。团员 400 余人。

教员以医疗为主，同学校接近少。新的教学方法不容易接受，抓不住他，对苏联新方法不接触。

教授情绪不好——薪水太少。300 万元最高，高锦浪要一张书桌，要不来说这不用到莫斯科请示。过[去]他一个月挣五亿元。

意见：① 卫生局与学校合作共同教育。

② 个别兼任开业教授，上课太少的不要他。

③ 教授待遇太低，情绪不安。

政治处问题

政治处不容易与教授接触，是大问题。

原因：与业务不能结合，思想情绪不易融洽，还陷在搞运动，与科主任谈话机会也没有。干部如不学习业务，有退出去的危险。

辅导员一个没有，共有 16 个班，按班设 1 人，要 16 个干部，按级要 5 人。

组织形式——下分四科,组织、宣教、青年、人事科。

干部情形——多数不识字,文化很低,可以工作的连院长只有五人。

(政治处主任、总务、秘书科长、青年科长等)

天主教问题:

公教青年团 109 人,集体旷课,包围青年科,已开除了 16 人,被捕 3 人,尚有 20 个头子,处理办法要有压力。

1953 年 7 月 31 日

纺织学院

钱院长:

1952 年全部搬来,1 530 学生,140 教师。

教研组要经过 1—2 年才能培养出新的师资。一小部分是苏联教材。

企业管理系尚未成立,因师资教材尚缺乏,党员 80 人。

政治处问题:

任务性质不明确,把教务处工作都包下来了,如注册工作,上学期工作关系不好,另一方面没有基层组织,集中在上面,依靠开会解决问题。学生干部很忙乱,每周八九十时间。

目前较明确;目前主要做下列工作:

① 政治课、理论学习、夜校、定期时事报告、党课、团课。

② 政治处配合教务处工作,面向教学。

③ 建立辅导员制度——自己听课,通过党团员了解情况,反映情况给教员,配合行政执行工作,如统一分配。

存在问题:

① 业务不大懂。

② 有些工作不大明确,党委与政治处关系不明确。

建党工作属于政治处。

机械系:

160 余学生 21 个教师,培养目标不大明确,功课特别重,每星期超过 70 小时,修改以后,还不知道如何贯彻。各系配合有困难,教材不齐整。系主任最需要的是助教缺少。否则改考卷有大困难,专业教师愁的[是]少教材。

同学政治学习不大重视,不看报的相当多,政治课没有专门教师。

团的工作不活泼,没有热情,团的活动搞不起来。

染化系:

团员 800 余人,32 个支部,政治工作全通过团组织,团群关系不太好。

去年文委会议后,团与学生会工作地位较明确,团的工作如何做?——团三中全会规定主要帮助党做好政治工作,方法还没有。

学生会工作主要搞文体活动,不再搞行政事务,如卖火车票。

统一分配:

① 群众怕积极分子(三反时过火),顾虑很多,一部分积极分子想搞落后分子,与政治关节问题,经过自我批评后群众态度转好。

② 思想顾虑问题

地区问题是主要的——95%是上海人,怕离开父母,留恋上海生活,死都不去西北。

专业的前途问题——怕国家不重视轻工业,是不是能做工程师,怕没有工作做,多数想留在学校。

家庭问题——主要是负担。

棉纺系:

1 100 余学生,2 个政治辅导员,5 个政治工作人员。

学生对教师态度不大好,有点打虎的神气,只有批评。

32 个党员,多是候补党员,支部的核心作用差。

问题:

① 高教管理局与纺管局的决定不同,如劳保问题。高教局没有,基本建设按高教局决定教职员上有一定标准,纺管局没有规定。

② 方针计划,都不明确,多少学生,基本建设经费,凭部长说没有凭据。

要求,归高教局管理,同纺管局有一定联系。

(文件编号:E77)

交大政治辅导员汇报

1953 年 8 月 4 日

一、动力机械系

沈三多系主任。

5 个团员任教师，16 个教师，有 60 余岁的 20 岁的。

教研室有一个核心小组，下分四个小组，教学计划在教师会议上通过，然后个人再做计划。

政治工作如何做？抓住教学计划来看每个教师，反映好认为不忙乱了，会议计划也订出来，开会按时到。

对系主任工作如何做？

沈三多说话太多，正面给他批评，他就不愿做系主任，现在工作积极多了，用工会小组批评，同时要结合行政命令。

二、造船系

二个教研室，共教员 22 人，党员 2 人，团员 2 人。（助教）

本学期以团结教师为主，做了如下工作：

① 排课。② 生产实习。③ 总结工作。

工作方法：

① 先在党小组内讨论。

② 开党团会积极分子会，谈政治处与教务处的意图。

③ 系务会议讨论，由系主任报告。

教师开课排课有不同意见，辅导员通过党员团员、工会去调解纠纷。

生产实习：

苏联专家报告，学习文件。

张力生（动力机械系辅导员）[说]：没有辅导员也一样可以进行教学工作，例如这次排课，教导员不能掌握。

三、机械制造系

1 200 个学生，教师 41 人，2 个党员，2 个团员（助教）

(1) 对此工作个人觉得动摇，因为不懂业务。事情多，不知如何着手。辅导员可有可无，一个人做不出事。作为领导上的耳目，觉得也需要。成绩看不到，有事没有人商议，如增加人，工作也不好安排。

(2) 过去没有做过教育工作，不懂得高等教育如何做，对教学改革要做到什么样的标准不了解。

对教员的复杂情况不了解，好坏无标准。

修订教育计划的体会。

(1) 先学苏联专家的报告。

(2) 总结工作——以系主任为主，召开少数人总结。最难的问题是不懂业务。

(3) 党团员的政治工作问题。

党团员的作用发挥很不够，如何改造团结教授没有办法。

党员对教授讲话不注意，尊重不够，如某同志批评教授不应买材料。

团员相互思想不见面，批评与自我批评不开展。

党的工作——主要只做建党工作。

党支委组成——2 个学生，2 个助教，支书自兼，学生都是一年级学生，同系的关系不大，失去领导作用，教师工作只有 3 人在做。

对团的工作没有领导——因为没有时间，系有 15 个团支部，有 1 个联络组，起总支的作用，功课重时就不起作用。

党委只研究发展党员问题，根本不讨论团的工作问题。

工会工作——3 小组没有什么活动，只拿拿会费。

(1) 系内团的工作由支部来领导比较具体，自从政治处统一布置后，会议时间冲突，没有主动时间，对团的工作就不知道如何做。党员说对团要解决什么，不了解。

建党工作是一个负担，每个月只能有一次讨论，无法进行。

对团的领导困难，缺乏一个组织形式。

(2) 辅导员工作做什么。

系主任只要求了解学生情况。

四、电力工程系

辅导员觉得很难工作，对业务很难参加意见，主要做通讯联络工作。

对学生工作——纪律问题，天主教工作，其他问题没有办法发生联系，对团的工作插不上手。

因为不了解团,建党有很大困难。提拔干部有困难。

通过行政容易贯彻工作,通过党与工会很难贯彻,政治空气不浓。政治处的作用不如教务处作用大。(造船系)

五、电工器材系

(1) 指导员工作太广,教员学生,行政样样都要做,样样都不行,乱跳乱蹦,事事有头无脚,如搞留学生工作,二星期内不能作其他工作。

业务外行,插不进手。“光杆跳舞”。

政治处与教务处开会都要去参加会议。

(2) 支部核心如何做?

没组织青年的委员对教员工作,但辅导员对教员与学生工作因不了解情况,无法布置。

支部工作范围太大也搞不了。

辅导员上至教育计划,下至工友工作都要做。搞教研室工作以后对群众工作无法做。

(3) 工作面太广,头多事多,到了系里只一个人工作,各系之间也没有相互间研究工作。

讨论:

万钧:

关键问题

(1) 集中领导问题如何办,政治与教学如何结合?资产阶级的教学方法态度如何搞,是不是也由政治处管。

教务处与政治处不能有机配合,使下面工作混乱。

另一偏向是代替了教学工作,关系不好。

(2) 政治处做什么?要明确。

(3) 辅导员要不要问题,可以不要,集中在上面做团的工作。

(4) 工会如何面向教学,加强工会工作。

(5) 辅导员集中起来搞青年团的工作,对学生工作“漆黑一团”。

(6) 教务处要加强,系内工作由教务处负责。

张力生：

政治辅导员工作对象应是教师，不是学生。不同意集中辅导员。如陈教务长有任务观点，就向上反映，如无人去管不好纠正。

迫切需要的是改造教员思想。

万钧：

(1) 教师工作由工会来做。

(2) 要求上级讨论一下，政治处不负责教研室的工作。

(3) 同工作组意见不同的：

① 政治处的方针——没有以教学工作为中心。

② 政策性问题——统战政策过左。

③ 以行政工作的方式代替政治工作，没有用组织力量在进行工作。

(4) 苦恼在于大学党委对交大的领导。

只有思想原则的批评。所以要有上级来了解是什么问题，还是上面问题，还是下面的问题，政治处主任夹在中间很苦恼。

(5) 依靠"教授"没有内容，依靠谁？

(6) 搞得多了，遭批评，是不是缩小一点。

（文件编号：E77）

与交大、师大的座谈会

1953 年 8 月 4 日

参加者交大与师大

一、教师理论学习

分二个地区上课，交大与复旦

上课者本校的与外面讲师，顾问团内指定数人，交大以彭[康]，复旦为李正文，其他为助教。

宣传部与大学党委拟出一个计划，发各校负责人先看，再开一次书记会议。

请彭康同志谈一下。要组织一下。

助教排一个队。

学校地址排一个队。

宣传部为主，大学党委参加订出计划。

教育经费由工会负责。

组织筹备会——彭康、陈、曹、林、王、王子成、李正文。

时间本星期内召集。

任务：① 订计划。② 组织办公室。③ 组织讲师团。

二、政治辅导处问题

舒主任：

一种是过渡期中如何办，一种是立即废除。

华东局强调一定要加强大学工作。

如立即取消可能发生影响，党外人士是校长，我们是付的，他们有分庭抗礼现象，搞得不好会恢复老样子，或者削弱。

① 党为核心，统一领导，行政不去代替校长负制。

② 有些组织应加取消与合并，如青年科可以取消与团合并。

③ 明确分清组织的任务，改善领导方法，发挥政治工作作用，以师范大学作为试〈典〉点取消政治处，交大作为贯彻的试验。过渡时期尚未结束，政治工

作要加强。

孙陶林：

要求加强党委的领导，学生工作要有来人做，各系要有一个总支脱产干部。

万钧：

政治辅导处是空的，做的是党委工作，有几个问题要研究。

(1) 领导问题，党委性质问题。党委不懂教学，委员谈不出问题。党委〈不〉没有形成核心，对教务、总务、政治处三个力量不能统一起来。

要求设党组，或设常委。

(2) 政治处工作要具体规定几条。

两重性——行政与党委办公室。

任务——加强政治思想工作。

各项工作都有思想领导，政治处应确定几项政治工作内容。

要约束一下，范围太大，指来拖去，系的辅导员也如此。

舒主任：

党委书记应是政治要员加强思想领导，具体计划归教务处，辅导收集情况，一切要通过行政，在教务会议上通过。

彭康：

思想教育工作要有分开：如教学计划问题，政治处不必管，如学生不安心等可以通过团去教育，发生左的思想问题，政治处可以召开一些会议去做。

思想工作应以学生为主，辅导员搞不了。教师主要通过民主党派与系统的理论学习与负责人个别谈话等[方式]。

教学工作必须统一领导。

舒主任：

教学方面与思想问题很复杂，如急躁、保守等。制订计划要由教务处负责，但如发生时事问题、重大思想问题应由政治处负担，如天主教问题。职工里的思想问题也要教育，面很宽，不能弄得很狭小。

其次是群众团体工作、社会活动工作也要领导。

镇压反革命分子的活动，政治处要领导，了解学生政治情况。

文化体育活动。

行政业务工作不要去管，把工作范围转一下，就生动活泼。

曹未风：

学校人事工作者不知道什么是“聘书”，政治干部对业务了解很差，应当很好去钻研业务。

舒主任——政治工作要讨论一下，总结这学期的工作，改进今后工作。

（文件编号：E77）

北京教育工作会议汇报

1953 年 8 月 6 日

传达习仲勋同志报告

我的报告准备给别人批评的。

（一）总的路线与总任务为国家工业化而奋斗，党的任务稳步走上国家工业化道路，“走向社会主义”太笼统，应加上“逐步”二字，可以防止左右倾。什么时候才能过渡到呢，要有若干年，什么时候工业化，什么时候就到了社会主义。首要条件是干部问题，要有许多技术干部。5 年内要求培养 30 万人，过去 20 年培养 10 万人。

（二）检讨过去工作。

解放后三年做了接收，安定人心，维持下来了。后来又做三件大事，改造思想、院系调〈正〉整、教学改革。这些成绩是一步步做来的，又是互相结合的，每一时期又有要点。这些工作成绩是肯定的，缺点是要求过高与急。划清ブル思想与腐朽思想是对的，但有学校要划清小ブル思想是过急的，思想改造不能强迫。

院系调〈正〉整问题——有些缺点，如设专业太快的，应重新调〈正〉整。

教学改革：

准备工作不够，有些一下全面开展，师生吃不消，影响康健。忙还是仍然存在，乱得好一些。青年人还〈有〉在发育，不能妨碍。毛主席说要下命令，每天要睡九小时，今后不能搞大运动，主要任务是保持愉快康健状态。

（三）问题多是好现象。

1. 首先要克服的是急躁冒进，同时反对冒进。

毛主席说过的话是很有重要作用的。三年来的偏向，主要是急躁。急躁处理问题，都会出毛病，主观愿望代替客观现实，“盲目积极也会亡国”——毛主席说。

毛说：强迫农民买的东西，一律赔偿，现在要把肘子弄瘦一些。

要农村扫盲，本身就是强迫命令。

2. 对大学改革工作的复杂性认识不足。要团结多数人去搞才行，改革不能离开原有基础，了解情况也是一步步来的，有把握时再进行。

今后如何安定学校秩序问题——一般的不搞运动了，成绩要巩固一下，清理一下。各校有自己条件，不能搬用别人经验，要有时间条件。

3. 所谓重点。

不能了解为“模范”，做得好的都可以成为[模]范模。工业学校都是重点，不是那个学校是重点。同时，领导上为了指导一般，作为典型试验，可以有重点。

4. 培养目标问题。

培养什么人〈材〉才要明确，要有一般目标，也要各校不同目标。向苏联学习，但不要依赖。要用苏联教材，但也要用旧教材，不能有偏向。

5. 本科与专修科。

都很重要，以后逐渐把专科改由中等技术学校去办，空出时间搞好本科，五年制重点试办。

6. 师资与专家问题。

大力培养新教师又要提高旧教师。

专家要集中使用，帮助其他学校培养师资，通过教研室。

7. 招生问题。

比去年少一万四千人，过去只求数量是不对的，现在如只要质量，不要数量也是不对的。

8. 领导关系问题——多头，不解决问题，特别是业务部门。

方针政策由高教部管理，行政领导归各大区及各省市。

党的领导与政治工作问题。

党的中心任务是搞好教学，保证行政任务的完成。严重问题是党与非党的团结问题，如搞不好，不可能把教学工作搞好。首先要求党员懂得统一战线的政策，帮助他们了解政策，部分同志有骄傲自满情绪，必须纠正。今后派去的党员，如果弄不好，不是批评了事，要有处分。

如何加强政治工作，要克服二偏向：① 离开教学单搞政治。② 把政治与行政毫无区别，把政治工作降低到日常行政工作，等于取消政治工作。没有思想性的领导，就是事务主义。

学校计划必须与群众见面。

党与民主党派关系——党是领导党，不服从是越权。民主党派数量多是好现象，有组织比无组织好领导。对民主党派的领导方式，不是个人领导。

教师理论学习，不是短期的，不希望立即回到教学上去，强迫命令就是形式主义。

领导要掌握重点，解决工作中的主要问题，才能有思想性与政治性，不区别对象，就是没有政策。统战部多来领导，学校应多与统战部取得联系。

传达习部长关于文教工作中统战问题的讲话

如何做好文教工作的统一战线工作?

(一) 目前文教工作与统战的基本情况

三年来文教工作有很大的恢复与发展。大学发展25万人，有二万五十〈X〉千文教干部，这是宝贵财产，有成绩，但有严重缺点——分散、官僚主义，使用问题。

特别是使用上，是"粗急"二字，做好的关键，就是解决这个问题。过去有成就，也就是统战工作的成就，大家愿跟党走，不做好这个工作，文教工作是不可能做好。

文教工作特点是数量广、党员少。如清华大学300余人中只有9名党员，毛说10年20年后也难改变，长期地是非党占多数，他们同群众有广泛联系，如梅兰芳不团结好，要团结其他人是困难的。

所谓党的领导，就是通过他们，实现党的政策方针。

文教统战工作比较生疏，有许多新问题。如何办好高校，第一要团结。"中国文化落后，知识分子太少，为了改造，先要团结。"毛主席说。"有利条件是党有了政权，建设的胜利，鼓舞了他，现在问题不是他们来不来问题，而是我们要不要，问题在于高高兴兴跟着我们走。"解放后包下来政策，有人说是包袱，要说明这是胜利带来的。三年来基本上团结，但团结得太少，文教工作的缺点，就在这里。所谓落后，是进步较慢一点，实际上是进步的。KMT时期他们无职无权，以为他们是"一步登天"，上面所谓"粗暴"就是由此产生，使人家不敢同我们说话，这个问题不解决，是不能办好学校的。

不能要求人家不要考虑，人是有思想的，科学没有阶级性，"虽然是ブル出身的旧知识份子，比那些自高自大的党员要高贵十倍。"

中医有 27 万人，中小城市主要依赖他们。毛说“中医科学化”，有人改为“中医西医化”，还有说团结中医是消灭中医，是错的。

文艺创作太少，主题多得好，没有创造的原因，对著作家帮助不够，批评多，鼓励少，使人家不敢写，旧艺人全国有 10 万人。

（二）统战工作的具体问题

1. 团结不够，主要原因是许多干部产生骄傲自高的情绪，几步走的事要一步做完，许多事要大家做的，但只要自己包办，只看自己的长处，看不到人家的长处。知识分子只要有没有变天思想的，没有不想跟我们走的。

思想改造运动不是解决一切问题，是开端。学生中开展思想斗争不错的，没有党的坚强领导，要发生大错误，不能用党内斗争办法造成过分的紧张。建设时代过分紧张要影响持久。

2. “有职有权”责任问题。

许多地方没有得到解决，如有职有权，不服从党的领导，是越权。现在问题是要坐冷板凳，人家无事做，我们忙；一件事情错了，要人家去检讨。加强领导不是包办，党员不但自己工作要办好，还要帮助非党员办好事情。错了，党员先要负责。

3. 团结中西医问题。

将来是统一，不是那一个消灭那一个。中医科学化了，就能统一。有效就是科学的，再过 20 年有失传的危险，今后中央要办二件事：第一，团结中医；第二，科学研究工作。

4. 团结文艺工作人员问题。

旧艺人是劳动人民的部分，斗争领班的不对，大部分是脑力劳动者，一部分是体力劳动者。

5. 宗教问题。

主要是天主教，三自革新现在看来不够适当。旧的不取消，新的叫“爱国会”，不是改革宗教，问题是反对卖国，不提改革教规教义，跟着文化经济的发展自然起变化，变化要靠神甫提，要耐心等待。

天主教与罗马教廷关系，只要不是政治与经济关系是可以的，过去是采取自己孤立自己的办法。

6. 高校中民主党派问题。

民主党派多不要怕，是好现象。

传达钱俊瑞关于高教部工作问题的报告

（一）中央对高等学校的领导问题

自院系调〈正〉整后，有很大成绩，但要求过高过急，造成许多困难，也要肯定下来，造成原因，应由前教育部领导上负担。

1. 去年上半年全面思想改造时，院系调〈正〉整时要求过高过急，强调了专科学校的重要性，对综合性大学重视不够，强调了学习苏联，少了自己的经验。

2. 浙江大学改为工学院是有问题的，同业务部门也缺乏联系。什么是专业，当时中央并不了解，极端缺乏考虑，一般号召学习苏联，不能不造成普遍混乱现象。

3. 招生任务太大，没有考虑可能，方式有毛病，太死太紧，加上任务重。

4. 专修科问题，“好学生入专科”是错误的，对本科长期培养认识不足，造成学校忙乱的主要原因。

教训：

1. 主观上想一下办好事情，好大喜功，贪多冒进，不纯的思想，后果都不好，当时想在思想改造时，趁〈火〉热打铁进行调〈正〉整。

2. 对重要问题不去深入研究，胆子太大。

3. 有些问题上有中宣部个别同志谈一下，没有向中央请示，如院系调〈正〉整问题，也没通过部内研究，是严重的分散主义倾向。

会后要注意：统一集中领导——毛曾说：“坚决维护中央集中统一领导的是少数，坚决对抗的也少数，管也好，不管也好是多数。”

要集中做的工作：

1. 提高培养师资问题要抓紧，团结老师，培育新师资。

2. 对教学工作的计划，编审大纲教材，要重视，检查工作定期进行。达到目的，了解情况，传播经验，发现缺点，及时纠正。

3. 发扬各校主动性，各有关部门积极性与地方性的有利条件，方针上加以帮助，具体工作不要样样加以干涉，大区高教局改为实线。

（二）学校领导问题

根据 184[所学]校来看，没有党员校长的 24 所，没有党员教务长 90 所，工业学校中没有党员校长只有 6 所，有些党员到了学校造成极大错误的是少数，但不是个别的，如农业大学、武大校长，现在主要问题是：

1. 首先要注意团结改造旧知识分子问题，错误多在这个问题上。有些人用运动方式改造知识〈份〉分子，我们干部是思想改造时派去的，现在是改革教学，如仍用老方式是不对的，如用运动方法改革教学。

2. 加强政治思想领导。

哈工大政治思想领导薄弱，对忠诚老实运动，至今尚有许多教师背包袱，许多学生不看报，领导干部经常闹不团结，政治先学，业务慢慢学。派党员去首先是为了保证党的政策的实行。校长对团与党的工作要加强领导。

3. 钻研业务。钻〈近〉进去是有困难的，因为是学校与部队地方工作不同，有些同志想调开学校。

4. 改进领导方法问题。

抓住主要问题——提高师资。徐茂庸不要党的检查，没有民主精神，每个人都害怕。

要加强集体领导。建立领导核心，〈善〉擅于当班长。

（文件编号：E77）

王丘山同志传达五学院会议内容

1953年8月8日

主要教学改革中问题——功课师生康健等问题

(一)习付主任报告

朝鲜停战后可以有资本投到教育,为实现国家工业化而奋斗的方针。

思想改造不能强迫,要等待,过去缺乏就在此,小学生思想斗争是错误的。

院系调整太广太大,教学改革——主要缺点准备不足,全面发动。

“先生倾销,学生抢购”造成紧张忙迫。

如何安定学校次序?

造成空气,使师生有安静,平心静气地考虑教学问题。

〈偏〉片面强调专修课不对。

严重问题是团结问题——党与非党,新老教师,师生团结,派去的干部工作没有做好,主要原因是不能团结教师。

首要问题先了解党的政策,业务是次要的。

学校行政领导活的,不必设政治处。校长负责制是明确的,党委领导一切是不妥当的。所谓集体领导如何实现,思想上还是混乱。

党与民主党派间存在 些问题,要说明我们是领导,领导要通过协商办法去实行领导,不能用命令主义方法。

舒主任:

① 即日先行研究复旦问题。

② 召开二次会议传达。

③ 交专干部问题与高教局商议。

(文件编号:E77)

谭政委报告中央财经会议问题

1953 年 8 月 24 日

这是解放后最重要的一次会议，讨论如下问题，以第四题为主。

（一）在过渡时期总任务总路线。

（二）五年计划中问题。

（三）国家资本主义问题。

（四）财经贸易税收，银行公路等问题。（中心问题）

今天只传达第四个问题，其余以后谈。不得允许不能再向别人传达。除了总路线以外。×××的错误由其自己去检讨，中央尚未决定是否要传达。时间问题也不能宣布。

（一）过渡时期党的总路线与总任务问题。

从 1949 年起至社会主义改造基本完成为止，谓之过渡时期，大约需 10—15 年，或更多一些时间。12 年要基本完成改造，从开国起还是现在开始不知道，大约 10 年左右。基本完成有二部分——第一是工业化，国家工业建设要达到一定的程度，会议上没有具体谈，现在中国已达 28%，毛说这个数字不可靠，恐要低一些(约 25%)。

第二，农业手工业、资本主义工商业完成社会主义的改造。

过渡什么意思——是不是说还有资本主义的因素存在，是的，二者因素都存在(列宁)斯大林解释，在十四次代表会议报告上所说相同。

在过渡时期要保证自由贸易，这一点很重要。

过渡不是和平的，工人阶级与资产阶级〈急〉激烈斗争是不能免的。过渡时期是斗争最尖锐的时期。二中全会的决议是过渡时代起作用的决定，其中所规定的经济政策，也即是苏联的新经济政策。

苏联革命后经济大为降低，工业生产在 1920 年降低到 20%(1913 年为 100)，1921 年开始恢复，1927 年才恢复到 1913 年的水平，即 10 年后才恢复战前的水平。为什么要有新经济政策，就是根据这个情况来的。中国情况不同——井〈岗〉冈山时期实行军事共产主义的思想就被毛主席批评，从 1928 年起毛主席已经明确了这个问题，当时广东省委主张没收一切手工业的作坊，这种思想斗争到1947年才结束。

确保私有财产权。

逐步走向社会主义。

（二）五年计划中问题。

主要根据经理的总结提出来，短期内计划不一定〈内〉能不能发出来。

党的总路线的胜利——指四年来党的各项工作按总路线建立的，因此取得了不断的胜利。这便是抗美援朝，毛说如再打一年，炮弹更多，可以攻破美国的防线。

土地改革——3亿5千万人得到了土地，3年时间农业水平达到战前水平。

稳定物价，平衡财政收支，三反五反运动的胜利，财政经济好转，工业生产，相对于绝对数的增加都比私人资本快。

新三反，整党，国防建设——中国是第三空军国。

违反了总方针的都错了，如民族政策的冒进政策，工会工作全总路线有左有右的错误，干部政策上也有错误。凡是执行二中全会决议的，都获得了胜利，虽有错误，全党是按着总路线而前进的，财政经济也如此。但一样犯了错误，某些部门某些同志有错误，特别从去年12月起，发表了实行薪水制指示起，错误特别大，严重违反二中全会的规定，主要是左的错误，有利于资本主义的发展。

（三）国内外情况及我们经济建设中几个问题。

朝鲜战争的胜利有巨大作用。

上半年东欧犯了过左毛病，我们半年是过右。

毛说："要能自制飞机、坦克、汽车、拖拉机才能算是工业。"如我们能造这些东西，美国就不敢来侵略了，国防的关键，〈才〉在于我们能够造这些。

国内情况——专政是巩固的，各种力量有变化，国内条件对我们有利，但也有不利条件，如文化发展不平衡，上海大中小学校等于东北西北二个大行政区，无锡市工业等于一个大西北。

农业是近古代式的，私营工业比重大，主要在上海。

财经工作经验很少。

毛说用集体领导制度，坚毅谦虚的精神，才能克服困难，团结全体人民。

应当做什么?

1. 大力发展生产,初步保证需要,计划性,防止盲目性,中国经济发展的法则,有社会主义与资本主义的在内。但是在社会主义发展法则领导与支配之下,加以限制与利用。

国内市场需要年年增长,国外贸易需要,也在增加,在很长时期内我们生产是不足的。

一月商业会议的错误。×××说是大肚子,积压七十多万亿,采取泻肚子的办法,停止生产,减少加工订货,减产等,市场的混乱,就因此而发生。商品产量太多,还是太少,实质上是太少了。因此要保证需要是错误的。

利用限制改造私人资本主义问题——工业与商业要有区别。

对农业生产,盲目冒进与保守思想是错误的。

毛说:党在很长时期内与教条主义、经验主义作斗争,整风运动中解决了这个问题。

建设时期主观主义表现——冒进与保守思想在生产上的反映,主席要求在二三年内解决这个问题。

“人民利益不能不谋,但也不能多谋”——毛说。工业化为人民利益更远大的改善,基本条件要先打好。

2. 重点建设,稳步前进,边抗边稳,边稳中建设,是进入五年计划中第一阶段的基本形式。

主要资料,首先是粮食还没有完全掌握在国家手中,还没有足够的条件,如稳定物价消灭黑〈字〉市,进行斗争,仍然是我们的主要方面。上半年困难,由于我们自己所造成,贪多、贪大、贪急,必然要冒进,造成混乱。手中已有60亿斤,以为不要紧。粮食问题年年要注意。

3. 既要发挥地方群众的积极性,又要集中统一。

重大的原则性问题要集中在中央,〈他〉它建筑在发扬民主的基础上面的,不取消因地制宜的原则,首先要依赖干部的团结性与积极性。主席说:“全党服从中央,是少数服从多数。”所以统一集中又是包涵少数服从多数的内容,加强党委制,加强集体领导是党的最高原则。也就是一个最聪敏的人,离开集体领导是要犯错误的。财经工作强调了统一的一面,否定了因地制宜,发挥地方性的一面,削弱了地方的积极性,不利于统一的原则。

4. 党的统一领导原则，在任何时候都必须坚持。反对个人向党闹独立，反对反政府无组织无纪律，分散主义的错误。新三反主要是反分散主义与主观主义。中财委发的指示，自己不讨论，也不征求地方意见，就强要总理签名而发出来。如实行税收制问题的错误，是分散主义发展起来的，结果离开了共产党的立场，不要工人阶级，只要资产阶级。

他们强调反对"党政不分"的思想，独断独行，这是社会民主党的思想，实质上不通过党没有一件事行得通。中央号召学习中央，要求各部门把成绩缺点与施政方针交到中央。

5. 老老实实地学习，由于缺乏知识，发生盲目性，不可能不犯错误，"一般性的与特殊性的错误"（毛说）。一般性的即不知道的，另一种是特殊性的错误，如薪水制问题，不与党商量，不请示不报告，这是特殊性的错误。

为了改正错误，要老老实实学习当小学生，学习马列主义，下面不要加"毛泽东思想"，主席说：加上去变为二个东西了。向有知识的同志、向工农向苏联专家学习，有错误的必须研究原因，承认错误，取得经验教训，避免重犯错误，这是必须采取的老实态度。

（四）半年多来财经工作中的某些错误。

1. 成绩是显著的，由于毛主席的领导，所得到成绩如上述，成绩是主要的（前三年半），错误是个别性质的。近半年来工作也做了不少，但领导上错误与广人财经干部要分开。税收制实行的错误——公营企业的税收重于私营企业的税收；工业负担比商业负担重，帮助了资本主义的发展，不利于社会主义。这样的错误一个普通工人或党员也知道的，但他坚持自己的错误，性质是恶劣的。

2. 农业税问题上的错误，负担过重还是过轻？现在还难说。但从查田定产来看，显然是错的，因为这种做法是反对土地改革的目的。不相信土地改革时也弄清了，又用其他办法来做是错的。苏北还有三百万亩田的黑地，这是推翻了过去征粮的基础，是计算的错误，不是弄清土地，平衡负担，而是加重了负担。手续过于繁杂，反而使负担不合理，他依靠财政部门去做，执行地方都倒〈楣〉霉。

负担固定在1950年基础上，暂定3年不动。

3. 商业工作上的错误。

核算制不是采取扩大交流，而是采取小算盘办法，是破坏核算制的办法。

是不是太迟了，还是太早了，陈云同志说五反后实行核算是对的，对方法上有毛病，国营商业吃亏的内外原因。

外部原因——

内部原因——利息过高，平均 10.8%，使物价高涨起来，使国营商店吃亏。从商业部抽回资金，交给财政部，否则加上帽子，说是破坏建设，资金回笼 1 万多亿，出了大乱子。因此不能收购物资[作]必须的储备，自由资金只有 12 万亿，向银行贷款要利息，只好加在物价上。

资金流转要快，只好减少品种，国营商店采取买花生米方法，使我们国营企业日益缩小，加上转调不灵，不善经营等原因，更加不好了。

对工业只好采取不收购方法，特别是地方工业要他们自产自销，国营不能自销，东北地方工业结余是 2 万亿，吃亏最大。

主要是由于商业部唯利是图的资产阶级思想所造成。首先优待了私营资本主义，而不是限制与利用。这个错误主要是商业部的领导干部。

陈云同志的发言是正确的。商业会议的决定不是遵守陈云同志的，而是遵守×××同志的指示。主要错误是对小资产阶级经济在市场上的作用估计不足与市场的需要估计不足，主要责任应由商业部与×××负担。

四高政策——利息高、上交利润高、价格高。

四高政策的结果是物价过高，如洋布与米的比较。

主席说，不断降低物价是路线问题。如何降，什么时候降，要看情况。纱布不能降价，因为要脱销。

4. 财政工作的错误——财政部负责同志有财政高于一切资产阶级的思想，单纯财政观点，只想要钱。没有战争观念，群众观点，生产观点如何。

一切事情不经财政部行不通，连毛主席同意的，也可不执行，财政部自己可以不经过中央决定用度。如干部的数目，可以由他们决定，把财政部放在党与政府之上，财政部的氏族制度。

专款专用，条条下达。今年乱子最多，财政管理上问题很多，管了 20%，其余 80%无人管。大的经济建设没有人管，国防建设也如此。财政制度上千篇一律，如东北很冷，不给烤火费，广东倒也发了。西藏每天有四季，发衣服也同内地一样，他们要吃油与茶，不吃要死人，但财政部不给。内蒙古要骑马不给马料，有干部死在路上的。

今年预算上的错误，很大的虚价，节余40万亿作为预算〈低〉底子，造成差35万亿，主席说要学乌龟爬。

5. 银行工作的错误尚在检查中。

主要表现是利息高，说是亏本，实质上是大发财，这是金融寡头思想。

农贷上的错误——包借包还对农民打击最大，专款专用，如储蓄、保险，今年三月已纠正。

城市贷款也有原则性的错误。

银行内部政治空气很稀薄，没有民主生活，家长式的领导。严重错误没有及时揭发，党的领导是薄弱的。对银行领导是采用奴隶制办法，没有同志态度，反映情况他是不听的。

为谁服务，如何做，依靠谁，斗争谁，基本立场没有弄清楚。因此时常发生左右摇摆情况，资产阶级思想反映到党内，所以要先从政治上提高他们。

这些错误是严重的，违反了党的总路线，幸而没有形成系统，所以还不是路线错误，这是中央及时纠正，与地方党的及时抗议[的结果]。

这种斗争思想尖锐，时间长，比延安整风还要厉害。

这些错误还有客观结果，有利于资产阶级，不利社会主义与工农联盟，右倾机会主义的思想表现，资产阶级思想在党内反映。

×××的错误有思想与社会根源。看问题不从马列主义出发，不根据党的政策办事，⌊不从⌋人民利益出发。同工人阶级感情疏远，是严重的资产阶级个人主义思(毛主席把小资产阶级英雄二字去了)想，当资产阶级破裂时，那是对小资本阶级思想作斗争，如过去历史的反盲动主义等，与资产阶级合作时间，主要是反资产阶级思想。

个人主义是资产阶级要求发展的，家庭中也是分家的。“英雄”两个字在马列主义经典中也不存在。个人与党的关系表现在个人高于一切，因此产生对党不老实的态度，是品质问题。作风不民主，干部政策的行会主义，骂一顿还是听话，如对×××就表扬，提拔，反之，有些有才能的干部采取忽视态度，斗争尚未结束，在政治局会议上解决。

五年计划问题：

高岗与李富春做了报告，政治局讨论二次国家资本主义问题。以统战部为核心，专门讨论国家资本主义问题，综合起来，作一个传达。

（一）五年建设的方针、规模、指标。

计划经济是第一次尝试，二个多月时间与苏联交谈后搞出来（去年）。今年又修改了一次，缩小了一些，发展重工业，保证社会主义工业稳步前进。“建设为着社会主义奋斗”不能把新民主主义与社会主义分隔起来，苏联在 1938 年私人资本主义还有 0.03％，1923—1924[年]占 23％，现在中国占 50％，特别是上海，我们还只占 36％。集中力量发展重工业，是我们总方针，相应的发展农业与轻工业。在发展工业基础，首先改善工人生活，及一般人民的生活。有了铜铁煤，有了制造机器、飞机、坦克、耕种机的工业，问题就解决了。但发展地方工业手工业还很重要，食品、造纸、医药、纺织等轻工业由中央掌握。

地方工业有几点要注意：

① 国家大，发展很不平衡，要就地取材制造与就地推销的原则，如杭州檀香扇材料只本地有，推销国外的，如何搞？如张小泉的剪刀也如此。答可以灵活调整之。

② 发挥现有的潜在能力。

③ 举办中小型的轻工业工厂，按需要决定，华东已太多，不一定再要许多轻工业工厂。

生产资料比消费资料重要，上海 80％以上是生活资料，各地也有同样情况，苏联 70％是生产资料的生产，今年才有改变。

总方针：

① 发展重工业为中心，不怕时间长，不怕困难。

② 同时适当注意轻工业与小工业，以满足人民需要。

③ 发展主要的轻工业，另一方面要发挥潜在能力和私人资本的能力，解决就地取材，就地推销。

④ 生产资料比重要增加，照顾消费资料。

社会主义经济比重不断增加问题。

三年来上海那一种发展速度快？是社会主义速度发展快。1950 年，绝对数发展 7 万亿，私营的 5 亿。1951 年，国营 8 万亿，每年国营发展 240％，私营〈130〉130％，1950 年我们占 18％，1951 年占 36％。

⑤ 进一步巩固工农联盟。

最基本问题是农业集体化问题。没有机械化以前工农业品的定额不能解决，完全集体化要 30 年，只好逐步解决。

巩固工农联盟要一方面发展粮食，另一方面要满足商品粮与出口粮，提高人民的生活需要，发展城乡物资的交流。工人生活突出的好，对农村有极大的影响，我们要注意。特别是普通工人、运输工人，生活的改善，更要注意与农民生活相适应，否则要影响工农联盟。

准备后备力量。

技术人员、干部的培养是主要的，其次是经费，否则计划不能完全完成。

（二）指标问题。

（三）编制计划的几个问题。

① 要防止左右，今天冒进是主要的。因为有热忱与无经验，主席要求二三年内学会生产，克服冒进的主观主义毛病，学习联共党史，就是如此。

② 各个经济部门平衡发展。

如长春汽车厂，要设 5 个附属工厂，我们没有统计与经济，往往计划不准确，这是困难。

（四）基本建设问题。

摊子很大，北京比莫斯科大二倍，5 年 7 千万平方米，苏联 3 千 5 百万施工计划，计划之外的数目更大。

技术问题要注意，苏联有的地方造好了工业，数年不能开工。

（五）大力培养干部。

数理化人〈材〉才，只要不是反革命，不要浪费。一个上海，条件很可以培养人〈材〉才。补习学校有 17 万人，组织一下很重要，5 年之内大行政区准备全部换一批，包括技术人员，5 年内最少要有 37 万人。

国家资本主义问题。

过渡时期经济特点是二种经济并存。即工业消灭私营、国家工业化、农业集体化，把资本主义改造成为社会主义叫做国家资本主义，这是不可避免的阶段。

五反后更有利于我们去改造资产阶级的经济，从调整私营工商业至五反，是国家资本主义，发展有利条件。我们同苏联不同，对民族资本没有没收，这三年来有很大的发展，如上海公私合营有发展。

为什么需要资本主义？

① 适应党的总方针。

② 适应于经济发展的需要,私营的主要是轻工业及高级的消费品。

③ 维持工人生产。

④ 过去合作过。

⑤ 干部技术条件不够。

改造的方法——通过国家资本主义的方法,可能性是:

① 抗美援朝的胜利,打断对帝国主义幻想。

② 土地改革的胜利,打断与封建阶级的关系。

③ 人民专政的巩固与扩大,国营经济的领导地位。

④ 资产阶级的软弱性。

三年至五年国家资本主义化。

中国与苏联国家资本主义的区别。

1918 年列宁提出了这个问题,毛说:“本质上基本上相同,方法不同,我们是公私合营方法。”

毛说:“可以考虑在合作化、国营经济领导下,把小商人、摊贩组织起来。”

二种经济是领导与被领导关系,因此要尽可能发展国营企业,主席说:“人民的需要,〈仅〉尽可能由国家来承担。”

要“有所同,”也要有“有所不同。”

好货好价,次货次价,某些原料应“一视同仁”的供给,如棉花等级。

实行国家资本主义是工人阶级对资产阶级的全面攻势,不是和平改造,而是剧烈斗争。

股息红利要放宽。股权要清理,承认私有股产,“逆产”没有材料的暂时不要。

(文件编号:E77)

陈毅市长关于教师理论学习的动员报告

1953年10月20日

中国没有大知识分子不能建设，他是国家的财富，但过去受国民党的毒也最深。方向明确，精神〈在〉再能愉快，纠正迷失方向的苦闷。

四年来的学习，实际上是启蒙。

总路线问题

国营口号24条是总路线。

（1）改那些经济——农业，手工业与私营企业，以国营企业为目标，用机器代替人力，改造农业就要解决技术问题。

政治改造，是考验每个人。为了社会主义要提高，要经过〈振〉震动，是一个严肃的斗争任务。要吃苦，新中国的诞生要经过痛苦的过程，社会主义的实现要通过三个改造，是一个苦痛的过程。要[么]就是共同前进，要[么]就是自己垮了。

（2）先发展重工业，还是轻工业？

民族ブル主张国家发展重工业，他们发展轻工业，这是完全错的，不能分庭抗礼。应该说应以重工业为重点，私营轻工业逐渐归国家指挥，一个队伍不能有二个指挥官，过去三十年是中国民族资产阶级统治的，把中国搞得一塌糊涂，也有一种人，认工业农业应当并重，应当说是相应的发展农业。

为什么要有重工业，因为自己可以制造重要的物质，中心环节是重工业的发展，这一环动了其他的都动了。

张之洞、李鸿章过去都提倡过轻工业兴教育，后来都垮了。

（3）二个路线——工业化二条路。

向英美看齐是ブル的，资[产阶]级的工业化思想是错误的。日本是最后的，一个国家，时间是在19世纪的后半期，中国的统治者过去也这样想过，结果变成了法西斯蒂日本的殖民地。

ブル道路是一定要联系英美，ブル领导[引向]三次大战，其他一条[道路]则不是那样。

那批投机、破坏分子，偷税漏税的，要杀一批。

上海文化界同中共一向有交情，为进步、为科学与中共是一致的，因此我们不要作为前进道路的阻碍，不要去说坏话。梁漱溟就是这样一个人。90%的会同情我们，但不免有个别的，梁漱溟[那样的]人物。

毛主席对梁的问题的指示：

“傅作义我们很欢迎，他说过去是反动透顶的，他有贡献，和平解放北京，梁××没有什么贡献。”

“蒋介石枪炮杀人，梁先生文章杀人。”

二个工作方向：

(1) 继续抗美援朝。

要有警惕性，和或战，“和是主要的，战是准备”毛指示。

指出建设也因为和是主要的，主要收获：

① 我们摸到军事的底，可以打败他有把握——1小时内消灭了4个师，只要能工业化，3年前只能从理论上推测到能胜，现在是实践。

② 推迟了[第]三次大战。

③ 全国团结，觉悟提高。

(2) 经济建设。

第一五年计划比苏联要大一些，5年追上日本60年，自明治维新至抗日战争时止。

增产节约，服从国家利益，发展个性，在计划的领导之下。

支援政府，粮食统购统销。

过渡时期以什么时候为起点？国内战争基本上完结(1949)起开始，以城市为中心，为社会主义准备条件，直到进入社会主义时为过渡时期，大约10年至15年。

什么是国家资本主义？受了限制的资本主义，从外部的朋友变为内部的朋友——由外部的联盟变为内部的联盟，要培养先进的资本家，识时务者是俊杰。

（文件编号：E77）

上海食油问题的讨论

1953 年 10 月 20 日

潘汉年：

食油问题人民〈漫〉埋怨很多。实际供情况是：9 月 26 日与 1 日相比，供给增加 90%，月底增 150%。10 月 18 日渐形严重，发生抢购，近涨至 500%，连人民警察机关干部都去排队。

为什么发生这个情况？

① 人民生活提高，需要增加。油的资〈料〉源，农村生产率还是很低，不能适应需要。各地局部灾害使产量受影响。外销任务很大，交换机器。

② 外销要有交通工具，运输缺乏工具，如草纸缺乏。

因以上原因上海附近各地发生了供应问题，因此又影响到自由市场的波动，私人资本亦即发生囤积居奇，农村人口到上海来抢购。

也有商人把油放在棺材里的，份量上减少，以此提高价格，因这种方法引起恐慌。从这些事实看，我们的管制方法不够严密。

我们的教训：

过去敌人统治时代，市场上发生混乱，是因为敌人抢去了物资。

解放后银元贩子的捣乱，曾引起币值的波动，自从解决了以后，物价上基本稳定下来。因而可以说，如不镇压，我们就没有办法。

中秋节时也发生鸡蛋不够问题。那时每天供 80 万担，现在供 40 万担，没有排队，这是因为私商的投机。今年大风时黄鱼供不上，由政府把冷藏外销品供上海市场这个问题就解决了。

现在情况的严重，不是人民对政府没有了解，而是私商的兴风作浪。油的问题今天已开始好转，因为我们开始进行宣传。

党与政府目前应做的工作：

我们必须要看上海附近的情况，如别的地方缺少物资，一定要到上海抢购，我们也不能无限制要求各地配合，因此只有严格管理市场。一不留心其他物资都有可能抢购、囤积。

加强计划管理，保证供应。

现在合作社的供应没有计划，要多少买多少。其次上海有规模的私商游资，他们要投机，比我们调资力量大，其原因是社会主义的经济力量比资本主义的力量弱。因此我们要坚决地从根本上看，但这还不等于立即消灭私商。

两个矛盾将会愈来愈大，我们要加强主观力量与战胜他。注意私商的零售商（现占55%的销售量），如何限制自由市场的客观法则，这是我们的任务。我们要学习政治经济学，可以根据上海目前事实加以研究。对目前问题要有具体对付办法，我们干部要协助实行计划管理工作，要如何热烈的督促帮助合作社的计划供应。

如何管理市场：（草案）

管理食油办法：

私有油商要加以限制，有下列情况者，要禁止其买卖或处分。

① 全部食油经常供应门市，不得囤积、缺称、外销、抬价、散布谣言、拒绝出售、飞过海。

② 销、售、存每日情况向工商科呈报，不得虚报，迫其逐步成为代销店。

③ 出售量不准少于半斤——现在有些店贴纸条"存油不足每人限购一两"，作风极坏。

另外：

① 有上述行为者要严办，或没收财产。

② 禁止食油外流，公路、铁路、水路不准带五斤以上食油外出，五斤以上者按情况处理——没收、或罚钱、或按价收购。

③ 本市居民有严重囤积情况者，亦要依法判处。因为上海人过去有这种习惯，连女佣也有囤积的事。（大量囤积[要]处理）但要掌握政策，有重点有根据的进行。

计划供应要逐步进行，是否有利问题要进行宣传工作，要区别敌人的办法，他们是做不到的，我们不如此。

大米私商占75%销售量，零售问题，我们只占10%左右，此种情况，必须十分注意。我们干部也有去排队的，有一个科长拖病去买油，一下就买70斤，有一个处长，去排了二次队。

陈市长：

（一）食油问题的性质

这些办法马上就要实行，为了保证实行，向大家报告，补充意见如下：

这是社会主义改造的具体表现。大的政策的转变，表现总政策总路线，食油问题的重大就是如此。由此，可以了解到其他问题，为此作一个补充报告。

对五年计划采取捣乱的党员，要开除党籍，不管他是什么理由。各那个处长，自己出来排队一定要开除，这里包含着原则性问题，是资本主义思想的反映。我们与商人配合捣乱，绝不允许。

经得起考验的党员，受人尊敬，在法庭上战场上不怕死的人，全党要对他敬重，他们是光荣的。现在已经没有这些考验，现在是另一种考验，即与资产阶级斗争的考验，这同长征一样的要去考验。党员要向群众宣传人民政府的办法。不要为2斤[油]开除党籍。

全党动员起来与资产阶级作斗争，这是一场严重的斗争，食油问题的性质就是如此。

（二）社会主义改造问题

这个斗争海陆空军也参加，谁来破坏，就要打击谁，不要以为社会主义可以和平到来。首先要准备吃苦，进行残酷的斗争，首先要在党内进行斗争，有许多党员与资产阶级有联系，向他们投降。

什么是社会主义？

恩格斯的定义："阶级斗争，批判资本主义生产的无政府主义……"

战争时代，征收公粮，反对本位主义是很合理的，抗战八年能够胜利，就是靠公粮。

现在是逐步改造私人经济，这就是社会主义，食油管理是步骤之一。资产阶级还要来打击我们，手工业有很大的贡献，是一个伟大的劳动力，这批人如何组织起来是一件重要的事情。要把他们拉〈近〉进来与我们一同建设社会主义，但本身他是小资产阶级，要用合作社的方式把他们组织起来。

我们的许多县委干部是大的囤粮户，他们不愿出售粮食。农村的私商与城市商人勾结起来，利用农民组织拒不出卖粮食给公家。要实现社会主义，还是需[要]广大农民参加，我们要说服他们。

私营工商业改造，就是要消灭资产阶级，公私合营就是要把私人财产拿过来，消灭阶级，个人为国家工作。

这个斗争一定要影响到党内来，特别是农村的党，这是党的社会主义的改造。反对抢购。有些党员可能同情资产阶级，或者投降，作为代理人。另一方面,生活方面有些人要有意无意的堕落,所有的人要警惕起来,各方面通过机关合作社,实行供应。先从食油开始,上海机关人员约有 400 万人,问题解决了,就不成问题。

为什么今天还要发生这些问题,有很多人不了解,谈虎色变,对计划管理很怕。因为要盖 141 个大厂,所以我们要〈节〉编制缩小,再就是为了改善生活。为什么工资不能增加,军队不实行薪水制都是为发展重工业。其次是抗美援朝还要很多钱,还要输出换机器,招待外宾,支援邻国如朝鲜、越南,还有必要的费用如修庙。

增产节约问题:

浪费问题是严重的,将来还要说。

编制问题——不减少就不能提高待遇。

我们机关的负责人要如带领队伍一样,服从领导,展开宣传,保证实行计划管理工作的实现。

月底还要做一次报告。(社会主义改造问题)

学习问题(社会主义经济问题)

① 什么是法则。

② 如何认识法则。

③ 自然法则是不是长久不变。

④ 经济学法则是不是不变的法则。

⑤ 为什么自然法则能比较顺利运用。

⑥ 政治经济学法则有那些是遭到了抵抗。

⑦ 客观法则可以认识利用,在实际工作中可以举什么例!

(文件编号:E77)

南京市人民政权建立情况的报告[①]

1953年10月

一、实行军事管制建立人民政权

南京解放后，为了确立革命秩序，保障人民生命、财产安全，建设新南京，奉中国人民解放军总部命令，4月28日，成立了以刘伯承为主任，宋任穷为副主任的中国人民解放军南京市军事管制委员会，作为军官时期的最高权力机关。统一领导全市的军事、民政等。5月1日，市军管会警备司令部、政治部成立，以三十五军担任警备部队[②]保卫城市。市军管会下设机构除警备司令部、政治部外，还有秘书处、外侨事务处、公安部和军事、行政、财政经济、交通接管委员会和文化教育委员会、房地产管理委员会(内设房产管理处)等。至9月初，接收任务完成。7月市军管会发出布告，宣布"接收任务均已先后告一段落，所有工作悉交由各有关机关妥为接管，本会所属之上述各接管委员会自即日起宣布结束。除本会原有之警备司令部、政治部、外侨事务处、房产管理处、秘书处外，特令成立敌伪物资清理出、高等教育处、新闻出版社、文艺处，处理各该机关有关事项"。至1950年6月，市军管会机构只有秘书处和外侨事务处了。市军管会领导成员也多次变化。市军管会委员会名单于5月18日公布：委员兼主任刘伯承、委员兼副主任宋任穷、委员张继春、李达、陈士榘、江渭清、柯庆施、张霖之、周兴、段君毅、徐平羽、王明远、黄华、陈同生、罗士高、孙从周、刘宠光。9月7日，中国人民解放军总部电令：市军管会副主任宋任穷另有任用，有粟裕、唐亮为该会副主任、11月11日，又电令市军管主任刘伯承另有任用，以原委员兼副主任粟裕为该会主任，唐亮为副主任，并以江渭清、柯庆施、何以祥、张藩、张凯、张震、周骏鸣、陈士榘、钟期光、龙潜为委员。

为了确保中共中央和华东局方针、政策的贯彻执行和市各项任务的完成，必须建立和加强党的统一领导。4月26日，解放区南下接管城市的中共南京市委和中共南京地下党市委会师。5月1日，在华东局直接领导下，在南京人

---

① 本文页下注为原有的——编者。

② 见《南京市委向中央及华东局五月份报告》。

民大会堂召开了 3 千余人会师大会。总前委和第二、第三野战军领导人参加了会议，会上表彰了广大军民和南京地下党组织在渡江和解放南京的战斗中所作的贡献。并要求解放区和地下党的干部真正做到从组织、政策和思想三方面会师，统一思想和行动，为坚决、彻底、干净、全部消灭残敌，迅速恢复生产，支援前线，为建设一个新南京而努力奋斗！同日，经中共中央批准，成立了以刘伯承为书记，宋任穷为副书记的新南京市委。市委设立了办公厅、秘书处、组织、宣传、统战和保卫四部、工、青、妇三委。并迅速整理全市党的组织，加强对党员的政策和纪律教育，使党成为坚强的战斗司令部。

在市委、市军管会建立的同时，也着力筹备市政府成立工作。5 月 7 日，市府副市长、秘书长等人选已定。5 月 9 日，刘伯承同志在召开的市政府局长以上干部座谈会上讲了话，号召大家要密切联系群众，团结群众，依靠群众，执行政策，共建新南京。5 月 10 日，市政府成立，中国人民革命军事委员会任命刘伯承同志为南京市市长，柯庆施、张霖之二同志任副市长。这时军管会与市政府是合署办公，内部机构要承担两方面业务。市政府成立是工作重点由接转到管的标志，为了适应工作和市民的需要，至 7 月份，市政府已建立了秘书、行政、交际三处和公安、民政、地政、财政、建设、工商、劳动、教育、卫生等 9 个局及 1 个人民法院[①]各局、院的工作是根据各接管会、部接与管的比重转移程度及本身工作之重要性来调配干部与使用力量的。至 1950 年 6 月，市政府机构为市长办公室暨秘书处、调研室、人事处、行政处、新闻出版社、交际处、民政局、财政局、教育局、文化局、建设局、工业局、商业局、劳动局、房地局、卫生局、公安局、财委、监委、郊区办事处和人民法院、人民检察署等。1949 年 6 月 2 日，13 个区政府成立。6 月 24 日，市政府宣布废除保甲制度，基层人民政权亦相继建立。以执行中国共产党和中国人民解放军既定的各项政策，进行城市管理。

1949 年 4 月 23 日，南京解放后，南京市人民政府归中国人民革命军事委员会领导。10 月，为中央人民政府直辖市。同年，12 月至 1952 年 12 月，为华东为政委员会之直辖市，属华东军政委员会领导。1953 年 1 月建立江苏省人民政府后，南京即为江苏省的直辖市，属江苏省人民政府领导。

---

① 《二个半月来市政府工作总结提要》。

人民政府的建立,根本改变了人民与政府的关系,压迫、剥削人民的国民党政府消失了,建立起的是为人民服务的政府,人民在政治上翻了身,真正做起主人翁来了。他们将在市委、军管会、政府领导下,团结一致、奋发图强,迅速荡涤国民党政府留下的一切污泥浊水,建设起一个崭新的健全而又繁荣的新南京。

二、进行初步接管 巩固人民政权

在建立各级政权的同时,已迅速开始城市接管工作,这是取得革命胜利后,南京人民一项首要的政治任务,也是彻底摧毁国民党统治机器、巩固新生人民政权的重要措施。

早在南京解放前夕,我党就为接管南京从组织、干部中进行了准备工作:从 9 个不同解放区干部 2 400 余人,编成 7 个干部队伍(即金陵支队),随军南下,先在合肥、安庆、全椒等地集训,学习党的七届二中全会精神和接管城市政策。由金陵支队一、二、三、四和六队组成财经、交通、行政、文教接管委员会和公安部(金陵五支队党群干部和七支队学生继续培训,后陆续分配),军事接管委员会由二野抽调干部组成。二野共抽调军队干部 452 人(即金陵八支队),地下党抽调 800 多名党员参加接管工作。① 市军管会各接管委员会下设部,公安部、警备司令部下设处,接管相对应的前国民党中央、南京市政府机关、企事业单位和军事机构等。

市委在部署接管工作时强调指出:“接是短时间的,但管是万万年的。这是当推翻反动统治后完成新民主主义建设的重大步骤,必须动员全党重视接管工作。”②市委、军管会首先分析、研究了解放前南京的基本情况与特点和接管工作的困难与有利条件:

南京原是国民党反动统治的首都,是国民党实施专制统治、内战政策的中枢所在地,因而构成了一个畸形发展的城市。官僚机构、私人公馆林立。在全市 130 万人口(据 1948 年 6 月统计)中,公教人员 11 万,警察、宪兵 16 000 万,特务 3 000,他们占全市人口的 12%左右,连其家属在内约有 30 余万人,几占全市人口的 30%,此外尚有男女仆役 8 万余,失业人员 33 万,加上舞女、娼妓

① 《南京市委组织部文件》。
② 《市委关于接管工作意见》。

等，统计非生产人员占 70%以上，而真正的产业工人只有 2 万多人。

工商业典型的殖民化，几乎纯粹依靠帝国主义和代理帝国主义倾销商品，供给官僚资产阶级之所需。全市工商业有近 2 万户，工业户不足 1/10，其中建筑业还占了一半。而且生产基础薄弱，其中稍具规模的仅有公营企业马鞍山硫化铁矿、六十兵工厂（大部分已被国民党迁走）及资源委员会所属儿个厂，私营企业仅有永利錏、有恒、化学工业公司等，且大部分工厂限于用美国原料或半成品从事简单加工或装配。

财政开支除国民党中央机构难以数计的支出不计外，国民党南京市政府每年收支差额需榨取人民血汗补助 4/5，因而南京人民十分贫穷。

进步文化一律受到扼杀，部分学校为三青团所把持。这些是解放前南京的特点。

敌人逃跑前早将便于携带的重要资财，如银行的美钞、黄金、白银和交通工具等疏散迁移大部，又大肆盗运文化古物及科学教育器材。1948 年 12 月行政院南逃时，伪教育部即下令将国立故宫博物馆南京分院所有的 11 558 箱文化古物分批运往台湾。截至南京解放时，已被运走三批，计文渊阁四库全书、书画、古瓷器、古铜器等共 2 972 箱。国立中央图书馆所藏的 70 万册中外古今书籍，被运走 10 多万册，名贵的中文善本书籍大部分被运走。中华教育电影制片厂的器材如电影摄影机、录音机，拷贝机等亦为之运走①。重要的军事设施、器材全部运至台湾。重要文件档案特别是特务、党团材料被带走或销毁。②

国民党南京政府在撤逃的同时，对南京进行了破坏。如火车站、飞机场、轮船码头，都遭到爆炸与焚烧，下关火车站的候车厅，被烧得只剩下一副空架子。光华门外的飞机场为国民党空军放置的定时炸弹所毁。中山路上的司法院、司法行政部大厦被烧，从 23 日晚一直烧到 24 日凌晨。

敌人在逃离前，又布置下了潜伏特务。解放后又不断派遣特务来宁蛰伏，伺机进行破坏与捣乱。全市金融、物价混乱，交通、水电处于半停顿状态，敌人长期的反动宣传也使部分群众对新生的人民政权怀有疑虑，这些给接管工作带来了严重的困难。但另一方面在客观上，由于我军顺利渡江，敌人仓皇逃

---

① 《新华日报》，1949 年 5 月 5 日。
② 《中共南京市委关于接管工作总结》。

窜，南京解放极为迅速，以及我地下党宣传工作和组织群众护厂、护校、反搬迁的斗争，使南京大部分资财未遭到破坏，除军、警、特机关一部分为敌人自行破坏[①]外，其余机构大部分保持完好。这为接管提供了有利条件。在主观上，第一，我们有中共中央、华东局领导和一整套明确的接管城市的政策和先行地区的经验。第二，我党为接管南京作了政治上、组织上的准备，这些都为接管提供了宝贵的条件。

市委、军管会针对以上情况，提出了接管工作意见，并作出了具体部署：首先是完整地接收，同时广泛宣传党的政策，采取有效措施，争取迅速安定社会秩序和安置职工生活，使接与管衔接起来，以恢复生产为中心，有步骤地尽快做到由接到管。

（一）接收工作是从1949年5月1日开始的，市军管会派出军事代表，市委组织了群众工作组去宣传、组织群众，分两条路线一起下到机关、工厂、学校，二者配合进行。此外尚有某些企事业单位、机关中有我地下党的组织，这样接收工作就由军事代表、工作组长和地下党支部书记组成三人小组具体领导，三者以军事代表为主。[②] 整个接管工作领导系统为：行政系统是市军管会、接管委员会、军事代表、工厂、机关、学校；而在行政组织系统内与之一致的则为党的组织系统，是市委、接管委员会党委会、三人小组、支部，以保证接收工作顺利进行。在接收方针上，按照中央与华东局“各按系统，原封不动，自上而下，先接后分”的指示，采取自上而下的行政方式和自下而上地发动群众相结合。在接收过程中，参加接管的干部都严格执行了党的接管政策和城市纪律，发扬了艰苦朴素、廉洁奉公、全心全意为人民服务的优良传统和作风，对接收来的物资涓滴归公，分文不苟，这深深感动了群众。过去饱受国民党反动统治压迫的工人、学生和广大人民积极投入清点接收工作，认真地清点资财，无私地揭发瞒报，从而保证了接收工作的顺利进行。

接收工作于5月底初步完成，市委向中央、华东局作了专题报告，已接收单位707个。7月初因接收工作基本完成，14日市委决定撤销各接管委员会党委会及各单位三人小组。9月初接收任务完成，接收战果更为显著，接收单

① 《南京市委向中央和华东局五月份报告》。
② 《饶漱石1949年5月2日报告》。

位已达 1191 个,并由接到管,7 日市军管会决定撤销各接管委员会。

接收工作的圆满完成,这是解放后南京人民第一个胜利。这一胜利的意义就在于全面、彻底地接收了国民党政府、军、警、特机关的同时,市军管会又命令解散国民党、三青团、青年党、民社团和中统、军统、国防二厅等反动特务组织,严禁他们继续进行任何活动,没收其所有公产与档案,从此人民的铁拳就摧毁了国民党反动统治机器,同时广大人民的社会财富亦从反动掠夺者手中,一般比较完整地归还给人民,成了人民建设新南京的物质基础。

(二)对接收下来的旧公教人员和流落城市的大量无业失业人员处理,是解放后南京长期内的艰巨任务,也是安定社会秩序、巩固政权重要措施。

市委、军管会、市政府对他们采取积极负责的态度。首先对接受下来的 5 万多旧公教人员,本着"一律包下来"、"三个人饭五个人吃"的政策,作了妥善安置。凡有一技之长,愿为人民服务的旧公教人员尽可能录用,即使一时无适当工作可分配的,也分别送学校学习,或协助转业、资助回乡生产。市政府民政局专门成立"处理回籍人员办事处",沿途设站护送,做到仁至义尽。在解放初期 4 个月中,发放旧公教人员工资和资助回乡生产费用占了全市财政开支的 70%。到了 7 月下旬,为粉碎敌人的封锁,渡过难关,实行了精简整编,又编余旧公教人员 1 万多人,也作了适当的处理。据 1950 年统计,旧公教人员各机关录用 4 万多人,介绍学习 6 千多人,协助转业和资遣回籍生产 1 万 5 千多人,年老退休或收养 220 人,先后三次处理了连其家属在内共 10 万之众。①

在处理旧公教人员的同时,又大量处理了无业失业人员。一年中,遣送回乡生产 16.5 万余人,组织在副业生产和以工代赈运动中者约 3 万人,介绍去其他地区工作 1 230 名,送学校学习 1 179 人。先后发救济粮 18.1 万多斤,使近 10 万失业的难民得到了援助。此外,又成立了"散兵处理委员会",收容与遣散国民党流散官兵 6 万余人。这一大社会问题逐步解决为顺利接管城市、建设新南京创造了有利条件。

(三)党的七届二中全会指出:恢复和发展生产是城市工作的中心环节。市委、市军管会、市政府紧紧地把握住这一指示精神,一面接收,一面广泛宣传党和政府保护工商业政策和"发展生产、繁荣经济、公私兼顾、劳资两利"的经

---

① 《三年来的劳动就业》。

济纲领，组织和发动南京人民全力以赴地恢复和改造生产。同时给予必要的扶持与指导，帮助他们解决恢复生产中的困难，如解决原料、生产资金、产品销路等问题。

在政府的积极扶持和群众的努力下，一年来，所有被国民党政府关闭或已倒闭的生产事业基本上得到了恢复，有的超出了生产计划，还新开了不少厂、店。在工业生产上，解放初，与生产事业和市民日常生活有关的电厂、自来水厂不仅水电没有中断，且供应水电量逐渐增加。有线电厂解放后 3 个月的产量，相当于该厂开工以来 6 个月产量的 22 倍。从工厂户数看，解放时南京的工业（包括手工业）有 1 279 户，除去解放后转业、歇业、停工户外，有 1 060 户，到 1949 年 12 月底统计，工业户已达 2 731 户，较原数增加 1 倍以上。私营最大的工厂 19 户均已开工。公营工厂除一家军用面包厂未开工外，其余全部开工。凡是对人民有利、适合人民需要的工业有了发展，而不为人民需要，只好歇业或转业，改变生产方向。在商业发展上，南京市的商业按行业来分，计有 106 个，解放后不仅原有行业显露了生机，还新开了许多商店。据 1949 年 9 月登记数为 18 188 户，到 12 月底，全市共有商户 19 217 户，较前增加了 1 029 户，占总数的 6%左右，整个工商业是由病态向健康方向发展。[①] 在农业生产上，由于在国民党统治下江河堤坝年久失修，1949 年以来，雨多水涨、台风袭击，致使造成十八年来最大一次水灾。市军管会、政府立即组织防汛救灾，6 月成立了夏防委员会，发动 11 万多人抢险救灾，修堤长达 9 万余公尺，并积极给予扶持，组织农民开垦荒地，积极疏通城乡流通环节，促进农业生产的恢复与发展。

总之，生产的恢复与改造是建设新南京的关键。抓住这一关键，才能安定与改善人民生活和支援全国解放战争；人民政权才有巩固的基础。

三、召开各界代表会议进行民主建政

人民政权建立后，市委、军管会、市政府为了密切政府与人民群众的联系，进行政权民主化建设，拟决定召开南京市各界人民代表会议，动员和组织群众为建设新南京而奋斗。

1949 年 5 月 13 日至 18 日，市委、军管会、市政府首先联合召开了工人、学

---

① 《1950 年 2 月 27 日柯庆施关于南京生产方针问题的报告》。

生、文化科学界和工商界代表 4 个座谈会，倾听和反映群众的意见和要求，宣传和解释党的政策，澄清某些模糊认识，进而明确努力方向，这为接管工作打下了一定的思想基础，建立了政府与群众的初步联系。

9 月初，接管工作初步完成。一方面为建设新南京提供了物质基础，群众的认识和觉悟进一步提高，基本群众的组织进一步扩大；另一方面在改造旧南京的过程中，遭遇到十分严重的困难，加上帝国主义、国民党残余势力与封建势力相结合，对南京进行封锁与轰炸，致使城乡互助和内外交流受到极大影响，物价波动很大，大大阻碍了城市生产建设的顺利进行。为此，必须使全市人民认清方向，同心协力克服困难，粉碎封锁，恢复与改造生产，支援解放战争。

市军管会、市政府于 1949 年 9 月 5 日至 9 日，假南京市人民政府交际处(今中山东路 307 号)隆重召开一届一次各代会议。出席代表 272 人，会上由宋任穷副主任代表中共南京市委作施政方针的报告，柯庆施副市长作政府工作报告，人民解放军第二野战军政治委员邓小平作政治报告，反复讲解旧南京的特点和建设新南京的方针，其方针为要把过去帝国主义、买办官僚剥削、压榨人民的南京，改造成为国内生产的为人民服务的新南京；把畸形发展的旧南京，改造成为健全、繁荣的新南京。接着说明了大会要解决的主要问题是如何克服困难，并就我们所遭受的困难及克服困难的办法作了详尽、深刻而透彻的分析。通过了以华东六大任务为准则的南京六大任务和建立支前拥军、中苏友协、生产研究、疏散人口、劳资关系、文化教育、工商联等 7 个委员会的议案。经会议的传达与讨论，使南京人民认清建设的方向和困难，初步明确了克服困难的途径，增强了人民群众克服困难的信心和决心。这次各代会议的特点是为首次举行，代表的产生是与各界充分协商后，由市军管会和政府以邀请形式产生的，代表包括了每一阶层，具有广泛的代表性，其中有工人、农民、知识分子、工商界代表，有青年学生和妇女代表，有政府、民主党派代表。会上建立的 7 个委员会，又吸收了各党派、各团体、各方面的民主人士参加，把民主建政工作由不具形式、不作决议的座谈会时期，迅速转到具有正规形式的各代会时期，密切了政府与人民群众的联系。但因这次会议为初次召开，各方面准备皆不够充分。

一届一次各代会后，形势发生了新的变化，我政治、军事获得了空前的胜利,全国大陆基本解放,中央人民政府成立,但灾后生活仍极端困难,工商业面临改造中的困难,新的失业现象发生,反革命分子乘机活动。为了团结大多数人民群众,共同战胜当前困难,于 1949 年 12 月 8 至 12 日召开了一届二次各代会议,出席代表 343 人,会上由市委书记粟裕作《关于目前的形势和今冬明春的工作任务》的报告,副市长柯庆施作施政工作报告,董必武副总理到会讲了话。会议以讨论加强社会治安、处理难民、生产节约防备春荒为中心,明确了当前的有利条件和克服困难的具体措施:首先,应加强反特治安工作;第二,必须进行坚决的疏散工作;第三,积极组织难民和失业人员进行工农业生产,以生产自救;第四,举办以工代赈;第五,开荒和发展付业生产;第六,动员全市人民的力量进行冬季救济工作;第七,必须厉行节约等。并于 12 日全体代表一致通过成立市各界人民协商委员会。这次各代会的特点是:应各界需要,会议代表名额比前次 272 人增加 71 人。代表也更为广泛,为解决灾难问题,代表中特别包括了难民、失业编余人员以及烈、军、工属代表 18 人,为促进城乡互助与交流,还邀请六合、江浦、江宁、和县、句容、当涂等六县代表列席会议。且代表不是全部邀请,而是重新在民主协商的基础上选派产生(仅少数是特邀代表)。会议还邀请了各党派、各界人民的主要领袖与代表性人士 37 人组成了协商委员会。这是一个进行本地区民主统一战线工作的机关,作为人民代表大会召开以前,政府的临时协商机构,并代行其职权,也为各代会闭会期间,政府与人民联系、协商的桥梁。

一届二次各代会后,情况进一步好转,新的健康因素进一步增长。物价稳定。供应比较充沛,人民生活得到基本保证,但新的困难又在产生,南京正处在青黄不接、经济萧条时期,失业问题严重。旧南京一切腐朽的特点,尖锐地暴露出来,为此,市政府一方面迅速救济失业无业人员,另一方面对各种混乱思想进行教育与斗争。在此基础上,于 1950 年 4 月 12 至 16 日召开了一届三次各代会议,代表 341 人,会上由柯庆施副市长作《关于本市今后工作任务的报告》,以坚决执行统一财政的决议为中心,再度反复讲解南京的特点与困难,集中力量对资产阶级某些消极观望和逃避舞弊等倾向作斗争,研究和解决工商业困难,疏散人口,进一步发动和组织人民,加强人民内部团结,保证中心任务贯彻执行,迅速改变南京面貌。这次各代会的特点是:代表除以上次会议代表为主外,对已调离南京的代表又进行了推补或邀请,这次增加代表主要是公营企业和私营工商业代表、职工界、教育界、市郊士绅、青年团代表，减少的主要是部队、机关代表为这次会议事先开了预备会议，一切报告均印发给代表，在预备会议上充分讨论，使之更符合实际和群众的要求，也便于今后贯彻执行。提案也印发给代表。会上充分发扬了民主，为了使工商界对报告能充分发表意见，在会议期中，又召开了两次座谈会，在民主的基础上，达到了认识的一致。

一届三次各代会后，情况有了新的变化。国际上朝鲜战争爆发，国内财政经济状况已初步好转，南京工商业经调整公司关系等工作，亦已初步好转。特别是经半年来的大规模疏散工作，南京最为突出的无业失业人口问题，在程度上得到很大的减轻(从三十五减到十余万)。基本群众的组织力量有了相当加强，各界人民的认识程度与主人翁的觉悟有了很大提高，各方面市政工作都已次第全面展开，但潜伏的反革命分子活动也在转剧。在这种情况下，于 1950 年 10 月 23 至 30 日召开了二届一次代表会议，出席代表 549 名，经华东军政委员会批准，初次代行人民代表大会职权。会上由柯庆施市长作《市政工作报告》，并有 4 个专题的补充报告。通过了市人民政府组织条例、各界人民代表会议协商委员会组织条例。通过了以巩固人民民主专政、维持改造工商业，并争取进一步好转，贯彻生产救灾以及加强文化教育等。选举了市长和市府委员，正式成立了市政府。这次会议大大增强人民建设新南京的信心。二届一次各代会的特点是：

1. 由华东局、军政委员会批准，初步代行人民代表大会职权，这是百万市民民主生活中的一件历史性的大事，所以筹备工作比较充分，由市协商会成立了二届一次代表会议筹备处，对会议的重要性作了宣传，基本做到家喻户晓。

2. 代表是在有领导、发扬了民主精神的基础上选举或协商产生的，因而较过去三次有更大的广泛性。代表名额 549 人也较前次 341 人增加了 208 人，比一届一次 272 人增加了 1 倍有余。其中军管会、政府代表 24 人，占全部代表数的 4.4%，选派代表 481 人，占 37.6%，特邀代表 44 人占 8%，妇女代表占总数的 14,73%。其代表性和民主性大为增加，占全市人民绝大多数的职工界、工商界、青年学生界、妇女界代表人士比一届一次都相应增加了 1 倍或 1 倍以上。在代表名额分配上，这次比上届多出城区代表 49 人(即每区代表 7 人)和合作社代表 5 人。城区代表主要是照顾不属各职业系统的分散居民，本市有 5 万多合作社社员，产生代表也很有必要。这次特邀代表比过去多，有 44 人，使有代表性的人物都尽可能出席会议。此外还有列席代表 100 人，这照顾到各机关、团体工作上的需要，便于今后向群众传达，更好地执行决议。

3. 成功地在民主基础上选举了正副市长和 23 位政府委员，组成了新的人民政府委员会，使人民民主专政在全市人民进一步紧密团结的基础上更加巩固。

4. 这次代表提案有 347 件，建议与意见有 280 件，比过去每次都多，故大会组织了提案审查委员会专职工作，将提案中当前急需而又切实可行的意见整理成综合提案 8 类 23 案，其余均分类整理向大会作具体交代，由政府责成有关部门向原建议人作具体答复或解释。这次审查处理提案方法的改变，比过去都好。

总之，这次各代会把人民与政府的关系，人民内部团结及政权民主化的建设工作推进到了一个新的阶段。

从 1949 年 9 月至 1953 年 9 月止，南京市先后召开了二届九次各界人民代表会议。自市二届二次各代会后，把民主建政工作推到区。从 1951 年 1 到 5 月区的各代会由试行召开到城区各区普遍召开，区的协商会先后建立。每次各代会都与各个时期的中心任务密切结合，动员和组织人民群众紧紧地团结在政府周围，为改造旧南京、建设新南京而艰苦奋斗。过去成就证明：召开各界人民代表会议是进一步发扬人民民主、团结各界人民、加强政府与人民联系和贯彻政府法令的最好形式。特别是代行人民代表大会职权的代表会议，是贯彻政权建设的基本制度的精神，进一步增强人民行使政权的权力和提高人民政治觉悟，从而使政权民主化更向前迈进一步。这也是军管时期实行民主集中制的具体形式，并为南京人民代表大会的召开准备了条件和基础。

南京人民在自己政权领导下，随着政治觉悟和认识的提高，逐渐组织起来，正式成立了南京市总工会；郊区农民走上了组织的道路，建立了农会筹委会；青年学生和妇女的组织亦有了很大发展；民主统一战线工作机关——南京市各界人民协商委员会成立。截止 1950 年 7 月，已组织起来的工人 67 867 名，占本市郊区农业人口总数的 22%；有组织的妇女约近 40 000 人，占全市妇女数的 1/13；青年团自 1949 年 7 月开始建团，至 1950 年 8 月，已发展团员

11 915名，学生大部分参加学生会；少儿队（6 月份统计）全市已有 9 424 名[①]其他还有中苏友好、保卫世界和平分会等团体，团结了各阶层人民群众，人民民主专政的政权有了更加巩固的基础。

（文件编号：D872）

① 柯庆施：《一年来的回顾》。

水产学校检查记录

1954 年 3 月 10 日

院长、教务处座谈会议：

王以康教务长：

教师一般教二门课，有的一门〈科〉课，备课时间增加，因此得到改良。

学生情绪比前安定，轻视教学已没有。

缺点方面：

(1) 从领导到一般都无经验 开始(1952 年)时规[模]太大，新生比老生超过，约共 1 100 百人，负担大增。各方面困难大得多了，技术学校 300 多，没有重点，好大喜功，没有力量，弄得很被动，“捉襟见肘”。去年上半年有了改进，去年办三个专业有力量，五个专业还有困难。

方针目标不明确，如航海专业，至今学生还是不安，包括整个航务学院业务，渔涝系，包括无线电、机械、生物。加工系包括化工学院所有一切课程，养殖系包括农业学院的课程，包括太多。

(2) 专科学院，学制不合理，有三、四、五年制，半年后专科可以结束。(有三、五年级)

(3) 生产实习问题——今年有 150 人去参加实习，海江面广，去的地方少，学生多，因此实习时间不能太多，教学实习有一个皮革工厂，有许[多]还没有办法，不能整日开工有困难，设备空着(如罐头)技术员工人平日没有事做，渔轮也如此。

(4) 师资问题——各门功课都要有专任的教师，专业课教师太少，兼课 17 人，但难请教师。

(5) 学生，技术学校与专科学生管理问题有困难，如伙食、上课时间、管理等等。

教学计划：

一贯没有计划。

教学组织问题：

四个教研组，八个小组，每个教研组人教 8—12 不等，但内容有问题如数理研究组，生物化学包括内容多，教学大纲如日历，没有比较的说明，这学期比较好些。

基础课有 30％的苏联教材，专科还没有，但有困难不能全部采用（1953 年下学期采用）。其次采用编讲义 50％（专业科）。改开 80 门，50 门有讲义，教务处主要审查讲义。

实习工厂与实验室——化学五个，物理一个，生物三个，设备齐全，超过一般学校。

要求：(1) 少 11 门课教师，皮革、普通机械、电工、有机、定量、化工造船、遗传、植物、鱼病、造船、力学、浮游生物。

(2) 方针任务，培养目标。

(3) 苏联教材。

(4) 派人指导修订教学计划。

侯朝海：

学校服务范围很广，培养对象要适应作指导站所长，教师问题大了，船俱，捞渔、渔场。

院系之间——各系连秘书都没。

（文件编号：E85）

水产学院教师情况的调查[①]

1954 年 3 月 11 日

刘宠光：

教师情况：

分类：(1) 已参加的是多数，个别的没有参[加]。

(2) 思改效果好的，多是壮年的，老年的比较差。

过去有门户之见，三方人：① 老水专的；② 河北水专；③ 水产局来的。团结与思想教育差，因此在工作中表现思想团结不大好。例如河北水专以骆启荣为主，与陈子英(东吴大学)间团结不好。陈元英与朱元鼎(沪江)不团结。有二个问题，学术上互不佩服，生物系陆林(淡水养殖)与陈子英系主任不团结，海洋渔业系专业与淡水养殖系有不团结现象。

海洋渔业系——也不团结，主要有ブル思想，业务技术低。侯朝海(国民党立法院委员)思想乱，领导不起来，[课程]内容不充实，学生意见最多。

白力行——业务低，思想改造没有做好，学生意见多。侯与白间不团结。

现主观搬用日本教材，抄袭教材。

加工系——一般较好，系主任王刚靠近党，有些人对他不佩服。

不团结原因：① 学术上不团结；② 工作上意见不统一；③ 地区工作机关不同。

学生：想闹(去年上半年)想转学，特别在黄逸峰事件后，一度嚣张，不安心专业。去年下半年结合总路线学习，起了很大作用，安心学习了，但愈想学，愈对要求不满足，发生了新矛盾，特别是海洋渔业。

教师不团结对改革教学起了妨碍作用，客观上困难，课程太多(96 门)。教学组织形式上有问题，一揽子式，如政治教研组包括：政治经济学、中国革命学、企业管理。不能发挥集体作用，具体内容难以决定，因为三人教三门，不能组织，二人助教。

问题：(1) 教学内容不能提高。

---

① 题目系编者根据内容自拟。

(2) 水产教材少，苏联教材没有，只能抄日本的，中国的落后没有系统东西。ブル思想不能克服。

(3) 培养目标不明，面广而浅，不能造成专家。

上述三个问题如何解决。

(一) 团结问题

(1) 是否通过工会，或行政，暴露思想问题，方法方式要考虑。

(2) 教学内容问题，提倡学俄文，暑期中进行。

(3) 面太广问题要研究，减少课程，但要解决目标问题。

(二) 党的政策执行问题

基本上没有问题，方法上有问题——根据知识分子特点，缺乏个谈话，通过工作，政治理论学习。

教授对党态度：

(1) 王刚为主靠近党，包括青年知识分子(40余人)。

(2) 中间态度——讲什么做什么，对党关系不密切，如陈子英、朱元鼎、陆桂(老年教授)。

(3) 抱有成见的——王以康，主要从三反中来，说他贪污，关了四十天，没有结论，因此工作消极。

问题缺乏争取工作(个别的)。

中间份子也有二种，陈子英——工作尚积极，另一种不积极。

党内不团结现象：

一方面杨文为主，工作别扭，王黄两人有问题，黄研究问题差，王比他强一些，党内不能团结，对改造旧教授不能达到应有程度、发挥党的力量，因此不能充分发挥。党外有不良的影响。

黄不主动，钻研与解决能力弱。

去年下学期开始，工作有大的进步，问题要解决，才能提高。

工会问题，过去没有起作用，如何着手。

(1) 推动教学改革工作进行。

(2) 提高思想觉悟，工作积极性，小组会过去也没有，认真注意加强组织生活，准备一月一次开会检讨思想，帮助进步，注意方式，不能过急，要由浅入深。

通过工会推动教学要研究

〈沙〉鲨鱼皮发明：

纪家笙——助教

张楚清——付教授

王牲林——付总务层

王以康被开了除工会会籍(三反后)

新老教师问题：

(1) 老教师帮助新教师不够，主要是助教少，发展方向不明。

(2) 老教师思想不明确，培养新的责任心不强。

(3) 新教师对老教师还尊重。

理论学习与教学改进：

教师觉得有许多观点是资产阶级思想，如海洋渔业。

王以康的观点：要渔夫买机轮的资本主义方向发展，审查教材技术性方面有作用。

学生的转变——安心专业，服从分配，缺课现象少了，安心做笔记。

朱元鼎：通过学习，拼命搞研究计划本人血压高，还是做。

政治处问题：

人少、组织不全。

李晓岚(教育科长)

上次开过会后还是没有最后解决思想问题：

学校领导问题，根据寒假检查与会议发表意见。

王黄二人有严重的不团结问题，黄有说不出的苦痛，处分过重，工作消极，地位观念，资格包袱，王看不起黄，王过分看重自己能力，年轻气盛。在行政会议上大家不发言，黄感觉得不尊重，更不积极，[与]王也因而更加矛盾，老死不〈向〉相往来。王主观，个人作风相当严重，王通过检讨批评杨文，他觉得是打击他。

王文瑞与孙超、马少甫好，杨文与黄好，新三反时大家对孙超要作黄逸峰打；王帮助了孙，表示感激，教师到同济开会车费报销，黄批孙不报销，王批孙接收，说领导总务工作找麻烦。

王作风——官僚主义，不了解情况，主观，黄不大用脑筋。王孙马三人对黄不好，有搞不下去的情况。

杨不服王与孙超，情绪不好，闹些对立，王应负主要责任，对干部的关心照顾很差，半年来没有同李谈过。

王在大会上的说话——要求提高待遇，说不想想过去当过汉奸，引起大家不满（对欧天健）。

对王以康——召开小会讨论教学问题。王说你为什么不对我们谈，"有什么意思"，王下不得台，王不到教务处，散布不满情绪。李提出要具体分析与对待办法，但王至今采取不理的态度，二个教务长不做工作。

王属于不接〈收〉受意见，不知高低。

林■嘉——政治上复杂，投机情绪。

孙超很不称职——教授意见最多，为教学服务认识很少，总务长机教务处的计划。林■嘉说为 CP 服务，[加入]CP 不要做，固执。群众说："带了 CP 帽子的就提拔。"人事科的一个科员王裕华可以不尊重教务长的决定，如派二个教授去复旦听米邱林遗传学的课。

孙超对黄院长说："非驴非马，颠倒是非，昏头昏脑"，杨文比孙超强，但王喜欢孙超，说他品质好，黄觉得没有是非，王滋长了孙的错误。

由于王的作风不好，干部大部分不安心工作，认真教育干部太差。

执行政策：

王文瑞说了一遍，没有讨论，领导上很不民主。

冯志哲（助教，团书记）。

杨冰庚（团付书记，宣教科长）。

团员（教职员）三十人，政治学习较差。

1. （1）同老教师团结关系问题，好。（2）感情上团结，不敢批评教员，如加工系助教。（3）另一表现学习信心不高，关系不好，如海洋渔业系，如白力行教授学问不好，助教提出意见，说助教对抗他，助教苦闷，学不好。

（1）（2）种比较多。

职员思想——低人一等思想。

2. 对领导意见：

教务处太弱，只有林一个人工作，王以康不满意，每况愈下，工作不积极。

教研组不大起作用，形式主义，师资问题困难，教材中有拥护日本侵略政策的。

要求系内有组织，不要专门叫助教来做，助教太少，职员太多，会计室有二套干部。

冯志哲：

(1) 加工系教学小组内教授怕集体，怕互相比，没有作用，食品化学亦如此。

(2) 教授大部分住在外面，助教住在学校，[对]工作有影响，教授看见助教不暴露思想。

杨[冰庚]：

工会可有可无，只收会费，会也开不起来，文体活动有一些，这学期有了一个计划，俱乐部也没有。

教师之间博士之间互相看不起，不大讨论。海洋渔业小问题最多，领导不起来，有对立态度，一个付教授说说该没有资格当系主任。

这学期老先生不大发牢骚，比上学期好，生活照顾很不够，薪金少，房子家具等。

孙超——过去人家叫他孙官僚，这学期有改正。

学生比前安定多了，作风改变了一些，总路线学习有影响。

王裕华(人事科干部)：

(1) 兼课教师只付车马费不满意。

(2) 教师提升问题有意见，地位待遇有意见。

(3) 教师对领导有意见，怕说话，认为批评太严格，工作不积极，领导上很少接〈收〉受意见，说什么做什么。院务会议上不敢说话，教务处与总务处有意见，怕在一定会议上受批评。三个教务长意见最多，院长批准的开示，总务处也不执行。党内没有解决，教务处领导总务处，还是总务处领导教务处。黄亚成对总务处的缺点不敢批评，不接〈收〉受领导，王刚教授要东西自己跑总务处要。

教师不安心：水产学院的地位问题，前途有问题，有些人〈向〉想去工厂工作。

(4) 党内情况：

支部领导上长期不团结是突出现象。过去是杨文与孙超问题，特别是新三反时，杨文较急对孙提出许多意见。王文瑞来了后，他好以个人意见代替支部意见，王黄两人互相有意见，地位问题更促成不满。黄亚成在党外征求对支部的意见，更加深了隔阂。

执行政策问题——王很少研究政策，在支委内部没有研究。例如执行补助多子女人员的条例，有许多生活困难的教师，打了报告，院长表示很不高兴，工会也提过意见，向王裕华发脾气，说为什么向群众说，群众说："只要我们工作，困难不解决，连条例也不公布"，王怕多花钱，大部分没有批的，只批供给制干部的，还留下许多钱。

改造知识分子问题。

如对戴教授(物理专家)看不起教务长，说领导上不强。王对王裕华说："要找他岔子，狠狠批评他一顿，如再不老实，要他滚蛋。"

对化学教师王士璠(老教员，教书好)的提拔问题，现为讲师，王裕华提议要提为教授，王说他非常落后得很，不加考虑，使他不满，要查。对干部的政策，王很少耐心教育精神，讲私人感情，如对马少甫，提为付科长，没有批准，对其他同志采取训斥态度，使〈任〉人怕，很冷酷，没有笑容。领导者与被领导者关系不清，如一个炊事员问题，对王裕华说："我老早不相信你了"。老干部中间随便批评其他干部，如批评黄亚成，传出去后，造成误会。又批评杨文有独立王国倾向，使孙超对杨更不满，使团结关系更坏。

很少发挥集体领导作用。

通过了支委会后表示要改正"〈重〉从新做一个人"，"分清政策"。工作态度有些转变，但孙黄二人间关系没有解决，二个处[①]关系没有解决，王黄关系问题[没解决]。

王以康先生：

总务处不为教学服务。

(1) 明天要上课，课堂桌椅还不排，说工人要休息，结果教务长自己搞。

---

① 指教务处和总务处。

(2) 教务主要买东西,如铅笔刀都要由总务处批准,教务处无权批,每天要到总务处去,有些事院长批的总务处也不办的。

人民助学金的数目会计说不能告诉教务长,只能给总务处知道,这类问题提了许多次院长不解决。

要求解除职务,还是只教书。

(3) 人事室人事变更不通知教务处,反而要配合方面的工作。

二年来情况如此,目前局部有些改变,但不是真正有所转变,事实上还不是以教学为中心。

(4) 王院长不接近群众,不接〈收〉受意见。

影响群众的积极性(指先生),如有些先生可以担课的,不愿任教。

(5) 对教授批评多鼓励少,常有不适当的批评。

人家都怕用错一个字,如不许用外国文,先生不知道怎样做是对的。打一下后,大家不知道如何办了。粗暴事实是有的。

团的问题:

(1) 总路线做过二次报告,要求解答,问题不清楚的还很多。

(2) 党的性质、修养——

(3) 建党工作团内没有讨论过,重大经验介绍后,也没有讨论。

(4) 职师团组织与学生团组织上没有关系,冯志哲、杨历史问题均没有解决,二个委员觉悟均不高。

(5) 学生专业安定的原因——总路线结合水产前途的教育,其次是纪律问题的教育抓得紧了,订了学生手册二十一条,注册科与人事科在,开除二个学生有作用。

(6) 学生健康问题——半年来康健显著下降,学生怕四门课不及格要退学,失眠、紧张,五节课精神不够,原因是功课太重,特别是理工课,夜里也背方程式。

(7) 对党的意见。

支部不讨论团的工作。

教育太差。

(文件编号:E85)

在水产学院党支委会议上的讲话记录

1954 年 3 月 17 日

经过我们三天来的检查，提供一些不完整的意见，也可能是〈偏〉片面的，某些事实也可能还有进出，请大家讨论研究，求得意见一致。

一、工作上进步现象：水产学院客观上是有许多困难的，如师资弱、整顿巩固工作很繁重，干部又少，但在大家反映中了解到去年下半年工作中有一定的进展，去年一次支部委员会议后开展了一次批评与自我批评后，工作作风上也有改进。去年下半年进行教师理论学习后，大家觉得有很多收获，某些教师开始自觉地对资产阶级思想进行了批判，如王以康以前要渔民买轮机，发展资本主义经济，经过学习后认为不正确，自动修改了教材，朱元鼎教师虽有高血压病，但还拼命研究为计划。一般教师经过学习总路线以后，对水产学院的前途，在认识方面比过去有提高；在学生方面也有进步，旷课现象已经消灭，个别少数不安心的，上课也能静听与安静记笔记了；干部方面自去年下半年学习了党中央团结改造知识分子政策后，在思想上已开始注意团结问题的重要。教师反映：领导上对我们的态度有了改变，所以党群之间的关系，有一定程度的改好。

二、党的领导应注意和改进的问题，工作上虽然有进步与转变，但问题存在还是很多，我们不能自满，也不能片面强调干部太少，无法推动工作。（当然干部少也是事实）主要问题是如何发挥现在的力量来教育全体党员和非党干部，使之行动一致，来提高政策水平与业务知识，发挥大家的积极性，特别要考虑如何加强党内和党外的团结问题，以求进一步改造教师思想，改革教学工作，为国家培养人才。人民日报社论第一段就这样写："高等学校在过渡时期的基本任务，是培养足够数量和具有一定质量的高级建设人才，以保证国家总路线的贯彻和第一个五年计划的完成。这一任务的实现，有赖于高等学校中的党组织进一步贯彻执行党对知识分子的政策；加强新老教师的团结，对老教师采取正确的态度，充分发挥全体教师的能力，并培养大批新的师资。"这里明确地指出了高等学校党的工作的任务。如何执行中央这一任务，是要深切地考虑的，经过检查所知的情况，觉得有下列问题要注意。

（一）如何重视团结改造教师的问题：

（1）领导上对知识分子的特点作用缺乏正确的估计，对于依靠教师进行教学改革的思想还有些模糊。具体表现在，领导同志不接近教师，对他们的思想情况理解很差，个别作教学工作的同志也有半年未到系里去的，教师们说，他们不晓得这些干部在忙些什么，只看到整天忙得很，看不到党员在教师中有什么积极的活动，这反映是普遍的，如专家朱元鼎教授，对他的作用是否有充分的估计？似乎照顾是少的，他说："有很多同志不晓得他们在研究什么"，据说鱼类分类学中国还没有教材，苏联鱼类与中国有些不同，淡水养殖学是中国的民族遗产，他希望能够多写一些研究材料，而这方面对他的照顾与重视他觉得是不够的，他说研究室里须要买一些东西还要系里批准（研究室并不隶属在系内），感到太困难了，连要一只削铅笔的刀、开会的票子，很小的问题都未能得到应有的满足，他还希望调动工作，这些意见是值得我们注意的。

教师积极性不高问题：这里教师可开课的多不大高兴开课，青年团教师负责人谈，助教反映老教师对助教的帮助不大积极，教师对领导上不敢讲话，在院务会议上也不敢发言，领导批评很严格，最怕是在大会上受到批评，他们觉得领导很不民主，不能很好接受意见，甚至如开放路灯一个小小问题，提了很多次意见，也不接受，不要说其他了。教师很怕大会上进行批评，如欧天健的事情，要求提高待遇，主文锐同志不指名批评他"不想过去当过汉奸"，政治上震动很大，因为教授中还有许多人的历史问题也是不干净的。再如戴岂心教授问题，学生对他很有威信，为了待遇问题，领导同志在群众面前对人事科同志指示："抓他岔子，狠狠的批评他一顿，如再不老老实实工作，要他滚蛋"，这一类事情，如从思想上看，主要是对知识分子的特点了解不够，知识分子一个很主要的特点是自尊心强，如果受到了伤害是极不容易恢复的，同时他们也不喜欢经常开大会，有些事情可以找他们个别谈，何必都在大会上去说呢？他们还说领导同志见了教授连招呼都不打，这虽是很小的事情，但对他们说来认为是大的事情，他们是脑力劳动者，为国家培养人才的，不尊敬他不认识他的作用，如果他一消极，教课就会教不好，那么教学工作依靠谁呢？这些举例不是找岔子，而是希望检查一下思想上是否有模糊的问题存在。

（2）对教师的衡量问题：即以什么尺度来看教师有用没有用的问题，似乎对他们过去的历史问题及政治水平方面看的比较多，而对他们的学术与教学能力的好坏看的就轻一些，教师们意见最突出的例子是鲨鱼皮的事。发明者是一个姓蒋的，另一个姓纪的助教，政治上比较好，技术比较差，实际上是姓蒋的发明了退沙方法，但在奖励时就把姓纪的列为第一，姓蒋的情绪很不好，群众也很不满意，认为不公平，这问题如果说是不妥当的话，那就是政策性的问题，因为政策的表现是要通过具体事实的，表扬奖励的目的是为了鼓励大家对技术上的研究，为什么要根据政治水平来评奖呢？再有王士璠，人事科认为可提为副教授，而领导上认为他政治上很落后，没有从业务上去考虑，如果他业务上确是很高，书也教的很好，那为什么不能提呢。对这个问题教师们有意见。如何看待教师，人民日报社论引证列宁的话说："诚实工作，通晓本业并酷爱本业"的都要爱护与尊敬，因为我们是要他科教学，而不是要他教马列主义，在这方面可检查一下是否合乎中央指示精神。

(3) 一切为了教学工作服务的观点是不够明确的，口头上虽是这样讲，而在事实上，别人感觉很不够，在教师的反映中，其中一个问题是值得注意的，就是照顾工友多，照顾教师少，具体例子，如王以康教务长反映，先生明天急要上课，而课室内桌子、板凳、模型、挂图都未放好，总务处讲，工友要休息，结果还是教务处和先生们自己动手。王以康要求辞职，问他为什么？他说："我只会教书不会摆桌子。"当然他要辞职还有其他问题，这一句话只能表现他的不满而已。学校中的基本群众应该是教师，而不是工友，可是据反映工友只在走廊上扫地，课室内擦窗子、扫地板、打开水都要教师自己来做，如果这是事实的话，也是不妥当的，另外一种意见，认为行政领导上小事抓得紧、大问题抓不紧。如渔轮与加工工厂浪费很大，显微镜买得很多，是否需要那么多，是个问题，但对于买些铅笔刀之类的小问题，却不能及时解决，这是值得注意的，教研室的工作很重要，汇报中很少谈到这问题，今后党的思想领导要注意这方面。关于一切为了教学，依靠什么来进行，思想上认识是否很明确是值得研究的。

(4) 我们干部对教师态度尊敬差，在若干问题上表现有粗暴态度，如王以康有一次召开教师研究教学问题，王院长当着很多人面前给以训斥："召开小会讨论为什么不通过我们，这是什么意思？"当时王以康很窘，以后就不大去教务处工作，要求辞职，散布不满情绪，并且很怕我们在政治上不信任他。再如专家生病等问题，应该想办法解决，慰问他，但都照顾不够，这恐怕是思想认识上问题。审查教材问题。据高教局同志说中央高教部现在都还不敢这样做，而水产学院却随便审查教材，不问问高教局，如用行政命令禁止注用外国文字，据教师反映，有许多专用名词是无法翻译的，不用外国文有困难。王以康说，他也不敢写一个外文字了，禁用外国文，中央是否有这一规定呢？如果没有，下一个命令加以禁止，这是不对的，这件事所造成的影响很不好。

（5）学校干部问题：群众反映：认为领导上对“戴着党员帽子的都提拔”很不器重非党干部，反过来同样是不尊重党员干部，瞧不起党员干部，甚至有些人说：某些人连办个小学还不行，这就是互相不尊重的结果，这要警惕。

（6）主动照顾教师的生活问题很差，领导上是不是有些片面节约观点。例如多子女补助费问题，供给制干部要求补助的，领导上批准多，教师要求补助的，多不批准，至今补助金还留得很多。同时还据说领导上为这一件事还批评了人事科同志说，为什么要公布这个条例，找麻烦。如从原则高度来认识，这是对国家法令不够坚决执行的表现。

（二）关于领导问题：

（1）党内不团结，是一个突出问题，表现在二个院长之间的不团结，内外上下皆知，客观影响很不好。党中央号召全党团结，不能不警惕。根据我这几天的检查，同志间彼此虚心检讨精神很少，总说对方如何如何不好，要解决这个问题，主要办法应该是平心静气地进行相互批评。争论问题，要分清那些是工作上的原则问题，那一些是非原则问题。有许多批评事实很小只有帽子，如说“敌我不分”“非驴非马”等等，这样情况如再发展下去的话，就可能成为无原则的斗争，对党是有害的，我们应当看看四中全会的文件，学校是共产党办的，我们不团结，又如何去团结别人呢？

（2）党内集体领导作用发挥很差。据说某些领导人有以个人意见代替集体意见的现象，不虚心接受别人意见，领导者与被领导者之间关系不正常，互相看不起，上面不团结助长了下面的不团结，甚或产生不服从领导倾向。

（3）领导上对干部思想教育差，去年下半年我们布置学习中央关于团结改造知识分子政策文件，据说支部没有很好讨论与学习，人民日报社论也未很好研究。许多同志认为在这里工作提不高，不安心工作，上次你们对统战问题的报告，未经支委讨论，其中有许多不符合事实的地方，这在上次会议上已经讨论过了。新党员教育，去年只上过一次党课，太少了。

(4) 领导上对下面情况了解差，干部对业务学习少。

三、如何做政治工作问题。政治工作不单单是大报告、发通告、指示，而是要通过各项工作，贯彻政策具体来做。例如我们部队过去有十项注意，不拿群众一针一线，这也是政治工作。

再如鼓励学术上研究，照顾专家疾病，住房子，照顾地位待遇等等，都要从政策出发做好政治工作。总务工作中也有政治工作，在总务部门工作同志党员很多，接触面很广，要小心谨慎，处处关心人家生活，其次领导人的言论行动都要注意，不能采取盛气凌人，随便批评别人，而是要批评与鼓励相结合，团结与改造相结合。党的领导上依靠各种组织来进行工作是较差的，如工会组织很弱，有人说“若有若无”。工会是教师大多数人的组织，是我们与群众的桥梁。团的工作据反映，支部很少讨论团的问题。在建党方面，未充分发挥助手作用。党没有很好联系群众与发挥群众的组织作用，我们就会如在茫茫人海中不知依靠谁？加强工会与团的工作是很重要的。

四、最后对今后工作的几点意见：

（一）根据昨天各校党委书记会议所讨论的党内教育计划，这学期要认真执行，好好地学习与检查一次。关于团结改造教师政策问题，关于党内团结问题可结合学习四中全会决议进行讨论与解决，二个问题同时学习有困难，目前应当先学前一个问题。

（二）教育全体党员与团员，加强对青年团、工会组织的领导。对教师的思想情况，可进行摸摸底，特别是对团结教师问题，要想办法解决，要做好各方面的团结，这是一件极复杂的事情，否则学校就办不好，首先明确对教师的观点，不要从利用观点出发，而要从团结观点出发，凡是未被剥夺公民权的，都要团结。要把他们看成朋友、同志、专家、教师，尊重他们，把学校办好，要向他们学习科学知识。如教师的团结工作未作好，那就是工作未搞好，因为他们是基本群众，是起决定性作用的，思想上要明确、主要阵地要站稳，今后检查工作要以这为主要点，这是一个意见，如何作法，应通过党、团、工会的团结一致，充分发挥作用才能做好工作。对教师团支部也要加强领导，干部要调整一下。

（三）充分发挥党的思想组织作用，党的工作与行政工作要划分清楚，可看一下马林科夫在联共十九次大会上关于党的一部分，党的工作不能钻到行政事务圈子中去，把精力放到工作的地方，量力而行，有许多事情可放在行政部门去做，党的会议主要讨论思想政策问题。关于政治辅导处的存废问题，暂时不管他，目前主要是加强党的领导问题。

（四）党内团结一致，这是一个重要关键问题，党内可以有争论，但要有政治内容，有事实根据。不要吵骂，要改造人家，首先要改造自己，自己思想模糊，如何团结改造人家呢？如何从政治上团结，那就是要从团结出发通过批评与自我批评来达到团结的目的，毛主席指示，“说话要有事实，批评要有政治。”这句话要很好体会。非政治性的问题可放在一边，对团结有利的话就讲，对团结不利的话就不讲，领导同志要以身作则带头领导，要担负起责任来，革命了许多年就是为了夺取政权，现在已夺到了政权，有了自己的大学，如果不好好的办是对不起党的。工作不安心是错误的，目前情况如同打仗一样，前面而要争取的堡垒很大，只有发挥高度勇敢斗争的精神，这才是好党员，我们如何来攻下这个堡垒，主要是不怕困难，不断前进，党内外团结一致是极重要的。

（文件编号：E84）

对水产学校检查组的意见

1954年3月17日

曹来风：

情况：（一）学校客观留下许多困难。

（二）学校工作内师资对工作要求不相合，人数也不算多，另一方面水产专业师资都在此地。

（三）设备是够用的。

（四）教学基本上稳定，有了好转，领导希望办好学校，也做了一些工作。

存在问题：

（一）方针任务不够明确。设了三个系五个专业，是否都在此地或者还要设专业，学生可以担任什么工作，应有多人可以培养，重点是什么不够明确，因此思想上各方面有些混乱。如航海专业二年级一直闹专业，与海洋专业有些矛盾，学生看法也不同，教师中也有人认为要改革。

因此计划订不出来，规格也难订。

加工系内有六种挤在一个系内，要求不明确，因此引起一些问题。

如科学研究工作到底如何做？造成工作被动的一个很大原因，师生意见不能一致。

如何向师生说明这个问题，教师中反映认为不明确，解释不妥当，如说：

（二）提高教师质量，通过他的思想水平。

教材基本上是欧美教材，外国文不许用，批评他，基本上是对着文化遗产问题，采取行政手段或禁止是不能达到目的的，对他们要求过高。

（三）执行党的政策问题。

反映领导上对他们的工作不了解，不打招呼，接近很少，教师不大积极，要求调职，不愿多担课，不敢写东西，有惧怕的情绪，教师与学生都有反映，这是很不好的现象。有人说不像学校，三不像。注册课是派出所，人事科是衙门，造成这样情况与工作缺点是多分不开的。特别要注意团结他们，不能简单的以行政手段解决问题。

学校行政与教师反映的情况不够一致,恐与民主生活惧怕情绪有关系。

(四)作风问题。

意见最多的是这个问题,具体事实。

欧天健问题处理是正确的,但在大会上一般提出来是不对的。

〈沙〉鲨鱼皮问题——把蒋放在后面群众有意见。

习惯在大会上批评,日常生活上问题,处理不妥当,如不开路灯。

王士璠二篇论文,王文瑞用嘲笑态度看不起他。

多子女补助金不发给教师。

领导上经常遭到〈漫〉谩骂。

桌椅板凳工友不做戴豈心问题——要他滚蛋。

这些都是作风上问题,比较急躁,有粗暴生硬情况,主观,不听意见。

效果上总是没有达到做好工作的目的,虽然主观上要办好学校。

意见:

(五)师资问题:71 人中尚有 11 人没有开课,能开的 40 余人,已开课的钟点最多 12 小时,潜力没有发挥,80 门课开不出的只有三门课。

朱全符等教授化学方面是很好的,但不积极。

初步意见:

(1) 争取中央重视,五月开会议能够解决。

(2) 写出总结意见,内■负担。

(3) 写出报告后送到学校来,作为参考。

(4) 参加学校座谈会议。

(5) 干部与师资问题适当派人。

(6) 解决具体问题的困难。

马少甫:

是非问题,政策界〈线〉限与思想〈线〉限还有一些弄不清。

党内团结问题——为什么存在这个问题要明确,是非〈线〉限要明确,内容问题要研究。

王文瑞:在大学党委开会后思想包袱很重,批评是对的,但没有解决问题。〈捲〉卷铺盖思想是有的,生活到了头,有二个小孩算了。

所谈的精神是对的，但事实上还有一些出入，如寒假中开了三天会议开展批评，没有吵起来。

〈沙〉鲨鱼皮问题——陈市长要求奖励有关人员，每人发三百万，不是有意识的先发给他。

大会开的多，是事实，方式内容解决什么问题很难讲。

教师子女补助金，没有说不要公布，当时情况是都要发给人来的多，如不公布是违反法令。

不许用英文问题，全部用英文是不同意的。

王士璠——没有说过他是落后份子，没有表示态度。

戴豈心——有地位观念，不能高提陈子英。他没有正面提出，在化学小组内闹起来。

其余问题是同意的，这次检查是解决问题的。

马少甫：

(1) 有些问题交待不清以后难搞，实际情况没多少有些出入。检查组所了解的多了一些，有些问题已经谈过了的，这些问题是非要弄清。如寒假问题，不是胡闹，开对了还是不对，要弄清楚，〈沙〉鲨鱼皮问题不是有意识的做，不是的，违反政策问题，要弄清楚。

(2) 教学改革怀疑，一切为教学服务是否明确，有一些是没有，有一些没有，不能够说很怀疑，帮助不大。

孙超：

大部分精神是同情的，学院内问题到底在那里，对这一问题了解情况不够全面，不把是非弄清改进工作有困难的。党外问题完全是党内问题，有些同志在党外乱搞，对有些同志有意见，经常性在外面搞。大学党委开会后有思想包袱，对这个问题有意见。

(1) 党内问题根据四中全会“知无不言，言无不尽”，事实有否进出，已经申明，可能别人说的不对；

(2) 党内问题团结上问题不准备来谈，是非问题要你们自己去解决。寒假讨论有争吵问题，主要是说不能达到团结目的不说。

李晓岚：

上级来检查工作对我们帮助很大，过去工作是糊涂的，情况有出入是可能的，原则上提法上与过去是不同的，我认为应好好考虑意见，寒假中争论态度不冷静。

王甡林：应当强调效果，动机不能强调，情况出入关系不大，精神是完全正确的。对朱元鼎主要重视其政治问题，对他有意见，对陈子英较好，确有这种情况，表现出来是如此。

对党外人士有打击现象，党内斗争发展到党外去。要当作个别问题，党内团结要解决。

王裕华：

这次检查是帮助很大，〈附〉符合情况，应在党内进行研究。

团结教师问题，思想上单看历史，团结观点不明确。没有看他的业务，学校办不好是一个主要原因。工作作风表现了一些问题，主动帮助不够，批评多是事实。党内研究很差，执行政策是没有决心的，没有下文，没有决定，例如主动照顾教师问题。积极主动帮助很差，如家属补助问题，生活依靠互助代金过活，所以在工会委员会教师提出还债问题。

戴岂心问题，政治上有问题，对领导上有意见，在宿舍内谈，“不要了不起，抓住问题要批评他，可以不用他”，讲不过去。

党内问题——集体领导上有问题，也不愿学习科学，不冷静考虑党外人士意[见]。如总务处与教务处的关系问题，是否一切为教学服务，可以考虑，应引起警惕。个别党员可以不服从纪律，群众不服，发挥作用不够，很不应该。

培养教师问题，主要是看历史问题，往往同其他学校相比，没有动脑筋，积极性不高是一个原因。

党内不团结，主要原因是作风问题，但是对干部关心不够，批评多教育少，往往用粗暴方法多一些。

（文件编号：E85）

上海市党代会上发言稿

1954年6月4日

党代会议上发言内容：

我们十一组全体同志热烈拥护党中央四中全会决议，并将以实际行动坚决执行这个决定。同意谭政委的报告，但潘市长代表市委所做的报告中关于检讨部分我们认为还不够深刻，党内不团结问题在饶的阴谋未揭发以前是不是不可能达到。我们要求双方检讨，以达到团结目的。对饶破坏党的组织原则，阴谋分裂党内团结的罪恶行为和他的个人主义野心家的资产阶级代理人给党所造成的严重损害，表示无比的愤恨。

我们深深体会了饶漱石破坏上海党的团结，把持上海党的领导，使三反以前的上海市委不能成为一级党委，使工作遭受重大的损失。这个主要责任要饶负责，经过几天讨论，我们向大会揭发饶在上海分裂党的罪行有不少事实，但因时间限制关于打击陈毅同志的个别事实以及谭潘二同志所已经揭发的五方面的补充材料，我们已用书面报告，这里不再重复，因此这里只想说一说如下的几点。

第一部分，揭发饶漱石分裂上海党的阴谋。

（一）饶不经过市委讨论，由个人否定上海市委1951年上海全年工作的布置，并按照他的个人企图，包办上海工业生产的事实：

1951年3月4日饶在三井花园召集三刘[①]、王尧山、（陈杜大公参加）谈话，刘晓同志向饶请示全年的工作布置。目的以工业生产为中心，加强基层工作。〈撅〉拟调动大批干部，以十个厂，五个区，八个大学为重点，分三个步调进行工作，总结工会、建党、组织形式、镇反、区人代会等经验，并大批训练干部。刘晓同志并要求华东局派一个强的秘书长，黎玉只搞市政工作。

饶一听市委负责同志的意见，就立即加以否定，并即指示综合起来有如下的意见：

1. 一般不动员搞工业，只要搞一个典型厂，他并引毛主席的话说，毛的经

---

① 指刘晓、刘长胜、刘少文。

验只要搞一个典型，"只要会杀一只猪，其他猪都会杀了"。以后对下面领导方法，就是〈倒〉到处讲这个厂的经验，并决定调吴亮平负责工业生产委员会工作，由他领导。

2. 市委只要一个秘书长当家，照顾全面工作。

3. 市委书记主要责任是解决党政工团的关系问题。

4. 市委各部门工作自己搞，只要照顾日常工作就够了。

他亲自领导国棉一厂的典型，不要市委过问，并乘[机]把工业生产工作抓到自己手里，不要市委领导，从此以后使市委更加四分五裂。各部门工作也陷于无法进行的状态，如组织部不能计划工厂中建党工作，宣传部无法进行工人中政治文化教育工作。

（二）黎玉如何把持上海市委的领导，以订工作计划为例：

1951年市委全年计划，没有经过市委详细讨论，只征求一下各部门意见，也不加好好修正，就上报中央与华东局。其次每月订工作计划也均由黎玉叫秘书起草，自己修改一下就发下去。而有计划都无地方性与时间性，下面无法执行。

"三反"开始后以黎玉为主发出市委指指示，以整编审干为主，显然违反中央指示，使三反运动发动不起来。

第二部分，饶如何领导上海工业生产的几个问题。

饶破坏市委集体领导，对区委工作影响也很大，工业区委对各厂工作，只能收党费，不知道上面布置什么。例如工厂整风会议饶做了二天报告，不要区委参加，但后来又要区委统一领导工厂工作。

"民主团结"口号，饶的基本理论是认为上海厂里没有恶霸，只有二面派，工头也是进步分子，所以只要"团结"，不要"改革"。

饶对工厂的群众，不走群众路线，例如国棉一厂有些工人说怪话，他就召集他们谈话叫他们以后不要说怪话，据说效果很好，要各厂推广这个经验。

1950年对上电工作组的口头指示说："面向生产口号太笼统，工人没有受过教育一定听不懂，不要提。不接管上电因为怕背包袱，我们要争取买办，买办可以客观上做到为人民服务。我们也是客观上为人民服务，他们买办是为了人民币服务，客观上也是为人民服务"——已充分说他毫无依靠工人阶级的思想，充分暴露了他的资产思想的本质。

关于国棉一厂问题，开始时由顾玉良同志做党委书记，他根本不管。后来他说搞得不好是因为市委不领导，不派干部，他自己搞了就好，这是他打击市委，提高自己的手段。

对工厂的技术人员的思想改造工作，他很不重视，在工人中间还传播恩赐观点。

第三部分：对知识份子思想改造问题。

1951 年 12 月饶在华东局整党会议和各省市干部的谈话说："有人要把高级知识分子变为马列主义者是不对的，他们只要确定一般的毛泽东思想就够了，树立正确标准就够了，所谓思想改造就指出那一方面是合法的就够了"。这一指导思想分明与中央指示对抗，并暗中把毛主席思想与马列主义对立起来了！

饶的错误思想对上海曾有过不少影响，今后还应检查与纠正。这一影响表现在上海解放后对大专学校工作长期没有人管，还抽调了大批党员，削弱了学校工作。

我们认为上海市委至今还缺乏通盘考虑建设上海的计划，对学校教育培养建设干部的看法还有问题。例如长期没有明确指示如何贯彻中央对团结改造知识分子的政策，对下面同志很少教育工作。学校干部配备太少，学校问题还没有排到市委的议事日程上去。我们据中央总路线的指示为了相应的培养建设人〈材〉才，要求市委重视学校教育工作，加强领导。

第四部分：饶漱石反党行为我们应得的沉痛教训是：

1. 要从全党充分认识党的团结是党的生命，在一切言论行动中都要贯彻这个精神。

2. 我们对饶都盲目崇拜过，证明我们政治水平不高，因此今后必须下决心加强我们的马列主义理论的学习，加强思想领导，提高我们的政治水平，提高政治嗅觉。

3. 必须加强党委的民主集中制，实行党委制又要有具体分工，重大问题要用文字的决定，防止走样。健全组织生活，开展批评与自我批评。

4. 提拔与使用干部必须才德兼顾，对干部要有全面的了解，不从表面、片面看人，特别要重视个人与党的关系是否按照组织原则办理，因为这是党性问题。高饶问题的实质就是从个人主义立场与党的关系上产生的，应引为重大的教训,并应警惕注意克服我们在各种土壤气候中可能发展的个人主义思想。

对市委领导意见:

1. 如何解决团结问题,可能不可能问题,责任问题不明,是有困难。

2. 个别负责同志要检讨——根据书面意见向组织检讨。

3. 相应培养人才及时注意。

（文件编号:E90）

对各高校党委性质任务与政治辅导处工作问题的意见(草案)

1954年9月29日

第一,校党委工作问题。

(一)党委(总支或支部)的性质与任务根据党章四十九条,学校党组织性质,应是基础组织。他的任务按照党章五十二条办理,同时又应结合目前阶段政治的任务与具体情况进行工作。经常的具体工作范围分下列各方面:

1. 以教学为中心在群众中进行宣传和组织工作,以实现党的教育方针、政策(特别是团结改造知识分子政策)、计划,和上级党组织的各种决议,保证教学计划任务的完成。

2. 在群众中进行马克思列宁主义的宣传,保证学生政治理论课的教学质量,协助行政组织教师政治理论学习。

3. 经常注意和了解师生员工的政治思想情况、情绪与要求,并及时向党的领导机关与本校行政反映;关心师生员工的政治、经济、文化生活,并组织师生员工解决他们自己的问题。

4. 进行党的组织工作和党员教育工作。

5. 领导学校中青年团、工会、学生社团等群众组织工作。

6. 加强对各民主党派代表人物的思想领导与联系,帮助各党派基层组织的工作。

(二)党的各种支部经常工作任务问题

学生支部:

主要工作对象是学生党团员与学生群众,他的主要任务大致如下:

1. 〈迥〉围绕教学工作,根据教学进程中的环节,经常了解学生思想情况,扫除思想障碍,密切配合各方面为三好目的作好工作。保证学习任务的完成;

2. 经常注意发展党员,了解党员思想情况,进行党内教育工作;

3. 团结学生群众,进行政治思想工作,党的政治思想工作主要内容大致为:安定与鼓舞群众学好专业,帮助学好马列主义政治理论和时事政策学习,端正学习态度,加强共产主义人生观与道德观,加强爱国主义与集体主义、纪律性、团结性,提倡尊师友爱风气,增强师生同学间团结帮助,重视健康与卫生知识,树立党团员模范作用。

教师支部:

主要任务是动员党团员作好教学工作,保证教学计划的完成,了解教师思想与业务情况,经常反映给上级学校党政领导方面,帮助教师解决困难,推动非党教师向苏联学习,提高马列主义的水平,并努力贯彻党的团结改造知识分子政策,其具体工作范围大致是:

1. 加强同教师群众的联系,了解教师的思想情况,解决思想问题;

2. 经常注意进行发展党的工作,并教育党员;

3. 检查党员执行教学计划、任务的情况;

4. 检查执行政策的情况;

5. 讨论工会与青年团的工作,并加强其领导。

教师支部的组织,上海各高等学校党员数量极少,组织方式按各校情况编成支部。将来党员数量增加了,应逐渐按教研室编成支部,党员数量少而又分散在各教研室的,可联合成立支部。教师与学生党员原则上应分别组织成立支部或编成小组。

行政支部:

主要任务:明确一切行政工作为教学服务的思想,领导与教育党员,贯彻党对知识分子的政策,贯彻上级党与行政的指示、命令,保证作好各项行政工作,供应教学上的物资需要,关心与解决教职员工生活上的困难。

(三)党委(总支、支部)的组成问题

1. 按党章五十条与五十一条规定,按党员人数多少,确定成立党委,总支或支部。上海目前500人以上党员的学校还极少,是否按东北局办法,250人以上者得成立党委,应请华东局批准后决定。成立党委的学校,系得设总支,按部门与班次成立支部。

2. 党委组成的成员,按各校不同情况,由专职书记、党员校长、个别行政负责人、工会、青年团负责人、个别支书、教师党员等参加,并应按党章规定经选举产生,每一学年改选一次,总结工作一次,展开批评与自我批评。

3. 党委分工，按学校情况，得设立正副书记、宣传、组织、保卫、统战各个部门(科)或委员分工。党委书记应设专职干部，党委设办公室。某些学校为了加强党委的领导，党员校(院)长得兼任党委书记。

4. 党委人数视党员人数多少而定，目前最多不超过 15 人。一般不设常委，但如工作需要，经上级批准，得视情况设常委。

5. 主要行政负责党员如何组织问题，按中央宣传部五二年十二月指示精神，不设党组。校长、教务长、总务长等以及其他行政负责党员，都应编入党的组织，过经常的组织生活。但为了工作便利起见，可编成一个小组或分散编入各处科室的支部。

(四) 党组织与行政组织的关系问题

在校长负责制下，党组织如何进行工作问题，我们目前尚无具体经验，须待今后在这方面积累经验，现在只能提出一些原则意见作为参考。

第一，学校党组织必须十分关心学校工作，经常研究学校中重大问题，依靠教育说服方法、党员的模范行动、组织推动师生员工的积极性，保证教学计划的实现；同时学校行政负责人也必须密切关心党的工作，使党的组织了解行政上工作计划、任务、意图等等，依靠党与群众力量，共策共力，办好学校，双方重要会议必要时应互相派人出席讨论。党组织对学校行政工作的缺点与错误，有责任提出批评建议，说服行政负责人采纳施行，但不得强迫其执行。党组织与行政领导方面意见分歧而又一时不能取得一致时，应执行行政领导上决定，同时可将情况向上级反映，请上级党委研究解决。

第二，党政工团工作，必须以教学任务为中心，互相配合，统一步调，党的工作计划应根据行政计划与具体工作任务密切配合，订出具体可行的保证计划。统一安排党、工会、青年团的活动时间。会议应有决议，以便传达执行，进行检查。

第三，学校内部各级组织形式与党、工会、青年团组织形式尽可能做到互相适应，目前应当特别重视加强系一级的组织领导，充实系的组织机构。党组织在系内设总支或支部，团设总支，工会成立部门委员会，民主党派成立小组，行政方面亦应考虑采用系的联席会议、系务扩大会议或建立系的代表会议等方式，在系主任领导下，发扬民主集中制的精神，加强党政工团互相的联系作用。系的行政计划与任务应随时告诉总支或支部，以便党的配合。系主任下面视系的大小,酌设教学与行政等秘书,建立系的日常工作,加强与各方面的联系,切实了解学生的学习与思想情况。

各班青年团组织成立支部,行政上应考虑设班长。班内以团支书、学生会的班主席、班长为骨干,在党的领导下,统一班内活动。

(五) 党委脱产干部问题

学校党的工作日益繁重,非但校党委需要若干脱产干部,较大的系人数在300人以上者亦应有一个脱产或半脱产干部,才能应付工作。学校编制上也没有规定过党务工作者的数量,工作上已经发生很大困难,应当由党政领导方面明文规定脱产与半脱产干部的比例数。我们意见:为了照顾大小规模不同的学校,应按全校人数多少,按累进率规定。请求华东局根据实际需要,参考东北局的决定办法,在上海及华东各地在最近期内作一规定。

第二,政治辅导处工作问题。

上海各高等学校都有党的组织,十一个学校内设有政治辅导处的机构,根据华东师范大学去年取消政治辅导处实验的结果,用党委名义出面进行政治工作没有遇到什么困难,根据交通大学保留政治辅导处的实验,用行政名义进行某些政治工作亦有其便利的一面,因此政治辅导处保留或取消,应根据各校不同的条件与需要来决定。

现就政治辅导处本身工作范围内提出下列意见:

(一) 政治辅导处的任务

目前各学校负责教学行政干部都是非党员,行政系统暂时还没有足够力量领导解决政治思想工作,一般学校党的基础还比较薄弱,在进行政治工作也还有一定的局限性,设立政治辅导处的主要目的是通过行政组织系统,用行政名义出面协助党与行政进行一定的政治工作,因此他的任务既不能包办行政的日常工作,也不能完全代替党组织的应负任务。许多政治思想工作,如党与行政可以担负起来进行的,应尽量让其去做,以便逐步地过渡到学校正规化的工作方法,发挥党与行政的力量。

政治辅导处工作对象主要是学生,其任务大小,应随各校工作条件而定,不强求一律,并且应当集中力量进行政治思想工作,其大致任务如下:

1. 全校性的社会活动,用党的名义不如用政治辅导处名义,可以动员更多的群众参加的,则用政治辅导处出面(例如时事政策宣传、计划供应、普选、毕业生忠诚老实运动等)，同时党员行政负责人必须帮助其作好工作。

2. 通过党与行政组织，深入学生群众间，了解学生政治思想情况，向党政领导上反映，对学生进行教育工作，例如纪律、劳动、健康教育等等。

3. 协助教务处了解教学工作中学生的政治思想问题，指导马列主义政治课的教学问题；经常参加教务处的重要会议，帮助他们暂时尚不能单独解决的政治思想问题。

4. 协助人事部门，有重点的审查学生政治思想、历史问题，例如审查毕业生及鉴定学生等工作。

5. 帮助与审查校内各种刊物及黑板报、广播内容，帮助行政上及群众团体的文字、口头宣传工作。

(二) 政治辅导处对党政关系问题

在行政上受校(院)长领导，根据其任务，在工作上必须和教务、总务、系行政、人事部门等发生密切联系和配合；但因为他的主要任务是政治思想工作，又是党在行政上出面进行政治工作的一种组织形式，因而必须在党的领导下进行工作，重大工作问题，应在党内研究解决，有不同意时，请示上级党委，不能看成为党的系统之外，另行建立的一套政治工作机构，以避免混乱。党的组织必须经常关心政治辅导处的工作问题，把一部份适宜用行政出面的政治工作，交代给政治辅导处去进行。为了密切两者关系，精减人员起见，政治辅导处的负责干部一般应同时兼任党委总支或支部的正副书记，不必另设机构。系的总支或支部书记得兼任辅导员。

地方党委对高等学校的领导机构问题。

根据上海情况，提出下列意见：

上海高等学校党委会在三反思想改造时成立，在当时情况下，为着完成特定任务，曾起了很大作用，但因学校各方面工作逐渐正规化，任务亦是日益繁重，各垂直领导系统都更加强，这个组织形式就日益显得不可能担负起一级党委的任务，如仅仅为了管理党务工作，确定为机关党委性质，殊无必要，同时为了使地方党委能够直接了解高等学校的情况，加强其政治思想领导，这个机构应当考虑取消，建议地方党委设立专门机构，如学校工作部，监督与检查各高等学校在执行党的方针政策决定等问题，领导学校党与群众工作，研究学校的工作问题，做好党委的助手。

第二种方式是地方党委宣传部门内设立高等学校处,由专职部长负责管理。学校党务工作党委组织部门统一管理。

中共上海高等学校委员会

1954 年 9 月 29 日

(文件编号:E86)

贯彻团结改造知识分子政策问题的发言[①]

1954 年 10 月

一、三反思想改造运动，对旧知识分了思想批判改造，获得很大成绩，全体教师思想性显著提高。和党接近了，同时顺利地完成了院系调整任务。但在教学改革时期，如何继续发挥教师积极性，学习苏联先进教育经验，与中国实际情况相结合，继续深入改造知识分子资产阶级思想，进行学校社会主义改造，领导上思想不够明确，政策交代也不够明确，使各校在教学工作中执行政策发生若干偏差，工作上受了一些影响。并且院系调整以后有一个较长时期，由于主客观的原因，领导上放松了对高等学校的领导，没有及时解决思想上组织问题上存在的一些问题，以为有了一批干部，大致上不会发生问题，去年三月间政工会议布置了工作后，以为可以暂时放一下，各项工作没有作进一步的解决，这是应当向大家检讨的。

舒主任去年暑期中指示我们的主要任务应是："调查研究，提出问题"为主要任务，同时以交大、师大为典型，研究政治辅导处的存废利弊问题。我们根据这一指示着手摸索，了解了部分情况，发现了许多问题。从学校执行政策上，也发现一些缺点与错误。一九五三年上学期开学前后传达了习仲勋部长的文教统战工作的报告，学习了中央关于徐懋庸同志问题的批示，各校进行了一次普遍的学习与检查，并做了总结报告，是有一定吸〈收〉获与成绩的，经过学习，大家都对贯彻政策问题逐渐重视起来，对执行政策问题有不少进步，党群关系也有一些改善。同时经各校所反映出来情况看，使我们对贯彻政策问题的重要性，也愈觉明显。但这一学习，我们是缺乏有劲〈效〉的步骤与方法，也缺乏一定的措施，因此没有能够具体有力的帮助解决思想问题，收效也觉不很大。

另一方面对两个典型领导上也没有很好抓紧，及时总结经验，对党委性质任务，政治辅导处的工作问题，作出肯定的意见。大家都觉得学校内部问题很多，政策思想问题组织问题，都急待解决，但因为情况还是不够明确，从何着手

---

① 这是陈修良在上海高等学校政治工作座谈会上的讲话。

改进学校工作，推动教学改革，有些犹豫不决，因此对各项应当解决的问题，就拖了很长时间，使工作上受到一定损失。直到今年四月方决定以贯彻知识分子政策结合四中全会决定的学习为中心工作，但在时间上说也是迟了一步，这个责任也应当由我们来负担，应当向大家作检讨的。

现在除有些学校这一工作尚未结束，个别学校还做得较差，没有很好解决思想问题，尚须进一步贯彻外，从大体上经过情况看，各校〈吸〉收获成绩都是相当大的，思想认识上有很大的提高，从运动过程中看，经过半年以上的学习与检查，党内又着重地运用了批评自我批评的武器，批评了个人主义骄傲自满情绪的危害性，全体党员更认识了党内团结与民主集中制的重要性，更深切地体会了中央政策的重要意义，更明确了办好学校的重要关键，改善了党内外的关系，发扬了党的正气，树立了民主作风，批判了不正派的作风，提高了党在群众中的威信，同时也检查出许多工作上的错误与缺点，进一步探求获得解决的办法。但同时又必须承认我们工作发展还是不大平衡的，党内普遍教育还是不够深透，因此我们还不能因此自满，需要继续贯彻与提高认识。根据最近华东局统战部教授座谈会议的反映，教授们一致认为党和他们关系已有很大的改善，但认为对他们的看法与使用上尚有不少的意见，这说明我们的政策还没有完全体现到工作与生活中去，尚须继续虚心谨慎，钻研政策与业务，勇敢纠正我们的缺点，我们相信将来一定会获得更大的成绩。

这一工作做得不够使人十分满意，除校党委自身缺点以外，又与领导上的缺点是分不开的。从其主要方面说，大致是：

第一，开始时对党内的严重思想情况，看得不够透彻，运动的目的、要求不很明显，因此在一定时期内，强调学习，不够强调批评，以致各校在很长一个时期内停留在文件的学习上面，劲头不大，思想斗争展不开，运动显得软弱无力。

第二，对某些学校的领导人有严重的个人顾虑，放弃领导的倾向，没有及时与展开有力的批评，督促检查均不够。

第三，步骤方法都不够明确，例如先学四中全会决定，还是先学政策，先党委个人检查还是先由党委作出检查总结，然后个人进行检查，都没有明确规定，以致翻覆颠倒，拖了时间，形成疲乏。

第四，我们干部的后备力量太少，只能照顾少数学校，对多数学校，仅能作一般指导，在会议上了解情况，深入细致的帮助与检查却是做得很不够。

二、执行团结改造知识分子政策存在什么问题

各校学习检查总结除个别学校已经写出书面报告外，大多数学校尚未总结，现在只能根据现有材料，综合大家所提出的意见，归纳一下，我们觉得下列问题是值得我们注意的。

第一，改造教师的途径问题

我们对以教学改革为中心带动教师思想改造的途径，认识上不明确。思想上把教学改革简单地看为教学行政任务，没有明确地认清楚教学改革过程即是思想改革过程，从资本主义教育思想体系，改变为社会主义教育思想的体系，对教师是需要经过思想上不断教育的，也只有这样才能真正谈得上团结与改造。但我们领导上没有集中于这方面的注意，发挥教师的创造性与积极性，鼓励他们前进；我们的政治工作有脱离教学的倾向，缺乏消除思想上障碍，帮助解决困难，另一方面也缺少对真正思想学术上反动落后的批判斗争。相反的，我们有些政治工作往往使教师在教学工作以外负担过重，分散其精力，很少根据他们实际切身需要去团结改造他们，对他们科学研究工作也不够重视，缺少鼓励与支持；没有足够认识通过教学与科学研究，提高国家科学文化水平，改变他们思想观点上的重要性，循着他们自己的途径来承认共产主义思想，这些都是教师们最有意见的问题。

第二，对教师用什么标准去衡量他们在教学上作用不够明确

列宁说过只要他们“诚实工作，通晓本业，并酷爱本业”我们都要爱护他。上海绝大部份教师虽然不能说都是“通晓本业”，但他们是重视与珍爱他们本业的，他们也明白为国家培养人才是光常〈荣〉事业，基本上把个人前途寄托在教育事业上面。但我们衡量他们的尺度不完全从其本身业务出发，往往以要求党的工作干部的条件去估计他们，对他们的科学文化知识、学术成就不够重视，特别是对待文史方面的教师。对他们几年来政治上进步看得太少，对他们的落后一面、历史经历的复杂性一面看得多，因而普遍发生不尊重不信任的现象，引起对我们的反感。他们误以为“思想改造时看透了他们臭历史，因而不信任”。这几年来教师思想肯定有很大进步，否则就是否定我们自己的工作成绩，事实证明知识分子是有改造的可能性，如固定地只看他们落后的一面，自然要降低对他们的估价，加深隔阂，同时也应当认识到今天的教师进步还是不足，需我们今后作更大努力长期地去改造他们。

第三，依靠谁办好学校问题

如何完成培养建设人才的任务，办好学校，人民日报社论说："有赖于高等学校党组织进一步贯彻执行党对知识分子政策，加强新老教师的团结，对老教师采取正确的态度，充分发挥全体教师的能力，并努力培养大批新师资。"

但我们在实际工作中却表现对教师有若干不正确的态度，不重视新老教师的团结问题，不能充分发挥全体教师的能力。

由于我们对衡量教师的标准，有上述的偏差，使有些同志对老教师产生"利用"的观点，认为团结他们，只不过是一种手段，等我们培养出来红色专家即可"取而代之"，因而又产生重视讲助教的作用，助长他们的自满情绪，轻视或不尊重老教师的意见，造成新老教师间很不团结的现象，培养大批新师资的任务，受到一定的影响。（留一手）

师生间不团结问题，也是存在过的，主要问题也多从对教师的态度不够正确而造成的。根据个别学校反映，院系调整后曾有过这样口号："用学生力量推动教师进步"。搜集教学情况也有过不大好的办法，如召开师生座谈会，由学生当面指责先生的错误，很大地伤害教师的自尊心，以致造成师生间不团结，互相猜忌心很大。

第四，先团结还是先改造，尚未改造好能不能团结

中央对这个问题的指示是明确的"离开团结来谈改造固然不对，而离开改造来谈团结也不对。"我们有些同志对中央指示了解是有片面性的，往往把两者分割起来看，往往离开团结来谈改造，认为"团结不好是因为老教师落后"，认为没有改造好，"没有办法团结"；另一种倾向是只谈团结，不谈改造，表现在无原则的迁就，不积极帮助解决他们思想上问题。

其次是所谓"划分类型，分别对待"，接近我们的"能讲话，嘴很甜，能靠拢我们的"的团结，学术上有地位有名望的注意团结，对我们有意见，学术上较差的不注意团结，甚至加以歧视排斥等态度。这就是说没有根据中央指示"充分发挥全体教师的能力"来做。

第五，行政工作为教学服务的观念问题

学校一切工作应服务于教学工作，行政工作部门干部对这一问题的观念上也是不够明确的。群众对我们总务部门意见很多，从检查结果看，大家认为我们有些干部是有片面的财务观点的，没有能够充分注意为教学工作者安排

便利条件，如物质供应，关心教师生活，减除家庭生活的困难与顾虑，都做得不够。基本建设不适合工作与居住，仪器、图书设备不周全，评薪评级不公平，房屋家居分配不适当，医药卫生，子女教育，交通、吃饭等等问题都不够照顾。部分同志对中央指示思想上有抵触，为教师服务想不通，如有人认为“老子打出来天下叫他们享福”，很不服气。

人事部门问题也很多，主要是我们干部对教师思想情况与业务知识理解能力不够，又不重视日常的调查研究，调配干部带有片面强调“政治水平”的偏向，有时调动干部不经过一定手续。

三、原因与教训

从这一次学习政策与贯彻四中全会决议的情况看，我们在执行知识分子政策中所以发生这些问题，其主要原因是：

第一，由于对党的团结教育改造知识分子的政策缺乏统一的全面的认识，同时领导上对高等学校思想领导也不够及时，不够抓得紧，对政策界线上也划得不够清楚，希望这次大家再提出批评意见。同时对政策问题作进一步的分析研究，以批评与自我批评的精神，〈把〉当前政策问题在思想上较彻底的讨论一下。

第二，由于部分干部思想上存有个人主义骄傲自满情绪，不虚心向群众学习，居功自傲，作风不民主，对党的政策学习不够。

已往的错误与缺点应引为教训，要办好高等学校，党内外必须加强团结，党对知识分子的政策必须进一步求得贯彻，记取中央对徐懋庸问题的指示：“团结改造知识分子是办好学校的一个重要关键”；记取华东局对文教工作的报告上批示：“关系文教工作改进和国家建设事业发展的一个极其重要的环节”。

依靠大家努力，我们相信一定会把高等学校办得更好。

我的发言有不正确的地方请大家批评。

（文件编号：R41）

上海高校座谈会记录

1954 年 11 月 20 日

万钧：

好的印象是特点是，坦率爽直，比较开扩。

缺点：政治上，对党高度负责有欠缺，需要注意，大学党委困难的情况，如何克服困难解决问题勇气不够。工作虽有许多成绩，但有许多缺点，领导同志要负一定的责任。大学党委不能对下面缺少支持，问题不在于拿出干部与拿出办法，而是在很长期中，对下面的困难的了解支持不够，觉得情绪上痛苦，一直到彭康来了以后才解决思想问题。工作上在党内时常碰钉子，有时不痛不痒，很有弹性，有时无人负责，有时难办，向上级不通气。去年三月会议时对陈其五同志的报告有意见，以后张铁毅工作组也有意见，给我的印象搞得很不舒服。彭康来了后，不再提意见，一向同他谈，上下思想上距离渐小，作为领导来看对下面同志的思想估计，如何解决是考虑不够的，很易造成上下隔阂。有些问题很难说，形成距离。同其他学校谈起来有些不痛快情绪，领导上应当多用高度负责态度，批评自己，但这方面是不够的，各校与领导关系到谅解，支持不够。

学校工作的方法，大学党委不能提出情况向华东局报告，做得很少，争取上级了解不够，交大是重点，对我们的情况系统了解不够，一直到现在上面还是不大了解。上次开上海政工会议上对高教局放了炮，高教局对交大的印象，认为科长强，三个好的科长都不在了，他们不讲道理。匡部长找谈话，王零说最大困难是搞大学工作。

现在问题很多，大学党委切实解决大小问题是不够关心的，如看戏等等。

再表现是对干部情况不够熟悉，很要注意，有些人思想问题检讨后，还是不能解决，需要老资格来解决，说话可以随便一些，骂一顿也可以，老同志应当注重一下，跟同志们联系少。

对同志们谅解上，有时候说话有点使人吃不消，例如：① 陈向明——因自搞一套，陈说："因人不多，不大听党的话"，陈向明又不高兴，说话不大注意。陈向明的报告精神上不对头，不够耐心。高度的关怀工作与热爱不够。

② 深入实际群众与实际不够。对问题的认识需要深入研究，我的感受，一般说看问题是明朗的，但掌握实际斗争的准确性不够，因此没有力量，弄来弄去。今后要更深入到小组与支部工作中去，自己不去做，别人也不好[办]。作为希望提出。

刘准：

有许多地方值得学习，斗争性上还是艰苦。缺点：

① 看问题上有好的一面，能尖锐的指出，有些地方主观一些。考虑现实性不够，问题提出后被领导同志难以接收〈受〉：如四中全会决议学习，以政策为主，我来回报时，说回去后把党的性质问题也要检查一下，觉得学习过程中，逐个问题提得很突然，以后决定还是不提。在这种情况下，难以解决，埋怨情绪因此发生。

党内问题觉得严重，要马上转到党内团结问题，但政策问题正是高潮，步骤上要发生混乱。进一步如何解决，从政策上转入党内问题，并没有提出具体办法，说明主观较强，容易急躁一些。各方面考虑不够。

② 对干部问题上好处是很直爽，下面干部批评过火，下结论过早，精神上不愉快不大体贴干部，批评要适当，有些时候背后有意见。埋怨是自由主义，来大学党委不大温暖，有时批评多，教育少，如蒋■■与朱士亮问题，说要撤下来，问题是不是简单撤下来就可解决，从组织上来解决问题是不大好的。

提拔干部问题，发脾气，什么长？这些干部有毛病是事实，但使干部很难过，上政治课是名利双收，因为工作需要，不是为了名利。情况没有很好了解，影响情绪。

③ 了解情况调查研究不够，大学党委会没有派人去过，对同济来说，了解的情况是不够的。本身也有困难，上面不支持，下面要求是支持，反映到上面去。

建党工作经验没有好好总结。

余仁：

① 凭个别了解发表意见，对人直爽是很大优点，有话要说出来，希望要保持，心口应当一致。

② 这一年来作风上有很大的进步，转变很快，有些检讨是四中全会议以前的情况，从工作的负责来说，负责不够有这样问题。

第一，大学党委与行政部门结合有困难，对群众团体是可以结合的，没有起统一领导作用，大学党委总管，工会与团的工作没有统一，保卫，宗教工作也没有很好统一。因此从学生工作来看，是大学团委来管，团委布置的工作与党委不大一致。

大学党委应当统一管理，一年来没有注意，老问题重提。我向工会与团谈过，党委也不开会，工作不能不做，这类事很多，执行保卫工作，文保处工作脱离实际，如何向华东局汇报是不够的，负责不够的表现，不能只管建党工作，下面问题很多，大学党委不大开会，个人要多负责任。

第二，学校类型多，不大照顾其特点，一开会是四个重点大学，决定的问题行不通，领导上一般化。我们没有校长，问谁说不知道，如干部问题不知谁管。不要等问题搞大了再解决。

陈其五说以校长为主成立核心，不解决问题，以我为主不能干，领导负责很不够。

① 作风问题，虚心民主问题，还有缺点，虚心民主表现在对待新事物，学校问题很多，因此党的工作问题也很多，在这个问题上，老同志经验是很多的，但另一方面对新[事]物面前如不虚心，要变为经验主义，许多事情是从经验主义出发，第二是听别人意见要注意，沙陈二人作风不同，沙很尊重别人意见，通过商量决定，陈对别人有意见，有时还不能多听反对意见。召开组织宣传工作会议意见，有批评，会后有意见。

② 作风不够深入，系统一套没有，个别的有，我说"领导上官僚主义，下面是事务主义"，反映不上来，大学党委领导上对表扬少，批评多，下面叫困难更多，各校都有成功的经验，我们干部都是辛苦工作，对党员的成就要承认很重要，从作风上说是不了解干部。如去学校去调查时，反映许多情况，有许多问题不是大学党委的事，没有提出意见，有些失望。具体实际情况不够重视，比较琐碎，如注意起来很有利，不够重视或左或右，容易感情冲动，直爽的人一定容易冲突，不是小的问题，容易使感情代替政策，处理简单，要发生错误。特别是听了汇报后，听了坏人坏事往往不冷静，对坏事应有义愤，激发出来是好事，党员对坏事有能力，不是同流合污的。领导上应帮助改正其缺点，往往简单处

理，不好的就调开一边，不能解决问题，应当团结起来才能打通思想（指二个党委员会检讨不深刻）后来一次谈话很满意，是干部的政策。有时谈话觉得不敢谈，一批评不敢说话。要可敬可亲，党内作风确定实重要，直爽应与恳切相结合，不要与冲动相结合。

③ 个人的学习努力，但得注意的是结合工作更加重要，还不够，与民主虚心要结合，大学内部问题很复杂，业务上问题也要学。为了结合教学很重要，领导上不重视，口号多，实际指导少。同时又向学校学习。党委管的东西不如大学团委简报多，各项工作都有简报，很经常，党委系统很少，党如何围绕教学工作，下面是有的，领导上很少。领导上不要只看到下面缺少经验，但成绩是有的。

④ 批评自我批评问题。四中全会学习很被动，大学党委是从下而上的检讨。听了后作一些检讨，固然是困难，上级党的组织批评开展得好关键在领导，走了许多弯路。如早做，可以早搞好。

（文件编号：R101）

关于复旦大学统战工作情况的报告

1954 年

舒主任：

根据您的指示，最近我与统战部、上教工会等同志，前去复旦大学研究统战工作，连日与党委委员个别谈话，参加了一个星期以上的党委会议，讨论统战工作的总结，工会同志访问了三十余个教授，从我们已知的材料看来，党内外问题相当紧张，应有适当处理办法才好，这里只谈一个统战问题，作为您的参考。

一、党群关系目前的紧张情况。

教授自院系调整后，来自各方，思想情况极其复杂，共有五个民主党派，其中民盟占多数，九十个教授中倒有七十二个参加民盟，教授中我们无一个党员。目前紧张情况，突出表现在：民主党派主脑人物对复旦党的领导不满，首先是对个别领导干部。第二，师生关系很不正常。第三，党委内意见不一致。新老干部都对领导有意见，不安心工作。这三者的相互对立状态有其发展过程，与相互关系，而其主要一环，是党的政治领导非常薄弱，领导核心弱，以致内外离心。兹将情况简述如后：

第一，党对民主党派以及教员的统战工作问题[上]，一贯来很不重视，李正文同志的思想，认为民主党派是“包袱”，怕他们通天（即上告）主张取消，用同情小组代替他。负责同志平日在公开会议上随便做报告，刺激教授，反映不好。如教授们说：李校长一开口就是长篇空论，教训与批评多，以“对学生态度对待教授”，深表不满。王零同志有一次在党员大会上说话（有非党教师参加）说道：“人家进攻了，我们打败了”的话，意思暗示陈望道等人压倒我们，使党外造成恐怖。有一次在工会会议上所说的话，使胡曲圆（民盟负责人）大为不安，会后他向工会副主席葛林槐同志申明“王主任的话，怕我要在教务处把权，我没有这个意图。”学习马林科夫报告时，王零同志要教授都做笔记，意中暗示：学习政治成绩好坏，要作为评薪评级的根据，引起教授的不满。

平日学校对教员的生活照顾很差，如评薪评级，教授讲师差不多，多子女的教师照顾很差。部分教师发牢骚地说：“不知学问之难，不知教书之难，不知教师为什么要在此吃饭。”也有引用“士为知己者死，不食嗟来之食，士可杀而不可辱”的成句，以发泄其愤慨情绪的，在这种氛围中教授要求他去的颇多，也有留恋浙大的，如苏步青。少数教授有公开骂李正文同志的，如陈子展。张孟闻、孙大雨等人，他们本来同陈望道不合，现在也团结起来，联络一些老教授共同反对李正文。李说他们是新公馆派，争权夺利，分庭抗礼，教授们说：“思想改造后，领导上还是拿着大斧头，不管幼苗树干，到处乱砍。”去年克服学校忙乱现象时，陈望道在行政会议上要李正文同志公开检讨，苏步青要领导人去看“被开垦的处女地”。陈李不团结的问题，非但本校大家知道，且已波及其他学校，如苏步青到同济大学开民盟支部会，提出陈李不团结问题。

有些系内情况也同样紧张，教授们怕党团员的助教，怕党员的系秘书，群众有呼“系秘书”为“二主任”，喻其权力之大。

上述的对立状态的严重性，特别重要的，这些人正是政治上进步分子的代表人物，政府的要员，也正是民主党派的负责人，影响所及绝非个人间的是非，而是党与其他党派的关系问题。

第二，师生关系不正常。

三反时利用学生斗争教员的做法，所造成的师生关系不正常状态，至今仍然存在。教授们认为思想改造后，教师的威信打下去了，他们认为领导上政策是“利用学生鞭策教师”如召开师生座谈会，学生当面批评教授，难堪之至，教授说：“学生与秘书二路夹攻，教授难做人”，甚至学生可以不要教授开课，如周谷城与陈守实等教授他们说：“教师最大愉快是受学生的尊敬，否则是苦痛的。”王恒守教授对三反时李正文同志的报告中所说：“政治上学生比教师强，业务上教师也许比学生强”的话，至今反感极深，教员最怕党团员向领导反映情况，他们在一起谈话时很随便，看到党团员来了，就不说话了，甚至连自己儿女也怕，如顾翼东教授在家中骂学校领导，怕女儿（团员）去报告。

这样师生对立情况，至今未被领导上所注意，如八月十八日党委会议上，李正文同志发言中仍然主张：“教师最怕学生，要依靠学生反映情况，推动教师”的“工作方法”，而且认为召开师生座谈会是一种“成绩”。

第三，党内意见分歧的主要问题。

经过一个星期的党委会议，暴露了复旦党内意见分歧不团结现象也是严重的，主要的分歧点是：

（一）以李正文同志为主的思想，认为党群关系并不紧张，他估计目前情形是："基本上团结，少数人对立""满意的多，不满的少"，"思想上对立多，事实上团结多""上学期关系紧张，这学期已经改善了"。因此他认为只要上级把陈子展、张孟闻、孙大雨等调走，陈望道就好对付了。大多数党委意见，认为这学期关系更加严重，大多数教职员对毛主席领导的共产党是拥护的，但对复旦党的领导是不满的，党脱离了群众，在教师中是孤立的，要求改善领导作风。

（二）李正文同志认为，学校以教学为主，领导业务是主要的，他认为："只要教好学好就是了，其他问题他不管""面向教学就是要教书，教书就是业务，不会教书的不能做好学校工作"，他认为党委工作是一个"包袱"，因此他一贯来主张取消党委与政治处，成立党组管行政，成立一个总支（已成立）管党务，原则问题在党内不大讨论，集体领导更是谈不上。他要求明确所谓"党委二重性"问题，如取消"统一领导"那一重性留下"基层组织"那一面性，即可把党委取消，改为机关支部性质的组织，派遣去的一批干部即可调去学习。由于这种思想，造成内部意见分歧与不满。第一，是革大来的工农老干部觉得搞好学校工作无出路，特别是七月间大学党委召开一次会议，陈其五同志要各校研究政治处存废问题，李正文同志回去即刻召开了一次扩大党委会进行传达，说是大学党委决定："党委不称职的多，流于形式的可以取消。"以致引起大家思想上的极度混乱纷纷，要求去人大学习，在这以前因为强调"教书第一"，有四个党委委员进[了]工农文化补习学校，党的工作几陷停顿，党内外流行一句话："领导事务多，党委学习多，下面意见多。"非党员说："你们每天学习，不做工作"，使得大家苦闷得很，只好放弃补习。有些党委同志认为李正文同志，"对内强调教书，对外强调政治"。为了提高自己身价，是个人主义表现。第二，工会与青年团工作党委不加领导任其自流，党内生活不正常，政治空气稀薄，批评与自我批评很差。第三，内部思想意见极不一致，严重地影响到革命工作与内部的团结问题。

（三）李正文同志认为党内问题主要是新老干部不团结，因此主张调出一批科长以上老干部去学习，就可解决问题，其他党委同志以王零同志为主，认为李正文同志政治水平太低，领导没有原则与方针，又不虚心接受批评（李确实不虚心，凡对他提意见的，他总认为是私人感情。）但王零同志对李的工作采取消极袖手旁观态度，认为无法帮助他，表现组织性差，这也是不对的。

（四）对民主党派工作问题，李正文同志主张个人包干，分头联系，实质上没有做到，其他党委认为应当明确政策，发挥各种组织力量。

二、造成紧张局面的主要原因：

第一，对党的统战政策研究太少，思想改造，院系调整、教学改革中一些"粗急"毛病，没有总结其经验教训，三反时期的"余威"，尚在工作中有一定影响。

第二，负责同志对外发表言论太不慎重，应当解释的问题，却说得太少。

第三，办好学校依靠谁的问题不明确，一贯主导思想是依靠"党团员""学生""青年讲[师]助[教]"，对旧知识分子教授讲师的特点了解很差，对党的"争取团结教育改造"方针，没有真实地体会。

第四，曲解"面向教学"的方针，放松党的政治领导，特别是放松组织领导，削弱了我们的阵地。

第五，对民主党派的作用如帮助其进行团结改造思想，没有正确认识，为了"怕通天"，采取应付迁就，暗中又想取消其组织，这是造成不团结的重要原因之一。

第六，领导干部有"改造者"的骄傲，自大思想，不能礼贤下士谦虚待人，引起反感。

三、解决复旦问题的几点意见。

提出几点不成熟意见，作为您解决复旦问题的参考：

第一，过去毛病主要是"左"的偏差，因此目前火力，应集中克服左的偏向是对的，坚决贯彻"团结……①

（文件编号：E212）

---

① 原文缺。

各校政治辅导处工作问题

——各校政治工作综合报告

1954 年

根据各校一年来各项工作的总结报告(已收到十个高等学校的书面报告),除统战问题已有专题汇报外,关于党对群众团体的领导、建党等问题,各校书面报告均极简略,有的根本未提,无法研究其内在问题,因而只能把各校目前最突出的,关于党的领导与政治辅导处问题,综合其主要情况,并提出初步意见提供参考。

一、党委的性质与政治辅导处的任务问题。

现有十二个高等学校未按党章规定成立党委组织。三反时这样做,觉得不成问题,工作上也取得许多便利条件,但现在却是觉得非明确一下党委性质不可了。三反至今各校党委均未曾改组,过去曾经由领导上口头规定党委会为二重性质:即一是作为党的基层组织;二是作为一级党委的性质。(即是说党委会统管一切)由于党委二重性质与实际工作中的矛盾,普遍发生了下面的一系列问题,迫切要求大学党委明确地解决。

(一)政治辅导处工作面太广,无法应付,某些工作代替了行政工作,与其他行政组织有抵触,特别是教务处。

各校党委没有专职干部和组织编制,党委办公室与政治处实质上是一个机关,二个牌子,党委的日常工作依靠政治处来作;而政治处因为又是学校的行政组织机构的一部份,下分组织、宣教、青年各科。自三反以来,工作范围一贯非常庞杂,从大政方针到日常行政事务,一揽子包办,有些党委认为是陷在冗繁的事务堆里”。以政法学院为例,政治辅导处的工作范围至少有二十余种:——整党、建党、建团、纪律检查,分管保管秘密文件,支部日常工作、领导辅导员、调配人事,保管档案、干部福利,鉴定与分配毕业生,领导学生会工会中苏友协等团体,进行群众宣传工作,干部理论学习,评议审定学生助学金,印发校刊,举办职工夜校,治安保卫干部管理等等。目前大学党委总结说:“党委既是掌握全校原则方针又是处理日常党务行政的基层单位。因此党委是经常被建党、保卫、人事、组织、宣教及各项中心工作所牵制”,其他各校情况亦多类似。

另一种学校如复旦大学，为了减轻党的事务工作，党委会还设有总支组织，专管党务。党委实际上等于党组，党委放弃对支部与群众团体的领导工作，以致下情不能上达，总支工作等于组织科多了几个干部（共五个委员），实质上并未能负担全校的政治工作。

现在要求采用复旦办法的有同济与师大。我们均不能同意其这样做，但如何摆脱政治处的事务工作，并未获得解决路径。

（二）政治辅导处工作任务问题。

政治辅导处做什么，如何“面向教育？”工作主要对象是谁？多不明确，因而产生下列的困难：

1. 所谓“政治工作必须结合业务”的口号。如何结合法？同济大学党委总结认为：“政治工作主要是解决妨碍学习的各种思想，要解决问题就必须联系到教学行政、内容、方法等，如课程分量，学习时间安排，学习纪律，明确专业目的等等。毫无疑问的，如果要使政治工作发生力量，必须进一步解决教学工作的各种问题，但政治处没有力量，就是做了也会干涉教务处的工作，不做又不能解决问题”。

交大上学期也有把政治处与教务处工作混淆在一起的例子。他们的总结上指出了过去“缺点”，说：“主要力量集中在教研室主任的工作，因此减少了一般政治教育工作，由此形成了政治辅导处的工作局限于行政小圈子内”。

同济的情况，各校均或多或少地同样存在，他们把“面向教学”口号，片面地了解为“直接地去领导教学行政工作”，因而感到无从下手之苦。

2. 政治辅导处主要工作对象是谁，不明确。根据目前的做法，是全体教职员工，特别重要对象是教师。以交大为例，从其总结各系辅导员工作内容总结来看，政治处的基本主要对象是教师，其次是学生。在教师中工作是：参加系内订立工作计划，和教学计划，参加教研室每一阶段的工作计划与总结，参加排课工作，协助行政发动和组织生产实习，领导和参加教师的政治理论学习。

辅导员工作方法是：“直接协助行政领导”，“系内工作先和团员商量，征求他们意见，然后由政治辅导员带到系务会议上去研究讨论，并在系务会议之前，先和系主任商量，系务会议之后，向团员传达发动团员支持领导，加以贯彻”（交大电讯工程系）。

辅导员处的主要困难是工作头绪纷繁，忙乱不堪，又因不懂科学业务，苦无“辅导”办法。

3. 党委负责制，还是校长负责制？目前有二种不同意见：一是认为党委既是对全盘工作负责，要党委统一领导，自然应当实行党委制；另一种意见认为：应当实行校长负责（已有党员校长的学校）党委性质应改为“基层组织性质”或称为“机关支部性质”，即党的组织只对行政上起保证作用。目前因党委二重性问题思想上混淆不清，究竟应实行那一种制度，二种意见多未敢肯定。各校有党员校长及副校长的（如交大、复旦、财经政法等校）多兼了党委书记，校长终日忙于行政，无法兼顾党群工作，感到苦闷，同时校长多是老干部，吸收新党员参加党委工作大家思想上不免有些顾虑。又怕老干部不服气，因此党委的干部还是老的一批人。

二、政治辅导处的存废问题。

对此问题有二种不同意见：

1. 主张取消成立党委办公室的（此系多数）。以师大为例，其理由是：党委统一领导，经过群众团体进行工作，师生政治理论学习经过马列主义教研室与教务处具体领导。

2. 主张不取消的认为：“党的组织在系科内不健全，教师是学校中的中紧力量，如果没有一定的骨干，难以保证教学任务的完成，教师在三反思想改造后，对党的认识还有距离，同时学生成分复杂，还有许多问题。如果取消政治辅导处，应成立党委办公室，这样仍需要相当数量的干部负担党委工作。这样一来，如果党委变成基层组织性质问题是不大的，如果要发挥党委制的作用，困难仍然存在”（华东化工学院党委）

根据上述情况来看，可以各校对党委与政治辅导处工作问题，思想上非常混乱，已严重地影响到政治工作。特别表现在党委领导已陷入日常琐碎的行政事务的圈子内，放松了对广大群众的思想政治工作，建党工作迟迟不能推开，少数干部忙乱不堪，困难日增，不安心工作，这种现象必须迅速纠正。现在各校均亟求领导上明确上述问题，除抓紧交大与师大二个典型，先走一步以外，我们研究了各校书面报告后特提出下面的一些初步意见作为参考。

（文件编号：E87）

揭发批判饶漱石问题的发言

1954 年

揭发问题——饶漱石把持上海市委工作的几个例子。

(一) 饶对上海市委领导问题。以工业生产问题为主要问题来说。

1951 年上半年关于上海市的工作问题,座谈会情况

(3 月 4 日饶找刘晓、刘长胜、王尧山、刘少文、陈修良等人谈话)

刘晓当时向饶提出的工作意见:

目的:今年加强基层工作,以工业为中心。

① 以十个工厂作为典型;② 搞好五个区,各种自己搞一个典型基层组织(代表各种性质);③ 八个国立大学;

工作步调分为三个:① 三月——六月搞典型(十个厂包括已有八个,上电等厂),总结厂的经验;② 六月——九月取得经验后推动四十余个厂;③ 九月——十二月着重总结四十个厂经验,训练大批干部。

方法:首先统一市一级的领导,成立二个委员会,派大批的干部下去,领导上研究典型。

市委整理出城市工作经验有下列问题:

① 基层工会工作;② 党的建设工作;③ 统一党的领导,解决市委与区委的组织形式;④ 镇反问题;⑤ 开区的代表会议。

工会工作以纺织、五金、市政工会为主。

饶:① 一般的不动员搞工业,只搞一个典型工厂。理由[是]没有典型一般推不动,毛主席说:“只要会杀一只猪,其他猪也会杀了。”

对下面领导具体指导就是典型经验,到处去讲的就是典型经验。

② 市委要有一个好的秘书长,照顾全面(指黎玉)。(当时刘晓要求派人,饶没有派人)

③ 市委书记的主要责任是解决党政工团的关系问题。

④ 各部门自己搞工作,照顾一下。

饶的实际作用:

① 上海市委对工作是提出过具体意见的,饶并不同意,又不指出什么不

对,不加帮助,自己把持着搞一套,但过了三个月后他说:“市委没有执行二中全会的决定,不以生产为中心”。

② 他要自己搞国棉一厂,其他厂不要,而且自己抓,不要市委管。

搞一个厂好像是毛主席指示,其实是不要市委搞更多工作。(什么一个典型区——普陀、里弄、大学等,后来都没有管,大学工作更不管)。

③ 不调秘书长(要黎玉把持市委)。

④ 要市委书记只管党政工团的关系问题,实际上他另一方面又控制了市府市公安局的工作,(顾准、扬帆、曹漫之等)但市委不能统一领导。

当时市委的分裂现象很严重:曹漫之的民政局管三十个区政府,组织部管区委,扬帆管公安局,顾准管财委。黎玉管理市委一切大小事情。

饶批评市委不搞生产,他自己有没有以生产为中心来搞?举出一个例子。

(二)清理中层问题:

(1)市府与公安局独立搞,不向市委汇报。

(2)处理办法,清理中层工作委员会拟了一个草案送到市委与华东局去批,后来没有下落,接着就争论整风、整党,精编、三反问题,谁先谁后如何安排,在市委会议上争论不休,没有结果。黎玉只强调整编问题。

举出一个例子。

1950年对上海市委基层工作委员会的要求,只是调查研究,并没有提出生产问题。

9月7日饶指示:

要求八个厂搞什么?

(1)了解各厂工人的变化与资方的变化,(解放后)工人与资本家对生产任务、工会、党对干部的态度(包括劳资关系)。

(2)对生产有关问题——劳动态度、资方对工人态度(如劳资协商会议)、决定生产竞赛问题。

(3)工会工作——组织问题,团结工人。

(4)党政工团干部的作风问题。

(5)党政工团的关系问题。

刘长胜同志就是根据他的指示布置了调查研究提纲,基委会花了很大力量整理许多材料,饶连看都不要看,反过来说市委没有管生产完全是故意掩盖他自己的错误。

(三) 黎玉如何把持市委,如一个例子。

从市委的计划来看:

(1) 1951 年全年计划问题,市委没有正式好好讨论,各部有意见,还是由他一个人主持上报中央的。

(2) 每个月份计划问题——都由黎一个人订出,每份计划都不好,大家提了意见不肯改。

计划的主要毛病是:

(1) 定出一个主要工作,下面苦于无法执行,例如 1951 年 6—7 月份计划,定出以武训传讨论为中心,工厂正在搞劳保,工人没有看过此电影。

(2) 计划的对象不明,是对各区,还是对群众团体,不能执行。

(3) 工作没有连续性,使下面苦于不能限期完成。例如订爱国公约,要所有工厂、学校里弄同时都订出来,结果下面发生强迫命令。

(4) 计划落在时间后面。

(四) "三反"问题:

由黎玉作主,(当时市委三个人是核心刘长胜、黎玉、王尧山)

当时争执的问题:

(1) 市委指示以整编审干为主,三反为次,不合中央指示。

(2) 整风、整党、整编三个问题〈熟〉孰先〈熟〉孰后,步调不明。

饶在十一月十三日传达中央决定时说:整风仍采取去年办法,精编机关,并没提出具体办法。反贪污浪费问题只提原则,对三反工作没有指示。

(文件编号:E88)

江华同志传达中央精神的报告

1955年2月14日

开始到浙江工作，参加第一次会议——江华同志报告（传达中央的）。

第一，思想建设问题。

毛说："社会主义不能只依靠六百万党员，忘了六亿人的积极性不行，如何共同走向社会主义，是一个问题，政策上要用一切力量争取走向社会主义"。"逐步"二个字如何理解的，要有领导，要有计划，政策、条例，才能逐步进行，例如"黄敬全部包下双铧犁给他，是做不好的，下命令不能实现社会主义的。"不管私营的，就不能走上社会主义。

陈云说：下面多不了解"逐步"二个字，国营公司里多是青年，或者军人，没有老年人，不懂做生意，态度很硬，这说明简单搞社会主义，所以党内要树立与各阶层人士合作建立社会主义的思想。中国存在多种经济，包含多种阶级的存在，"双层改造"——经济与思想，只要钱不要人建设社会主义不可能。党内不懂得生产关系、阶级关系的错误在各项工作中都有。

刘少奇说：不管私营企业，国营经济[就]不能领导私营。

毛说：有些有名的党员，自以为是唯物主义者。但不正视现实，有着主观主义，不按客观规律办事，就是唯心论，各级党内〈委〉要抓紧这个问题。

毛主席说理论的重要：没有马列主义的基本理论，社会主义是搞不成的，这一项是党内所最不重视的，要各地来发动这个工作。

第二，联盟问题。

各级党委要搞资产阶级工作，文化教育、统一战线。因为要听反面意见，更多协商，不要以为有法律与权力，可以擅自行事，不要把别人估计过低，这也是主观主义，每每处于忙急，不去协商，多讨论可以暴露别人思想。毛说：思想特务多得很，不要怕。政协觉得重要：党与民主人士团结与联盟问题，要反对国家机关清一色，劳动人民，非劳动人民，少数民族。苏联还有党与非党的联盟，我们还有阶级存在，更不能取消过去同我们联盟过的，都要团结他，要给他饭吃，没有饭吃，不能走社会主义。有许多人反对吴化文的照顾，是不对的，不知道人家的[作]用，特别表现在名单问题上，但反对关门主义，不要犯迁就的错误。

第三，时局问题。

大陈岛问题很重要，一定要解放台湾，要说明解放台湾是人民的光荣任务，历史任务。

毛说："当我们第一个任务完成后，第二天早晨就要找出第二个任务，这就是解放台湾。因为这是中国的领土，另一方面以便动员人民，用战斗精神，完成社会主义的建设，这是最好的动员方法。军事方针远交〈进〉近攻，以造成军事的条件。"这即是在斗争中来建设。

毛说：马上爆发大战可能性不大，要看西德、日本的准备如何，美国备战情况、条件够不够，现在还要准备，他们有矛盾：工业生产不够，军事矛盾、军力不足等等，另一面是人民不愿作战，希望与中国关系好。

毛指示各级党委要学习时局问题，省委提出下列意见：

（一）根据中央指示如何对外斗争，逐步建设社会主义，学习党的具体政策，根据现在的情况，有些同志还不能理解中央指示，[理解]不够完整。党的政策根据人民多数利益决定的，不是对机关的负责，应与人民利益相一致，否则是原则的错误。陈云说："下面所以违反政策，是把党的政策与人民利益对立起来。"

建设理论的队伍，才能有社会主义，不能想像没有马列主义，不能有社会主义，要贯彻各项政策，也不能设想没有理论，因此要逐步解决这个问题，为了人民长远利益，要建设社会主义，干部里面要加强理论教育，加强地委与省委的宣传教育机构，短期训练班，武装干部，武装队伍。不能接受新事物是唯心论、保守、固定化，是阻碍进步的。要区别唯心与唯物的，思想领导不强也在这个问题上，不与错误思想斗争，就是投降主义。各级党委必须学习理论，比较深刻[理解]这个问题的重要，学会这些。把好事办坏，都是因为领导问题，领导上手足不灵，没有开动脑筋，亲自动手。要分开哪些应当爱护，哪些应当反对，不要陷在庸俗的爱护干部的泥坑。要提高到原则的高度来看如何发挥积极性问题。

总言之，思想领导我们还不知道如何来加强，中央提出这个问题我们要考虑，武训传、红楼梦问题都是中央发现的，我们也要发现自己的问题，没有摸到底。如城市中风气不好，公开谈恋爱（公园中），我们采取什么态度，缩手缩足，不敢动，基本问题是要发现根本问题，要提到支部生活的程序上去，根子要打好，各级党委书记要考虑，各部门同志都要抓思想领导。

宣传部专门搞思想理论的学习，干部要轮训，省委同志要去上课同时自己学习，组[织]、宣[传]二部要商议共同想办法，不要有任务观点。

（二）学习总任务：① 统一战线。② 农民经济改造。

（三）私营经济改造问题，这是主要的三方面，各级党委必须努力学习党的政策，以取得成就。

统一战线指示要大家学习，解决思想与具体安排问题，因为这是党与非党的关系问题。

农村问题，如何安定生产情绪，适应改造的需要，如何巩固工农联盟这样提出问题。

群众运动过去与现在有什么不同？现在是生产运动，农业是经济命脉，一举一动都要注意受影响，大呼隆是政治运动，现在不行了。与农民有利益，方法上要注意，特别是富农问题。

工商业政策问题——是谁战胜谁的问题。第一问题如何改造，第二调节问题，主要是逐步二字不大懂，分寸掌握不住，不要有一下吃掉的思想，要使资产阶级有利可图，这是主观主义。

各部门要检查这三方面问题。

（四）领导问题：

（1）集体领导，先要党委集体讨论，然后分工，向向党委汇报，党委根据情况，作出指示。

（2）调查研究，实事求是作风要展开，许多工作被动由提出，必须这样做，记着毛主席的指示，没有调查研究没有发言权。

（3）党的群众路线问题

林乎加：

农民与党的关系问题。

党与农民存在一些问题，从各项改革工作后，党的地位日益加深。不能有些偏向，作出片面的估计，但存在严重问题。

（一）生产互助合作。（二）统购统销。（三）收购供应。（四）强迫命令作风。(五) 灾区人民生活困难。

生产问题的突出缺点:① 计划不够好;② 技术推广中命令主观主义。

增产 160 亿,原计划 150 亿,距离很大,强〈要〉购问题很大,造成购量脱离实际,计划偏高也造成技术推广的命令主义,盲目推广造成损失。三十八万亩超额数字,没有收成,富阳砍掉毛竹一万多株。大规模技术推广,没有准备,如种子准备,杭州用早稻种双季稻,过了播种时间,还强迫播种,片面强调增产,造成损失。群众说党的话只能信一半,互助合作运动中间主要有三个问题:

第一,没有贯彻稳步前进的方针。加强合作化省委交代不清,下面盲目性很大。

第二,经营管理问题长期未获解决,有百分之 15—20 社政策问题没有解决,一部分自发社有一万八千多个。35%社工具问题没有处理。50%种子问题没有解决,山林问题 17%已处理,金华报告:政策已处理的,情况也很严重,土地酬劳问题,劳力问题很多问题,有许多农民不能交农业税,"人养土地",个别地区占 60%,农民砍树杀牛的很多。

经营管理——技术问题没有解决,没有计划,农民怕社垮了,工分没有地方去要,耕牛没有人管,饿死的很多(千分之五),60%是合作社的牛,强迫命令如有表示:

① 扣大帽子,不入社的是反革命,不入社的划成份:50%的中农怕划为富农而参加合作社。"入社的饿死,不入社的斗死。"

② 指桑骂槐,骂富农给中农看的办法"斗在富农身上吓在中农身上"。

③ 不入社不贷款,买不到粮食。

巩固一批,准备一批,再发展一批没有做到,因为计划不具体,控制不严,是发展中的主要问题,巩固办法不大有,条件不具备的不发展没有做到。

产量定得不准确,部分地区很高。

统购可分三类乡,合理的 29%,基本上合理的 46%,第三类很不合理。挖口粮,积极分子带头的,强迫群众,地主富农政治问题,去年没有买的,今年补缴卖粮,干部为完成任务强购,以上为其原因。

统销问题——一部分请示统销政策不与群众见面。人心紧张,大家叫唤,群众心中没有底,思想问题——盲目供应与惜售思想。

供应数字中有 30%没有卖出,老百姓吵,就盲目供应,二种情况都有,主要是放松供应工作,粮食机构不健全,炊事员发供应证,代销站想多销。

收购供应工作——“群众等死,合作社托〈拖〉死”。排队很长,付食品很紧张,与主食不足有关,原因是购订计划缺乏,工业品主要是日用品紧张,有些是群众怕买不到,怕计划供应;其次是国营公司没有解决问题,一部分社资产阶级经营思想很严重,每人规定买二两火油,积压很多商品,层层扣留,合作社供销计划不能完成,党委对贸易工作讨论太少,部门同志不懂,盲目下命令。

红糖收入价低,卖出的价高,毛猪大减,立法很多,行政区间互相封锁,出乡的不给购粮证。

自杀的数目有增加,干部违法乱纪的相当多,被吊打的也有,抄家的,“〈打〉少留一粒粮,少一粒子弹打台湾”。开训练班斗争,有开三天三夜的,不解决不散会,有被剥衣服的,有开廿一夜疲劳会的,侵害人权。嘉兴十余县统计,有十几种方法,毒打,冷水浸,群众说我们是 KMT〈国民党〉作〈用〉风。

生产救灾工作也还没有做好。

这些情况是部分地区,不是全省如此,但情况是严重的,便于反革命分子活动,群众有骚动,还造成党内关系不正常,定产问题上下对立很严重,县委中间关系也不好,区委书记到县委不愿参加会议。“王莽登基十八年,三岁孩童叫苦连”。群众要把“人民”二字挖去,有撕钞票的,农民生产性大大降低,拿起锄头手发软。

有许多违法乱纪的事,过去认为能打开局面的就认为是好的。大部分原因是来自上面,各种地区问题多,首先要检查省委领导,否则不好解决问题,基本问题是省委思想,党的建设问题上存在一些问题,省委领导要有改进才好,重点放在这里,首先要从思想上解决问题。

首先是思想教育存在严重情况,五六年来没有检查教育很不够,党与人民群众关系问题,不能一切由群众利益出发,犯错误的干部主要是这个问题,看上面颜色做事,如表示自己是先进地区,报喜不报忧,工作搞得好,夹着个人意识,“全心全意为人民服务”没有做到。

现在干部十六万,南下干部只有一万人,十五万人没有受过教育,基本东西忘记了,滥发号令,作威作福,国民党作风合法存在。

其次,对人民专政问题,有些行政方法对人民不能用,界线教育很差,阶级界线模糊,有些同志学会了完成任务,如对地主富农问题,不用斗争会方法,情况变了，思想上没有变，没有认真学习新问题，这是主要原因。

党与政策关系，不够严肃，政策是党的生命观念不明确。党的政策规定行动标准，这些问题没有足够强调，因此任务观念比较强，政策观念就弱了。省委领导上有毛病，如粮食问题，任务执行是好的，错误在于政策上面，真正抓政策交代不够，国家任务观念强调多了。“只能多，不能少”，如政策正确是对的，但政策观念不强，只有单纯任务观念。国家观念与群众观念是一致的，过去交代不够。

擅自立法控制不严，组织干部学习不够，省委指示传到下面，变成任务一条。

摸清产量的意义认识不足——不了解是党与农民关系，完成国家计划的重要问题，对此没有叫大家重视这个问题，批判错误方法不够，对[定]产量办法不好，没有分析，歪曲现象纠正不及时，党要抽出手整顿队伍，增强思想与政治工作。

批评唯心主义，训练党的干部，轮训干部，调查统计问题，党的各部门向群众宣传政策，组织政策宣传，系统检查执行政策，对人民来信问题，区别情况，负责解决问题，如何研究联系群众制度，使群众敢提提意见，应订出计划来。

要向农民群众提出具体意见，政策与群众见面问题，许多问题的紧张是由于群众不了解党的政策。直接倾听群众呼声。

统购问题如何按政策，统销问题如何解决？强调对群众负责，可能发生盲目供应，今后基本建设？——定产，定销，定购三定问题要明确。

养猪问题，解决食料问题。

生产互助合作问题。

市场供应问题。

如何贯彻方法，防止一阵风作法，搞到县里去，要与当前工作结合，进行正面教育，主要通过骨干从当前工作着手改进。

（文件编号：R103）

扩大会议讨论江华报告[①]

1955年2月15日

张敬堂：

① 过去犯错误，主要思想上认为社会主义事业多搞一些总不会错，因此搞得急了。表现在互助合作社。

② 第二是干部思想上骄傲自大，下乡去不准备解决问题，不深入去研究问题，思想上认为"比国民党政府总要好一些。"提拔慢的干部，认为领导上重才轻德，个人主义地位观念作祟，容易看到别人的毛病，看不到自己的缺点，想分功劳的果实，影响农业听〈厅〉干部的团结。自我批评少，省委根本问题是在这里，怕自我批评。

互助合作快了，那次六个典型经验介绍有一些影响，领导上缺乏经验，领导上面对现实不够，顾虑多了，全省批评不大开展。县委对区乡干部完不成任务加帽子——资本主义思想，保守思想，小农经济思想等，县委干部严重脱离群众，农民说干[部]是"吊死鬼擦粉，临死也要面孔"，"死了也要咬你几口"。

造成灾慌〈荒〉——买不到粮食，农民买烧饼吃，砍树，种粮食不够吃。

领导作风，"英雄爱英雄"。对说老实话的党员加以打击，影响很大。省委存在过这个问题。

缺点（党组对省委意见）：

① 工作不深入。② 情况不了解，政策上摇摆。③ 基本工作中爆〈暴〉露出作风与缺点，基本指导思想没有解决。主要是根据主观要求去搞典型，不从现实出发，要求基点什么都要高都好，开百货铺，什么都要带头，无有不搞垮。

省委在支援工业化上是邀功的思想，不顾实际情况，好大喜功。

错误思想，打通正确思想。

王起：

去年有几个运动。

---

① 题目系编者根据内容修改原标题而来。

第一，去年五月起复查供销工作，群众反映怕吃杂粮。“有什么吃什么”，是怕的。[但政府]“多供杂粮，少供细粮”，尽量减少[粮食]供应。后来影响[到]种子不足，大部分都[被]吃了，[政府]仓库中存了〈的〉许多粮食。[干部]主要思想是扣主粮，省委思想亦如此，供应少的就表扬，供应〈多〉的地区就批评。

第二，超额增产运动，起了很大作用，但主观主义影响关系。

缺点：要求过高，首先是省委问题，如推广技术过快，介绍典型，表扬再生稻，强调劲头大。用在那里不明确。表扬杭县，有毛病。迅速传达下去，“赶时间”思想，点汽油灯种六角，干部认为“生产问题硬性一些不要紧，最后还要感谢我们的。”

第三，合作化运动——违反自愿，追求数字，办大办高，要快，有这些毛病。

地委集体领导不够，思想问题没有统一，农业生产部报纸有多多益善思想，县也是这个思想，合作社多办终是好的，草率展开，具体领导少，“大力巩固现有社没有贯彻好”。省委领导是：急躁求快思想是主要的，不单是“计划不严，控制不够”，要求办多，报纸表扬快的。

“从小到大，从低到高”的原则省委没有掌握，对大高没有表示态度。

没有巩固好的原因，专家没有解决。

第四，信用合作，提出“火烧屁股”，造成账目混乱，每乡都有，但质量很差。

第五，双统问题，主要是任务与产量问题，省委扣数字抓的很紧，一是征购数字，只表扬快的，政策方面谈得少些，饲养料问题注意不够。

对工作的不平衡性估计不足，计算上没有照顾到这一点，有利的一面看得多，困难估计不足，转移重点问题。

杨心培：

错误结果有二：严重脱离群众，党内关系极坏。

干部说“欺上瞒下好干部，实事求是犯错误。”——干部作风很坏，关系不正常。有些干部作风如国民党。

四中全会后发生另一偏向：用反地主方式解决富农问题，有糊涂思想。提出一二年内消灭富农——创造条件提早解决富农思想。

互助合作化——一九五四年提出“一个月合作化，村村有党员”的口号。

不少地区一个月合作化的很多。

个人主观思想，在党内反映——好大喜功，不承认个人主义思想。

李学智(金华)：

农村情况紧张有四大方面

空前的紧张情绪，领导思想有如下问题：

① 社会主义了解有片面性。

② 掌握客观事物规律差，唯心多，唯物少。

学习四中全会决议了解为反骄傲自满，与[搞]社会主义，这一次才了解为反唯心论，过去总的思想：一切为工业化，政治思想压力大，对于所做多少，没有很好注意；经济情况不大了解。

1953年粮食工作的教训，强调的是小农经济的自发势力，产量多少不大注意；对50%贫农的供应不够注意，强调批判小农经济问题，对群众需要强调不足。

产量估计有问题，五二年的丰收模范报五百斤，增产一成，不根据实产量，增加多少没有调查。

粮食方针问题——多少两头紧，结果是与群众关系紧，“穿的是卡其，吃的饿肚皮”。

合作化问题——多，赶上去的思想，秋收到搭架子，怕搞粮与合作化二者难搞，因此有些地区先搭架子，估35%实行合作化，对稳步前进方针有动摇。

阶级政策问题——依靠贫农问题不明确。“统购依靠，统销不依靠”。农业贷款问题，我们救济，银行收款，贫农在合作化中很大困难，人壮田肥的组织起来，贫农在一旁，对富农还是用政治压力斗争，方法不策略。

经济工作——毛猪问题，下降30%(54年比53年)，年底才停止屠宰。收购上片面强调国家需要，限购八十斤以下的不准杀，出口猪不准杀，群众就自动杀猪，只准农民留三斤多都卖给国家。食品公司去年收三十万头，税务所提出奖励杀猪，合作社杀架子猪，停止后群众说“毛猪解放了”，过去五个蛋换一小猪，现在七个换一只。“爱国猪”、“义务猪”、“爱国蛋”等名称。

饲料少，一只猪要一百五十斤粮，顾口不顾猪，发生困难。

价格政策——红糖收一千七，卖四千，万斤糖手续费合作社赚六千，卖食品公司又有手续费，农民糖只卖三分之一。三道手续费，三道税，猪肠合作社规定四千一副，卖猪要带一副肠子。

每亩烟叶要赔十万元，木材不需时降低价格。

干部思想作风——主观，强迫命令，粮食问题，抢仓打人，东洋突出。

主要思想：① 对五三年经验有偏差，片面强调为国家服务，客观情况不够强调。整顿队伍，有作用，但没有具体帮助。批评多。

② 没有预见到五四年中可能发生问题，麻痹。

③ 对干部的积极性，片面地怕伤害积极性，不及时批评。解决不好可能要放任自流，如何唯物是问题。

意见：

① 粮食问题主要先解决产量问题，150 亿要估计一下，往下调查一下。

② 粮食问题——定购定量政策与群众要见面，吃饭问题要解决。

③ 合作化问题，可能发生什么情况要考虑，过渡办法要考虑。采取什么措施。

④ 经济工作，要求抓突出问题解决一下，小商人多失业，农村盗窃现象很多。

对省委意见：思想工作是抓的，开会对实际情况不够了解，如计划会议没有发现农村情况。

燕民(嘉兴)：

(一) 农业改造问题急躁冒进情绪表现在互助合作，中富农问题上。

(二) 执行各项任务违法乱纪与强迫命令普遍存在，土改扫尾死人 42 个，其次是粮食统销及最近的双统。

(三) 领导上主观主义有发展，骄傲自满与麻痹，一年来工作主要是农业改造，分三个时期。

1) 去年七月以前，主要思想是偏右。

2) 七月到十月底为止主要思想是偏左。

3) 十月后有所改正，但不彻底，表现在粮食问题上的错误，过重的看到小农经济的进攻，在产量问题没有估计。

涝区白地十万亩，收少的七万亩，50 斤以下的九万亩……共八十万亩，没有灾情观念，根据片面材料，认为不会比去年低。扣粮紧，任务不变，贯彻政策放在第二地位，不敢宣传政策，产量不准动，要群众种双季稻，对地主富农加政治粮。

表现在执行任务的工作方法上，强调思想问题，脱离实际，变成压力，打通思想变成命令，到了下面变成帽子，造成关系紧张。

表现在对灾区问题上的主观主义，在涝区中仍要统购。

四个运动中在左的情绪下执行情况：

① 统销，强迫命令从这个运动中首先发生，根本问题是乱挤，给群众留的少，平原最紧张，我们 9 月报为富农经济进攻。仓库空虚，硬压，干部逼上梁山，只好到处挖粮，打吊逼人事情就发生了。

② 超额增产，只看到成绩，“挖经济潜力”不了解情况。

③ 土改扫尾，错误表现在三个问题——一是情况估计，没有调查研究。二是展开问题，120 个乡，不是由地委决定展开，只搞基点，其他乡是闻风而起，地委思想是“势在必行”“晚搞不如早搞”。

划成分错了，有地主就斗，必开斗争会，吊打。

④ 互助合作问题：

错误有二点：

一是发展速度是急躁冒进的，不是正常的。

二是违反自愿原则。

经营管理是由上述二个问题发生的。

思想是：开始时怕冒进，总路线来了后，认为不对，是右的保守思想，对群众办社要求高，看为是一个运动，对中农问题没有考虑，少具体分析，以为落后于形势，群众比领导走先了，结论是加鞭追上。

⑤ 阶级路线问题：

对贫农问题——依靠什么不明确，只依赖其积极性还不够，还要继续提高他，对他的思想缺少研究，对其落后方面不够注意，基层干部思想没有解决。

对中农问题——过份批判其动摇性，骂臭中农，体会为“抓两头”对中农就不顾了“团结中农”问题忽略了，中农是加帽子拖来的。

对富农问题——通过一系律〈列〉揭发，愤恨是提高了，但没有给以政策教育，对富农是仇恨，对消灭富农问题，不是从经济上消灭，而是从政治上去消灭，地委政治上不明确对错的思想，不加批判，强调了斗争，中央指示“不宜斗争”，强调法办，排队，每一乡开大会斗一个，“一训二骂三斗四办”。

结果工农联盟关系紧张，工作被动。

吴植椽：

紧张问题。

(1) ……①

(2) 饶漱石影响的扫清有片面，若干问题界线不清，揭发土地改革右的多，对中央与省委指示，土改中干部经验，农民要求少分析研究，十大纲领不能算作资产阶级纲领，“四平八稳”与个人问题与党的政策混为一谈。

(3) 互助合作运动——片面强调生产发展互助合作的重要，没有注意到农民的关系问题。

(4) 农村阶级路线问题——依靠贫农有问题，不明确，中农与贫农区别看待，对富农的破坏作用估计不足。(富农是阶级敌人了解不足)，对中农的自发〈趣〉趋势过份强调，中农的两面性看得不够，对其落后性看得多，团结中农严重意义认识不足，可能产生侵犯中农的利益强调不足，只讲一般道理。以为偏一些免不了，不够严肃对待。对过早消灭富农思想上不重视(慈北)影响中农问题估计不足，中央指示，消灭富农(1957年)要有二个条件一是中农完全愿走上合作化，二是合作社已经能够巩固，我们是思想是早消灭，没有认识到对富农斗争不适当会影响中农的团结，我们认为斗争富农有利于团结中农。因此对中央指示，粮食问题上不宜采用斗争富农，思想不大通。用斗争会方式会产生结果没有警惕。

其富农剥削账问题——中央认为作为揭发富农剥削是可以，但不能普遍算账，我们认为斗争富农算老账是有利的。

对富农斗争过份能影响生产力与中农动摇问题考虑不足，但富农猖獗，贫农抬不起头的个别地区还是可以斗争富农。(但要照顾团结中农)

互助合作组问题，加速还是对的，缺点有三：

① 不能过份强调合作化的速度，向下发指标，给下面一种压力，毛说“摊

① 原文缺。

派多了是左，摊派少了是右倾”，但单纯追求是不对的。

② 对盲目发展现象注意不足，没有批判这方面，只批判办社不够方面，火上加油的作用，强调农民翻身的重要，对各方面条件考虑不足，对农民生活改善其他问题没有考虑，如排涝问题，还有许多剥削派工的习惯用资产阶级剥削行为，引起许多贫农破产。

③ “稳步前进”指导缺乏具体措施。如社章，计划，分红等注意不足。中央指示社的分批发展要求上下讨论，具体，我们做法是超过的好，对计划控制不严格。

（5）改造落后乡问题。

土改不彻底是严重阻碍，但不是唯一原因，中央指示“长期解决”情况分析不足，发生急躁情绪，政治情况的复杂性估计不足，特别是富农问题。

民主革命与社会主义革命二个不同阶段的区别，认识不足，很易重走一次土改运动。极落后固然要派工作组覆〈复〉查，但要有领导，对此问题不明确。

李文辉(温州)：

互助合作冒进要求急，发展还是巩固？未定，思想上要多，控制在一万个还是太大，六个县统计，问题很多。64%生产问题已处理，33%未处理，3%搭架子，自愿入社的32%，强迫、讽刺的44%，其他不完全自愿。劳动不积极是普遍现象，问题在将来更紧张。春耕以后如生产不足，将更困难。透支很多，回笼的40%，其余未回。工业品、生活占84%，生产品14%，造坟的很多，一家做四口。原因是：① 互助合作后怕以后土地没有，风水好的难找。② 有钱化〈花〉不了。③ 敌人造谣。怕火烧尸体。结婚提早，怕兵役制后不准结婚。

粉干户发生恐慌，有许多没有供应，有些用口粮做粉干。干部不照顾，扣得严，有没收的，有在瓦片内晒粉干的。

“前无出路，草木皆兵”——指合作社与农民。贸易工作者稳不住，合作社税务部门很乐观。小商人卖裤子给小孩子上学，干部说：“李立三是犯左的错误做中央委员，陈独秀犯右的错误开除党籍。左比右好”。

强迫储蓄——群众说“钞票统购”。

报喜不报忧——表扬好的，坏的不敢说，困难少帮助，就批回去。估计农民顾虑不大，合作社发展的快，说是“猴子丢包袱，偷了又丢。”

饿死人的事有之，不够倾听相反意见。

对省委意见：

1）有左的情绪，反饶的影响后有发展。如落后乡问题，阶级路线问题，富农生产资料有多的可以要他拿出来，没有说明谁斗他拿出来与挖经济潜力有关。

改造落后乡问题——对富农有左的倾向。

2）加强思想领导外，要求对下面呼声加以倾听，对下面只有批判，要求解决困难问题。

3）集体领导不够，下面执行困难，部门与省委不一致，改造落后乡问题，农村工作部代替省委发指示，(《农村通讯》)介绍经验通报各地，省委没有做结论。

李频如(舟山)：

紧张情况暂稳定下来，干部水平低，采取补课办法，10％合作社改为小社，没有垮的，基本建设搞得多，经济发生恐慌，群众欠国家三百亿，生产问题，增加一个条大船，欠债很多，要求过多过高，群众意见多。

农区比较紧张，粮食问题，有逼死人的，分配任务较高，分配不合理，对单干户政策没有宣传好，坏分子说"政府先交后收"，定海县县委还不懂得合作社是什么。

商业改造还没有管，干部提倡"吃稀饭"(沈家门)，说是上海、杭州工资高，要调整一下，沈家门买带鱼要排队，原因合作社喜欢外运，本地销怕麻烦。"过渡时期是饿肚时代"，"总路线愈照愈黑。"工人怕失业，把小商人都当作ブル。

盐区今年收 60％。

（文件编号：R103）

吴宪传达中央计划会议决定

1955 年 2 月 21 日

变化多的是商业问题，根据李富春同志报告传达。

（一）情况：统一三个认识

1）生产跟不上需要，特别是农业跟不上工业的发展，是各方面紧张的基本原因。从人口来看，1957 年可能到 6∶4，每年增 20%—25%，约一千二百万，牲口年增 20%，七千四百万头，4 年九千三百万多，粮食饲料每年增三亿八千万斤，如增加指标，约增四千亿斤，每年增加 6%粮食，不足供应。

工业发展工业技术作物要求增高，食品、纺织、地方工业（54%为农产品）农业减产增加工业困难，如棉花不足，减 480 万件纱（1955 年），周转率减 85%，棉布减少 1 620 万匹，一系列工业减十万亿，全国工业减 2%。

烟叶产量减少，设备减 28%的实效，差四〇万箱的需要数。

国家利润率减低：烟与棉纱利润减三万六千亿。

1953 年私营工业廿三万户，大的一万多户。

手工业者，一千万左右。

公用汽车二万五千辆，一万五千辆是私人的。

社会主义改造应注意的问题。

① 重点，搞重要的。

② 稳步前进，要巩固一下，看情况再发展。

③ 掌握政策。

④ 一面改造，一面安排，“发展社会主义共同前进。”

“全国平衡，通盘安排，增产节约，重点建设”十六字方针。

全国平衡——工农业生产要平衡，数目字平衡。

通盘安排——公私营都发展，先进落后都要发展。

增产节约——首先要保证农业发展，十大措施，发挥艰苦奋斗精神，少用钱，多办事，办公室宿舍要求降低，基本建设一律削 10%，技术领导，质量，潜力，吸收游资。

重点建设——

（二）专业问题

地方工业生产问题——基本特点是类型多，地方工业比重很大（对全国工业说），（1952 年占 60%，1954 年占 57%），日用品数多，产品种多，分布广，发展快（上海解放后发展一万多户）。

有十大问题——技术低，管理差，矛盾多，表现在新旧地区争论多，有二种意见，上海私营占全国 40%，天津占 8%，旧企业潜在力很大，技术也高，争论是发展上海天津，还是移到内地。移到内地怕增加新的建设，与工人失业，如发展上海工业，则会增加新的企业，越搞越大，尾大不掉，更不合理，因此要利用维持现有企业，目的争取时间生产，一方面发展新的基点，特别是重工业工厂，进行改造，发挥潜力。

第三个矛盾，工商业间矛盾——有五条决定

① 商业部门加工订货与工业部门生产计划密切结合，数质、品种、季节等相适应。

② 推销工业产品，季度平衡。

③ 工业部门要注意质量、规格。

④ 加工订货各省要有计划（主要问题）。

⑤ 统一商量。

先进与落后矛盾，照顾落后不能长期照顾，要赶上去，消灭落后，（工业生产问题）。

农业生产问题——全国分为六种，生产指标分：总面积五七年达到十六亿亩，五五年增四千一百一四万亩，各种播种面积，廿三亿亩。

粮食指标：五五年全国三千七百亿斤增 22 亿斤，五七年总量 4 060 亿斤。40 亿斤，计算以常年产量为基数，加常年增长的指数，灾害要估计在内。

棉花——八千八百四万亩，减 26 万亩，产量减 22 万担。

畜牧——增加，水产——不减。

水利——五七年七千二百亩面积，农林——八百十万公顷，明年增 5%，

十大措施：

① 有效的利用土地潜力，增加夏季作物，耐水作物。

② 改进工作技术，典型试验，学习本县的经验。

③ 推广品种，群众性自选自便。

④ 发展农林水利，小型的特别要发展，大型的比较困难。利用群众人力物力，“民办公助”的方法。

⑤ 改良农具——双铧双犁，根据本地的加以创造，不一般化。

⑥ 肥料、厩肥，特别强调。

⑦ 除虫、群众性除虫。

⑧ 发展耕富。

⑨ 大力开展水土保〈修〉持工作。

⑩加强干部学习。

全国有十万个农业合作社，运动中有缺点，不利的影响是：一方面农民误解，宣教不够，劳动积肥，方法等，入社后有捞一把思想，另一方面政策执行上偏差，耕畜土地等，降低土地报酬，耕具使用不合理，打击积极性，不能因此发生动摇，应订出具体办法，办社不要贪多，但又要积极发展，搞来社会主义合作社，不要急于完全社会主义化，把主要的生产资料集体化。

（三）商业问题

1）情况：成绩很大，五四年秋后发生严重情况，表现在一方面私商营业下降，要吃老本，批发商国营达 80%，大部分被代替，有些地区没有安排失业私商，有些地区比重 57%(国营商业)——主要是城市，另一方面是农村的，相当紧张，合作社统计，69 万人被排挤，占 1953 年 22%。供销合作社，发展数：中南与华东对比，中南 38%，华东 22%(私营卜降率)全国零售商业，国营迅速，提前完成五年计划，前进了 50%。

紧张情况，城市主要是公私关系，农村主要是收购供应方面。

2）原因

① 农业生产跟不上需要。

② 合作进展太快。

③ 购销工作估计太高。统销工作照顾不够。

④ 宣传不够，改造的艰苦性说得少，商品交换的复杂性估计不足。要的多，需的少。

3）方针：分四方面

① 批发商问题——工业产品已为我掌握，私营商业为我所代理，因此必需掌握批发环节，缺点是机构与制度不适合需要，分布不平衡。还要继续私人

批发商的使用。

② 城市另〈零〉售——前进过快的要退让一部分,使私人另〈零〉售商能够维持生活,加以改造,过渡到为国家能成为国家所用。

先安排与后改造。

③ 农村小商贩问题,作用——运输作用过去没有估计。主要缺点是分散落后没有领导,少奇同志提出方针:“自愿原则,各种方式加以改造,分担商品流转任务,逐步变为供销合作社的人员,现在要组织起来,走互助合作道路。”组织在供销合作社的周围。

④ 统购统销——三定制度,产量,供应三定,使农民心中有数,多的自由买卖。

以后统计数字要有不同,除国营外,要有私营的。

全国批发商十万人,要运用其资金与经验,农村合作社以后不得在现有批发商外,不准吸收其他人员,并不得另外设立国营门市部,利用原有的私商门市部。

统购问题——肉,食油也要三定。

具体措施问题:

① 对私营批发商,能经营的任其经营,如要代替的,代替,给他工作做;目前困难的,按行业包下来,吸引到国营批发业中;经营困难的,可以抽出一部分职工,减少开支;小批发商要充分运用。

② 城市〈0〉零售——前进过快的,困难维持的,撤销维持,冷门货;公私比重基本不变,营业额增加,要增加私营的一部分;私商从业人员过渡到国家人员,用奖励办法,推销多的给以奖励,价格由国家定;城市小商贩如何划分,摊贩算是什么? 按现在生活维持下来,军队优待差格要取消。

③ 农村私商——合作任务是经营批发业务,好处是控制私商,缺点是批发过多,要搞典型。

农村改造要有几种形式——① 有固定资金,有设备的,统一进货,分散经营,盈亏自己负责,或者统一核算(经营小组)。

② 货郎担——代购代销员。

③ 农村ブル与合作社建立经销关系,或者合营,吸收人员,共同经营。

阶级界线问题。

④ 与农民关系问题。

[收]购[收]粮食,[应]照顾农民的可能性,猪、油、粮食等采取三定办法。多余的自由买卖。

副食供应——先卖给工矿区,支援军队。

设农民市场,对农民贸易要适当限制,农忙与农闲时间要注意,富农贸易要限制。

⑤ 商业工作领导问题。供销合作社任务要减少,中央成立购销部,粮食油盐棉花划出来,逐步改变。

概念——不要只看营业额,国营主要看对市场领导作用大小,过去不认识。

(四) 财政问题

地方财政节余使用,按规定,全区地方五四年全国节余十五万亿,如何搞,四—五万亿归地方,重点放在五六年用。

税收问题……

(五) 计划问题

数字不实,重改造轻安排,工业重发展轻改造,计划中数字不大可靠,重工业五十亿,轻工业三十亿,"数字多,指标,根据少,办法少"。——通病,县设计划科与统计科。

(文件编号:R103)

理论教育处汇报

1955年2月24日

一九五五——五六宣传部工作问题记录

工矿宣传处孔鲁

办公室副主任邹清

宣传处副处长梁通，罗毅

报刊处于彤

分组：

过去工作情况。训练干部工作做得少，数字才接起来，过去搞农村多，以重点——新登为点。

理论学习——联共党史，原定三月，决定五月结束，总复习一次，地委干部是没压力，怕考试，每次结束要测验，工矿部的时间不够。

高级组三类：① 各部各所局长，有阅读能力的，自拟计划，马列主义原作。② 理论可以自阅，独立思考还差的，需集体研究的，统一学习的。③ 少数文化低的，有的学文化。（初中以下）④ 工矿企业干部可以学业务，十二章学完后考试一次。

强调自觉，过去对比的多。

一月间宣布的办法，下面反映说这样好，但以为可以放下包袱，不要有制度了，麻纺厂解散了高级组。通用也如此。

大专学校不要求统一学习，同教职员一起学习。

总复习方法尚未考虑——学语文，重点复习。

十二章开始打算了解收获。

中级组——进度与高级组同。科局以上的干部。

初级——经过常识，情绪不高，与总路线相同。

高级组——四百多人，四十一组，工矿学校四个组。

标准——大部是处级以上干部。

中级——科长及考取及格的一般干部。

初级——初中程度，初中以下的文化学习。

朱静如（省级干部训练）：

党校，行政学校，专业干校，（所管），共十五所。

干部 750 人，每期训六千人，每年训一万八千人。

地委干校，六所，市委三所，共 302 人干部。

地委干校每期训三四百人，每年三四次。

共计 24 所。

大的学校有教研室，（党校与行政学院各四个教研室）。现在普遍有教研组，政治课多自己能讲。

地委干部——有的有教研组，金华地委能自己讲，其他请负责人讲。

理论队伍没有配齐，训练专业学校干部很差，理论教员少，成分不好，有国民党的宣传部长，党员很少，三分之一政治，三分之二业务，我们审查其政治课，只借条，党校讲课收其他干校教员来听，培养使用配备问题没有解决。

要求提高他们的教学经验，没有统一的组织。要求交流经验。现在正在搜集材料，五月间开了一个座谈会。地委干部也要求如此做。互不通气。

要求教材介绍教材。

学什么？过去是学总路线，现在准备学唯物论。

理论队伍——先调查干部情况。通过组织干部发一个通报，配齐。在党校轮训。自学，经验交流。提高现有干部。

教材问题——印发好的材料，整理记录。

教学经验——正在审查报告，登在宣传通讯上。

开全省专业工作会议，经验总结，培养理论教员。

处内问题：需要了解情况，干部质量低，难以工作，需要解决什么问题，不知道。

业务学什么？不知道。

马列主义夜校。

行政学院，第五期训练问题：

总学员 1 000 人十四个单位，工业最多。劳动局最少。分十班。主要目的

① 个人主义;② 政策界限。

① 看重正面教育一个人的批判不宜过多,党的基本知识。为群众观点,组织观点。

② 不同对象可以进行一些特殊的教育。

(文件编号:R111)

张春兰传达中宣传部理论教育问题会议精神

1955 年 2 月 26 日

中宣传部理论教育问题传达。

1. 方针。

2. 浙江训八万人,1955—1962 年分三批完成。

3. 办业余学校。

4. 高级组学习分三种形式:自修,业务,有关理论。每年交卷一次,有事可不学习理论,不能超。过二年。

5. 教员,每县至少一人,县以上机关 500 人中二个教员,工作量每月上十次课。

文化课程——初级组教员要有大学程度,理论教员至少 22 级,范围,解答问题,讲课,写大纲,部长管理论教员,调动时要经宣传部同意。编制各地自定。

6. 学制,五门课,高级组——马列主义基本知识,中共党史、唯物论、党建、政治经济学,五年内学完,一年一门。

初级——常识,中共党史,党建。

今年学:联共史,政治经济学(二年)。

7. 演讲广播,供给录音(七月开始)经自然科学开始,中学校教师学习由宣传部管,四门课,实际业务归学校,每周三小时。

李卓然部长结论:

少奇说:过去学习没有制度,今后不行了。

要求正规化,过去提拔干部没有文化这一条,今后要加上文化与理论。地委书记要在高级党校毕业,县委书记要由中级党校毕业。

8. 如何实现——各地讨论,四月汇报。

自修的要经过考试发文凭。

初级党校——区书,学半年,一门课——党的知识。

初级业余小组——一年至三年,初中毕业才能学理论。

制度：

① 业余学校要保证质量，考试不及格不发文凭。

② 初中程度以下的学文化，时事学习在内。

③ 各部门要有不同形式，过去方式也不能不要。

④ 党外干部自愿原则。（指五门课）自修，业余在内。

⑤ 理论教员——高级干部七千五百人，1/2 进马列学校；业余在职学习，每年集中二个月学习，每月一门课。

中级干部——四十万人，够条件的十万人，在中级党校或业余学校，在职分别学习，根据马列学院提纲。

中级业余学校，每省要办一个，要有校长做实际工作，要有专职教员，考勤，证明书，经过宣讲。

初级干部——二百万人，21 万够条件，教材中央编，不参加的先学文化与业务，然后学理论，要办好几所。

理论教员训练问题——中级党校的由马列学院训。

苏联干部学习情况。

<u>党员按自己需要选择课程</u>——叫做自愿，党的基层组织要帮助每个党员，对非党员完全自由，但要对他们进行宣传，1/3 是非党员。

(1) 政治学校——在职理论学习的起点，时间二年，九月一日开学，教材统一。

乌克兰：区委分配政治教员，按人数分配。每人指导 15—20 人，每周上课二小时。每学期 60 小时，总复习，区委提出重点。不用参考书，有作业，第二次讲课，进行口头考试与解释，复习时开座谈会，教员帮助解决，不记分，不是考试。

自修——一般在图书馆，有教员辅导，党组织督促检查，小组会，工作，学习，团工作不能上课的，编小组上课，学不好要重学。

(2) 党史小组，时间二年，每年 60 小时，复习八小时。宣传员解答问题。

(3) 专课学习小组——党史学完后，比较复杂，内容有党史，经济学，哲学，十人到十五人为小组，每组一个教员，每组学三年或两年，或选读经典著作，148 小时，上课，写一篇论文，题目由宣传部出或自定。

(4) 夜党校：市区委领导，十五人一小组。

大班上课，小班辅导，时间三年，党史，哲学，世界经济地理，党与政府工作，社会主义经济，共 442 小时，320 小时讲课，其余自修，分三年学完，讨论题七个。

党与政府工作没有教员，放在最后学习。

报告——按课程表，教员主持，并解答。

教员多数是党与政府负责人，也有专职的，工厂厂长，大学校长或专家，先进人物，最难的是哲学教员，由州委解决，派人在讲几天。

记分——及格与不及格，不及格的要指导，一般发证明，一个书记具体指导，无机构，十五 pyg[①] 一课，通过党组织保证。

(5) 马列主义夜大学。

必须在大城市，要有高等学校的地方才办，经中宣部批准。基辅 90%学员是大学毕业的。

学员报名后，由招生委员会口试，批准入学，100 pyg，学习费由中央开支，机构：校长一人，科学秘书私人，按人数编制，分大小班，有几个教研室，主任专职。

大学教授兼课，给有待遇，每小时 60 pyg，课堂讨论每小时 40 pyg，教员市委聘，也有机关干部。

时间三年，讨论由教员主持，设辅导站，聘教员由市委决定，党委书记向教员提出实际问题。定期向党委汇报，经常找教员谈话。

(6) 专题研究小组——水平高的，自愿组织。夜大学毕业的，或高级党校毕业的，宣传部拟出题目，不研究也可以，市委或州委有时开座谈会，与工作有关问题，一般一日一次，研究结果向党员做报告。

(7) 个人自修——水平不一定很高（乌克兰三万多）。课程由州委选定，党委：① 组织讲课，讲师团搞。事先发布告，自由听，党团支持讲课。② 函授。

（文件编号：R116）

① 卢布的缩略语。

林乎加在农业合作会议上的总结

1955年3月2日

中央指示：

① 八年内训练五百万干部，宣传唯物主义。

② 工农联盟。

③ 加强统一战线。这次会议根据这三个问题来讨论，但对宣传唯物主义问题没有讨论，统战问题在再一次会议来解决，主要是谈工农联盟问题。

基本情况：党在农民中很大的威〈声〉信，工农联盟关系是在日益加强，不能作出另一估计，存在某些紧张情况，表现在双统[①]上面，干部违法乱纪的作法，情况很严重，造成上下关系不正常，反革命分子活动，麻痹下去很危险。

中央对毛猪问题指示“小农私有制与社会主义改造的矛盾，一定紧张是可以想像的，但不能扩大这个矛盾，造成不必要紧张……”那些紧张可以避免，人为的要避免[中]，如合作化问题对自发势力有很大的限制，自发势力是雇工、放贷、囤积居奇、出租土地，其他不能算为自发势力，中农不满情绪很高，因为有限制。

与习惯势力斗争的困难性估计不足，但统购统销与合作化一定要坚持下去。但我们不能满足，听任过度紧张，造成政治上不良的影响，违反政策一定要造成人为的紧张，价格政策，挖口粮，违法乱纪等是不允许的。

紧张程度——四个问题此起彼落，第一，是合作社，嘉兴金华较严重，六个县较严重，嘉兴只有30%合作社处理政策问题。15%—20%问题很严重，第二，双统，强迫命令不是很普遍。

解决办法从思想着手。

1）贯彻方针检查二条

第一，农村工作切实的转移到互助合作方面来——改造农村中心问题是合作化问题，历史任务的转变，对中央合作化思想上不清醒，不了解是革命任务的转变，只知道完成任务而已，把互助合作看为任务之一。大小任务一样

---

① 指统购统销。

看。五四年比较清楚一些，不坚定表现在，对合作化运动抓得不够，五二年抓了一下，来了新三反运动，反急躁冒进，有些县一个合作社也没有，无例外的反冒进，有动员农民解散合作社的，"小农经济万岁"，助长了自发势力，一直到总路线（五三年）学习后，才有转变，加〈嘉〉兴调查有些互助社是富农调工组，富农经济有发展，损失很大，反冒进把根也反了。

第二，政治改革与经济改造分不清，领导上对于经济改革方法没有交代清楚，如斗富农，土革扫尾运动乱斗富农，看为法宝，[对]中农吓一下，杀猴子给中农看，合作化就发展起来了。

生产管理的复杂性，估计不够，对组织起来生产思想不明确，因此发展很快，不考虑后果，盲目发展就是对这些问题的盲目。

党委对各部门工作指导，没有围绕这一中心任务来进行，服务对象主要是农民，中心问题是互助合作，各部门工作还适应不上，没有进行广泛的讨论与检查，如商业、银行、粮食，合作社等机构缺少政治工作，掌握政策问题没有充分注意，如银行对合作化的投资问题不及时。饲料问题粮食机关没有贯彻省委决定，每区的财经工作干部没有政策观念，没有农民观念，只有任务观念，没有发动这些部门的干部的力量，党的政治工作很弱，再如青年团组织，有很大的组织，党的组织力量都没有很好发动起来，组织领导跟不上形势。干部自满情绪很严重，自以为农民出身很懂，政策问题多不懂。

贯彻稳步前进方针不够，原因是对经济改造方法不懂。发展快的原因是多方面的，主要是对中央指示只有抽象了解，只强调数量，没有强调有领导的进行合作化，搞不好要影响生产，如只讲小农经济苦，合作化的优越性，面对合作化的条件，自愿的原则宣传不足。训练班教材上没有讲。下面干部怕落后的思想，只批判其个人主义，造成其急躁冒进情绪。

如何执行阶级政策没有进行教育，思想工作有片面性，没有向中贫农交代清楚。

农业互助合作方针问题——中央指示，农民有二种积极性，小私有的与集体化的积极性，因此要巩固中农的联合，还要允许发展富农经济，即不能妨碍个体的积极性，同时要发展集体化积极性，我们执行中有摇摆现象。——执行中央的与饶的十大政策。（还不能看为资产阶级纲领）毛病是没有发挥互助合化经济方面，即没有社会主义思想，强调了小私有的积极性，在实际工作中主要保护个体经济的发展,中央是向社会主义,我们没有目的地,方向不明。

总路线学习以后至现在,阶级政策问题的执行,对个体经济的发展是打击的,有些地方妨碍农民的积极性"单干是蒋介石道路""打倒资本主义"对个体农[民]打击排击〈挤〉,中央是关切与热忱帮助,我们没有坚决的纠正。我们许多办法中,思想上没有关切个体农民,如贷款,肥料供应等少照顾农民。

2)农村的阶级政策问题

基本上执行中央政策的,特别是学了四中全会决定后,认识大有提高,但有摇摆现象,存在许多严重问题:没有彻底检查贯彻情况。

对违反政策态度不严肃,不认为是违反战略方针与原则,教育不广泛,因此各部门干部了解不够,贯彻不够。

第一,依靠贫农问题,执行中有摆摇,土改时是明确的,土改后受饶的影响不再强调依靠贫农。为什么如此?对依靠贫农是社会主义的主要支持认识不足,其次是把新老中农同等看待,因此观点上就模糊了。饶提出"生产要依靠积极分子",对贫农问题模糊了。进行批判后思想转明确。

实际工作中损失很大,贫农经济上升很慢,帮助克服困难是不够明确的,贫农还要依靠富农的剥削,如借贷问题,互助合作化中还有剥削问题(中农对贫农的剥削),党的发展成份也没有注意吸收贫农,基层领导成份中老中农成份有增长,削弱基层力量的情况是严重而普遍的。

对贫农的作用估计不足,所以贫农走合作化的教育不够,"火上加油"合作化速度过快,没有强调党的领导,下面认为不要依靠支部领导,只要依靠贫农领导,盲目支持,对贫农的落后思想没有进行教育,依靠他们,会离开党的政策,影响中农的关系。侵害中农的利益,排击〈挤〉中农的现象相当严重。贫农有骄气,盲目反中农。

收回农货问题,经济系统干部对依靠贫农思想很差,有卖房子还债的。

第二,团结中农问题。

中农占人口30%,有举足轻重的地位,毛病是:

走社会主义道路的方法方式不懂,存在偏差,土改时思想明确,土改后是重视的,但有偏差,把中农与贫农同样看待是错误的。过分强调是错的,总路线学习后,主要偏差是妨碍团结,目前的主要问题是不严肃对待团结中农问题,排除中农现象很严重,提出"打倒老中农"的口号,中农生产情绪很低,卖牛杀猪,拖口粮现象很严重,杭县宣传“中农一律不供应”,农民到杭州买粮食吃,伤了感情。

中农入社有许多不是自愿的,“大势所趋”而来。

少数地方对富裕中农看为富农,所以农村关系紧张,主要是中农的紧张。是依靠贫农思想下,没有注意中农问题,违反了政策。

目前最严重问题是这个问题——主要偏差。

第三,过早的消灭与限制富农问题。

对富农是阶级敌人开始时不了解,某一时期富农经济有发展,整个说是削弱,不是普遍发展,有人过去批评省委有富农路线是不对的,个别上升,一般削弱,受限制,把个别看为一般是不对的。

四中全会明确了富农是主要敌人,但发生了简单的消灭,不了解还要经过合作化,实现统购统销方式,还要有政策,逐步消灭的道理。如金华法院对富农判罪过重,富农就是罪状,把中农也看为富农,斗富农的不策略,也影响了对中农的团结,这一情况很严重。

中央说:消灭富农第一五年计划是限制,第二个五年计划才能消灭,[在]合作社巩固化的条件下,个别吸收富农入社,用合作化的,合并的方法来消灭富农,宪法上规定没有了解。

突出问题是中农与贫农关系的紧张问题,其原因是由于对消灭富农,对中农的争取教育,协商等问题而引起,对中农的动向如何没有注意,等待教育差。在行政工作的检查中要贯彻政策问题。

省委的责任——有些问题思想不明,有些交代不清,有的是检查不足,往往是就事论事,没有完整的说明,下面片面执行。

对群众思想估计不足,对干部思想了解不足,思想批判不足。

今后工作意见:

思想工作——一方面加强党的基本思想教育,为人民服务,政策观念调查研究思想,由有关部门负责,翻覆〈反复〉进行少奇同志的报告,及毛的著作等[学习],批判不依靠支部的现象,也要反对包办倾向,专门研究支部工作,加强党的思想工作,另一方面,研究党的思想动向,进行研究分析。

每一运动中不能发生的倾向要进行研究。第一,合作化转变问题。办好现有合作社问题,跟上工业化。第二,改革耕种制度草率问题。现在有盲目改变制度的危险，复杂困难性要充分估计。

省级机关要进行学习检查，财经、文化、政法部门都要进行传达与思想的检查，哪些转过来，哪些没有转过来。要考虑具体转变的办法。省级机关先要转变，各厅局传达，还是统一传达。

办好合作社主要是党的领导合作社问题，支部工作要专门研究。区委人员太少，没有办法领导，是各地委的困难，用几种方法。① 精力转到合作社 ② 县区组织力量要作适当的调整，省地委抽调干部下去，主要放到区里去，充实下层（二百个区委书记），二十三个县委书记要重配。（重点）省委及各部门负责同志，抽调检查与帮助（23 个重点县的帮助）。12％干部编制调到区委与 23 个县委机关中去。

春耕前，停止发展合作社，地委分批检查，县以下进行正面教育，对违法乱纪的随时处理，机关工作少做一些，打好下面基础。

机关干部学习问题，将来开专门会议讨论。

（文件编号：R103）

中央讨论粮食问题

1955 年 3 月 4 日

农民关系问题。

对农民要让步——① 合作化;② 粮食问题。

维持在现在水平在 870 亿,灾情很大。

本省上调十亿(50 亿 59 亿——全年量)。

合作化速度,第一个计划 80%。

粮食支出减少一些,三十亿,城市四亿,出口四亿,机关五亿,农林十五亿。

提高产量是基本方法,每人每年平均现有 500 斤。

肥料主要靠厩肥,解决饲料,食品公司集中产地收购,不经过合作社。

油料问题——各省自给,工业油不算,油脂公司自己采购。

小商贩问题,党委管八个月商业工作。

把"改造变成排挤"改"先安排再改造"的方针,人人有饭吃。

小辫子与瓜皮帽结合。

组织领导——县以上党委成立财经贸易部门。

乡设经济专员,来管猪的收购等工作。

该管:① 管干部工作;② 建党适用;③ 政策方针执行情况,不在按代替照办,设备财经部门。

县政府设小办公室。

向中央报告:

1. 政治情况;

2. 五年来工作情况;

3. 特点:农业为主;

4. 党的活动,干部思想,作风,省委决定各部门要检查一下工作,干部对革命转变的思想。

本部应考虑的问题:

(1) 去年宣传会议效果问题。

(2) 合作社骨干干训练问题:基本问题没有解决。

(3) 宣传合作化不完整。

(4) 领导作风问题：要害没有抓到。

（文件编号：R111）

陈伟达汇报金华地委情况

1955 年 3 月 4 日

粮食问题，五个县都说购多了，供应低到 0.9%（普〈晋〉江）。“多购少销”很难实行，合作社垮台，农民杀猪肉吃，普遍逃荒，黑市活跃，供应粮亦卖出，许多县委认识还不一致，有些人不敢向地委反映情况。

1）领导上有“年年增产”思想，按五二年加 7%（五二年在龙游是较高的数目），不按调查数字定产。减产报告认为是被小农经济包围，甚至说干部有政治问题。

2）“先定购后定产”。区委书记先有一个底数，下面定的数字合于底数的才批准。对调查研究根本不相信。

东洋义乌金县按二熟半计算，草子田荒田计算在内。（按五二年产量加五四年增产计划算）。富农占地 5%左右，许多老百姓都哭了。一个村上只能卖一万九斤，卖三万斤二天内完成，农民不怀疑政府会饿死他，不供应就慌了。造成层层抵抗，压制民主情况很严重。下面一致要求民主。

总路线动员是对的，但有片面性，后来地委批评了东洋县产量保底，大家就不敢说了。义乌县委觉得地委压力太大，汤溪有三个区委书记受处分，十二个干部有十个被处分，（法办三个，开除四人，清洗二人察看一人）人人怀疑隐瞒粮食，义乌县基干有 213 人被开除。人民代表被开除 53 个被开除代表资格，农会干部不计其数。

组织处理与思想教育混在一起，对老百姓是打骂强迫命令。一个镇长说要实事求是定产量，县委书记要他检讨。

“个别加工教育”口号到了下面是扣下来反省。搞不开马上受处分。乡长不敢来开会，县委人人不安心工作，党员被开除很普遍。

开互助合作会议时开除十一个代表。（诸暨）

群众会议中斗争一个富农，一个中农提升为富农，干部不敢说政策，否则购不到粮食。（诸暨）

评议时不准有三个人讲话，否则就逮捕。

“一级压一级，一级怨一级”干部说。新党员疑问党是不是“实事求是”。

党内对什么是小农经济，自发势力界线分不清，因此对群众生活问题不敢说，老百姓向县干说没有饭吃，回去后说自发势力真厉害。小农参加合作社动机是怕说他资产阶级思想。

春耕情况：羊子多寒死，猪杀得太多，农民投资合作社有困难——吃种子，怕投资，怕生产，米糠人吃了。有粮食证的也买不到粮食。

合作社运动：应不应领导生产干部有怀疑，怕多干涉农民。金华县委书记说，他是专门抓重点的，(指任务)对合作运动可以不管，土改是阶级立场问题，互助合作不认为是革命问题。宣传部三个[人]不工作，下去搞粮食。

下面干部迫切要求领导，上面对下面有对抗情绪，认为支部水平太低，下面说上面开会老一套，不解决问题，诸暨十三个党委测验结果不好，合作社自流状态，因此党委各部力量组织不起来，宣传部是抄抄写写，不知目的，法院院长说对富农斗争已经过去，因为已抓了一批。各部门临时打仗。

下面干部认为只要办起合作社，就算完事了，生产问题不管。他们在合作化圈子外面。

依靠贫农问题："贫农高于一切"，中农出身的党员不能当合作社长，唯成份论，忘记党的领导作用。党员中农民出身的辞职，下面干部怕带头。

中心问题是团结中农问题，龙游情况，干部有仇视中农情绪，比富农还坏。什么都是"小农经济，自发势力，资本主义倾向"三个法宝。

东洋提出打倒中农口号，召开余粮户斗争会。(中贫农都有)主要锋芒集中于中农。开中农会议，骂他们不可靠，中农说"比鬼子都不如"。"拔顶子会议。"动员贫农(合作社长)说，"你们向中农拿东西去。"许多人不愿当中农，也有把贫农划为中农的，土改时说"中农光荣"，有自报为中农的。佃农也很不安心。

经济上损害中农利益：破坏犁很多，贫农说现在是破坏中农的时候，故意如此。强迫中农入社投资，或开斗争会。"压制富农，限制中农"，中农消沉。乡人民代表说：现在没有人管他们了。不敢提意见了，说他们是中农。

中农退社理由：① 我们不愿意。② 记账不合理，中农算得少。③ 入社后有荒田现象。④ 生产安排不好，怕无饭吃。

片面强调中农不可靠性多，对富农情况，总的是消灭富农，金华全县抓46人，公安局认为可以快一点消灭他，"一分钟不停止消灭富农"。主要办法是惩

〈征〉粮罚款破产。

清算富农——雇工从清朝时算剥削账。

地主富农、反革命编成一个组(如修水利)对不法行为不发动群众,生产干事打富农,集中在房子中打。富农排队,乡长叫口号“坚决向资本主义进攻”。对反革命方法消灭富农。抓富农要经县委批,贫雇农不往上级批。

对富农破坏合作社的不注意。富农动员中农不卖粮食。“明年是斗争中农,限制贫农”“有福同享,有祸同当”。贫农问富农借钱:“跟CP〈共产党〉走没有饭吃”修水利也不来了。

中农欺负贫农现象——合作社中有开除贫农的。

地委对省委意见:

工作方针问题——粮食、合作化。

粮食问题——去年搞太早,没有搞时就购粮了。省委态度不明。

合作化与粮食问题都搞乱了——一件都没有搞清楚,弄糊涂了,粮食搞三次(龙游),三次派任务,群众顶牛,“尽量多购”。

(文件编号:R103)

李丰平传达中央财经会议内容

1955 年 3 月 7 日

（一）粮食问题。

双统工作政策是对的，今后仍要贯彻，但目前问题大，性质严重，中央书记处说，表现工农关系方面的重要问题——工农联盟问题。搞不好要破裂，农民对我们有不满，主要是 60%—70% 中农对我们不满，第一件是双统执行，第二件是合作化太快，强迫命令，如有破裂的可能性，就要先抓住联盟问题，最可怕的是农民消极起来，这是主要的危险，个别地区已发生这种现象，如杀猪杀牛（600 万头），粮食紧张原因，根本问题是生产不足，平均每人 500 斤。加拿大平均三千多斤，美国、澳大利亚二千多斤，苏联一千多斤。从农民手中争的是五〇亿粮食问题——加粮问题，解决办法是增加粮食，所以农村一切措施要从增产着手，要用一切方法提高农民的积极性着手。大量增产还有困难。如能增加一个亿，要开荒十亿亩，每人可得一千斤。土地不足，东北有一亿亩，要在十年后解决，新疆一亿亩，但要修五千里铁路与水库建设。

合作化问题，这个工作很艰巨，明年比例要减降一些，放慢一些，再要提倡高速产量的作物，这是战略问题，即品种的战略问题，十年之内要从这方面找出路，目前最紧张的是河北省，浙江要向山区找出路。

1955—1956 年要与农民缓和一下，农民并不反对双统，问题是在于农民知道要多少，下级干部也不知道上级要多少，征购数字降低一些（九百亿）稳定在 1954 年度，多 20 亿斤，估计本年不会有大灾荒（八千万人损失，150 亿年粮食减少受灾面二千万亩）。

每年部队与出口等于八亿斤。

供应问题，全国销八百二十九亿多斤，留下的不多。

关键是销的问题，要适合〈当〉约束销的问题，城市各相关要展开斗争，反对浪费。

浙江任务——51 亿斤，销售 41 亿斤，上调十亿五千万斤，1955—1956 年度，基本上相同。

三定（产、购、销），要定为制度，要使农民心中有数，定 1955—1956 年数量，基本问题是定购销，生产较难定，不能过分强调，不过是一个范围，定购数字定一个大数，分配到乡，增产部分农民多留少购，购40%，补充灾区不足。

定销问题——解决真正缺粮户的供应问题，要做到：

1）缺户与灾户，要供应，经济作物区要供应。

2）集中产猪地区要供应。

3）大中城市要供给。

各地研究按时令供应，分二阶段，1月至5月，7月至12月，城市按人口定量，可以研究，各地可不一致，按户或按口。

农民留粮问题——

（二）猪问题。

用途：① 出口——对东欧国家；② 对香港市场换取外汇。

浙江养400万头，上调50万头。

派购——交通便利地区，集中产区，食品公司采购，或合作社购。

自由购——交通不便地区。

多养肥猪，农民可多一些肉，不要硬规定。

价格政策，减少流转手续，卖猪留肉办法。

（三）油脂。

浙江缺油，今年给6 000吨，明年自己解决，广东例外。

降低麦价，每年有多，困难的是杂粮，以刺激油料生产（油菜）。

麦子减产限在长江二岸，多种茶树，花生，豆子可多种。

集中搞区油脂公司采购，其他由合作社办，问题是税的差格问题，油脂部门亏本向财政部报账。

（四）市场问题。

① 商业工作重要性，对生产有决定性作用，如主要粮食问题搞不好有危险：对工业说加工订货要受影响，过去商业问题搞不好，要发生困难，各地党委要有八个月注意商业工作，私营商业改造工作。

② 批发商改造问题。

没有解决，要求解决的是商业网的情况，目前是不够，中国交通不便，人口多，地区大，公私从业人员是不够的。不要他们不行。我们技术经验不够，瓜皮帽与小辫子结合[①]。

批发工作一揽子太多，包办太多，百货公司批发行与各厂关系太多，应当分出许多公司来办理。现在主要是派货，就有问题，简单地订货，人民不需要（大城市要考虑）。

自下而上批货太少，发生强迫命令现象，如医药百货等弄不好出问题，可采取自下而上的批发办法，如食油与糖，各地提出货单来。

上下配货要配合进行。

配货路线混乱，不按行政区划，按产区经济要求来配货，一个批发站可以贷几个地区，以便调拨。

批发商改造办法：① 货源已归国家掌握的，包下来，吸收人员使用。② 部分货源已由我掌握的，尚不能代替的，私商进行部分改造，吸收一部分人员。③ 货源掌握少的，让他批发，交通困难的地区帮助其解决困难。

已进行改造的行业：人员安排，年老残废者要安置，可以吸收的吸收，家庭生活困难的，吸收其儿女，有政治问题的公安部处理，资方与其代理人，愿工作者可以吸收工作，有代表性的可以当付职或顾问。资金处理——存入人民银行，小额的自理，房屋可以优先租用，或留作自用。

零售商问题

全国一千万人，逐步改造其性质，或与合作社合并起来。

私商经销代销达60%以上的可以挂牌子，但不要挤垮无牌子的。资金有困难的，银行可贷款，冷货压得很多，资金积压大，今后只能托私商供销，或打折扣，要其自愿。

摊贩问题

先登记，逐步组织到合作小组。

合作社问题

干部对初级市货重视不足，发展很快，合作社要多作批发，少做门市，私商多营零售，集镇合作社少设门市部。

（五）组织领导问题。

省委设财贸部，任务：

---

① 指旧商人与解放后的新女青年。

① 管干部。② 建党建团。③ 政策检查。

县委与合作社办公室，二个机构一个办公室，专署亦如此。或设商业科。区委指定一个委员专任。

乡设一专职，没有另外编制，费用自己解决。（手续费）

（文件编号：R103）

宣传部处长会议[①]

1955年3月8日

理论教育处：

(1) 理论学习。

要求不明确，不具体。

总路线学习要求不明，特别是农村问题。

联共党史要求抄中央指示，各章要求解决什么问题。

① 对一般干部按用方法一般地。

② 只抓制度考试，满足这些，学习思想不了解，有什么收获不知道，存在什么问题检查少，理论联系实际没有解决，自学问题没有解决，有困难没有方法，效果不大，最后学习放松，督促检查少，乡区干部犯错误有关系。

(2) 互助合作训练。

① 教材问题很多，强调揭发富农，反自发势力，片面性大，没有强调合作化的步骤。

② 互助合作方针问题没有提出。

③ 党的领导问题没有强调。

④ 富农问题。

⑤ 满足于训练数字，求量不求质，政策讲课不完整，学员按自己的理解与宣传，以搭架子为标准。

⑥ 任务观点，只讲发展不讲巩固，财务与生产管理没有讲。

(3) 宣传会议。

贯彻有缺点，县委宣读一遍。

(4) 领导作风。

一般化缺点。

① 抓思想不足，如新登要办大社，对干部思想没有重视少调查研究，全力解决思想问题。

---

① 由省委决定讨论。

② 系统检查少，推动作用不大。

③ 理论学习满足发通报与制度，因此，思想问题研究少，一般化，效果不大。

④ 主观主义成分，有些规定不适合下情，地市委学习办法没有解决。

司建兴：

强调制度是不是命令主义？

朱静如：

① 要求高要求急学习联共党史要求全面了解，理论与实际联系很差，什么是界限，如何建设，左右摇摆。

② 自满情绪，轰轰烈烈。

③ 对部的意见，要求具体一些，认真检查，存在什么问题，要求解决，调查研究空气少。

梁通：

① 是否以互助合作为中心，可以怀疑，经常的工作是政治任务宣传多，农村宣传太少。

② 政治宣传工作缺少措施，合作化的政治工作问题，巩固合作社成功经验没有进行。

③ 宣传工作落后于形势，如党群关系紧张，我们没有及时指示宣传，毛猪问题，生活问题。

宪法宣传——只讲人民义务，不讲权利，下面强迫命令。

突出的多，基本问题少，如宣传网问题，长期没有建立起来。

——以巩固整理为主，没有真正贯彻下去。

二个部长一个开会一个下乡。

下乡没有基点，对运动的情况不了解。

调查研究作风不够。

罗毅：

1. 政治宣传助长下面犯错误，如宪法宣传，强调三点，互助就是发展，公民的义务。

号召农民合作化，简单化。

2. 宣传工作会议，对急躁冒进不明确，不突出，没有带动下级的宣传部的工作。

运动开始时来一个布置，以后很少管。

宣传部的自己的计划没有做到，检查少。

邹清：

基本思想抓的少，统一安排不够，农村党员教育很少。

要求订出一九五五年计划（第二季度）。

于彤，“抓二头”——宁波大众，报刊处没有检查。

（文件编号：R111）

吴宪在城市工作会议上的总结

1955 年 3 月 15 日

根据中央计划会议解决目前问题

一、工业生产与改革问题。

根本问题是节约增产问题。(一、二月份)特别是节约心中无数，利润计划 874 亿，争取 1 047 亿，比去年提高很多，但还有危险，三十四个厂完成数字很少，增产十四亿多。

节约问题更不清楚，厂内问题很严重，如电厂，水泥电话厂消耗大，通用多用 500 多人，砖瓦厂多用一百多人，事故 171 次。很多产品完不成。

基本原因是领导松弛，会议很多，运动多。

私营工业改造问题。

领导上有些放松。

① 巩固现有阵地不够。去年共 127 户，工人 14 000 多人，一万五千多亿产值，私占 44%，今后意见：

第一，总结五四年经验。

第二，作好五四年红利分配，小家子气，斤斤计较。

第三，做好人事安排工作。

② 今后合营问题中的政策问题，基本是如何依靠工人阶级继续改造。清产定股搞不好，影响资产阶级的政策问题，房屋土地使用，人事安排，都要注意。人事问题不能采取排挤政策。统筹兼顾政策，量材录用，有二种倾向，尽量排挤或者原封不动，有贡献者要照顾，公股代表不能放弃领导。

反革命分子问题处理要慎重，嫌疑分子未做结论的仍使用。

③ 生产安排，主要三个问题。

第一，平衡问题。

第二，减低成本，改进经营管理。

第三，生产安排，全省有二百多家榨油，不能全部改为机榨，提高生产率，制革二百多家，基本停止发展，提倡代用品。38 家印刷厂、米厂与抽水机站可以结合。造纸要加控制，每行要具体解决。

第四，加工订货，杭州市派五十个驻厂员。

第五，任务数(改造对象)，原为 175 个，增加四户。

二、私商改造。

情况有四个特点：① 第一季度，从旺季转为淡节〈季〉，维持去年水平。增加 3.5%。

② 私营商业，农村比城市好(初级市场)。比去年增加 15%(农村)，城市减 0.66%。

③ 私营商店情况，一月较好，二月下降，三月上升。

④ 粮食收购完成 75%，许多土产没有完成。

桑树砍得很多，蚕丝有危险，茶叶减产二万担，若干商品供应紧张情况未消，猪一八万头，煤油相差八百吨，第二季节未可等观。

八个市的情况

第一类：困难大的，杭州、绍兴、衢州，原因多，如锡箔没有前途，约二万工人转业问题。

衢州零售店 39 家(国营)，农村更严重，问题是政策没有贯彻，中央指示达不到镇委。

第二类比较好的，温州宁波、嘉兴、金华，部队多，购买力强，农产特产较多，可能好一些，但应注意去年指数低，上升辐〈幅〉度大。

私商思想改造问题

改造内容：第一，改造性质——代销方式，目前要扩充，是当前主要形式。第二，国家要掌握，计划与价格，第三，货源——一般商店不要过多合营。

如何改善经营管理?

要掌握三个问题：① 扩大推销，满足人民需要。

② 降低费用，不要强调减员，应着重在其他费用的浪费。

③ 提倡新商业道德教育，改善经营教育，工人监督，国家前途与人前途。

调整商业网、零售网调整办法：

① 撤除国营合作社，合作社归国营店领导，撤去 50%，采取二步做法。

② 私商联营，过去有过不合理情况，要强调自愿原则。不作为主要措施。

③ 利用小商贩问题。

④ 召开初级市场交流会议——交流什么要有计划，主要是冷门货，与有

货源的。

⑤ 优待批发——各地宽紧不一，过去面太宽。

⑥ 银行贷款——过去很慎重，中央拨五〇〇亿，对象主要是零售商，批发一般不发，小商贩可以卖一些。

思想很难说，“宁做〈左〉毋右”工作人员中要教育。

三、统战工作。

基本是思想问题——可有可无的思想，忽略了中国经济的情况，对总路线发生怀疑。

（文件编号：R103）

各分党委书记会议

1955 年 3 月 20 日

高长清：自取消党委后的情况与问题。

复习，传达，发提纲，补课，这学到第二期，85％人参加，哲学班较好。

组织问题——班委已成立。

向科学进军团在搞，时间矛盾。

学习矛盾——项目太多。

讨论：

部的任务——委托各部办。

宣传部事务太多——稳立场，维持课堂次序。

招待教员，发通知。

第二期五、六月开始，党校负责教学。

教员问题——各单位分校后，由五云山、中级党校毕业回来的为主，多聘党校教员，高等学校马列主义教研室教员，辅导员由各单位指定。

（文件编号：R116）

沙溢同志汇报嘉兴情况

1955 年 3 月 29 日

一、宣传工作情况与问题。

理论学习地委已很重视，三月底学完联共党史第九章。县委决心很大，县书带头，中初组学习正常，县学训合作社干[部]。

宣传部门工作也做不少工作，但地委宣传部工作不经常。没有很好建设起来，宣传部门工作抓不紧。部门作用发挥不够，没有根据中心任务，了解干部思想情况，及时积极不够。宣传部长是“中心部长”，干部有意见，部内没有集体领导，经常的业务会议也没有，对党委有意见，同时有依赖思想，关系不很正常，工作问题有争吵。

地委对宣传部门也有毛病，秘书长领导宣传部，没有专人领导与分工。思想建设与专门业务问题讨论不多，只抓部门的干部。

县委宣传部对地委宣传部也有意见。海宁县说：“三年来只开过二次会，一次五二年，一次是反原子弹，业务会议从未开过。”

吴兴比海宁较差，海宁县有经常理论学习。区乡干部每月召开一次报告，乡干部每一天集中学一次，支部也有经常工作。乡支部二学期或十天上一次党课，区干部去讲，积极分子参加，党内政治气氛较高，积极性有提高，群众很愿参加党课，从去年八月没有间断。结合中心任务讲。

团课二学期一次。

海宁县——现搞兵役宣传，乡内有各种宣传活动，能注意各种工具与方式进行，每一任务都有交代，有布置，还可自己编些节目。基本队伍是宣传网，经常召开宣传员会议，进行工作全县有二千人，还注意整顿宣传网的工作，经常开宣传员代表会议。

报告员，也有报告制度，二十七人。多能履行制度。

农村业余剧团——共 20 余。

小型宣传队——三五人说说唱唱，按任务配合宣传，在村或镇中进行宣传。材料自编自演，有些经过党或县委审查进行。全县有四十个。

文艺创作组。

美术创作组——街上连环画很多，还有一个名画家，县有画谱，老百姓很喜欢看。

文化站。

文化俱乐部——五十四个生产合作社组织，画报书籍，文化工具等都有。

民校教师力量的运用——茶店内有宣传工作，（约半小时一次）一个乡有四十多民校，900 多学员，（全体 1/3）教员经常讲政治，所有教员加政治教员的名义。

黑板报——83 块，区乡都有，马桥乡黑〈版〉板报起了很大的作用。

各种剧场——收入很好，500 一张票。

有线广播——自己也编节目，三个专职干部共 500 多喇叭，每一个收费一元。

收音站——一架 radio，到处巡回广播，很受欢迎。如[播放]沙省长的报告。

幻灯机也很多。

县经济部门宣传——现在已有政治副职，宣传部召开他们开会。材料经宣传部审查。油脂公司宣传油饼做豆腐问题。

文教部门工作没有人管，二个部长挂名，六个干部包括收音员，理论辅导员，一个文书，一个管人事，一个管干部学习。文教工作没有专人管。县文教科问题，有可以管的，因为没有党员，许多事由宣传部代管，有些困难。

主要问题是中心工作与部门工作矛盾。经常留一个人，其余多下乡。现在还要抽人到农村合作部去，现在不补人。

吴兴县情况：县委只重视基层工作，不注意部门工作。

六个区委委员是县委委员，原则上不搞部门工作。宣传部工作主动性也不高，因此县级机关干部学习不重视，“自学”，区乡也如此。宣传网很少开会，五六年开过二次，一次还不是宣传部门展开的，宣传员多少不知道。谁是宣传员区也不知道，宣传员在四十余人直接向县委报告工作，宣传部不理。有许多人自愿当宣传员的，被压下来。分区书记骂宣传员是“闹分散主义”。

二、党委领导问题。

① 代替下级党委的作用，有些乡支教较差是事实，只靠支部是有困难不放心，但有一些基层组织，确有一定的锻炼，如马桥乡，有十八个党员，每个党

员都能反映群众的思想情况，合作社政策也能处理一些，支书也能领导支部会议，传达上级指示。乡长也不差，区委去的干部也并不代替支部，支部自己做了许多独立工作。

问题是，如何培养支部的工作，可以减少领导机构的忙乱。但现在还有一些工作组，内有非党员，也去领导支部工作，召开会议，检查工作。

② 党的组织与思想建设工作注意很不够，党委需要考虑解决。

③ 地县文教与宣传部门没有分开，要求解决。

宣传部工作问题。

（1 宣传理论 2 时事政策）二项工作与文教工作如何分开？

是否可以如此做？首先健全政府的文教部的工作，配备一定的党员骨干，使宣传部不陷入行政工作。目前是政府部门很差，党委要加强监督工作。

三、阶级政策教育问题。

嘉兴情况：也做了不少工作，但有些问题值得注意：

（1）是当作群众运动宣传运动来进行的，结合各种运动是来进行的，全党动员来大张旗鼓进行的。力量很集中。短期内是深入的。“家喻户晓”，但正因为如此。把阶级政策宣传看为一个任务，认为是一个手段和一把钥匙。就是骂臭富农。运动完了，政策宣传也完了。工作推不动是就来宣传阶级政策。如说，你不卖粮，我就要贯彻阶级政策了。——加大帽子，有些地方成为强迫命令的武器。

（2）强调社会主义方向教育，批判总纲不明确，要与富农划清界限——总纲方面来进行宣传，但具体政策的宣传不够，声音很低。

只有总方向没有具体政策，结果使干部认为社会主义成份愈大愈高愈好，如合作社要搞大，粮食要多购。一个时期的方向变成了一个时期的指示。因此要出毛病。

如土改扫尾问题——应不应发动群众扫尾，为什么是地主，划分阶级就成问题，富中农都升了级，全部成了地主。对富农的限制政策，没有教育。

如合作社问题——互利政策没有宣传，具体政策模糊有些感想化政策的。

（3）片面性很大，只批判一面。

如地委开干部会，干部对依靠贫农思想有抵触。

在进行批判时带有片面性，对团结中农教育很不够，只要依靠贫雇农，有些地方有当场捕干部的(海宁县),〈加〉嘉兴也有些情况。

(4) 在群众中没有系统的宣传——现在是只有鼓励没有宣传。拿政策作为推动当前工作去用,干部对群众也如此,只有鼓动工作在推动各项运动。

干部批评自己的思想也是片面的,不是提高自己为主。提高到什么程度,不能做过高的估计。

(5) 去年是从党内到党外,内外宣传口号没有分别。

如〈加〉嘉兴地委干部会议上提出"抓二头",群众中也如此宣传,中农二面性问题也如此宣传,内外上下都没有分别。结果造成思想的混乱。

今后意见:

(1) 县区乡干部对阶级政策不了解——"三位一体"是团结起来把富农一脚踢开,情况要了解一下。

(2) 如正面教育不涉及过去情况不行。因为一讨论要提出过去的解释。因此对过去的宣传教育问题,领导上要去分析批判。要引起思想混乱。

农业合作社的政治工作问题。

〈加〉嘉兴情况:有一万多合作社。一个乡有 90%以上。

社内部问题 吴兴垮了四十多个,其他表面上问题不多,但不能过分乐观。

马桥乡为例:

(1) 政策处理方面。

土劳最高订为 40%。

耕牛农夫问题——折价过低,公修公用折旧费很低,一般要八九年才付清,水车也如此;有些不需要的也归公,开支很大。

桑田折价——有砍树现象。

养猪——

羊肥——价格低,不养羊。

(2) 生产管理问题。

干部经验少。

(3) 财务管理——不记账,有流水账,没有结,不公布。

(4) 春耕准备。

春花肥料少,养花不好,挖河泥不如去年,一亩地计划 150 担,只达到 75 担。

农民少口粮问题没有解决,需 40 万斤供应,二稀一干,影响劳动,与干部思想。农民情绪不高,现在还是等待思想,退社也怕加帽子,不退社也有困难。干部为难,社干部领导不了。

可以考虑转组——要排队。

(5) 整社与政治工作问题。

① 一般的合作社宣传——一般的政策宣传。

② 三定政策宣传。

转组中问题

① 带头的积极分子情绪受到很大打击,教育问题关键。

② 中农怕弄不清账,有顾虑。

因此要宣传办社的条件,同时鼓励其过去的成绩。

政治工作制度问题

整社中要有一定的政治制度,下面自发的已经有了,新有政治副职。有些社还不知"什么是政治工作。"

程雨村汇报吴兴情况补充

一直到现在还很被动,问题较多,现实问题是:

1) 土改扫尾问题。

六十多个乡(共九十多)70%,行政村 600 多,占半数以上,进度如此:

划成分:没收而未分配的 72 个村,已斗争过,而未没收的 29 村,246 个村已没收。

地主有 1 229 户,比土改时稍少一些(62 个乡)。

富农 322 户(全县),土改时 820 户。

大部分户被斗争过,算不清楚了,109 户是肯定错了的。有说起码 20%户。

为什么划错了?

因为没有控制,授权于区的一个人(县委委员)。

例子:① 二个孩子,无父母,雇佣二个人,并养他们,其中一人是团员,划为富农,被开除团籍。

② 一个老头有四个儿媳妇,十二口人,22 亩土地,因当过保长,划为反动富农,没收船一条,罚 200 万元,好田改为坏地。

③ 把一个中农划为富农，干部与群众说法不同，工作队自己宣布为富农。

2）合作社问题。

发展中提出三个高涨。现在还没有数字，有二千以上，去年只有十八个，地委给了任务，要发展 590 个，县委有困难，省委吴部长来了后，就大发展了。

已垮 140 户（1 902 户），113 户转组（1 400 户）。另外有许多处要退社（1 618 户）贫 660 户。

党员集中，不平衡，合作社中有许多非党员，无骨干。

有些社与互助组差不多。

春耕水利，积肥，养牲口，养蚕，养鱼都不比去年，生产情绪很不高。

3）干部情况。

违法乱纪、强迫命令是普遍现象。去年十月起，尚有 230 个人，[占]农村工作干部 24%。逼死的 28 人，被斗死的八人。去年冬天双统后，又发生老现象。198 个人，[占]25. 35%，性质重的五十五人，比上期[还]增加。

其次有主要干部，县委三人，部长数人，区书区长七人，县区机构干部 56 人，其他为乡干部。

提到县地委的只有 21 件，二月为止，有结果的只有 12 件，处分的只有九人，因为上面包起来了，错了没有受处罚，主要干部很多，如奸淫妇女，不安心工作。

4）产量问题。

三定有困难，不敢宣传，怕顶牛。

5）扭转局面，贯彻省委会议。

县委作过检查，问题已提出，展开了批评，但仍限于县委，对下无交代，县地省委开得早，下面不再贯彻，当前还有问题。

① 干部要求划清界限——错在哪里。

② 一面倒了，干部思想混乱，三位一体不要了。理论问题学不下去，因为与目前问题结合不起来。

③ 自满情绪很高，强调成绩大的一面。

转变思想还有大困难。（至少一年）目前要进行教育，制度上要订，同时是斗争过程，纪律要执行。

6）部门工作与中心工作问题。

医生，与蚕桑专家都在土改扫尾。

“部门工作基本上不搞”“谁提部门工作就是闹分散主义，”——宣传部。

组织部门也无法工作，建党计划完不成，下面组织不纯，也极为严重，有毛森的秘书留在县委相关的。

转变的可能条件：

① 吴有 800 个党员，半数支部可以自己讲课，其中有许多知识分子，400 多小商小贩，100 多中学生——问题在于看不到书报，浙江日报很少，九天才到。

② 基层组织——支部干部也较强，但工作组控制着他们，干部作了事务工作，层层包办，不起作用。

全县只有十七个，乡无党员，81 个县支部，分散。

① 支部领导较好。党员好，成为核心的十九个，23%。

② 骨干较差，但大多数党员有尾声 44 支户 55%。

③ 支部首干尚无，脱产干部包办。党员不积极的十七个 21%。有非党区长指示支部开会的。党员很不满意。

县委宣传部——干事能力都好，问题是部长不管。

区县有专职干部，作用不大。

测验过多——① 开会都要测验，过春节也要测验，而且要公布，题目很难。用[根据]地委什么时候发的通知。② 训练行政会议——开的很长，使下面干部经常来开会。③ 文件与类型——下面交的太多，每天 2—8 件，典型与通报特别多。下面造成混乱。

（文件编号：R111）

霍士廉在地委书记会议上的谈话

1955年3月31日

春耕生产的必要条件。

(1) 整好合作社，当做首要工作。

推动生产，带起头来——方针问题。

不好的合作社由于工作不好，查次要问题。

(2) 粮食问题。

有一部分应供应不供，不应卖的卖了，影响人民对我的不满，三定宣传后，将来是不是按此办，说明农民对政策怀疑，生产情绪不高的原因。

首先要解决贫农问题，其次照顾互助组——70%农民单干。

不能再发展新的合作社——一律停下来！过去没有说清“看情况办事”结果，温州又发展了九千多个社，是不对的。

有些不能巩固的社，必须转组。

“稳步”还是“积极”为主，不明确，主要应由省委负责。

防止乱搞中问题：① 中农的积极性，[与]贫农关系要注意。

② 干部不要变为整的对象，不要踢开现有干部，仍要他来搞。

(3) 怎样划标准？

什么是不能巩固的，条件：

过去三个条件还笼统的，要具体化：

① 生产经常的——生产计划，生产组织，种子，耕牛工具问题，首先是标准问题是否已经解决。

② 第二类公社——问题很多，划出来，派干部调查处理，帮助贫农生产是主要的不能巩固的转组。

先解决其主要问题。如生产资料问题。

③ 问题最大的。

不能改造的，坚决转组。可以巩固的，帮助其整顿。

一切从生产出发，不要从社出发。

60区的干部省地委帮助训练，三千多区干部要地委自己负责解决，不开层层会议。

第二步全省重点县委地委再搞清楚头脑。

中心社要定下来，每乡都要务必搞好典型，树立政策。

每一个乡开人代会，宣布三定，合作政策要公开宣布。帮助解决问题。

依靠党群的组织。支部有问题要立即处理组织。处理支部的组织与教育，下去干部只能帮助支部作工作。不许包办。

层层采取包干制，统销粮食。“多购少销”方针在地委要掌握，对下不传。

落后乡划错成分的处理办法——宣传政策，使划错的自己提出来，改变成份，地委要具体研究，不是简单的检讨。

干部处理错的，发现后一律重新处理，今年要重新处理，由纪委负责。县委要检讨。

对干部政策上的毛病不要算旧账。一般的不要追查责任。思想上批评从严，组织上处理宽。

错误要向群众公布。

（文件编号：R111）

中共中央关于宣传唯物主义思想批判资产阶级唯心主义思想的指示

1955 年 4 月 3 日

（一）

为了实现党的总路线，在三个五年计划、十五年左右（1953 年算起）的时期内实现我国的社会主义建设和社会主义改造，达到消灭城乡资本主义的成分，在六万万人口的伟大国家中建成社会主义社会，必须在知识分子中和广大人民中宣传辩证唯物主义和历史唯物主义思想，批判资产阶级唯心主义思想，并在这个思想战线上取得胜利。没有这个思想战线上的胜利，社会主义建设和社会主义改造的任务就将受到严重阻碍。

随着社会主义建设和社会主义改造的进展，阶级斗争更为复杂和尖锐起来了。外国帝国主义和国内已被消灭和将被消灭的阶级中的坚决反动分子，力图破坏社会主义的事业。他们破坏我们事业的最重要的方法之一，就是用资产阶级的思想反对马克思主义的思想，用唯心主义的世界观反对唯物主义的世界观。他们用这个方法抗拒改造，阻碍社会的进步，阻碍科学和文化的进步，阻碍建设事业的发展，并且腐蚀劳动人民，直到腐蚀我们的党。

应当指出：由于我们对民族资产阶级还采取联合的政策，由于小资产阶级还像汪洋大海一样地存在，由于资本主义包围的存在，资产阶级错误思想在广大劳动人民中间，在知识分子中间，在学术和文化领域中间，以至在党内很大一部分党员和干部中间，都还有深刻的影响，许多人分不清唯物主义思想和唯心主义思想的区别，有不少党的干部或者自己在思想上是唯心主义者，或者在实际上被资产阶级唯心主义的世界观所俘虏。

中央认为，必须唤起全党的注意，进一步认真地加强党的思想工作。各级党委必须真正做到把思想领导当做自己领导的首要职责。马克思列宁主义的理论基础是辩证唯物主义和历史唯物主义，而任何形式的资产阶级思想的核心就是唯心主义世界观。因此，党在思想工作中最根本的任务，就是宣传唯物主义的思想，反对唯心主义的思想，使党的干部能够懂得思想和客观存在的关系，懂得思想、意识是客观存在的反映，懂得要根据社会现实生活的发展规律来进行党的工作，从而提高自己的理论水平和政治觉悟，便于在实际工作中学会运用马克思列宁主义这个思想武器，改进党和国家的工作，同时使广大人民群众脱离资产阶级思想的影响，大大提高他们为建设社会主义社会而奋斗的觉悟程度，便于形成以马克思列宁主义为基础的政治上和思想上的一致。毛泽东同志在“实践论”中指出：“……马克思主义看重理论，正是，也仅仅是，因为它能够指导行动。”加强党的理论工作对于改进党的工作和国家工作具有决定性的意义，对理论工作的忽视是不能容许的。长期以来，许多党委对于理论工作是不注意或注意不够的。党需要有一支强大的理论工作的队伍，这样的队伍现在还没有组织起来。这种情形，如果再任其继续下去，就会严重地妨害党的思想工作的加强，妨碍党的总路线的实现。

各级党委首先是省市以上的党委，必须加强对理论工作的领导，组织和培养理论工作的队伍，在广大人民和党员中、在党内外知识分子中、在学术和文化的各个领域中，宣传唯物主义思想，批判资产阶级唯心主义思想，为实现党的总路线而斗争。

（二）

从一九五四年十月开始的对胡适、俞平伯和胡风等资产阶级唯心主义思想的批判，有极其重大的意义。一九五一年十月所发动的对知识分了的思想改造运动的直接目的是清除封建的、买办的、法西斯的思想，同时也对资产阶级的错误思想给了初步的批判。关于电影“武训传”的批判唤起了全党的注意，使大家认识到必须对资产阶级错误思想提高警惕，进行坚决斗争。但是，在各个学术和文化领域中清除资产阶级错误思想的任务，是不能在一个短期的运动中解决的，必须以长期的努力，开展学术的批评和讨论，才能达到目的。现在进行的在各个学术领域中对资产阶级唯心主义思想的代表人物的批判，因而就是非常必要的。这种批判，是在学术界中、在党内外知识分子中宣传唯物主义的有效方法，是推动科学和文化进步的有效方法，是促进各个学术领域中马克思主义新生力量的成长的有效方法，是培养和组织理论工作的队伍的有效方法。在学术问题上的资产阶级唯心主义思想是社会生活中的形形色色的资产阶级思想的理论化、系统化、集中化了的表现，所以决不能认为，在学术问题上的反对唯心主义的斗争只是学术界内部的事情。恰恰相反,由于在学术领域中进行了有系统的反对唯心主义的斗争,同时就有系统地宣传了唯物主义,这就会使党的干部、全国的知识分子和经过他们使广大人民群众得到唯物主义思想的教育,这种教育就会使党和非党的干部提高嗅觉,学会在实际生活中去同帝国主义思想和封建主义思想、同资产阶级思想和富农思想、同主观主义和个人主义、同各种腐化堕落的倾向进行斗争,这种教育就会使广大的人民群众鄙弃形形色色的资产阶级思想,更自觉地拥护社会主义建设和社会主义改造的事业。省市委以上的党的委员会和国家机关、群众团体的党组,必须注意领导和发展这种思想斗争,并且用各种方法使它的影响首先扩大到党内外广大知识分子中,然后普及到广大的人民群众中。这种工作做得愈加好,愈加能与实际工作联系起来,愈加能为更多的人所了解,就对实际工作的帮助愈大。

除了对资产阶级思想的代表人物的批判外,各个学术领域中还有很多争论的问题。这些争论中也有许多是反映着工人阶级思想和资产阶级思想的对立。对这些问题要分别处理:其中迫切需要解决的,必须在根本点上做出结论;另一些问题不是紧急的,或者不可能立即得出结论的,可以容许长期讨论。

为了充分地和正确地开展在学术问题上的反对资产阶级唯心主义的斗争和各种学术问题的批评和讨论,各级党委在领导上应注意下列问题:

(一)必须坚决反对阻碍开展学术批评和讨论的思想。这些思想表现为:对资产阶级"名人"的偶像崇拜,认为他们是"权威",不能批评;对青年的马克思主义的学术工作者采取资产阶级贵族老爷的态度,对他们实行压制;某些党员以"权威"自居,不许别人批评自己,不进行自我批评;某些党员因为"怕破坏统一战线""怕影响团结",不敢批评别人;某些党员,因为私人友情或情面的关系,对别人的错误不去批评,甚至加以掩护。必须坚持这样的原则:在学术批评和讨论中,任何人都不能有什么特权:党员可以批评党员,也可以批评非党员;非党员同样可以批评党员和非党员;任何著名的或不著名的学术工作者都可以对别人提出批评和受到别人的批评。共产党员的学术工作者应当在批评和自我批评上起模范作用。以"权威"自居,压制批评,或者对资产阶级错误思想熟视无睹,采取自由主义甚至投降主义的态度,都是同共产党员的光荣称号不相容的。

（二）学术批评和讨论，应当是说理的，实事求是的。这就是说：应当提倡建立在科学基础上的尖锐的学术论争。批评和讨论应当以研究工作为基础，反对采取简单、粗暴的态度。说明问题，应当力求内容生动，词句明白，善于分析具体的事实。解决学术的争论，应当采取自由讨论的方法，反对采取行政命令的方法。应当容许被批评者进行反批评，而不是压制这种反批评。应当容许持有不同意见的少数人保留自己的意见，而不是实行少数服从多数的原则。对于在学术问题上犯了错误的人，经过批评和讨论后，如果不愿意发表文章检讨自己的错误，不一定要他写检讨的文章。在已经做了结论之后，如果又发生不同意见，仍然容许讨论。这样做，是为了使学术界减少顾虑，敢于大胆展开不同意见的争论，从而给读者以深刻的教育，使他们知道什么是真正对的，什么是真正错的，以便达到对资产阶级错误思想彻底批判的目的，或达到学术问题得到正确解决的目的。

（三）报刊编辑部和学术机关应当在党委领导之下发起和组织学术问题的讨论。学术讨论应当是有领导的。党委应当掌握自己手中的报刊，分别问题的轻重缓急，发起和组织学术问题的讨论。报刊编辑部应当尽最大可能发表讨论的文章，但同时应当防止坏分子借学术讨论为名，挑拨是非，进行宗派斗争，甚至进行政治性的破坏活动，或者伪装进步、骗取党和群众的信任等行为。为此，报刊编辑部对于作者、对于所批评的内容，要进行必要的调查研究。对于坏分子或显然别有企图的“批评”和“反批评”，不应发表，如果为了揭露他的真面目而必须发表时，应在发表时加按语指出其阴谋，并立即组织反驳，以教育群众。

（四）在一个学术问题的批评和讨论进行到一定阶段时，应当及时做出结论或总结。方式是由学术机关，或由报刊编辑部，单独地或联合地召开学术会议或学术讨论会，对可以做出结论的做结论，对尚不能做肯定结论的做讨论总结，以便继续讨论。

（五）学术的批评和讨论，一般地应当服从于向广大知识分子和人民宣传唯物主义和马克思主义的其他思想的基本方针，因此批评和讨论的主要内容和语言形式，应当力求使广大群众能够理解和发生兴趣，并着重在批评和讨论的过程中正面地有系统地和力求浅显地解释马克思主义的各项基本观点，以便各种读者读了都觉得有所获益。无论宣传唯物主义或进行学术的批评讨论，都是为了帮助社会主义建设和社会主义改造，反对帝国主义，保卫祖国，因此这种宣传和讨论应当力求联系到当前我国社会主义建设和改造的迫切问题，联系到当前国际国内阶级斗争的迫切问题，联系到党和国家工作中的迫切问题，使知识分子、干部和人民群众能够经过这种宣传教育学会用马克思主义的观点正确地理解这些迫切问题。应当注意在思想批判的过程中，善于把唯物主义的宣传工作和具体的实际的研究工作结合起来，使同志们能够运用唯物主义作为自己研究工作的向导，能够运用唯物主义的原理总结各种工作的经验，说明和解决问题。也就是说，在向干部和知识分子进行唯物主义思想的宣传时，必须强调理论与实际联系的马克思主义的原则，引导他们去批判自己头脑中的唯心主义思想，批判自己在实际工作和生活中所接触到的资产阶级思想，应用马克思主义的立场、观点、方法去认识和解决自己工作中所遇到的问题。

（六）唯物主义在各个学术部门中的彻底胜利，依靠在这些部门中产生一系列的联系中国实际的马克思主义的教科书和基本科学著作。这是一个困难的、复杂的、巨大的任务，但又是一个必须完成的任务。党的宣传部门应当进行准备工作，然后拟出计划，以便在今后一个相当长的时期中逐步组织力量加以实现。

（七）应当注意在思想批判的过程中发现和培养学术界中马克思主义的新生力量，组织和培养理论工作的队伍。近几年来，青年的马克思主义的学术工作者已经逐渐增加，有些党员的学术工作者和党外的马克思主义学术工作者回到了自己原来的岗位，旧的学术工作者中间也有一部分在思想上得到了改造，这些力量都应当很好地运用起来。在党的理论工作的发展中，青年的马克思主义的学术工作者必然能够日益增加起来，这是我国学术发展的希望。必须在对资产阶级错误思想的批判工作中，在学术批评和讨论的过程中，发现他们，了解他们的情况，给他们以必要的指导和帮助，把他们之中的优秀人物放到适当的工作岗位上。目前社会科学研究机关或者极为薄弱，或者还没有成立，高等学校的社会科学教学力量和学生数目极为不足，省级以至中央级报刊编辑部中马克思主义的宣传力量也很不够，这就严重地妨碍党的思想战线的工作。党的组织部门、宣传部门和政府文教工作领导机关应当逐步改进这种状况。

（八）在进行对资产阶级错误思想的批判和学术问题的批评和讨论时，应当坚持党的统一战线政策和团结改造知识分子的政策。首先，应当分清思想上的敌友我三方。对于在思想上坚持资产阶级错误观点的代表人物，应当视为思想上的敌人，展开斗争，使他在思想上孤立，肃清这种资产阶级错误思想在群众中的影响。对于虽有错误，但是倾向于唯物主义的知识分子，应当视为朋友，帮助他们进步。再则，应当分清政治上的反革命分子和学术思想上犯错误的人，对学术思想上有严重的资产阶级错误观点的学术工作者，只要他政治上不是反革命，应当保障他们获得适合于他们的工作岗位，保障他们有可能继续进行对于社会有用的研究，尊重和发挥他们对社会有用的专长，并将这种专长传授给青年，同时鼓励他们积极参加学术的批评和讨论，实行自我改造。他们的含有错误观点的著作，如果在学术上有一定的价值，仍可允其继续发行，在加上适当序言或经原著者修改后可以重新出版。有些出版发行机关一看到某种学术出版物受到批评，立即不问情由地停止出版或停止发行，是不妥当的。在学术的批评和讨论中，对年老有病的、在学术研究工作上有一定成绩的人，各级党委应特别注意掌握分寸；对有全国影响的人物如需进行集中批判，应经中央批准。

（三）

在党内外干部和知识分子中，宣传唯物主义思想，批判资产阶级唯心主义思想，并且通过他们，用唯物主义思想教育文化水平较低的广大的人民群众，是极为艰巨的任务。为此必须在全国范围内进行一个长期的思想运动。

甲、现在全国党的、军队的、文教系统的、经济系统的、政法系统的以及其他部门和各群众团体的有阅读能力的干部和知识分子，大约有五百万人。中央认为，应当在今后八年内（即到第二个五年计划期末），做到他们的绝大部分（例如三百万人）都能够了解马克思列宁主义的基本知识，了解唯物主义与唯心主义的区别，懂得辩证唯物主义和历史唯物主义的基本内容。各级党委，除加强对在职干部的理论自学的指导外，还应采取有效办法，坚决地完成这一项重大的战略任务。为此必须：

（一）执行中央一九五五年一月二十六日的通知，在各大城市、各省会、各工矿城市和文化比较发达的城市中，组织宣传唯物主义思想、批判资产阶级唯心主义思想的演讲工作，积极提倡党内党外的干部和知识分子前去听讲，并把这种演讲工作逐渐经常化，使之成为党向知识分子和干部宣传唯物主义、时事问题、重要政策的定期讲坛。

（二）依照中央一九五四年十二月十七日指示的精神，轮训全党干部，并力求在今后五年左右，使全党高级干部凡有阅读能力者经过轮训，中级和初级干部也应积极进行轮训工作。为此目的，要逐步发展中级党校，尽可能使各省市都有一个。要逐步发展初级党校，尽可能使每个地委都有一个。为了增设党校，需要训练教员，中级党校的教员由马列学院负责训练，初级党校的教员由中级党校负责训练。对于文化较低的党员干部，应当用设立干部文化补习学校和组织在职文化学习的方法，提高他们的文化水平到一定程度，并限期做完这项工作。党校工作和干部文化补习工作由党委的组织部门主管，宣传部门负责教学工作的指导。

（三）在城市中按地区、按系统组织业余政治学校和政治夜校，组织在职的党员和非党员干部去学习。在各县，也应当尽可能设立业余政治学校和政治夜校，或采用由教员巡回讲课及其他方法。为此目的，应训练和配备大批教员。责成中央组织部、中央宣传部会同各有关方面具体解决这个问题。

（四）加强高等学校中的马克思列宁主义的课程。中等学校教科书中也要有通俗浅显的关于辩证唯物主义和历史唯物主义的课文。

（五）在报纸刊物上组织学术论争，介绍这种论争的情形，介绍唯物主义的理论知识，组成对资产阶级思想、富农思想、主观主义、个人主义、堕落腐化现象的批评。

（六）利用广播向听众宣传辩证唯物主义和历史唯物主义。

（七）出版学术论争的文集。出版向各种不同对象介绍辩证唯物主义和历史唯物主义的书籍。特别注意出版马克思主义经典作家的哲学著作。

乙、对文化程度较低的广大劳动人民，也应当按照可能随时随地向他们进行唯物主义思想的教育和反对资产阶级各种错误思想的教育。近年全国各地发生的许多事实，证明帝国主义分子和反革命分子经常利用宗教迷信在群众中进行破坏活动，党的组织和人民团体必须同这种破坏活动进行经常的持久的斗争。使广大劳动人民正确地认识自然现象和社会现象的客观规律，是引导他们接受唯物主义世界观的重要方法之一。为此就应当在尊重宗教信仰自由的原则下，认真进行自然科学常识和无神论思想的通俗宣传（在有些宗教信仰很深的少数民族地区，则着重正面宣传自然科学常识），认真进行马克思主义关于社会发展规律的宣传，关于总路线的宣传，关于劳动人民必须在工人阶级政党共产党领导之下才能得到解放、才能达到社会主义的宣传。进行这种宣传，应当利用各种文教工具，采取为群众所愿意接受的形式。通俗的报纸、刊物、画册、书籍、广播、电影、幻灯、通俗演讲、展览会等都是可以运用的工具，应当充分利用。

（四）

上海局、各分局、各省市委和人民解放军总政治部应当讨论中央的这个指示并作出决议报告中央。中央和省、市的国家机关和群众团体的党组，科学研究机关、文学艺术团体、党校、高等学校、报社、出版社的党的组织也应当讨论这个指示，并作出适当的决定和计划送交上级党委。在讨论中并可适当吸收党外的人参加。

1955 年 3 月 1 日

（文件编号：R106）

霍士廉代表省委对农村问题的总结

1955 年 4 月 7 日

（一）这次会议解决春耕与减少紧张情况，不是总结过去工作，情况严重直接影响春耕，粮食问题是五年计划重要问题。目前情况不能使农村照常生产，局面相当危险，不解决可能要减产，而且要知道这是关系工农联盟问题，全盘工作要被动，不转变局面，必然要有变化，情况不堪收拾，政治上要犯严重错误，但不要混乱，再造成新的错误。

搞好春耕生产可以消弭当前的紧张情况，群众了解党的政策，目前是一个关头。

（二）紧张的基本原因：

（1）合作化运动进得太快，相当粗糙，急躁冒进，反而妨碍了生产，甚至破产，工作力量是浪费了。（一部分）

三位一体政策：普遍存在左的错误。主要表现对中农经济侵犯上面。打击中农不恰当，使其党的政策怀疑，中农对贫农也不好，严重影响中贫农关系，中农认为党委立即消灭他，生产情绪不高，损害其积极性，连新中农也受了影响。

依靠贫农问题——不明确，片面只贫雇农，不是依靠他的阶级觉悟，贫农说了话都相信，沾了光就算了，使平均主义有所发展。三定政策贫农不满，表现了这个问题。在短期内要解决贫农生活问题，没有理解在合作化中解决其困难，没有理解中农团结对贫农有利益。相反的，农村中是贫农领导，不是党领导，杭县有三个区有吃大锅菜的，把中农东西拿来大家吃，他们认为侵犯了中农利益是合法的。造成中贫农中的紧张。

对富农问题——限制政策变为用政治方法对待纠纷，强调了富农的害处，事实上变成对富农的全面进攻。如加政治粮。

特别是富裕中农对我畏惧，实际上是围攻中农。合作化运动造成了农村中与中农关系的紧张。

（2）粮食问题。

二条错误：① 按口粮；② 不应供的供了。

"有钱要饿肚子"比国民党还坏——农民说。影响极坏,生产为着什么?对三定政策不信任。

这个问题中贫农都受影响,没有阶级路线。

原因是对产量估计过高,各地有偏重偏轻的毛病。"顶牛"情况可以看到紧张情况。

统销问题:没有下功夫搞,缺与够的界限普遍没有搞清。

当前主要是这个问题造成紧张,不能低估这个问题,合作[化]问题还是次要的。

(3) 改造小商贩问题。

去年大部分都挤掉了,城乡交流发生了大困难,搞成因素之一。

(4) 局部地区土改扫尾对中农打击很大,富农划为地主,也有扫地出门的。

(5) 干部的强迫命令。

(6) 领导问题。

① 盲目积极性很大,没有[打]通传统旧力量,指导思想上不具体。

"杭加湖地区要加速",思想是主要的,认为合作社组织起来后,粮食问题就好搞了,把战略思想成为现实行动,具体经验没有。

1955—1956 年全部合作化。

② 对中农有唯成分论思想,强调中农问题的困难有开除中农的,领导上对政策问题很不严肃(萧山问题)没有在干部中提出教育。

③ 政策问题界限不清。

④ 具体指导少,没有把 在粮食、合作社问题上没有具体办法,迷信自己的成绩,对缺点不体会。

自满与不了解情况,看不出问题的严重性。

(三) 挽回局面方法。

(1) "全力巩固,坚决收缩"方针——合作社问题。

农民损失粮食问题比合作社的损失要少一些。各地不能一般对待,分别情况,找出紧张原因,但合作社巩固问题要大家重视。但要了解主要关键是合作化问题:这是重点,不要摇摆。

"巩固"是指生产可以增加的社,界线要分明。

为什么以合作社为中心？

第一，去年发展太快，该退的退，使中农先安心下来。

第二，能办好的相当多，放了一部分，可以帮助较好的，起示范作用，为以后发展做好条件。

第三，使各部门工作可以不致再陷入一项工作[中]，克服“单打一”的办法，依靠支部领导合作社，如不加强党的领导，以后合作社工作又无法领导，必然要成为孤军奋斗，所以要抛出一部分干部力量。

(2) 如何执行这个方针？

能办的社全力巩固，办不好的坚决转社。

标准如何定？

第一步先搞不能生产的社，不要留恋虚[数]字。有多少退多少，不要以为大部分社是好的，改变过去的估计。

要有这样的决心，打破顾虑。

如何措施？

① 县委主要干部思想主要统一。

② “完全自愿”要宣传贯彻，省有系统的宣传政策。

③ 省地委先抓最坏的县，先抓春耕工作。

④ 通过各种办法宣传生产，合作问题，做好思想、典型、训练干部的准备，大约先搞三百个乡，时间二星期，五月十日结束。

这是准备阶段，先总结经验。

⑤ 下乡干什么。

首先抓生产工作，检查春耕分题研究合作社问题，帮助解决，特别是种子、肥料等生产资料。

同时要照顾互助社，单干的也要注意。其次是统销工作。摸底，合作社的标准定出办法。

以上工作依靠支部。

宣传部计划问题。

(一) 农村支部教育。

要求、明年上半年要求进行党课(好的地区)，一般县，加强领导，下半年建立起来，库县地区，作准备，五七年正规。

内容：基本知识，八项条件支部领导合作社五七年进行党章[学习]。

组织建设：组织部门设专职干部，乡支部设组织委员五六年后区社支部教员，经支委中选，五七年争取大数设教员。

培养支部委员方式：① 通过党的会议；② 专门训练，明年轮训一次。

支部领导问题：每年开宣传会议，交流经验，上半年初步总结经验，编一个小册子，地委每年二次，县宣传部每年订教育计划，组织临时教育材料。培养提高支部教员能力。

刊物——月刊，对象党内积极分子。

（二）干部训练（地委）。

对象：五万多人，区委，乡支委，一般干部，小工业工作者，每年四期，每期二月，五六年——五七年共为一万五千人。

县学：支部教员，团支书，指导员，乡支书，合作社主任。二年内训四十万人，共81所，有三所是专职干部，时间二十天。

内容：地委干校，比较正规，以总路线为主，第一五年计划，社会主义改造，社会发展史，阶级斗争与政策。

党的建设问题，试讲唯物论。

县学：总路线，合作化问题，阶级政策。基本知识编制：地委干校增90人(250)，十比一算，县学现为416人增加120人，40∶1人。明年配齐地干校，县学下半年配齐，干部先在行政学院训练，初中文化程度。

干部要求：专职干部，设教学组。

地委干部调党校训练，讲课性质。

县每年开一次，规定计划。

（三）合作社中宣传网工作。

(1) 要求，二类情况进行：老社没有条件的社建立制度，明年下半年走入正常化，五七年达到全部正常化，五六年进行一次整顿，十户左右有一个宣传员共四十万，五七年达五十万人。

(2) 措施：

组织建设：设政治副职，五六年进行。条件是党团会议对象，有一定文化宣传能力。主要任务：① 了解社员思想情况。② 开展批评评议。③ 宣传网。

④ 负责讲政治课。

整顿是宣传网：清洗不好分子，基层一批新的，划分宣传员小组（以社为单位）。支部副书记专门管理此项工作。

宣传部与农村工作共同管理，具体工作由农村工作部管，五六年进行。

宣传资料：五七年拟定出宣传纲要，整出一个政治课本，明年写好。业务学习。本年学好。“怎样做一个宣传员”“合作社的政治工作”。

地委与县委宣传部编补充材料。

每年省开二次宣传员代表会议，五七年搞一次评比工作。

基本的政治工作：县委宣传部与合作部每县应有一个典型，明年第一季度进行。下半年全面推广，五六年全部展开。

（四）县直干部学习。

内容：56—57 时事政策为主。

领导问题：省定编写学习要点与提纲，地委县委具体领导。

问题：缺点：① 对下面领导软弱无力。② 工作无通盘办法，临时工作多。③ 一般号召多，少具体措施，如宣传网问题。④ 分工不明。回到家中没有工作做。⑤ 制度比较混乱，如文件处理，文件有进无出，档案积压。⑥ 布置多，检查少。⑦ 搞典型与实际不联系。

处内分工已明确。

吕：

重点不明确，内容要具体一些，明年上半年以六中全会，社章草案为主，工商业改造。五七年八大决议为中心。其次是支部如何工作。刊物现在不能公开。

合作社主要搞优越性，政治副职由支部委员兼。

干校问题——划乡后乡干部轮训，明年作好准备，临时性的较多一个月一次。（地委干校）五七年才能正规化五七年前以迎合改造为主。

县学二种性质——乡干分子，一种党的训练，半月至二十天，内容要分开，新党员要训练。

校干部学习——党六中全会决定，省代表会议（上半年）。

下半年新党章，七中全会，明年八大会议，五七年学唯物论，明年地委先搞。

第一指示，迎接明年工作，支部教育要有一个文件五六年编一个党员教材。

理论学习问题。

高中级干部学习问题。

高级轮训每年四期，每期二日。

业余学校明年办二个。2 000—3 000 人，地市委看情况，有条件的办。

自修小组——介绍经验，讲座内容，问题解答，领导责任交与各支部。

时事政策——合作化。

定期规定内容与计划，组织报告提纲，理论问题利用报纸作的报，广播讲座，机关党委负责。

轮训问题——按计划。

① 教学提纲准备，唯物主义，适合区级干部明年下半年。

② 经济常识——总路线有关问题。

③ 党的常识问题——华北的提纲。给地委专业党校用。

检查干部学校教学经验（二个），培养干校教员。

唯物主义宣传——以为理论宣传，明年上半年办，地市委下半年办，介绍讲稿，好的下去讲。

电台广播，短小文章。

组织问题；学习室二个组（十余人）。

业余学校二十余个教员可以机动。

（文件编号：R111）

中央农村工作部杜润生同志报告

1955年4月8日

如何挽回农村的紧张情况，搞好生产

（一）总路线中提出了农村的阶级路线，走合作化的道路。说明团结与打击的对象，依靠的社会力量，毛说：一切工作离不开总路线，不然就要犯错误。合作社化要完成的任务：

1）建立农村的社会主义经济的体系——成为无所不包的体系。即集体化的道路，为农业技术革命造成基地。

2）改造农民小生产者，使农民接近于工人，消除工农的矛盾，只有差别。

3）消灭ブル与其经济基础，使其永远没有复活的机会。

三个任务的完成使社会主义经济可以按计划发展，这是一个最后的最深刻的革命——过去革命发展历史的结果。

第一，革命果实不再交给ブル，到我们建立工业基地以上，使农民不要再受资本主义的剥削。从中国现实经济情况说，也只有是这个道路。现在要求工农业能够平衡发展。现在困难的是工业发展不够，特别是重工业，现在还是投资，不能挣钱，国家需要很大的投资，向外国交换机器，主要是农产品，农民生活的改善，需要粮食，这些使国家的粮食问题空前紧张。中央因此要求发展农业，将来还需要开荒。

现在要有战略的部署：第一是实事求是的因地制宜的改变耕作制；但技术上还有许多问题，不能机械，一定要看经济条件，照顾到群众的历史传统经验，不能用粗暴态度，农民经验中也有一定的科学意义，不能完全否认，要倾听群众意见。耕作制如何改，要求省委书记亲自掌握，不能盲目进行。粗暴的唯心观念要不得。（如杭县拔荸荠事）

第二，合作化，大量的增产。贫农[在]占有20%[的]土地上可以大大增产。

这便是生产道路，比较有把握的是合作化。

合作化的积极性如何使用。盲目性从不认识此一运动是最复杂的、最后的一次革命。目的是要消灭一切私有制。城市比农村容易，因为阶级关系比较简单,农村就不如[城市]简单,有富农,有中农与贫农。

中农问题[1]更为复杂:私有者一面要改造;另一面是劳动者,必须团结。这个阶级是不稳定而动摇的阶级,城市内没有这样阶级。其本身有几个特点:

① 是农村中人口的多数,约 60%—80%。新中农在经济上与老中农有同共[同]的利害关系。中农是农村中生产的主要成份,他们的生产高低是农业生产的标准。因此考虑问题时,不能不考虑中农问题。过渡时期中农数目是增大的,这是我们的规律。

② 是社会主义的改造对象(主要的对象)。因为中国农村的资本主义经济的代表者是中农,而不是富农。因为富农经济的[趋势]是下降的,土地占有少,现在在老区已缩到百分之一。新富农有许多参加了互助组,新区百分之四也很难维持,不敢大量发展富农经济了。因此消灭富农不需要用土改的方法,消灭富农不能成为主要任务。重要任务是:消灭资本主义的经济基础,这就是小私有制,即中农的私有制,所以改造中农是最主要问题。

③ 中农是需要我们细心对待[的]。要用重大的耐心与力量去对待他们,因为他们有二重性。二重倾向与二重积极性。“反自发倾向”就要出毛病,他就会消极,一切不管。明知是自发势力,如何对待自发是另外一会〈回〉事。

新老中农,富裕的与小中农有区别。富裕中农入社有顾虑,“姜太公钓鱼自愿的来”,我们要有先后。

说服中农要有不同的方法与条件。现在只有党的威〈声〉信很高是一个条件,但经济条件很少,首先是没有机器,化学〈原〉肥料,合作社还是离不开牛与天然肥料,这是使农民不能不有保守性。合作社不多,浙江有二千多个,不能说服农民。

“一年合作化,二年集〈机〉体化,三年机械化”的口号是根本提不得的。对待中农问题是省委的关键问题,是农村中的中心政策。

如何对待中农?

① 要走曲折的道路,照顾其眼前利益,经济利益,引导其向最高利益。小恩小惠要注意。不懂得这个就不懂得大恩大惠。

第一要注意商业问题,价格政策要弄好。国家要有一定的积累,又要给农

---

① 此方框为原有。

民一些积累。二马分肥。

第二要给他贸易自由,"四大自由"是错的。不让步是放纵资本主义,让步是为了消灭私有。只要他集体劳动,教育就好办,消灭私有制也容易了。

愈高愈大的思想,不想条件是错的。

② 尊重中农的自愿。

什么是运动?自上而下领导,与向下而上的响应。因此要其自愿,没有自愿就没有群众运动。我们积极,群众不积极,两者不结合就是强迫命令,就是左倾。

群众自愿先要从其经济利益出发。利害不明时,他要看一看。合作化问题也要如此,先让他看一下,不能还〈让〉他先来后看。看了以后,他要退出,麻烦大了。来了后又不积极,社就不能办。因此要说而使其服,再三说服,决不能威胁:"不来就是台湾道路"。现在毛病是说而不服,不懂得等待。我们要下决心,那里的中农不来,我们就要去;老子不来儿子来,我们要有些气魄。积极说服而又要等待,而且等待少数。任何人不能强迫一个阶级来劳动,更不能强迫劳动者。因为他是主人,他不积极,什么也没有了。强迫劳动者就是犯罪,会断送我们全部事业。

农民是经验主义者,所以要利用这一点改造他。首先要办好合作社示范,办一个好一个,"宁可少些,但要好一点"是我们的口号。

唯一说服方法是办好合作社,而不[是讲]空话。因此速度问题是一个重要问题,速度限制在办法的口子内,不要超过其觉悟。速度问题就是重要的政策。

第一[个]五年计划发展三分之一,第二个时期再是三分之一。大小由之,也不能随便。

主要问题是中农,没有中农就没有合作社,不能只靠贫农参加。等待中农也就是为此原因。

依靠贫农问题[①]——团结与依靠是不可分离的。为了团结中农必须依靠贫农。因为党员是少数,首先要找到一个阶层支持我们。这就是贫农。

过去毛病是强调依靠贫农不团结中农。第一个革命与第二个革命时间很

---

① 此方框为原有。

短。由于这个特点，因而在政策上也所反映。① 过去的地主富农有变为中农的，不能依靠。② 新中农的产生，由贫农到中农，刚刚过渡，土地改革结束不久，是可以依靠的。但依靠新中农要注意——是要教育，经济地位有影响，物质上要如对待老中农一样，不要他吃亏，不照顾没有依靠。

依靠贫农的常犯错误——依靠什么？如何依靠？贫农利益，最高利益是办社，没有合作社就没有贫农的利益。主要依靠其对社会主义的积极性，用集体劳动来创造社会主义。上一个阶段与目前阶段完全不一样。现在是要贫中农联合起来，增加生产，而不是均产。同志们的观点是认为贫农生活困苦，不知道如何解决，道路找不到，如侵犯了贫农利益，就是破坏贫农利益。阶级观点[看就是]破坏阶级利益。一切要[以]服从联合中农为前提。没有合作社联合不起来，破坏了联合没有合作社；要与富农作斗争就要有中贫农的联合；离开这个观点，就是非阶级的观点。这是完整的马列主义。

要依靠贫农的困难是说服其平均主义思想，不[想]通这一点就要违反联合中农的政策。对中农的让步是为了最大的利益。

但向中农让步也要有限制条件，贫农的眼前具体利益也要照顾。忽视了这个也要错误，依靠不久，要联合中农也不可能了。限度在那里——中贫农都不吃亏，而且有利，这就是限度。

合作社内部中贫农的关系问题。

不能在合作社内搞阶级斗争，但要知道有一定的差别，这个差别是走向消灭的差别，而不是对立的阶级矛盾。

依靠贫农是长期的问题，不能满足过去的成绩，先要解决：

① 党与当地贫农的结合。整党目的也是为此。要取消“树立贫农领导”的口号。贫农仍是私有者，没有支部的地方也一样要跟司令部走。

② 通过党员进行社会主义教育，贫农也要进行教育，落后性也是存在的。教育内容不但要有方向，而且要有政策教育。

③ 合作社内贫农要保持优势力量，培养贫农中积极分子要个别教育，要个别去发现，个别地教育，不要只在大会上搞，每乡能抓到三四个人就好办了。

富农问题[①]：富农是在小私有制基础上产生，因此消灭他时要考虑到中

---

① 此方框为原有。

农问题。富农有剥削部分,富裕中农也有轻微的剥削行为,因此不能立即消灭,否则要影响其积极性。从限制到消灭的政策,即根据此情况而来。

其次是富农经济力量小,比重大〈不〉大,因此不需用对地主办法,可以采取逐步消灭的办法。清算斗争大会方法会使中农动摇。只能[用]孤立富农[的方法]。其中特别是[对]非法富农,要制裁。首先要孤立这部分人。策略是分别对待的。

巩固合作社吸收个别新起富农没有危险性。

一年来各地重视合作化是好的,但清除了右的思想以后,互助合作化积极性提高后,有些地方没有确定工作的步骤,缺乏具体政策。有战略而无战术方法,因而带有盲目性的积极性随着发生。其结果是:对个体农民发生粗暴态度,不准[买]卖买,取消各种自由,[用]打击歧视的态度,这是违反毛主席方针的。应当注意的问题是:

① 积极起来怎样办?

② 中农好像是"中立"的,下面有依靠贫农打击中农的现象。不团结,不积极团结,[不]巩固团结,都是错的。不注意就会造成贫中农关系的紧张,"合则利,不合则不利"。

这二点也是对浙江工作的建议。

当前生产问题是头等重要问题,如何解决?依靠合作农民的中心阵地,帮助单干农民进行春耕,技术方面也要帮助。今年有一个新的因素,先要解决,即农民中存在紧张状态如何办?紧张如何来?

① 社会主义与私有制有抵触情绪。对此我们要采取缓和的方法。社会主义发展不能过快,农民不够觉悟之前,不能忘记发展的规律性。

② 有些主观东西造成的,政策纠正不够使他发生,对此必需采取最快的方法去解决。

政策上问题,中央指出:第一是统购统销,超过界线,造成与中农的紧张,全国900亿就是政策界线。取消人为的紧张,同时确定统销数字。

第二因素——合作化太快,比粮食问题更重要。表面上看来好像是粮食问题,其实合作化问题涉及农民财产问题,更严重。粮食问题也是商业上利益问题,好粮给他少一些,这些问题容易解决。合作化则是动了他的生命财产,各地宰牲口,卖牛羊,就因为此而发生,全国杀了一二百万头猪,与合作社也有很大关系。

自愿政策犯了错误，就要发生问题。不抢救已经不行。所以中央提出“停止发展……”的方针。

浙江情况有几种说法。

① 非常紧张。② 一般经常，紧张已经过去。③ 西线无战事。我的意见估计得严重些比说得轻一些要好。

那一种是主要情况，希望研究一下。紧张是工农联盟问题，是党的政策问题。离开工农联盟就没有社会主义，这是前提。

工农联盟发生问题的现象是农民消极不干，稍为减少一些，影响就很大。表现在生产上是主要的现象。“农民普遍卖牲口杀牛羊猪，是农民对我们不满的严重警告”——中央指出。有些地方已经反〈翻〉了脸。不能满足于百分比。现在我们到了要回头的时候了。

外部紧张反映到内部紧张，上下慢〈埋〉怨。

（二）抓春耕生产不能如平常一样，首先要抓政策问题，提高农民的积极性是最重的，技术还是次要的。

抓什么政策？要抓统销政策。其次抓合作，即巩固合作社。

错误的是：不要农民自愿。超越组织，有些合作社是四不像，有吃大锅饭的，多必乱。

如何纠正合作社的混乱？

① 一哄而退。

② “勉强维持”——保持下去。好处是最能满足区以上干部的要求，党内不会闹纠纷。坏处是将有大批合作社会要解散。有一地区的例子，大多数合作社没有增产，只有10%的好，减产的很多，原因是没有人管许多合作社。用了许多力量，结果是减产。要走这条路，一定要有条件。大量的集中力量，一个社要有三个干部。但是这种合作社像伤兵病员，由干部“管造”。第二，你要有钱，国家大量投资，还要给粮食。

③ 重新教育。让农民今年看看，为了散开，争取农民留一下，让其自动退出去。即“全力巩固，坚决收缩”。用最大力量加以巩固，选一些可能办好的，集中力量的加以巩固，一定要有一套办法，使其增产。

可办可不办的社，采取二种态度，愿意办的任其办，数量不宜太多；大部分愿解散的，让其解散。

内部问题极大，首先是不自愿合作的，应让其退社，减少到能办好的限度。

这个办好的好处：力量解放了，可以巩固过去的成果，保留下来；其次是能稳定社会，恢复与群众的联系，使农民知道有退社自由，相信党的政策。为下一步发展作好准备，不致拖泥带水，遗留问题。为了前进，后退一步。

坏处是：很难找出界线，可办与不可办的社很多，难以确定。有一些积极分子不可下台。最危险的道路是自由道路。

坚决收缩的困难：干部思想上转不过来，舍不得，怕群众慢〈埋〉怨。主要是责任问题，首先由中央农村部来负担。

将错就错是搞不下去的。不保护现有成绩是右倾；要保持虚的成绩也是错的。

事情麻烦——困难首先是力量问题，领导机关要负责任。

巩固合作社是一件最苦的工作，抓什么？

巩固与收缩是矛盾——收缩应当简单一些，自愿政策与群众见面。取消过去的限制退社的办法。群众自有办法。

内部是非争论多——这有麻烦，发展合作是对的，不自愿不互利是不对的要说明，少准备是不对的，一哄而退不对，收缩是对的，宣布自愿退社是对的，强迫退社是错的。"小农经济最光荣"口号是错的。

群众问题中困难——积极分子，不自愿入社的与我们有矛盾，自愿退的没有问题，只能统一于自愿的原则。

贫中农关系要注意——中农可能要说讽刺话，只有在互利原则下处理，不要叫他吃亏。

使其不乱，主要是不能强迫命令。

只有最后第三条道路是可走的。利弊都有，只能采取〈其〉有利的道路走。

合作社〈只〉即使减少到三万人，巩固工作还是极为困难。还要用最大的力量去搞。首先是先集中干部，谁先集中，谁就先胜利。

合作社骨干很重要，不是训练所能解决。许多训练班是形式的。而且干部好不好也不在于训练。三万个社找出三万个骨干，是首先要决定的问题。要在日常工作中选择干部，不要在短期中训练出来的干部中去挑。

最后：一切要从生产出发，特别要把社会主义性质生产搞好。

要求巩固成绩，严肃的去缺点，愈早愈好。

要为将来工作作〈做〉好准备。

全党团结一致，划清是非，正确与错误，利害界线划清。

（文件编号：R103）

霍士廉在地县委书记会议上关于农村问题的报告

1955 年 4 月 12 日

生产问题

从统购以来放松了生产领导，集中搞购粮，三月份才开始转。失掉若干时间，另一问题是力量集中于合作社，不能全面去领导生产，统销没有搞好，更加使生产更加无人管。

生产工作搞不好，下半年比现在还要紧张。领导很危险。如果减产，问题就大了，工作更被动了。

为什么产生这样情况？

根本问题是什么？农民情绪不高，关系到工农联盟问题，是本质问题。因此当前问题是缓和情况，搞好生产，是战斗任务。

紧张的原因何在？

① 合作化问题。

② 粮食问题。

③ 执行阶级政策不正确。

④ 各个地区的特殊问题——土改扫尾、排涝、超额增产、信用合作。

⑤ 干部作风不好，违法乱纪等等。

合作化问题，毛病是：

① 过快过多，粗率。去年是二千个，后来决定二万五千个，发展十余倍。现在是五万五千，农户 27%，发展快主要来自省。耕牛农具大部分是一律折价归公，同时压低其价格，还清时期特别长，有一百年以上的。树入社折价，十五寸以下无代价归公。杭县有三个合作社吃大锅饭，每人规定发一斤米与一包烟，吃掉信贷。

侵犯中农利益是主要的，一部分是贫农。

② 双统问题。

我们的错误是：第一条卖了过头粮，余粮户也没有饭吃，违反购粮政策；第二，缺粮户没有供应，也是违反政策的。

定产有问题，心中无数，至今搞不清。原因是喜欢成绩，不看事实，购粮任务太重。

③ 阶级政策。

存在什么问题，四中全会以前没有很好研究。受饶的影响："依赖生产积极分子"口号。表现在：第一，认为贫农很少还有关〈鳏〉寡孤独，糊涂了依赖贫农思想；第二，丧失了对富农的警惕思想，认为没有什么可怕。当时强调团结中农，提出"中农的方向是贫农"——浙江日报一篇文章。批判了这个思想是对的，但没拿出正确的办法。新老中农的界线划不清，中农只算有20%，新中农没有估计在内，因此不重视中农。

"不能叫贫雇农"吃亏，因此侵犯中农认为不要紧。对中农的动摇性过份夸大，金华等县提出"打倒中农"口号，助长了贫农平均思想。斗争富农是为了〈胁〉吓唬中农，实质上打击中农过重。

④ 其他原因。

强迫命令是一个重要问题，省委领导上出了毛病。

合作化中主观主义是什么？四中全会决定后，讨论了二次，但产生新的错误思想——反右而走上左的思想。主要是对中农态度问题。

社会主义过渡时期看法只有加速合作化的认识，但怎样办好没有具体措施，给下面的影响是愈快愈好。强调总纲思想，而忽视了小农经济的特点，脱离了现实，犯了左的毛病。怕讲左的错误，也怕说右，干部思想有"宁左毋右"的思想。

去年九月看到合作社发展很快现象（三万个），但仍说有条件地方仍可发展。

二月会议提出"全力巩固"，但没有提出办法，仍是"维持"方针。

强迫命令[的]一个例子，一个团书记说：① 积极发动群众；② 一定要完成粮食任务；③ 完不成杀头。结果三个党员积极分子自杀。

要退社的给了三个条件：退社的收回购买证，不准带东西[走]。

违法乱纪要清算一下。过去说为了鼓励积极性，不敢批评。都要交代一次违法乱纪的事，组织处理要慎重。对批评采取打击报复的，要处理。

今后工作部署：

1）安排以生产为中心，以合作为中心的生产运动——总要求。

2）“全力巩固，坚决收缩”为方针。

单干户尚有70%以上，只重视合作社，不能解决生产问题。

要搞清几个思想：

① 自愿互助政策要讲清，对贫农没有讲清什么是贫农最高利益。加强与中农联盟实行合作化是他的最高利益。

政策宣传后农民要退社，我们采取[的]态度[是]：应根据自愿，散、退也不用怕。

② 可以固定下来的社固定下来，可转的转，不要强迫不许退社。农民还会有许多疑问与顾虑，要交代清楚，不许加政治粮。出社入社有自由，不许打击退社者。

发出救济费，集中在春耕中使用，银行不要怕贷款收不回，[要]帮助贫农生产。救灾费要发出一些。

③ 粮食供应问题要好好调查一下，缺户一定要供应。商业工作要检查。贷款计划很差。

工作步骤：

① 回去后，各级领导同志深入到最紧张的乡去工作。县委先统一思想。

② 搞典型，处理具体工作。

③ 经常化，整顿作风，处理一些违法乱纪问题。

（文件编号：R103）

关于列宁诞辰问题

——演讲问题

1955 年[①] 4 月 19 日

四月十九日夜同江华谈话：

陈[修良]：请你去报告。

江[华]：你去问秘书长我不管。

陈：中央电示要书记作报告的。

江：我不知道，你问省里提出来讨论好了。

陈：中央有电报的。

江：什么“中央”还不是中央宣传部决定的，为什么一定要在四月二十日开会，为什么要限期开会。

陈：列宁生日是二十二日，不好改。

江：主要是学习改到学习时间不可以吗？你们的提纲是教条主义，这些问题说他干〈妈〉嘛的。

陈：这个会议如何开？

江：你去问秘书长去，我不谈高饶问题，工农联盟，其余不谈，叫霍[二廉]去报告。

(陈修良旁注)发脾气原因：① 演讲稿上“陈巳阅”字样，其实因发出时开会忙没有看过；② 内容多了，教条引文多，是一个材料，理论处也不明确写什么样稿纸。

（文件编号：R151）

---

① 原文无年代，系编者据内容判断所拟。

列宁诞辰八十五周年纪念会致辞

1955 年 4 月 20 日

伟大的世界革命导师列宁八十五周年诞辰纪念大会开始了。

列宁主义是全世界无产阶级革命胜利的旗帜，苏联伟大的十月革命胜利及其社会主义建设的成功，对全世界人类解放，有不可比喻的重大推动作用；中国共产党以马列主义武装自己运用于中国革命的实践中，也获得了巨大胜利，历史事实证明了列宁主义是战无不胜的革命理论，因而目前如何继续努力学习马列主义，对我们今后工作取得更大成就，有决定性的意义，这也就是我们今天要隆重地纪念列宁诞生八十五周年纪念的重要意义。

其次，中国共产党所以能够克服无数的困难，取得革命的胜利，以毛泽东同志为首的党中央，一贯来强调理论与实践必须密切联系，因而在各个革命历史阶段中，能够具体地运用马列主义的基本原理，而又发展了丰富了列宁主义理论的真实内容，使这个理论在中国革命问题的作用上，显得特别地生动有力，解决了中国革命的许多重要问题。

根据列宁主义与中国革命的实践，我们党在抗日战争时期，以反教条主义与经验主义，使党获得了中国革命第一阶段——民主主义革命阶段的巨大胜利；在中国革命第二阶段——社会主义革命阶段，党中央提出了过渡时期总路线总任务："逐步实现国家的社会主义工业化，并逐步实现国家对农业、对手工业和对资本主义工商业的社会主义改造。"像灯塔一样照耀着我们前进的道路。我们深信：不论国内外敌人如何顽强地反抗，不管我们还有多少具体困难，为总路线的实现斗争，一定会如期地胜利，列宁主义的道路是我们走到共产主义社会的唯一的胜利道路。

我们浙江省党的组织，执行党中央的路线是坚决的，正确的，但由于过去不够重视理论学习，使我们实际工作中还存在许多的缺点与错误，是今后必须重视与改正的。我们无可否认：在执行农业合作化，工商业及手工业改造，以及思想改造各个方面，我们都做得还很不够。我们最近在检查自己的工作中，很明显地看出了工作中的主要缺点是执行政策中有左右摇摆不定的现象，而推其主要根源，则是由于我们对马列主义的基本原理与党中央的指示学习不够，思想指导上没有完全根据马列主义理论去指导实际工作，正如中央的指示所提醒我们的："没有思想战线上的胜利，社会主义建设和社会主义改造的任务，就将受到最重阻碍。"因此我们在接受了这个经验教训以后，省委今后不能不下决心，来加强政治思想的领导，特别重视马列主义理论的认真学习，更好地把理论与实践联系起来，为实现总路线而努力。

同时为着正确地树立马列主义的世界观，使全体干部能够在一个相当长的时期内，渐渐懂得思想与客观存在的关系，社会发展的规律，每个事物矛盾发展的规律性，及其变化的方向，按照现实的生活条件来进行党的工作，我们目前思想工作中一个特别重要的问题，是宣传唯物主义思想与批判主观唯心主义思想。

为什么要这样做呢？这个道理是很明确的，因为马列主义理论基础是辩证唯物主义与历史唯物主义。这个基本理论是我们思想的核心，是决定政策的出发点；这个唯一正确的世界观，明确地指出了思想与意识为客观存在的反映，用在实际革命的行动上，就必须强调理论与实践的一致；脱离了现实条件，就必然要犯主观主义唯心论的错误，这是我们学习列宁主义的时候，随时随地都不能忘记的一个重要原则。

党中央不久前召开了党的代表会议，为着巩固党的组织，开除了叛党分子高岗、饶漱石的党籍，作出了重要的决议并对当前的经济与政治问题作出了几个重要的决定，再一度表现了列宁主义在中国革命目前问题上的正确运用，需要大家十分重视与认真执行。详细情况特请江华同志来向我们做报告。

附注：大会程序

一、宣布纪念大会开始，并由主席致词（霍士廉同志当主席）

二、奏国际歌

三、全体起立向伟大革命导师列宁致敬

四、江华同志报告

五、主席宣布闭会

（文件编号：S08）

给省委的信

1955 年 4 月 23 日

林乎加同志并转

省委：

浙江日报约我为纪念列宁写一篇文章，写就以后曾经沙文汉、吕志先同志审阅过，送去时间也较早。该报编辑部即行擅自全部加以修改增删，未经本人过目即在二十二日发表。

修改后的整篇内容与原作大有出入，谬论百出，上下不贯，甚至歪曲理论，因此我不能不向省委反映情况并请检查编辑部的工作，追查其责任问题。

其主要错误如下：

一、关于十八、九世纪的科学家的机械唯物论问题。

原著："十八、九世纪的欧洲许多的科学家，他们未受过哲学训练，同时又受了ブル哲学影响，他们不善于用辩证法方法去思考问题，因而也不能理解矛盾的对立是辩证法的核心这一真理，因而也不可能理解事物的发展规律从什么地方开始与其运动的一般规律。科学的研究使科学家自发地倾向于唯物论，然而由于不能掌握辩证法，阶级立场模糊，不能不发生许多糊涂观点，使得许多科学家在实验室里讲的是科学，走出了实验室还是唯心主义的信仰者。"

编辑部自作聪明，违反了哲学史的总结，这样写道："科学的研究会使某些科学家自发地倾向于唯物论。但是，由于当时十九世纪的欧洲许多科学家还受着ブル哲学的影响，他们不自觉地运用辩证唯物主义方法去思考问题，因而不能理解辩证法的核心——矛盾论，也不能理解事物的发展规律。"

这段话是完全背弃了列宁关于哲学问题的理论，否定了"唯物论与经验批判论"的主要结论。其次是删去"八"字，把历史拉远了一百年，编辑部似乎不懂得机械唯物论的最盛时期是在十八世纪，如此草率，真是不堪设想。

二、十月革命以后的俄国的内外二个矛盾问题。

原文特别强调的中心思想是说苏联当时国内矛盾主要是工农联盟问题，

因此无产阶级专政的最高原则不能不是这个问题。农民问题、新经济政策、职工会、党的指导作用等基本问题则是从这个基本问题伸引出来的。但编辑部把这些叙述全行删去，写成这样："列宁根据他对帝国主义时代资本主义的研究"，可以在一个国家内获得胜利。这与斯大林同志关于"列宁主义问题"的精神是大不符合的，列宁、斯大林所重视的是内部矛盾，而编辑部修改的则是外部矛盾问题，与我的原文精神也并不一样。而且还删去下半部分的叙述，如"工农联盟的重要作用，他是建成社会主义所必需而且足够一切的巨大力量"字句。

三、编辑部加上早在一九〇二年列宁说："没有革命的理论，就没有革命的运动"，这也是错误的，这句话并非一九〇二年所写，其粗草又复如此。

四、列宁在革命事业中如何具体运用辩证唯物主义问题：我为了读者重视联共党史与斯大林的"列宁主义问题"著作，说这二本书提供我们研究列宁主义的纲要，接着就指出列宁的许多重要著作的基本问题。但编辑部把前后次序加以颠倒，另加说明与删改，就使人莫名其妙了，说是："解决了无产阶级革命运动中一系列问题。"他们对原文的实在用意是这样地歪曲了。

其次，不应删改，使上下文不相联贯，颠倒内容的地方还有很多，兹举数例如下：

一、第一段删去了斯大林关于实际工作者忽视理论的巨大危险一段。编辑部对目前党中央的指示精神，似乎不大理解。

二、列宁主义如何学习，下面删去了"却是一个值得研究的问题"——党中央宣传部是要我们都去考虑学习马列主义问题，所以我这样提出来目的是使大家注意，而编辑部却擅自删改了，不知是何用意。

三、我说列宁"唯物论与经验批判论"是"马克思主义发展阶段的标志"——这是哲学史的一个结论，编辑部也擅自删去了。这对原文来说，是造成了前后不连贯，用意不明的结果，而也抹杀了列宁这个著作对哲学问题的重要性。

四、恩格斯说："哲学上最高问题是思维与存在，精神与自然界的关系问题，人能不能认识现实世界问题"，编辑部同志却把"人能不能认识现实世界问题"一句完全删去，难道编辑部同志不知道这是恩格斯提出来的我们和唯心论派争论的一个焦点吗？删改恩格斯的结论是什么用意？

五、原文说:“继续发展党的优良传统,我们就必须具备高度的马列主义理论水平,才能担负起历史给我们的巨大任务”,这句话也被删去了,这是什么道理,我也不明白,难道编辑部认为我们不学理论,可以担负历史使命吗?难道他们没有看过中央的许多指示吗?

六、原文说:“一切领域的知识,无论政治经济学、哲学、科学、文化艺术、工人阶级政策与策略等等,只有运用正确的辩证唯物主义,才能认识其真实或虚伪。”编辑部删去了“工人阶级政策与策略”一句,这是什么用心,难道政策与策略不是根据马列主义的,删去这句话的意思,是叫实际工作者不用学习理论吗?

此外,由于编辑部同志不细看原文的上下用意及其中心思想,被增删的地方极多,甚至连题目也改错了,他们给加上“努力”二字,也是不妥的。

最后,我觉得我的文章自然不会没有缺点,编辑部自然也有权利可以修改任何人的文章,问题在于不经原著者同意,任意歪曲理论,乱加增删,这就很不对,国家的宪法上规定人民有学术自由,即使我的理论是错误的,编辑部也似乎无权可以这样专横地修改别人的文章,最多是不登载,用我的名字写出错误百出的文章登在党刊上,对党报的威〈声〉信极为不利。所以必须提出申明,请求省委根据组织原则与编辑部修改稿件的条例,加以处理;为着读者不致发生误会与造成不正确的影响,我要求省委指令浙江日报的编辑部在报上申明态度,更正已被删去或修改过的章节与字句。

今后因为展开哲学问题的学术争论,难免有许多不同的观点要出现,特别是党报要担负开展哲学问题讨论的任务。如何对付不同意见的论文,就更加显得重要。

为了执行中央对学术批评和讨论的指示精神,我希望党报的编辑部还得仔细讨论中央的指示,否则对不同意见的文章妄加斧正,谁还会给报纸写文章。这也是今后值得重视的一个问题。我这篇文章问题,还是个别的小问题,但从这件事情省委也可以看到编辑部同志的思想性与纪律性如何,足以盼望党委重视对党报的领导问题及时加以处理,则对改正党报工作也许还有一些帮助,这也是我的责任所在。不能采取自由主义的态度来对待党的事业,因而不能不冒昧陈词,大胆地提出我的意见。

我已写了一封简单的信给编辑部,我新到浙江工作,人地生疏,不了解过去情况，也从未过问浙江日报的内部工作问题，我的意见也可能是不正确的，请求省委指示！

陈修良

1955 年 4 月 23 日

（文件编号：I47）

办公室一周报纸检查意见

1955 年 4 月 30 日

一、差错：

这周报纸发生了一个比较严重的差错：四月二十二日三版刊登的陈修良同志写的“纪念列宁，努力学习辩证唯物主义”一文，经编辑修改后，造成了几处错误和不少违反作者原意之处。作者陈修良同志向编辑部提出批评。这篇稿件经编辑修改的共有八十三处，其中有一处是修改错误的，如第七段中，原稿的“他们不善于用辩证唯物主义方法去思考问题”被误成“他们不自觉地运用辩证唯物主义方法去思考问题”，以致造成重大错误。八处虽无谬误但违反了作者的原意，如第二段末了，原稿中有一句：“斯大林说：‘实际工作者忽视理论的趋势是与列宁主义的精神相矛盾，而且包含着有害于事的巨大危险。’（列宁主义问题三六页）我们如何能够不警惕呢！”编辑时把这一段删去了，这就有失作者批判实际工作者忽视理论的原意；又如第七段中，原稿的“十八、九世纪”被误为“十九世纪”，虽然不是原则性的错误，但仍不如原稿完整。二十五处是可改可不改的改了。四十九处是改了以后较原稿更为完善、通俗的。

总的来讲，这篇文章的修改是有缺点的。我们在处理稿件中的缺点不仅发生在这篇文章里，在处理其他文章时也可能有，不过是作者没有向我们提出批评。应引为教训。

这篇文章所以会有修改错误和修改得不适当的地方，其原因除了我们哲学理论知识太差以外，主要的还是由于：

（一）办公室在审阅这篇比较重要的论文时不慎重、不细致，没有抽查原稿（审稿者冠西、高光同志已向省委作检讨）；

（二）有关编辑人员在工作中有自以为是、粗枝大叶的作风，不能细心谨慎地领会作者意图，不尊重作者的文章风格，凭自已的看法而增添删改。在理论水平不高的情况下，这种作风所造成的危害就更大；

（三）重要稿件修改后征求作者意见的制度执行得不严格。

通过这一事例，我们必须接受教训，反对自以为是、粗枝大叶的不良作风，树立谦虚谨慎、严肃负责的作风，并严格执行关于重要稿件的编、审及征求作者意见的制度。

但接受教训不应抱消极态度，不应理解为今后对此类稿件可以不加修改。而是应该对原稿慎重编辑，没有把握的地方仔细找根据，或者请示上级，或者与原作者联系。

二、农村报道问题：

这周农村报道，关于整顿合作社、不够条件的合作社转组问题的经验和批评，对改变耕作制度方面的主观主义敲警钟等，已开始抓紧，这是好的。但是，根据记者反映和“每日情况”反映的情况来看，目前还需要多组织一些党的自愿互利政策和群众见面的报道。因为各地在贯彻省委关于“全力巩固、坚决收缩”的方针中，基层积极分子的抵触是很大的，特别是下面干部还有对抗情绪，及执行政策不坚决的情况。以后应积极反映。

此外，据反映今年雨水很多，各地烂秧情况较普遍，我们对防止烂秧的措施和经验，可反映一些。

同时，总起来讲，农村报道是不够突出的。今后，除及时组织力量采访外，在编辑上可用“专题集讯”的办法，选择各种稿件，（如季节生产中的各类问题）把一点一滴的材料集中起来编用，以解决稿件缺乏的困难。

三、粮食统销：

粮食统销工作已开始注意报道，以后，可根据人民日报社论的精神和本省具体情况继续报道。

四、政法工作：

对保卫春耕生产、解决烈军属困难和代耕工作，在最近一段时期，可继续发表。

五、以第一人名义反映群众活动的报道：

这周的报道，以第一人称名义反映群众活动的材料较多，如董钦火事件的反应，两个农民谈转组和解决粮食紧张情绪，两个工会干部的自我批评等。这是好的。因为他们是第一手的，容易谈得具体，也容易为读者所接受。在目前对青年进行共产主义道德品质的教育中，更可以多采用这种形式，以形成社会舆论，从正面来进行宣传。同时，还可以配合短文，来驳斥反面的谬论。

六、“从全国到浙江”专栏：

这周“从全国到浙江”专栏太少，只有两期，而且还是拼凑起来的，应大声疾呼，希望大家多组织这个专栏的稿件。

这周专栏中有几则消息写得较好，如廿二日“牧童支援应征的哥哥”、“农民演员从北京回来了”。有几则题材较好但没有写好，如廿一日的“造林”、“工人业余艺术训练班”等。廿一日专栏中登了一张照片，今后，在“全国到浙江”专栏可经常地独立刊登地方性的照片，全国性的照片可放报头旁。

七、几个值得大家注意的问题：

（一）本报的照片中妇女的居多，如“富饶的山村”、迎接“五一”的活动等等。如果是偶然的，就没有什么问题。但如果是抱有定见，认为只有拍妇女才是好的，这就不对，应很好检查一下。

（二）浙江农学院两位教授写了一篇介绍台湾的茶叶的文章，寄来时并有邮票，注明如不用应寄回给他们，起初在政法组，后来转给夜班组，但到现在两个多月了还没有处理，且作者曾几次来信催询，均未答复，这是很不好的。应迅速处理。

（三）批评的效果问题，应及时检查。如“后娘名声”一稿，发表后读者很关心，但我们没有反应。其它的批评稿发表后没有反应的也还有，希望各组检查一下。今后，对批评后不表示态度的或拒绝接受的，可继续进行批评。

（四）上次登了冰雹的消息，还应登些冰雹的常识。对批判群众的迷信思想问题，可在来信版发表来信述评。

（五）检查组对报纸差错的检查，已好久没有报告，今后，仍希继续报告。

（文件编号：I47）

霍士廉在省委会议上关于农村宣传问题的讲话

1955年5月9日

情况——目前工作主要提三件(供应,合作社,生产),各地抓的重点各有不同,有的一齐抓,有的只抓一件。加〈嘉〉兴抓生产与粮食费,建德抓粮食,宁波抓生产,金华抓合作与生产粮食。

上次会议后,工作进度慢,因此生产不好,这是大多数地区。少数地区对农民的紧张状态有显著缓和,合作与粮食问题紧张转好,因此生产也转好。解决了几个问题:

1) 对干部进行了正面教育,对农村的利害两面情况加了检查,说明了农村紧张情况,说明几条龙的实在内容。多数干部承认这种现象对生产不利,主要原因是卖了过头粮,合作社还是次要原因。

2) 贫雇农关系紧张。

贯彻省委决定干部思想有抵触,对合作化方针不了解,上下级思想有抵触,布告若干地区没有揭示,连杭县在内,层层多通思想很难,这是主要情况。加〈嘉〉兴开了五天训练班,思想打不通。干部认为合作社转[互助]组了,自己要失业。有的认为一宣传就没有办法控制了,认为有力量转社,不如放在巩固社中。把巩固与转社并立起来,对群众的要求规律不知道,政策不敢公开说,进展慢,这是主要现象。

杭县四个典型乡,龙游采取另一办法。

杭县——宣传:① 互助合作;② 三定政策;③ 劳动光荣。

金华——① 三定;② 阶级政策;③ 互助合作,自愿政策。多数是先向干部宣传,而后政策向群众见面。宣传好的地方,生产就转好,合作社反而巩固了。杭县四个乡可以作代表。一个好社(支塘),社长检讨后,只有九户退社,大多数户不退。可以〈见〉宣传以后并不会一哄而散,好的社一经宣传反而好了。坏的社宣传后,都退了。杭县四个乡退了29个,留的16个。因此群众安心了,紧张情况有好转。

(四维)某一区转了70%多(吃大锅饭的区),生产普遍积极,春种推销很快,修农具多,劳动积极起来,情绪大高。统销数大减,干部也积极起来。反省过去不对,贷款都吃掉了,中农要翻身。区委对县委提出了意见,县委如何布置的,搞得这样糟?对省也有意见,都在杭县,为什么不解决?有一些党员思想很不通(22 人),有一类是忠心的,但不同意宣传,怕社垮;第二部分是嗅觉不灵的,不大劳动的;第三类是不好的。

转了后,群众态度对我好转,群众请乡长吃茶。

有三个社[有]不好情况,群众争吵,中农自由拉回耕牛的。

有一类:中农说风凉话,讽刺贫农的。中农高兴,贫农思想不通,想用统销去整中农。

金华龙游情况——共 1 110 个合作社,其实有 200 个社早已垮了,宣传后有 400 多的散了,大部分转组。现在尚有 400 个多,也只能有三分之一。合作社问题松了以后,粮食问题也松了。过去农民怕暴富,有粮也要粮,说他有资本主义思想。二个乡可余四万斤粮食。

宣传后群众对党的政策有认识,农民家庭斗争很紧张。青年团反对退社,夫妇争吵,二三天内情况大变。

金华宣传中缺点:对生产问题说得不够,地主富农造谣破坏,干部顶牛,群众思想混乱,有组织偷东西,宣传不好,干部要吃亏。有些干部自满情绪,不知道转变中的困难,生产问题还很大,领导上要注意另一方面问题。

多数地区情况,——干部积极分子反映困难,群众思想没有反映,原因:① 三件工作没有统一起来(地委思想),如宁波四个任务排〈派〉不下去。许多地方只抓统销,其他问题没有管。他们已同意从合作社问题着手,以粮食问题为次,干部只能单打一,还不了解四个问题有机的连〈联〉系。② 不信群众意见,怕政策见面会造成混乱,不理解政策与群众见面会变成力量。因此使工作推不开。宁波有几个县委主张在秋收后再谈巩固社的问题,地委争论的是:生产不下去的合作社很少,为什么要转社?但仅以鄞县为典型,其他还不敢搞,最后决定去问题多的县搞。

金华地委也要典型试验,不敢公开宣传。

我们认为:全省应毫无例外的宣传党的政策,目的基本可以达到。要全面正确的宣传,各地委写出宣传提纲:① 阶级政策;② 粮食;③ 合作社原则。宣传了政策后交代办法。宣传唯物论的理论后,即要宣传工作上的主观唯心论问题。

三种宣传：① 全面政策宣传；② 反对只作局部宣传；③ 与实际问题联系起来。城市内有分片宣传办法，农村也要有新的办法。指定一定人向群众宣传，翻覆〈反复〉地进行。宣传了后，派助手到农村中，倾听群众意见，解决工作问题，取消干部的包办方法，由群众自由决定。

进行宣传中始终不能离开干部，通过这个提高干部，最后审查干部，不提这个口号，最后把自利自私的干[部]清洗一批。但目前不要公开说。最后把贫农问题加强政策教育，解决其生活问题，依靠贫农政策不动摇，转变其错误思想。

政策宣传后做什么？

① 生产问题；② 政策处理；③ 领导合作社——以社带动组。其他问题看情况加以处理。

一星期可以宣传总结。(农村)快的县 10—15 天，这个阶段是战斗时期。处理了后，工作可以转入经常，报纸要先写这类文章，大张旗鼓的进行。

中央农村工作部意见：

邓老说：① 浙江省合作社问题一定要收缩，否则今年要减产。② 不收〈然〉到秋后也一定要垮，所以是势在必行。全国不能一般的搞，浙江省决定广泛宣传政策是对的。

每乡每镇订一份报，贴在街上。

宣传部审查宣传提纲，以宣传部为主，政策处理归农村工作部，报社社论在运动的后面。

各部门要统一步调，部门的文件要得完整，免得办公厅再改。一个月内很紧张，因为还要准备党代会议。

(文件编号：R103)

江华同志在省委会议传达中央决定

1955年5月20日

（一）人民代表到各地考察工作，准备，态度。

（二）粮食摸底工作。

（三）捕与赦的问题。

——人代会议讨论日程。

（一）总的问题

1）社会主义，工农联盟，党的领导，统一战线。

主席说民主人士诉苦，没有工作做。

2）“乱子不少，大体还好”。国内外形势，无论各方工作都如此。毛说，农村工作就是如此，我们同志有的只看到一面，党内是“认识不够，大体还好”。

中央与我们思想距离很大，社会主义农业合作社猛烈发展算不算是错误？江苏五万五千个，与各省的思想不一样。农村会议决定要缩减，缩小要适当。

（二）其次粮食问题。六月五日中央开会——总的880亿。暗流是各地叫嚣，喔喔叫。

粮食生产与分配是五年计划农村的基本问题，根本是集体化与个体经济的矛盾。

城市供应过多要注意。（渔、盐、船、林……）

统购统销的五利：① 缺粮户有利；② 有利于五民；③ 灾民；④ 市民；⑤ 打台湾，要广为宣传。

缺粮户有多少要弄清，要机动，留了3%—5%的作为机动粮。

合作社问题不大发展会犯错误，将来要检讨。

三字经——定、缩、发，按情况办。勉强入社要分别不同。

缩——五户要退，如十户留，就留下，多数要留就留，不要伤害群众与干部的社会主义积极性。

发——主要是发展。有的地区要停一下再发展，落后乡先要改造（黄炎培的天下，他代表地主豪绅的）。

大赦问题。

要找一串大赦者。

对中农要取得自愿才能取得福利,贫农要有福利才能自愿。二个东西不能偏废,这是中贫农团结问题。社章要改,要做到完全不伤害中农利益,否则就没有合作化。来一个猛烈的发展合作社,要退限于10%,90%要保持。河南八万,江苏6 500,派人到地区去传达。毛说这是我说的,现在我要改,各省也要改。干部编制有限如何办(浙江4 220),主席说各省要减50%。中央机构干部要派到各省去,充实下面。

(三) 镇反问题。

大赦、特赦,如何办,如何捕。宪法十九条有大赦条,只有八个字;[讲]捕的是89个字。问民主人士,你要的什么,弄得他们鸦〈哑〉口无言。但不能笼统的反对[他们],省府与统战部要[开]一些会与民主人士谈谈。公安厅可以向党外讲已放了多少,留的多少,说明我们已经赦了不少。有一些宝贝很有用,如杜聿明等(共七百多人),要作为饵钩鱼之用。有用的我才放,否则不放。但要有保证,他能够回来的。

饶三人[①]已被捕发〈法〉办,上海公安局用了三千三百个大特务,如用川岛[芳子]。敌人同潘联络不上(夫妇均已被捕),敌人也知道了,上海资产阶级苦恼了,有人祝高饶二位身体康健。六月要传达赦的问题,还要说一定还要捕人,特捕特〈大〉捕,既要合法,又要共同对敌。现在检察院批得慢,各地不敢捕人,发生许多问题,最好党委负责办理。

三人早已被捕,上次中央会议结束时已捕。

"提高警惕,肃清一切特务分子"——毛指示。"一切"二字是重点,另一方面要防止偏差,不要冤枉一个好人,不要用逼供信,党委要过问。胡风已逮捕,党内要传达,报上按语是毛加的。这个集团无所不包,浙江也有。胡风派的人,无论什么工作都要向胡风请示。反党反人民是反革命分子,一定要抓。全国组织很广,消息灵通。今年要做出镇反数字,毛问你们是赞成大赦吗?

(四) 人民代表到各地地考察问题。

采取积极欢迎态度,党员代表也要下去一些,各省市代表[下去]也有必要。通过这个方法集中反映人民的要求,使我们能正确解决问题,也是联系群

---

① 指饶漱石、潘汉年、扬帆。

众的方法。

老实态度——好坏都要说，特别要强调反革命活动情况，但也要有分寸，不要说[得]他怕下乡了。这个方法是“上下夹攻”，使工作能作好，这样做使民主人士可以改造。

农村问题有四个：① 生产合作；② 粮食；③ 镇反；④ 整党建党。党的支部是核心，中心问题先搞好党，但同时又要结合起来，今冬明春要搞好。

（陈修良注：）经过五月底起因肠病复发，休息很久，八月二十日在浙江杭州医院开刀，十一月廿一日重新恢复工作。

（文件编号：R103）

龚士其在理论教员座谈会上
谈“政治经济学”教学问题

1955 年 8 月 24 日

（一）方针问题

理论与实际联系的方针是要经过斗争的，这个方针是推动前进，鼓舞克服困难。教条主义相当严重，执行方针关键在于反教条主义。表现：

① 不大研究中国经济特点，不引导同学去研究中国问题，如过渡时期的经济问题，对党的政策研究少。是不是专学理论？这样看法也有问题，不结合实际，不能理解，所谓独立思考，没有实际东西，就难以理解，隔离开来是不对的。

② 教学方法有很大问题。

量多，时间少，不能消化，也是方针问题。因为不能独立思考。灌输方法与启发方法是对立的，前者是教条主义后者是叫人不能考虑。

③ 思想束缚在教科书里，从不怀疑，盲从思想。

这本书基本是好的，根据原理来写，有系统地学，特别是社会主义部分，过去没有写过，总结了苏联经验，是一个成功的尝试，缺点也在于仅在开始。

缺点很多，个别与一般混淆。对中国问题说明不够，根据一句话来做总结。是教条主义，科学性不够，没有创造性的很多。

中国同志有人认为联系实际要破坏科学系统性。这个观点是错误的。主要是听了专家的一套理论。他所指的系统，就是这个系统。

教条主义的界限要分清。

理论与实际如何联系？必须把规律应用到实际生活中去，主客观一致问题。

① 目的性要明确，联系实际也要有重点。什么是系统，什么是重点？

② 注意当前生活问题，如剩余价值不应当谈十九世纪的。

什么是工业化，改造后许多新问题要注意。

③ 具体问题要具体分析。举例不完全是联系实际，我们还要改造世界，不然要硬套。

④ 要与学生实际经验相结合，集中他们实际经验很重要，不能只靠个人经验。

⑤ 要逐步渐进，每一政策是不根据一个原理，复杂性要估计。

第一五年计划，复杂性要估计。

（二）教学方法

量与质的问题——量多效果不好，为什么发生这个问题？

① 教科书章目太多，有一个体系，很难舍去。

② 群众力量估计不足——什么东西都要讲，大家懂的，可以不讲，不懂得少讲。

③ 引言或讲是最难的。因为理论不熟悉，不能简化，什么都讲，理论修养不够。

④ 系统性，正规化思想支配。

系统性——理解如大小鼓都要打响，可以让大家打。时间很长，重复问题不能解决，与联共党史重复的都讲，应当统一在一个教学计划内，不能在每课中都去系统化。启发方法与灌输方法要肯定一种，课是应当讲的，主要是启发，引导，重要的困难的问题。

⑤ 教员培养问题——经典著作，哲学，科学研究。

什么是通俗——用自己言话，生动活泼，实际，熟悉经典著作，不能有速成法，[要]长期打算。

服务教授——讲稿本身就是研究工作，但不是抄的，专门问题讲稿，可以算特大论文。

选讲稿很重要，不要太大，以教学为基础，逐步积累。也不能脱离实际生活的题目，订期交稿。

掌握情况。

辅导问题——先做辅导，然后讲课，矛盾是时间问题，打断思路。

不要怕受批评，对同学要动员，一面支持一面改正，信心不足现象要注意，急躁情绪，交稿是培养方法。

（文件编号：R116）

省常委会议

1955 年 8 月 28 日

霍士廉：

讲师团放在宣传部领导，分散去党校，大学去学习，目前不能规划。

八大以后工作要变化，以后再研究。各部门关系问题以后讨论，五个文件如何学要讨论。

吕志先：

① 五个文件与省委代表会决议相结合，做思想准备。② 理论，时事，文化学习要安排。

二个月自修问题连带解决，业务部门干部训练计划对象划清后再定。

讲师团编制与莫干山干部合起来。

彭瑞林：

理论队伍问题

① 经费，基本建设要与各部门打交道。(我提出造房子)

② 讲师团问题要通盘解决，目前要分散。

（文件编号：R116）

商景才汇报宁波情况

1955年10月11日

乡村干部作风

强迫命令：包办代替，支部领导作风差，一揽子，党政不分，不从实际出发。党政分工问题没有解决，县长成为光杆子，归口后后没有工作（县委领导作风）。

（文件编号：R116）

传达陈云关于资本主义工商业改造问题的指示

1955 年 11 月 16 日

情况和问题

工业方面：改造有很大进展，加工订货的数量，十六人以上大型工业，31 人以上的手工业已占 93%。十二个大城市[已占]85.3%，22 个省已占 78.8%。

商业方面：三十二个城市国营商业和合作社占 52%，经销代销 23%，纯粹私营只占 25%——四分之三是社会主义与半社会主义的，纯私营四分之一。

农村国营占 61%，农民贸易 11%，经销代销 10%，纯粹私营只占 18%。

批发比重：国营与合作社 91%，私营 9%。

合营工厂六月底近 1 900 多个，占资本工业 58%。

问题：① 在一个行业中有某些小的，设备落后的不能很好安排，其原因是完不成分配的生产任务，或者是成本太贵，品种不合格。

② 发生行业过剩。

③ 大小、地区，不易安排。

④ 安排好了的，也有问题——不能降低成本，因为加工费是按成本计算利润的，资本家不顾降低成本，不愿节约原料。过去加工订货，支付工缴费办法比之于资本主义生产方式是大大前进了一步，改变了无政府状态，制止[了]暴利。

现在问题：资本主义生产关系需要向社会主义方面进一步改变，以提高生产力。这就是改造的任务。

今后改造的六个办法：

全国统筹安排——经济计划。私营不安排要打破国家计划，如让给他们的办法。现在已经安排的也[还]要安排。

要统筹安排要看大局，反对局部观点、本位主义。

其表示是：① 只顾发展不加管理，行业买卖好，就不加管理。发展行业管得少。

② 只注意到国营工业，没有把私营工业的生产能力列入各个部的自己计划内。

③ 只注意本地，不注意别的地区。

（一）今后如何安排——统筹办法。

国营与私营，私营与私营之间，工业与手工业之间，地区与地区之间，行业和行业之间，今天与明天之间，是不是会过剩。安排第一要解决生产任务，要改造必须要安排生产。

（二）各行业的内部必须有或大或小的改组。小的是占绝对多数，不改组不能安排。例如三华公司。一种是并，第二种是暂可以亏本，收来可赚钱的，第三种是略微降低一些工资，就可以维持生活。

（三）全行全业的合营，二种方式。

第一，基本上全行全营合营，第二，个别合营。

好处是快，质量高，是高级形式。

实职人员应当全部安排，工资一定时期内不降低，首先是定息问题。因各种方法使他们收入在一定期内不要减少。

合营后的关键——生产问题上与实职人员竞赛。

（四）适当地推广定息的办法，把分给ブル的利润固定为利息。

现在二种方法——四马分肥，定息。

定息的好处——保持私股在一定时期内的定额利润。而工厂企业管理的实际权力就转到国家手里，生产关系改变了，工人的积极性要提高。

什么是定息？先多后少，个人所得税与遗产税。

（五）组织专业公司——组织私营的重要环节。如把头发编成小辫子，抓辫子就很容易。

专业公司的任务——经济与政治。

（六）全面规划，加强领导。

① 生产规划。② 改造规则。③ 加强教育。

（文件编号：R103）

江华书记传达农业合作化、资产阶级改造问题

1955 年 11 月 21 日

关于农业合作化问题

1）1955—1956 年实现合作化比 1960 提前四年，好处是很大，坏处是勉强多数。长江南十月底前完成，淮河区以北十月一日以前，浙江晚稻、早中稻地区完成。

2）地主、富农、小土地出租者，半农半工者等怎样办？

地主、富农要不要入社。新登经验要在合作社中去改造。

主席说：[地富]分别情况入社。安徽：守法的可做后补社员，劳改过的地主入社不作社员，不老实的入社要管制。好处是易改造管制；其次是分化地主富农。

3）合作社的骨干成分，主席说三分之二的限于提贫农与下中农，三分之一是老中农、新中[农]、下中农。正付社长限于既有的贫农与下中农。中农如为党团员或好的中农，也可以当选。

4）合作社生产问题。

县以上的党委要搞典型，定出主要措施如改变耕种制，每一省都要。

5）治血吸虫病，是最严重的病，第二个五年计划要基本消灭。

6）除四害：蚊蝇、麻雀、老鼠。第二个五年计划基本完成。

7）保护小牛，统一管理耕牛，各省间进出、饲料统一管理。

8）全面规划。

9）扫盲，1 500—2 000 字，第二[个]五年计划要完成，68 万人。

10）绿化，每村都要有任务，十二年中分期完成。

11）修路铺桥，县区乡都要修，特别是山区。

12）消灭一般的水灾旱灾（七年内）。

13）消灭虫害。

14）肥料——自力更生，厩肥为主。

15）三个五年计划，每亩单位面积达到八百斤，黄河以北四百斤，淮河以

北五〇〇斤。

以上根据毛主席指示传达。

毛又说，领导上的关键性在于自觉性。如合作化问题，中央抓了就解决问题，农村面貌不同了。其次是注意松紧问题，主要与次要。工作方法要[有]生气，鼓励积极性，正面教育。

<u>资本主义工商业改造问题</u>。

（文件编号：R103）

部 务 会 议

1955 年 12 月 5 日

十二月开党代会议。

十二月下半月开知识分子会议。

有关部门成立办公室：成立小组。

须开一次全省宣传会议题目：二年的规划草案讨论，过去工作综合指定一些典型报告。时间，三天准备工作，综合与规划报告，从去年九月份后开始，黄、张等人起草小组。

部门分工问题。

吕——以知识分子改造为重点，新闻、党校、党刊、干部。

陈——以城市宣传为主。

黄——以农业改造为重点。

具体单位管理：陈管城市处与理论处。

（文件编号：R111）

江华在党代会上的结论

1955 年 12 月 20 日

形势与思想。

当前形势——人民要求快一些好一些，各方面都如此。原因是：

苏联的存在，经验多，人口多，“保守”使我们没有做好工作。

国际情况。

下去要有三抓二推：抓新近，抓中心，抓苗头，推广，推动。工作落后实际，如：经济服从于财政。老百姓自动办水利发电站，作公路，领导机关什么也不管，毛提了十七条，就是反保守思想。

“平衡”思想作怪，如农业合作化要平衡，就不敢发展，中央要杭州办一个丝织厂，我们怕失去平衡，不敢办。

千斤田是经过斗争出来的，但还有人怀疑。

有些同志认为“逐步消灭ブル”太慢了，对赎买政策怀疑，快要有步骤才能快，不能一天早上消灭。

全面规划需要三年，三月以前做出一般规〈模〉划，根据十七条做出农业改造计划，工商改造也要一个规划。

把乡划成几类，以好的作榜样，其余照办，由粗到细。

1. 合作化的速度问题。

2. 地主富农入社问题，秋收前基本上解决此问题，分类型，老实，不老实，很不老实的。地主与富农要有区别。还要研究政策。

3. 合作社领导问题——按主席指示，三分之二是贫农与下中农，与积极份子，三分之一为上中农，调整组织在明年三月完成。

4. 培养的基本知识与先进经验的总结，每县都要。

5. 耕牛问题。

房子问题——农业部门要管搞一套办法。

牛屠宰，皮革及价格问题——财贸部一月份订出办法。

6. 小型水利规划问题——七年内消灭一般的水年灾难，上下层防洪防旱要注意，不要盲目开荒和开地。要组织土工程师。

7. 消灭虫灾，七年完成。

8. 绿化全省——七年内完成，铁路公路二侧[绿化]二年完成。

茶叶每亩 1 500—2 000 千斤桑 50 000 亩太少，要成为丝绸中心。县委书记一个搞蚕桑，一个搞种田，地多也分工，油茶接收不好。

9. 肥料问题，自力更生原则下解决，主要办法——养猪。

10. 要测碱地，解决肥料，每亩肥料要确定，要千斤区县的奋斗目标。

11. 发动群众消灭血吸虫。

12. 除四害七年办好，以妇女为主，儿童协助。

13. 七年扫除文盲，乡村干部三年内消灭。

14. 修路——七年内修好，区与区，特别是山区要互相建设起来，县与县要有公路，省交通负责，乡大路要修好。

15. 有线广播，1958 年内要搞好，有线电台二年内搞好，邮电部负责。

16. ……①

三月间开一个会议，现要做好规划，解决下面问题。

1. 十七条的执行情况。

2. 粮食总结。

3. 春节生产。

4. 工商业改造问题。

反对领导上保守主义思想。

下决心改变组织形式，要提出自己的意见。

1. 集体领导，反对个人决定一切的做法。

2. 全体党员监督，开党员代表会议。

3. 组织性纪律性问题。

（文件编号：R117）

---

① 原文缺。

资本主义改造问题座谈会

1955年12月20日

崔云溪:

余——工商联秘书长:

传达全国工商联会议,层层传达。杭州为主并吸收四个市十二个县参加,四百个骨干分子(常委领导人),学习二个星期,现在在检讨,全脱产。传达的对象一千余人。

以宁波市为主,120余,十二月底,先报告后讨论,一千余。

温州为主,五个重点县,七十人学习(骨干分子),四百多人,半脱产性质。

[这次全国工商联会议]毛主席、陈云、许涤新[参加],陈毅报告。

第二次传达——一月中旬结束,一般骨干,区工商联。

骨干,全面展开深入到户,二月上旬结束。

到户时学习有困难,尚无计划。

骨干学习——掌握自己命运为主。

陈云报告——① 合营;② 定息办法;③ 专业公司;④ 骨干分子作用——一般人了解地市会议精神。

妇女工作在杭州收效大,做一次报告,进行讨论。应选择民建分子。

公股代表鼓励资产阶级去学习,作用很大。

省工会,叶文近:

工人情绪很高,同五反差不多,[对]企业地位改变很高兴——变为国家干部。青年最迫切——可以提高技术,可以学习,工资可以调,劳保福利。小店也很高兴,穿新来了。

顾虑——① 怕工资降低,预支薪水不可能。② 伙食津贴要取消。③ 制度怕严——清理时间太短,提早请假,怕不自由。④ 老工人怕失业,有病的人怕。

最大顾虑是工资问题。制度问题可经工人阶级纪律问题上说明,工资问题要全面说明,工资发展的情形,工人很安心,如国药业。

资产阶级的老亲戚与反动分子波动最大。

教育内容：① 消灭阶级联系总路线。② 工业化建设，农业化建设。③ 方针政策。

赎买政策要经阶级利益上说明。

省工会开训练班，工商业企业骨干。

组织：劳保问题，报喜队组织，庆祝大会。

高荣雁：

重点在国营公司，与 1956 年预备合营的干部。

国营公司干部——十二日已开始二星期，学习社论。

问题——① ブル有没有二重性，能不能改造。

② 赎买政策认为太便宜了。

③ 干部跟不上，一个企业派三个人，共有 500 个企业，需一千五百人。

④ 不能全用国营一套制度——如清产、合资、会计制度。

要求宣传部的——国营干部的思想教育，教材问题。

私营企业职工的教育。（十万人归商业厅）

这是大问题，省预备对资方办训练班，分十九训练，四十天一期（职工）

内容：① 社会主义商业与私有制的不同。

② 政治历史初步登记与审查。

杭州有三万多人，市要二年半才能训好，但干部负担重，房子有困难。

第二种方式训练——在职学习，办业余学校。当地来办。

要求宣传部组织收听广播——录音记录转播，办广播，资本家自己讲话，文字宣传，报纸写文章。

教员问题——社会发展史。

工业厅：

ブル归统战部，干部教育——机关干部各地自己负责，厅内有困难。厅内已在开始学习。

问题：① 要讲课提纲。

② 工人听得太少。

财贸部：

尚未打算。

妇联：

主要了解情况，七个市开一次妇联的联席会议，了解家属思想情况，召开座谈会。

青年团：

① 各市开青年资本家开会(15%)三十岁以下，因中央召开一个大会。

② 发号召。

③ 工商联青年学习小组。

④ ブル子弟，各单位了解情况进行教育，如学校支部，吸收他们参加与团少先队，家庭工[①]与失业的，由青联组织活动，满足他们的文化与技术学习要求。

⑤ 青年工人方面一般进行教育，用团课，文娱运动进行教育，调整组织，商业部门的组织建立。

⑥ 成立五人小组专门研究。

工业部：

私营工厂准备改造的行业，各地开过一些会议，杭州十七日——廿日先开会议。

机关内部完美不变。

思想问题：① 赎买政策；② 和平转变。

崔雲溪：统一领导定规划是主要问题。

对ブル的宣传教育分四个方面：方法问题

① 通过全国工商联会议进行普遍教育——命运问题。

② 要求推广我们的措施。

③ 骨干分子起作用——检查思想。

④ 结合企业改造进行人的教育。

---

① 指在家里工作赚钱的。

三月份以后转入经常学习。

分工问题：

训练问题：可放在三月份，月底以训骨干为主，总结经验，统战部与宣传部发一个通知，要求，时间，分发各地。

内部学习：以宣传部为主，定一个规划：

① 对ブル教育的必要性问题。

② 公股代表要学习：要补上一课，工业部负责召开。

③ 教材问题，如何二部分工。

讨论

一月份工商与农业的领导，城市与农村分开。

教材问题

① 机关干部——由宣传部门发提纲。

② ブル——统战部。

③ 职工方面——财贸，工业部，商业联合搞，经宣传部复查。

④ 工会。

⑤ 妇联：分段写训练教材。

⑥ 青年团。

学习计划问题。

宣传部起草以工业农业问题为主。

① 贯彻五次代表会议，学习中央的有关文件。

② 组织讲座。

③ 组织学文章。

要求：领导干部加经典著作。

一般干部学文件。

时间半年——业余学习。

城市与农村分开。

廿五日交卷，张春生。

（文件编号：R117）

省统战部长会议

1955 年 12 月 21 日

余纪一：

毛说："实际上已经在共产，还在争论ブル能不能改造，我们落后到什么程度?"

此次五次党代会对人的改造提得很少。中央提出：今后还有一场复杂的斗争，没有"日益尖锐"的字样，其原因可能因目前形势与过去不同了。

形势不同是指条件，三反五反后ブル削弱被包围的形势已经成功了，敌人已经快要投降，我们喊话要他投降。刘少奇说："不〈迫〉逼不成，同时要教。"现在是以教育为主，以讲课为主的方式进行。核心分子的培养，其重要性比于高树勋的起义。

安排ブル分子各人提法也还不同，李维〈汗〉汉发言可为参考。

1）十月会议问题。

① 反右是对的，但没有抓住实质，即以左的形〈势〉式反右这一点没有抓住。具体工作中表现出来是"左"的形式。如分配利润，安排ブル分子，批评多教育少，不愿与ブル接近。

② 阶级关系的分析问题。

没有具体化，说是"抵抗改造的愈来愈多，愈来愈严重"，这是抽象的。

为什么反右以统战部为主，其原因可能是因为强调了ブル的权益问题。

统战部工作有缺点，表现如下：

第一，落后于实际非常严重，"强调水平低是批准自己的合法"（李维〈汗〉汉）分析情况，总结先进被忽视。

第二，统战部组织系统工作，缺少整理，对各级统战部工作指导很差。

第三，工作作风是有严重毛病，很少研究政策，自己讨论的也动摇不一定，统战部搞什么不明确，我以为应做下面工作。

① 研究改造的规划，根据指示提出意见。

② 人的改造问题，双重改造不能分开。

③ 研究与检查政策的执行。

以第二项作为主要工作。

对外用主办名义，不要另立，对内即是统战部。

2）规划问题。

如何定，根据下列条件：

① 根据中央指示。

② 本省情况。

③ 过去的经验。

规划结构：内容：时间二年。

① 情况。

② 改造要求。

③ 方法——以教育为主。

④ 措施。

⑤ 准备工作。

教育要求：

① 不同时期不同要求，合营初期，如何掌握自己命运，经其接收改造。

② 合营以后：主要是进行社会主义与资本主义管理方法的不同，初步树立经营管理方法。提高技术，社会注意思想。

③ 培养核心分子。

3）[方法]

短期训练——主要对进步分子，各地定出数目字，县不训练，集中在地委，宣传部不好出面。

主要通过企业内部的改造，其法是外部进行教育工作。

学习方法：

工商联出面，组织学习。

课本由中央编出，对象是中小ブル。

① 开座谈会，代表人物个别谈话。

② 演讲会。

③ 开训练班：工商联出面统战部要抓，一二个月，主要是政治思想可以结合一部分业务，要求ブル展开批评与自我批评。

④ 措施：

A. 安排政策，完成人员要全部安置，这一条要严格，政治上与战线上安排一般人员量材使用，老县适当照顾，或由子女代替。反动分子未处理还要安排。ブル薪金一般保留,太高的,用转正名义补上,有困难的照顾。

B. 宣传工作,杭州,宁波,温州三个市为中心先展开(第一步),一月间召开一个全省的代表会议(第二步),然后展开到全面(第三步)。

党政要出面,排名单发言

C. 调查内容——1. 人事安排。先协商后宣布名单。2. 学习经验。3. 核心分子。4. 定股定息问题。5. 思想动态。

讨论

温州市:

1) 左右界线十月会议没有划清,要求反复如安排,分红强调协商,什么是左,什么是右? 阶级斗争愈来愈复杂尖锐。

2) 小商主教育要补另外的课。

肯定他们是劳动人民,说明党的政策,规划中要加进去。

3) ブル与非ブル划分问题。小业主归哪方面管理。

混乱最多的是小业主,受教育也最少。

建德:

1) 划分ブル——过去是大业主,现在是夫妻店算什么?(五反后改变很多)

2) 家庭工问题。

3) 人员类型的标准问题——一个镇,梅城镇 95 人,进步 98.5%,第二 35%,落后 33.7%,四类 20.05%,与省的比例差很远。

4) 按企业或按人划分成份。

5) 左的办法: 罚款、法办、停业。

相应搞小五反,ブル等不法分子在检讨,搞了十八天每个人未通过。

6) 分化问题——有没有内在原因? 不能只说外部原因。

7) 方针问题,怎样提法,照旧还是照新的。

瑞安:

1) 十月会议估计。

收获: 反右,反保守。

缺点：① 党的主要倾向以哪一方面多，混乱。

② 对ブル的估计消极的多。

2）划分成份：

① 按 50 年算，还是按现有雇工人数算。

② 按资金多少，按利润率？

③ 男的参加劳动，女的是ブル，是不是都算ブル。

④ 地主兼资本家怎样算，有些是管制的，如何安排？

宁波：

1）两重性问题。

认为ブル是斗争对象，自然不会有积极性。

安排不下去，全专区如此。

反左困难很大，比反右难。

2）划分标准问题。

大家都是“仅供参考，不能做为依据”，小商贩问题如何办。

3）教材要有数种——大ブル，小商小贩，小业主。

4）淘汰的行业如何办？

5）统战部与财贸部的关系问题。

金华市：

十月会议后怕右倾的倾向

1）不敢用训练班名义，要用学习会，不要分组讨论，怕反攻，ブル欠工资要捕人，怕到私营厂去工作，怕代ブル说话。

2）不合理制度。

行政干部与合营干部待遇不平，中央统一规定不同，比较低。

女干部生产费工厂不付钱，解决不了。

3）省委对十月会议批判不明确，江华说错了就算了，党代会比较明确。这次会议主要错误是对ブル的分析有错误认识“有些人反对和平改造，等待没收”，争论的问题没有谈，干部的主流思想没有谈。

（文件编号：R117）

吴宪汇报城市工作问题

1955 年 12 月 22 日

党代会议后如何执行城市改造问题。

主要交流情况：江华所谈的形势问题，主要是毛主席意见，反保守思想是普遍的，要掌握中央的指示，统战部不必多谈过去问题，提高积极生产为主。

工业商业系统要先具体找，开一些行业性会议，如机械化部门，要先搞，手工业也要开专业会议，积压问题很大，其他部门也要跟上去。

宣传部对反保守思想要提出，搞几个条。

（文件编号：R117）

陈毅同志关于工商业改造问题(转播)

1955 年 12 月 25 日

国家总的情况很好,农村丰收,国际威望提高,五一节各国来中国,国际建设的巩固,文教事业的发展,肃反。

领导的正确,全国人民的支持,各方面工作还有很多缺点,我国一定要更好……

上海工作有显著的成就,外宾都称赞我们。我们上海是大家庭,今天来谈心。

(一) 政治形势:

毛主席谈目前国际形势主要矛盾是和平与战争问题,和平的优势确定,要经过斗争,形势固然很好,但要防止突然的变化。不要忘记帝国主义的存在,我们许多缺点是这个观点,我们讨论过许多国际问题。如国际法,如往日国际会议,日内瓦会议国际很好,我们很高兴。

(二) 农业合作化问题。

十七条规划。

1. 每一个乡达 75%~80%户,技术过度发展。

2. 地主富农分三种不同办法,陆续入社。政治不够的作为候补社员。

3. 劳动改造。地主阶级这几年来也有很大的变化,所以政策上提出这种三种变化,有所改悔的所以要给它参加合作社,这是公平合理的办法,认为地主富农不能改变,不是马克思主义者,事实他们正在改变着。

4. 改变耕种技术与制度,提高产量。

5. 生产的全面规划(每个乡)不是简单命令,号召一下。每年要有计划,每月要检查。

6. 保护牛马,牲畜措施办法,毛说牛是拖拉机。

7. 兴修水利,黄河,长江,松江珠江都在规划。

每个乡都要有规划,开鱼港,消灭普遍的大灾害。

8. 消灭虫灾(一切对农作有害的虫)。

9. 绿化中国，消灭荒山。

10. 解决肥料，粪的问题。

11. 保证产量。

12. 消灭血吸虫，当地有什么病要消灭什么。

13. 消灭四害，大家动手是完全可能的。

14. 扫除文盲（1 500—2 000 字）汉字简化，标准国语中国古代文化要大发展。

15. 每乡要有电话与广播网，电气事业要发展。

16. ……[①]

17. ……[②]

规模很大，每个人都不能想象，六万万人组织起来就可实现。

同时对上海大城市增加了压力，大家集中要求物质需要，城市比农村落后有这个可能，小工商业小摊贩，小算盘是一个障碍，首先对共产党一个压力，农业合作化是主要环节，人口最多。

（三）ブル改造问题。

1）改造是一个老问题，有的已实现了五年。事实上证明了做得通，行之有效。不是走投无路，才来走，现在要大规模的来走这条路。不要人心惶惶，有的说去充军去了。解放后如银行就公私合营，二月轰炸后有些商业困难，国家给以资金，加工订货也实行了很久，经销也很普遍，这也是初期国家主义化的办法。

现在是给加工订货再到公私合营前进一步，以前先进带落后，以大带小，把中小的也带上去，现在就是只解决这个问题，不应有所怀疑。新阶段的到来，是经过六年来的结果。小型的工商业不容易懂，特别要讲。

公营合营主要是对大工厂与大商业，夫妻店与小摊贩主要问题是帮助他，安排他，使他们一道能富裕，保持独立劳动者，与国家挂一个，国家帮助他们，合作化的问题，有些不需要合营的，可以保存下来。

情绪要热烈，头脑要冷静，要很好的分析。

---

① 原文缺。

② 原文缺。

2) 公私合营搞好后,其次是合作化的问题。

前一问题是一个主要问题,分三个阶段进。

第一,准备阶段,创造条件,经济政治,人事方面的准备,如棉纺业的合营,三大公司的合营。如,清理债务,厂间关系调整,生产规划,政治上要取得同意,同命运,同努力,不要各打算盘。

五三、五四年后,要求我们前进一步,所以要提出总路线问题。上海八个行业合营很好,很顺利,根据这个例子,来进行全行业的合营,没有准备有害处,有许多人如何安排,工资问题,生产问题都要安排。

第二阶段,公私合营。

第三阶段,人的改造,增加生产。

我们不考虑那些行业是否赚钱,无论什么人都要给他任务,都要学习,纳入国家计划。没有不加安排的人。

~~丽华公司没有国营~~,国有化什么时候进行?

有些人因为生产好,希望不要合营。我们不能看能否赚钱,要看国家的需要,对人民有利或无利来看。统一战线要不要不能由那一个人,那一个党派来决定,决定于人民的需要。

合作化,工商改造也如此,国营化也如此,不到条件成熟不进行。

3) 集中力量,防止破坏。

要作为中心,防止破坏,不要以为这样好的改造没有破坏,是自己骗自己。

毛说:“稳定人心,打破顾虑,防止破坏。”

破坏的方式——抽逃资金(我揩你的油),私账记入公账,提高工薪(使将来公方为难),加入家庭工。

分家,扩大开支,大吃大喝,转移资材,把生产料转为生活资料,不要买公债,不交税,加紧偷漏,消极不生产。要〈失〉后悔的恰恰是有些人,不是我们。工商界自然也要揭发,是增加自己的光荣。

要学习教育,诱导很重要,要防止自杀,死人也是一个很大的破坏。强迫办法很不好。

先进队伍在扩大,落后者在减少。

反革命分子的破坏,与上二种不同,政治性的破坏,特别是二种处理得好,第三种就不容易发生。

4）企业与人的改造。

毛说："社会主义事业中要增加新人，缩短新老人员之间的距离。"搞得好的坏的是少数，平常的最多（不能水乳交融），建立信任，增加团结，要在企业改造中作人的改造。

一个重要的申明：改造是相互的关系。我认为：

我们同情[他们]的处境，给他们的帮助。这是主动的方法。工商界也可以主动提出问题，提出要求，互相主动，可以共同进步。我以谈家常方法来谈改造，就是要缓和紧张形势。

过去是对立的阶级，现在都是平等的公民，应当建立共同的感情，也是先进带落后。工商业界有许多经验，我们要向他们学习，如我个人就没有东西做生意。

现在私人资本只有三十三亿，人可以创造更多的财产，有困难，但促膝谈心很重要。

能不能和平改造？

是事实与理论问题。

事实：六年来我们已经做了公私合营，通过一系列方法，早已存在了公私合营，阶级斗争的结果，资本阶级是削弱了，证明马克思主义是对的，国家主义形式早已存在，已达 92%，高级形式生产量 45%。

以改造不是[]以阶级斗争[不]是思想落后于现实。

ブル已经在要求进步，还说不能改造是反马克思主义的。ブル分子是不是可靠？

赎买政策：

党内一部分人还是认为没收好，[主张]挤垮他。很少一些钱买过来，[比]四马分肥[好]，手续麻烦。

"大处着眼，小处着手"，事情好办，不能强迫把公债入股。大家大手大胆好解决问题。

苏联同中国不同，不能比较，不能说苏联的不好，赎买政策马列也说过，十月革命后列宁提出个和平改造问题，防止生产破坏，对工人阶级有损失，但是没有实行，结果是没收，因为ブル不愿意，采取反抗办法，武装反对十月革命，挑战者是ブル，国际条件有问题。

中国ブル没有与帝国主义勾结,他们支援反帝,这与苏联不同。歪曲列宁的意见是不对的。

正是根据俄国革命经验,支持和平改造的政策。

5) 文教界——知识分子问题。

(文件编号:R117)

组织宣传部长会议记录

1955年12月29日

陈伟达同志：

这次会议由林[乎加]决定组宣二部合并开，提早实现五年计划，因此带来许多新的任务，宣传工作要为多向进行。

五次党代会议的重要教训是典型报告，可以启发为保守思想。事实批驳了我们的思想落后，所以先听取典型的先进事例，其次是听取二部的二年规划。

林乎加同志报告：

形势问题：

国外的——精神不死，冷战常存。

精神——日内瓦与万隆会议的和平精神。反映各种力量的斗争，民主力量占优势。

冷战常存——挑衅战争。

国内形势：

乡村城市都是在高潮中，合作化与公私合营二年内做到，肃反斗争的成就，要更快更好。

党内思想情况：基本上是好的。主要问题是思想落后于实际，保守思想普遍严重。为什么？

事实已经办到，思想落后于实际，如千斤稻，由于连作制，有许多人不相信，如整党建党认为不能与中心工作结合。学习唯物论，也有人反对要妨碍工作，妇女工作认为党委不重视，实际上发动很好，人家已经办了，我们还认为不能办。

落后原因：不按约定改，坐机关办公室，老经验办事的办法，如一个县有一个好的合作社，农民派人去留学，而我们一定要一个区一个乡的示范的办法，这就是老办法。摔跟斗都是老手，骄傲自满情绪，满足于老一套，不看新事物。

刘少奇说有二条领导路线：

① 全局规划，接触实际，毛搞了十七条，只要研究一个典型就够了。如只杀了一个麻雀，就知道“五脏俱全”。办合作社一样，毛研究了浙江安徽二省的合作化，就决定全国可以推广。

② 保守主义路线——按老办法，怕困难，强调特殊，少一些。不相信党与群众，相信个人满足于老一套，没有革命家的精神，不像群众跳出圈子，坐在机关发号施令，八大以后保守主义为主，要多办，办的要好些，最大的障碍是领导思想的经验主义。

毛主席的十七条。

省委加四条。

1. 五年内妇女参加，男子每年作三百个工。

2. 二年内消灭失业，动员到农村，包下来。

3. 渔业增产。

4. 组织保证，党团员数量与质量，配齐干部。

（文件编号：R111）

纪念列宁学习辩证唯物主义稿

1955 年

列宁比谁都知道理论对革命的重要性，早在一九〇二年就指出："只有受先进理论指导的党，才能实现先进战士的作用。"即根据俄国革命，列宁承继了马克思的全部理论，去指导俄国的革命。

列宁主义是帝国主义与ブロ时代的马克思主义的实践经验，发展了的马克思主义，因此获得了俄国无产阶级革命的伟大胜利，同时又推动与影响了世界无产阶级的革命运动，中国共产党用马列主义武装了自己也获得了中国革命的巨大胜利，证明了列宁上述意见的正确。因而我们现在要获得革命的巨大胜利，把工作做得更好一些，学习马列主义的理论是我们目前一个决定性的问题。斯大林说："实际工作者忽视理论的趋势，是完全与列宁主义的精神相矛盾，而且包含着有害于事的巨大危险"(列宁主义问题三六页)我们如何能够不十分警惕呢？

"列宁逝世已经三十一年了，列宁著作问世也已有六十年了，他的伟大的革命事业与其辉煌的著作是永远地活在人民的心里"列宁主义是全世界ブロ革命运动胜利的旗帜，是战无不胜的理论！

"马克思的哲学是完备的哲学唯物论，也给人类特别是工人阶级以伟大的认识武器。(马三个来源与三个组成部分)"

但广博深锐的列宁主义，如何学习都是一个值得研究的问题。根据列宁自己的话，"辩证唯物主义是马克思主义的灵魂"，"革命的辩证法是马克思主义决定性东西"，这就启示了我们一个探寻列宁主义的方法与钥匙。虽然辩证唯物主义是马列主义的基础，因此我们要认真地理解列宁主义的精髓，也就是不能忽视辩证唯物主义的学习。

辩证唯物主义为什么对于认识马列主义真理解决实际问题是这样重要，这个道理是明显的，因为一切知识的领域，无论政治经济学、哲学、科学文化艺术，工人阶级政策与策略等等，只有运用正确的观点与立场，辩证唯物主义才能认识其本质，解释其真实或虚伪，马列主义是真正的科学理论。

"我们只要看看列宁的榜样，就会使我们对这道理深信不疑。"列宁从其最早革命历史开始，就热衷于马克思主义哲学的研究，例如，什么是人民之友，以及如何反对社会民主党的著作中，就是根[据]辩证唯物主义来分析社会经济发展规律的，批判了马克思主义的修正派理论。

列宁研究哲学的态度绝不是书呆子气的，死啃马克思主义的教条，而是从不断的革命实践中不断的分析社会形势的发展中，灵活地应用辩证唯物主义理论，并使其内容不断丰富起来。

一九〇八年，他的杰出的哲学著作《唯物论与经验批判论》，即是根据为了ブル反革命派哲学理论的进攻，列宁保卫了马克思恩格斯的革命哲学理论，同时又发展了它这部经典著作，就成了马克思主义发展阶段的标志，在当时他以奥地利物理学家马赫为首的经验论者企图修正马克思主义，列宁把他的唯心哲学驳斥无解，对哲学上受问题思维与存在，精神与自然界的关系问题，"人能不能认识现实世界问题"，特别详细地阐明了中国的胡适抄袭了马赫主义的陈旧滥调，搬到中国来宣传ブル的主现唯心论，其实这种"理论"是早已被列宁所揭穿与驳得体无完肤了的。马赫和胡适等的唯心论者所认"经验"不过是"意识"的另一个术语而已，他们所谓"经验"根本与我们的"实践"二字无缘。列宁在这本著作里面说明了哲学的阶级性问题，(即ブル哲学与ブロ的不同)。唯心论与唯物论是二条路线的斗争(阶级斗争的反映)。不管唯心论者如何巧立名目，都是"乱七八糟的胡论"拆穿了西洋镜，就不难知道这是二个不同的世界观的争论，唯心论者认为世界上一切存在的东西都是人的感觉，简单说，没有我就没有世界，地球上与人类还不存在的时候，好像宇宙与地球的一切物质都没有存在过，他们根本否认了世界客观事物的真实存在。之所以成为ブル的哲学理论，就是因为不要人们重视现实的社会，阶级社会善与恶的真相，目前他们又否认有绝对真理，只有相对真理，唯心论者害怕被压迫者真正认识到世界的真理，社会制度的可变性，资产阶级统治可以"万古千秋"，他们要人们去相信缥缈不存在的"神仙"、"上帝"、"菩萨"，叫人们去拥戴，上界赐下来，封建的或者资产阶级的统治者。他们的哲学理论就是世界不可知论、怀疑论、唯我论以及名目繁多的令人难懂的哲学"名词"。例如所谓"感觉的复合"、"原则同格"、"素朴实在论"、"世界要素"、"经验批判"、"符号论"、"实验主义"、"感觉论"等等。

"列宁正面地教导了ブロ必须觉醒，用辩证唯物论说明人类的历史发展规律、科学与技术的发展历史，同时又批判科学上的机械唯物论者”。

十八世纪的欧洲许多的科学家，他们未受过哲学训练，同时又受了ブル哲学的影响，他们不善于用辩证法方法去思考问题，因为也不能强调“矛盾论统一问题”——矛盾的对立是辩证法的核心这一真理，因而也不可能理解事物的发展规律，从什么地方开始，与其运动的一般规律。科学的研究使科学家自发地倾向于唯物论，然而由于不能掌握辩证法阶级立场的模糊，不能不发生许多糊涂观点，使得许多科学家在实验室里是讲的科学，走出了实验室，还是唯心主义的信仰者，使许多科学家滚到相对论与唯心论的泥潭里，例如物理学家的马赫，就是其中的一个。所以列宁说，“自然科学家，没有哲学是不行的。”思想指导行动，因此政治家、文化教育工作者、一切实际工作者也同样都离不开哲学思想问题，这就不用说了，要使工作做得更好一些，理解与运用唯物主义的哲学思想的必要，更不容说了。

列宁在革命事业上如何具体运用了唯物辩证主义是我们想要深刻研究列宁主义问题的一个重要问题，联共党史与斯大林所著列宁主义问题提供了我们研究列宁主义的纲要。十月革命的前应，一九一三年至一九一六年列宁发表了许多重要的政治论文与著作，如最著名的“帝国主义是资本主义的最后阶段”，“国家与革命”“ブロ革命与叛徒考茨基”“共产主义运动中的‘左派’幼稚病”等著作，对国际无产阶级运动起了非常重大的领导作用，解决了革命中的基本问题，ブロ的专政问题，并且在这个基础上，又引申出了许多著名的理论，如农民问题，工农联盟问题，社会主义建设的途径问题，国家工业化，小农经济合作化，新经济政策职工会，党的指导作用，一个国家内首先胜利的可能问题等等，这些理论奠定了俄国革命的基础，战胜了国内外的阶级敌人。十月革命胜利不久后，列宁英明地指出了苏维埃国家存在的二个主要矛盾。内部矛盾是工人和农民的矛盾，与国际帝国主义和各阶级专政国家的矛盾。列宁说没有西方ブロ革命，社会主义可以在俄国首先胜利，他指出了内部矛盾，可以用国家的力量（如社会主义工业，国家政权，农村信贷，合作社等）加以克服，工农联盟是ブロ专政的最高原则，可以用一切方法来巩固这个联盟。“即是完全可能建成社会主义所必需。而且同时指出了这个联盟的重要作用，他是足够一切的巨大力量。”

如何消灭工农的矛盾，列宁在合作社制的论文中指出了农民，同时又再三指出合作化道路上的主要困难，是如何争取说服广大的中农实行集体化问题。ブロ政党在民主革命胜利以后，在农村中的主要路线是“巩固ブロ同贫农和中农群众的联盟去反对富的路线”。(《斯大林选集》八卷八三页)这就是说中农应该成为团结的对象，是ブロ的同盟者，因为中农是农村的基本群众，侵犯中农利益，破坏与中农的同盟关系，妨碍合作化的道路，对社会主义的建设都要遭到绝大的不利。

俄国的反对派不认识社会主义革命后农村的阶级关系的变化，不了解富农不能再有民主革命对代那样的有势力。他们认为：“富农和贫农是农村中的主要力量，中农却被冲刷(见同页)”的理论是绝对错误的道路。

(陈修良旁注：这个具体的事例说明了哲学理论对于实践的重要，及时地说明了“一切哲学问题依靠实践来解决。”——马克思)

理论与实践的具体结合在列宁的革命事业中是始终一贯地贯穿着的，熟练地运用马克思主义的唯物辩证主义到实际工作上去是列宁伟大成功的特点之一。

我们党中央指出了“党在思想工作中最根本的任务，就是宣传唯物主义的思想，反对唯心主义的思想”，是完全正确的，是列宁主义精神的实际运用。我们相信如果真正懂得了思想和客观的存在关系，真正懂得了运动的规律，我们就会在实际工作中少犯错误与获得意想不到的成功。

马列主义的宝库中保存着极其珍贵的真理，等待我们去领受，真理全使我们克服社会主义建设中的任何困难的。我们国家现在正处在阶级斗争异常复杂与尖锐的阶段，ブル的唯心论思想阻碍着我们前进的道路。思想的斗争表现在各种工作中，人们常常苦恼着分不清是非，不知道如何着手去提高工作的效率，许多工作是事倍功半，苦于无法提高认识，这些问题的解决，依靠零零碎碎的事务主义和盲目的积极性，是永远不能求得解决的。甚至会把好事办成坏事，严重地影响工作，为把一切工作提高一步，没更好，我们应该从来着手使我们能在实际工作中去具体运用马列主义，这是提高我们自己搞好我们工作的最根本的办法。也是列宁所教导我们的唯一真理。那种“不学习也能完成任务”强调工作忙，还是“学习理论可以马虎一些”的思想，同列宁主义是不相符的。自然要把理论与实践融会贯通需要一个艰苦的过程，寻找真理不是唾手可得的事情，是需要我们自觉自愿艰苦地奋斗的。列宁一直到临终时还是不倦地学习，这种坚强不屈的精神也是我们克服困难的最好的榜样。我们必须认识我们党之所以能够战胜强大的敌人，从弱到强，从小到大，其主要原因是由于我们的党与群众密切联系，其次就是党能够了解社会的发展规律，知道什么时候应当做什么，并能预知未来的发展前途，定出正确的路。

（文件编号：I47）

后　　记

刘建平、赵晋、刘彦文、徐进、于之伟、张放参加了沙文汉、陈修良工作笔记的编校工作。沙尚之先生参与了部分三校工作。杨奎松负责统编并终校。

图书在版编目(CIP)数据

中国当代民间史料集刊. 16,陈修良工作笔记:1952～1955/华东师范大学中国当代史研究中心编. —上海:东方出版中心,2015.11

ISBN 978-7-5473-0874-5

Ⅰ.①中… Ⅱ.①华… Ⅲ.①中国历史—现代史—史料—1952～1955 Ⅳ.①K270.6

中国版本图书馆CIP数据核字(2015)第246991号

中国当代民间史料集刊16

出版发行:东方出版中心
地　　址:上海市仙霞路345号
电　　话:62417400
邮政编码:200336
经　　销:全国新华书店
印　　刷:昆山市亭林印刷有限责任公司
开　　本:710×1020毫米 1/16
字　　数:480千字
印　　张:31.5 插页2
版　　次:2015年11月第1版第1次印刷
ISBN 978-7-5473-0874-5
定　　价:78.00元
